业财一体化

实训教程

主　编◎朱胜庄
副主编◎王炎坤
参　编◎王冰洁　吴怡文　梁小凤
韦敏刚　朱桂旗　王心兰
彭燕江　黄圣洲

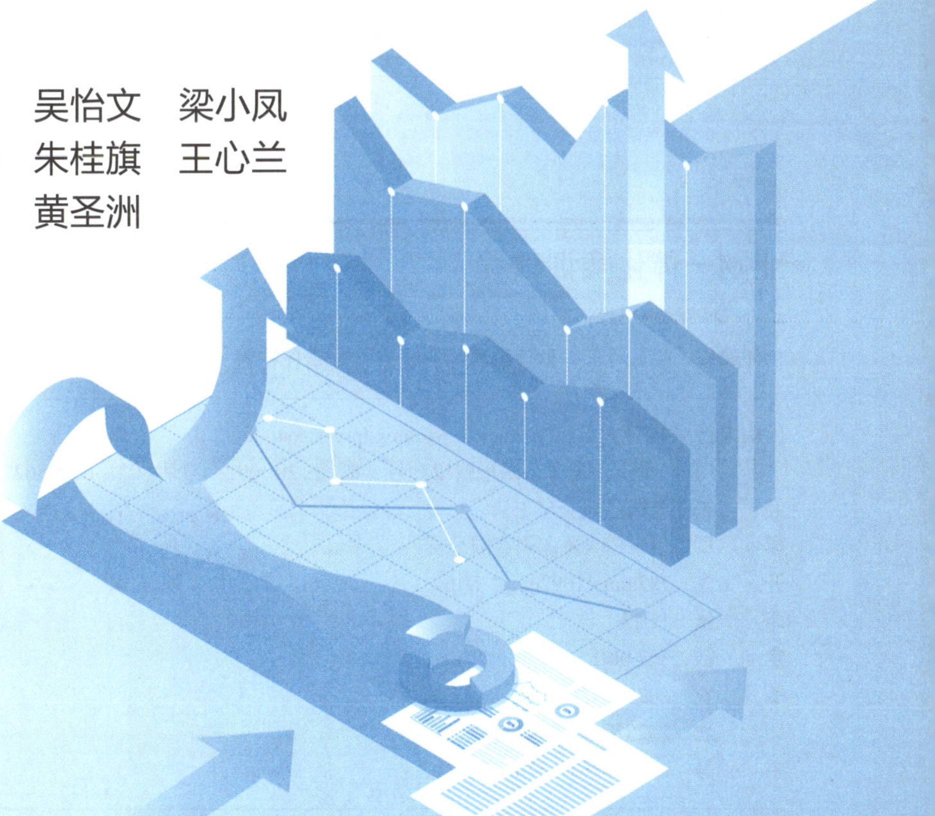

同济大学出版社
TONGJI UNIVERSITY PRESS
·上海·

内 容 简 介

本书是高等院校财经业务与财务融合的一体化信息教材，着重让学生通过实训操作理解日常经济业务与财务专业知识之间的联系；通过实训掌握如何将经济业务信息转化为财务信息。本书以实训为主，兼顾理论学习，重点体现业务的信息化过程。本书依托用友U8 V10.1平台，以广州天祥伞业有限公司企业案例为背景，首先介绍U8系统初始化设置；其次介绍系统如何对固定资产及薪资进行管理核算；再次介绍公司采购、生产、销售过程单据填写、审核、记账；最后介绍财报报表信息编制与生成。书中提供了丰富的原始单据、立体的操作视频帮助读者理解并掌握相关知识。

本书既可以用于会计信息化教学，也可以用于业财一体综合实训。本书主要适合高校财务、会计、审计课程师生以及经济学爱好者、企业相关员工进行职业能力提升培训使用。

图书在版编目（CIP）数据

业财一体化实训教程 / 朱胜庄主编 . -- 上海：同济大学出版社，2025. 1. -- ISBN 978-7-5765-1502-2

Ⅰ. F232

中国国家版本馆 CIP 数据核字第 2024LJ7936 号

业财一体化实训教程

主　编　朱胜庄

责任编辑　戴如月　**助理编辑**　府晓辉　**责任校对**　徐逢乔　**封面设计**　渲彩轩

出版发行　同济大学出版社　www.tongjipress.com.cn

（地址：上海市四平路1239号　邮编：200092　电话：021-65985622）

经　销　全国各地新华书店

印　刷　启东市人民印刷有限公司

开　本　787mm×1092mm　1/16

印　张　17.25

字　数　367 000

版　次　2025年1月第1版

印　次　2025年1月第1次印刷

书　号　ISBN 978-7-5765-1502-2

定　价　59.80 元

前言

2021年11月29日，中华人民共和国财政部制定的《会计改革与发展“十四五”规划纲要》明确提出：配合教育部门深化会计学历教育改革，依托部分高校，聚焦直接影响会计学科专业建设的关键因素，从师资、课程、教材、教学内容与教学方式和实践基地等方面进行教改研究和探索。按照“产、学、研”一体化发展思路，优化会计学历教育人才培养结构，完善会计应用型人才培养机制。将会计信息化工作规范的适用范围从企业扩展至行政事业单位，实现会计信息化对单位会计核算流程和管理的全面覆盖。

本书以企业的真实业务为基础，将业务、财务与会计信息化融为一体，以用友U8企业应用套件管理营销平台为依托，让学生通过书本学习能使用U8平台对经济业务进行会计核算、会计监督；同时对会计人才能力框架包括知识、技能与价值观有整体及深入的理解。

本书共四个模块十个项目，主要内容概括如下：模块一系统基础，涵盖项目一、项目二。项目一主要介绍企业业务的背景资料，系统管理的基本功能，包括增加操作员分配权限、建立账套、账套备份与恢复。项目二主要介绍基础档案及公共基础目录的设置。模块二财务会计系统，涵盖项目三至项目五。项目三主要介绍总账初始设置和总账日常账务处理。项目四主要介绍固定资产初始设置及固定资产日常管理及核算等业务处理。项目五主要介绍薪资系统初始设置及薪资日常计算及账务处理。模块三供应链系统，涵盖项目六至项目八。项目六主要介绍供应链供销存系统、应收、应付系统基础设置。项目七主要介绍供应链管理的各种采购业务。项目八主要介绍供应链管理中的生产和各种销售业务。模块四期末处理。涵盖项目九、项目十。项目九主要介绍各模块期末结账结转的工作。项目十对前期各模块生产的会计信息根据标准模板及自定义要求编制的报表分析业务。

本书注重科学性及适用性，以企业完整的经济业务资料为基础，以用友ERP-U8 V10.1软件为载体，以真实的经济业务为背景，具体介绍公司从信息化初始，到日常业务、薪资管理、固定管理、供应链信息化及期末信息化分析等全流程的工作过程。通过本书，读者能接触到企业运营过程中真实业务涉及的单据、合同、发票等有关的资料；也能将业务涉及的单据与总账、应收款管理、应付款管理、采购管理、销售管理、库存管理、存货核算、固定资产管理、薪资管理及UFO报表等子系统联系起来进行运用，实现业务系统与财务系统一体化运用。通过了解账套主管、会计、出纳、采购员、销售员、仓管员等不同岗位的工作,可以学习多岗位工作技能。本书既可以用于会计信息化教学,也可以用于业财一体综合实训。

本书配套教学资源丰富,包括电子课件等教学文件;全部操作过程微视频,扫码即可观看;配备了各任务对应的备份账套数据,会计对应的业务原始单据等;课政融通,融入思政理念,满足老师及学生思政学习的需要。

本书由朱胜庄主编,王炎坤副主编。参编人员有王冰洁、吴怡文、梁小凤、韦敏刚、朱桂旗、王心兰、彭燕江和黄圣洲八位教师。在编写本书过程中,编者参考了国内相关著述、教材及论文,在此感谢其作者。感谢中勤万信会计师事务所(特殊普通合伙)广州分所黄圣洲,中准会计师事务所(特殊普通合伙)广东分所彭燕江,广州城建职业学院尹峰提供的指导,感谢广州华南商贸职业学院经管学院卜忠群院长对本书编写团队的大力支持。由于编者的水平有限,书中如有不足之处,恳请广大读者批评指正。

朱胜庄

2025年1月

目录

模块一

系统基础

一、学习目的

1. 掌握用友 U8 V10.1 管理软件中系统管理和基础设置的相关内容。

2. 理解系统管理在整个系统中的作用及基础设置的重要性。

3. 理解基础档案设置在整个系统中的作用。

4. 理解基础档案设置的数据对处理日常业务的影响。

二、学习内容

1. 增加操作员并进行权限分配。

2. 建立核算单位账套。

3. 修改账套参数。

4. 输出和引入账套数据。

5. 设置基础档案,包括启用系统、部门档案、人员类别、职员档案、客户分类、供应商分类、地区分类、客户档案等。

6. 设置外币种类及汇率结算方式。

三、学习准备

1. 虚拟企业概况,广州天祥伞业有限公司为虚构企业。全文涉及的公司信息仅供学习使用。企业情况见表 1–1。

2. 会计科目辅助核算设置,具体内容见表 1–2。

3. 操作员职责权限,见表 1–3。

表 1–1　企业情况

公司名称	广州天祥伞业有限公司		
公司简介	广州天祥伞业有限公司成立于 2016 年 08 月 01 日，主要从事太阳伞的生产和销售。公司当前主要生产二折太阳伞、三折太阳伞。由于企业发展，2021 年 01 月 01 日启用电算化系统		
公司地址	广州市从化区江埔街 166 号	公司电话	020–37987201
公司注册资本	人民币 1 000 万元	法定代表人	尹湘平
公司总经理	侯仁	税务登记号	440110516550004
公司账户信息	开户银行：中国工商银行从化分行府前路支行；账号：6602028800008709		

表 1–2　会计科目

日记账	库存现金、银行存款	银行账	银行存款
客户往来	应收票据、应收账款、预收账款	供应商往来	应付票据、应付账款 / 一般应付账款、预付账款
个人往来	其他应收款 / 个人往来	数量核算	原材料下所有明细科目
项目核算	库存商品、生产成本、主营业务收入、主营业务成本	部门核算	管理费用下所有明细

表 1–3　操作员职责

操作员编号	操作员姓名	工作职责（角色）
Z01	赵旭	账套主管
W01	郑鸿伟	公用目录设置、记账凭证的审核、查询、对账、总账结账、编制报表
W02	何婵怡	公用目录设置、总账（填制、查询凭证，账表、期末处理，记账）、应收、应付款管理（不含收付款单填制、票据管理）、固定资产、薪资管理、存货核算的所有权限
W03	莫世和	公用目录设置、收付款单制单、票据管理、出纳签字、支票登记簿、银行对账
X01	吴悦欢	公用目录设置、公共单据（出库单）、销售主管
G01	安斯思	公用目录设置、公共单据（入库单）、采购主管
C01	佘依玲	公用目录设置、公共单据（出库单、入库单、出库单列表、入库单列表）、仓库主管

4. 操作要求

（1）会计凭证的处理

采用通用记账凭证，对已记账凭证的修改，只采用红字冲销法。能在业务系统生成的记账凭证不得在总账系统直接录入。根据原始单据生成记账凭证时，除特殊规定外不采用合并制单。

（2）薪酬业务的处理

由公司承担并缴纳的养老保险、医疗保险、失业保险、工伤保险、住房公积金分别按14%、7%、0.5%、0.2%、12%的比例计算；职工个人承担的养老保险、医疗保险、失业保险、住房公积金分别按8%、2%、0.2%、12%的比例计算。按工资总额的2%计提工会经费，按工资总额的8%计提职工教育经费，各类社会保险金当月计提，次月缴纳。按照国家有关规定，公司代扣代缴个人所得税，其费用扣除标准为5 000元，工资分摊按合并制单。职工福利费按实际发生数列支，不按比例计提。

（3）固定资产业务的处理

公司固定资产包括房屋、建筑物、办公设备、运输工具、生产设备等均为在用状态。采用平均年限法（二）按月计提折旧；同期增加多个固定资产时，不采用合并制单。

（4）存货业务的处理

存货分类存放并按项目进行核算，所有仓库采用实际成本法核算移动平均法。存货按业务发生日期逐笔记账并制单（暂估业务除外），同一批出入库业务生成一张记账凭证。

（5）税费的处理

公司为增值税一般纳税人，增值税税率为13%，运费按9%作进项税额抵扣；按当期应交增值税的7%计算城市维护建设税、3%计算教育费附加、2%计算地方教育费附加。企业所得税采用资产负债表债务法，除应收账款外，假设资产、负债的账面价值与其计税基础一致，未产生暂时性差异，企业所得税的计税依据为应纳税所得额，税率为25%，按月预计，按季预缴，全年汇算清缴。

（6）坏账损失的处理

除应收账款外，其他的应收款项不计提坏账准备。每月末，按应收账款余额百分比法计提坏账准备，提取比例为0.5%。

（7）月末计算并结转相关税费

损益结转采用账结法，每月末将各损益类账户余额转入本年利润账户，结转时按收入和支出分别生成记账凭证。

思政园地

构建责、权、义意识，不同岗位财务人员有各自的权力、义务、职权范围。要遵守《中华人民共和国会计法》等法律法规，根据不相容岗位相互牵制的原则设置岗位权限。在日常业务处理过程中，对不合理、不合法的会计凭证，会计人员要学会拒绝。培养敬岗爱业、守正创新的会计职业精神。在学习会计信息化知识的同时，具有严谨、诚信的职业品质和良好的职业道德。

项目一　系 统 管 理

任务一　启动系统管理

在电脑桌面启用用友系统管理。

【操作步骤】

方法一：点击【开始】-【程序】-【用友 U8 V10.1】-【系统服务】-【系统管理】。

方法二：点击【开始】-【程序】-【用友 U8 V10.1】-【系统服务】-【系统管理】，单击鼠标右键，将其发送至“桌面快捷方式”，双击桌面【系统管理】。

任务二　注册系统管理

以系统管理员“admin”身份注册登录系统。

【操作步骤】

（1）启动系统管理后，执行【系统管理】-【注册】，打开“登录”对话框。操作如图 1-1 所示。

（2）输入数据。操作员：admin；密码：空；选择账套：default。操作如图 1-2 所示。

（3）单击【确定】按钮，登录系统管理。

图 1-1　注册系统管理界面

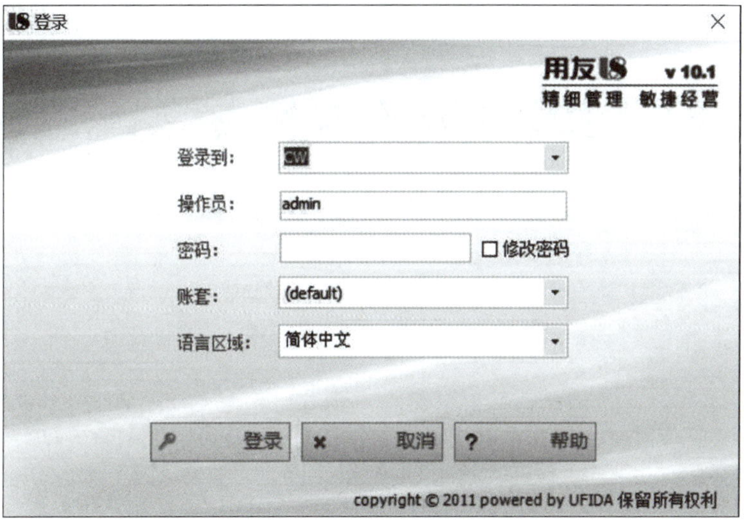

图 1-2 系统管理登录界面

任务三 增加操作员

根据表 1-4 资料增加系统操作员。

表 1-4 操作员名单

编号	姓名	用户类型	认证方式	口令	所属部门	角色
Z01	赵旭	普通用户	用户 + 口令(传统)		财务部	账套主管
W01	郑鸿伟	普通用户	用户 + 口令(传统)		财务部	普通员工
W02	何婵怡	普通用户	用户 + 口令(传统)		财务部	普通员工
W03	莫世和	普通用户	用户 + 口令(传统)		财务部	普通员工
X01	吴悦欢	普通用户	用户 + 口令(传统)		销售部	普通员工
G01	安斯思	普通用户	用户 + 口令(传统)		采购部	普通员工
C01	余依玲	普通用户	用户 + 口令(传统)		仓库	普通员工

【操作步骤】

(1)单击【权限】-【用户】命令,进入“用户管理”窗口,在窗口中显示系统预设的几位操作员,如图 1-3 所示。

(2)进入“用户管理”窗口,单击工具栏中的【增加】按钮,打开“增加用户”对话框,输入操作员信息。根据表 1-4 资料输入操作员“赵旭”的信息,点击【增加】,如图 1-4 所示。

(3)增加其他操作员。输入完“赵旭”信息后,单击本窗口下方【增加】按钮,继续输入其他操作员信息资料。保存后单击【退出】按钮。

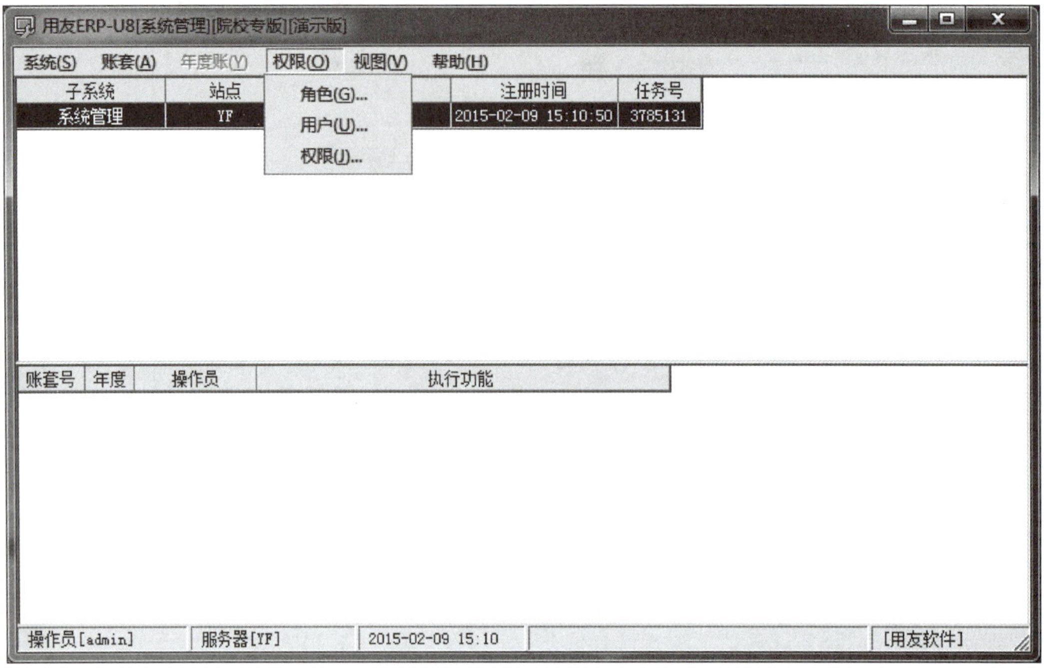

图 1-3 权限用户设置

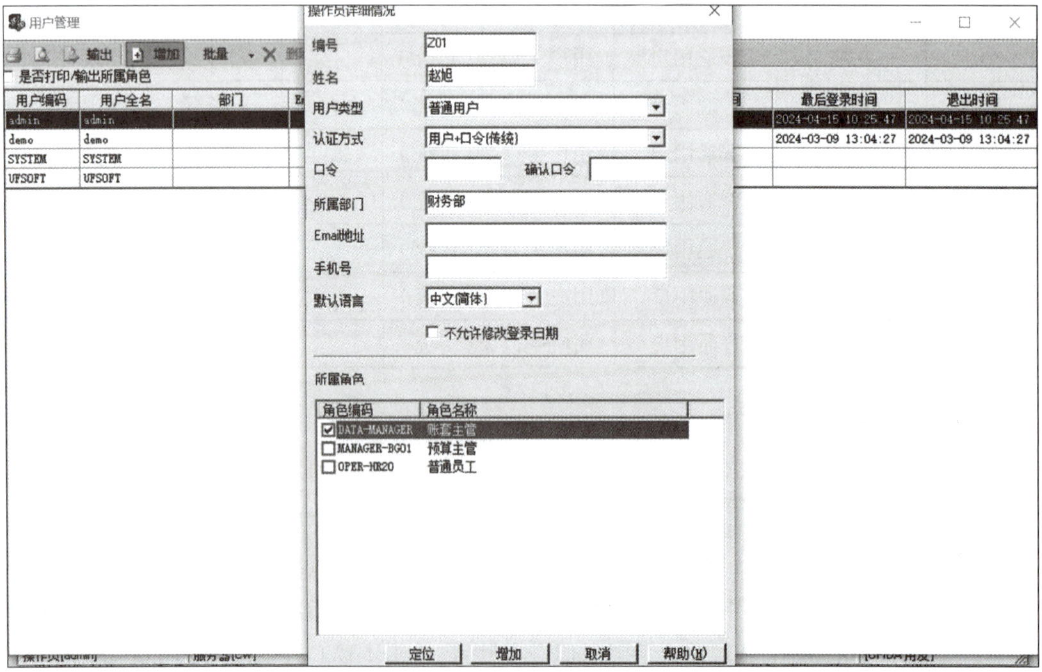

图 1-4 增加用户信息录入

【注意事项】

用户是指U8应用平台操作员，有权登录企业应用平台并对平台进行操作的人员。每次注册或登录系统，都要进行操作员身份的合法性检查。权限管理对岗位分工进行授权、分权功能，只有进行严格的操作分工和权限控制，才能一方面避免与业务无关人员对系统的操作，另一方面对系统所含的各个子产品的操作进行协调，以保证系统的安全与保密。

值得注意的是，只有系统管理员才有权限设置操作员。操作员编号在系统中必须唯一，即使是不同的账套，操作员编号也不能重复。所设置的操作员用户一旦被引用，便不能修改和删除。

系统管理员和账套主管，二者都有权设置操作员的权限。不同的是，系统管理员可以指定或取消某一操作员权限，也可以对系统内所有账套的操作员进行授权。而账套主管的权限局限于他所管辖的账套，在该账套内，账套主管默认拥有全部操作权限，可以针对本账套的操作员进行权限设置。此处需要注意，一个账套可以设定多个账套主管。账套主管自动拥有该账套的所有权限。

任务四 建立账套

根据表1–5的要求在系统建立新的账套。

表1–5 账套资料

<table>
<tr><td rowspan="4">账套信息</td><td>账套号</td><td>888</td></tr>
<tr><td>账套名称</td><td>广州天祥伞业有限公司</td></tr>
<tr><td>启用会计期</td><td>2021–01–01</td></tr>
<tr><td>其他</td><td>默认</td></tr>
<tr><td rowspan="7">单位信息</td><td>单位名称</td><td>广州天祥伞业有限公司</td></tr>
<tr><td>单位简称</td><td>天祥伞业</td></tr>
<tr><td>单位地址</td><td>广州市从化区江埔街166号</td></tr>
<tr><td>法人代表</td><td>尹湘平</td></tr>
<tr><td>联系电话及传真</td><td>020–37987201</td></tr>
<tr><td>电子邮件</td><td>tianxiangsy@126.com</td></tr>
<tr><td>税号</td><td>440110516550395</td></tr>
<tr><td rowspan="5">核算类型</td><td>本币</td><td>人民币（RMB）</td></tr>
<tr><td>企业类型</td><td>工业</td></tr>
<tr><td>行业性质</td><td>2007年新会计制度科目</td></tr>
<tr><td>账套主管</td><td>赵旭</td></tr>
<tr><td>是否预置会计科目</td><td>是</td></tr>
<tr><td>基础信息</td><td colspan="2">存货、客户、供应商均有分类；有外币核算</td></tr>
<tr><td>编码方案</td><td colspan="2">科目编码级次4222；客户、存货、部门分类编码级次22；收发类别121；其他默认</td></tr>
<tr><td>数据精度</td><td colspan="2">默认</td></tr>
<tr><td>系统启用</td><td colspan="2">总账、应收应付、固定资产、供应链、薪资管理</td></tr>
</table>

【操作步骤】

（1）登录“系统管理”模块，单击工具栏中的【账套】-【建立】，选【新建空白账套】选项（图 1-5）。

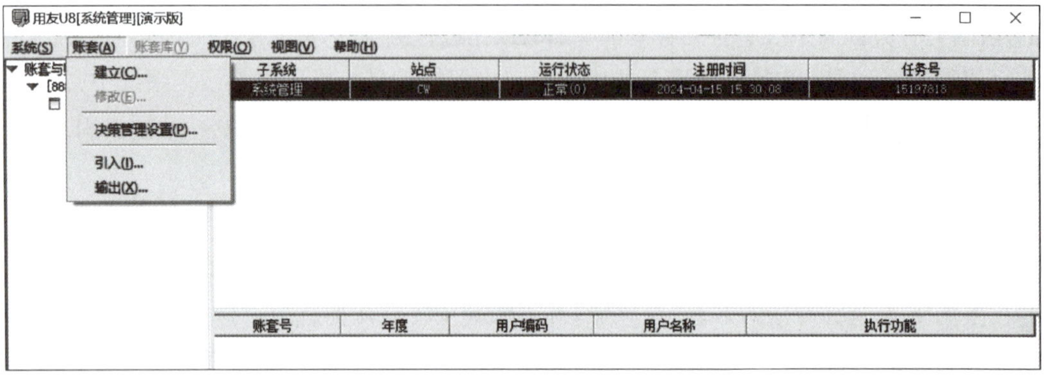

图 1-5　建立账套

（2）输入账套信息。单击【新建空白账套】进入下一步，按要求依次输入信息，如图 1-6 所示，单击【下一步】。（注意建账时间为 2021 年 1 月 1 日，不选集团建账）

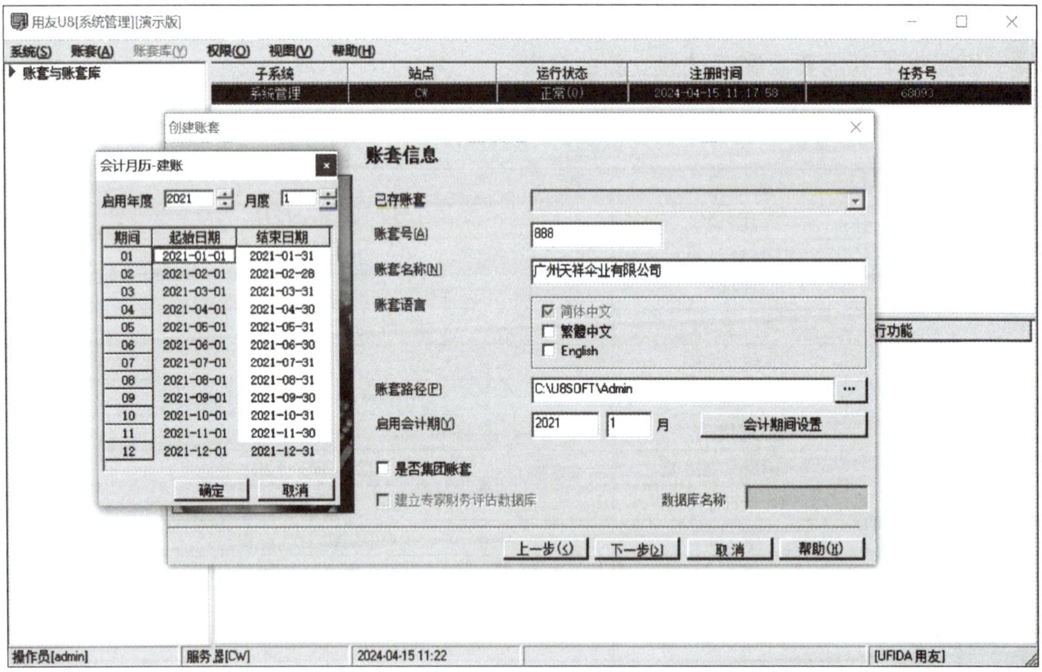

图 1-6　账套信息

（3）输入单位信息。在“单位信息”对话框中按要求依次输入单位名称、单位简称、单位地址、法人代表、联系电话、电子邮件、税号信息。输入完毕检查无误后，单击【下一步】。

（4）输入核算类型信息。在“核算类型”对话框中按要求依次选择核算类型信息，结果如图 1-7 所示。输入完毕检查无误后，单击【下一步】。

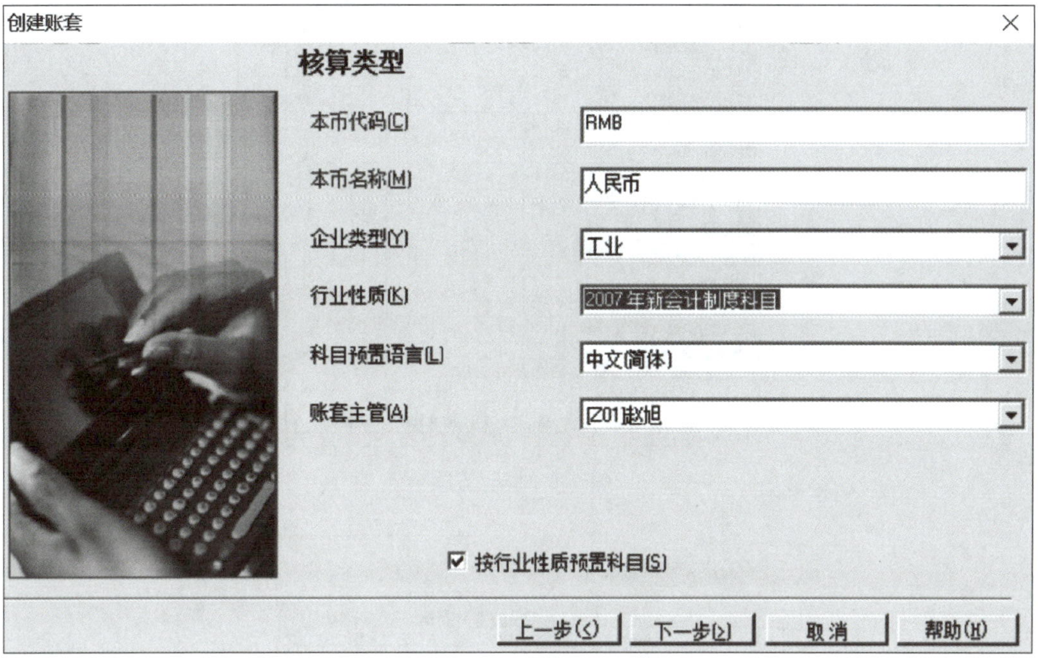

图 1-7 核算类型

（5）输入基础信息。在“基础信息”对话框中按要求依次勾选相关信息。输入完毕检查无误后，单击【下一步】，然后点击【完成】。

（6）创建账套。完成上面步骤后，系统弹出提示“可以创建账套了么？”，单击【是】，稍后（时间可能较长），系统自动弹出分类编码方案窗口。

（7）完成编码方案。根据表 1-5 要求在“编码方案”对话框中按要求确定分类编码方案，如图 1-8 所示。此处修正任务要求编码级次即可，其他默认。修正完毕检查无误后，单击【确定】，关闭“编码方案”对话框。

（8）设置数据精度。系统弹出“数据精度”对话框，所有项目小数位数均为【2】，系统提示“广州天祥伞业有限公司:【888】创建成功”，单击【是】。

（9）创建账套。采用系统默认值。在“数据精度”对话框中单击【确定】按钮后，等待片刻，提示创建账套成功。

（10）启用总账。系统提示“确实要启用当前账套吗？”，单击【是】按钮。弹出“系统启用”窗口，如图 1-9 所示，选中【GL- 总账】复选框，弹出【日历】对话框，选中日期【2021 年 01 月 01 日】，依次单击【是】-【退出】-【确定】按钮。

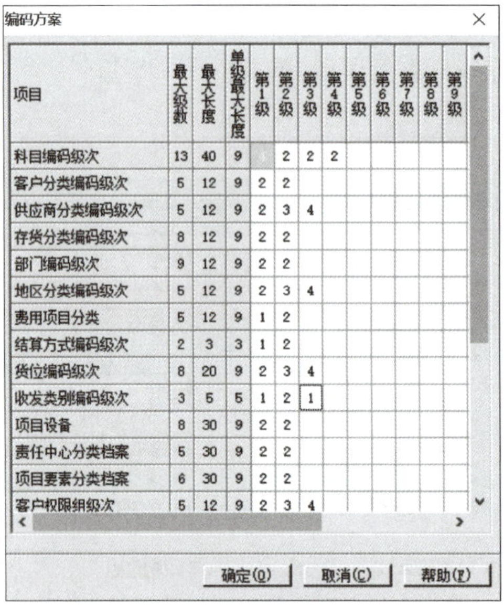

图 1-8 编码方案

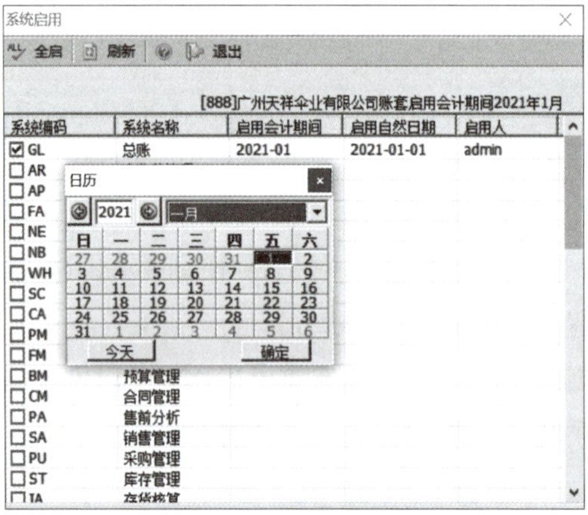

图 1-9 总账启用信息

注意：其他模块启用方法类似。

任务五 权 限 分 配

根据表 1-3 设置操作员权限。

【操作步骤】

（1）查看操作员权限。打开【系统管理】，单击【权限】-【权限】命令，进入“操作员权限”窗口。“赵旭”账套主管权限在建立账套时业已赋权，此处可不再重新赋权，如图 1-10 所示。查看时选中“赵旭”即可。

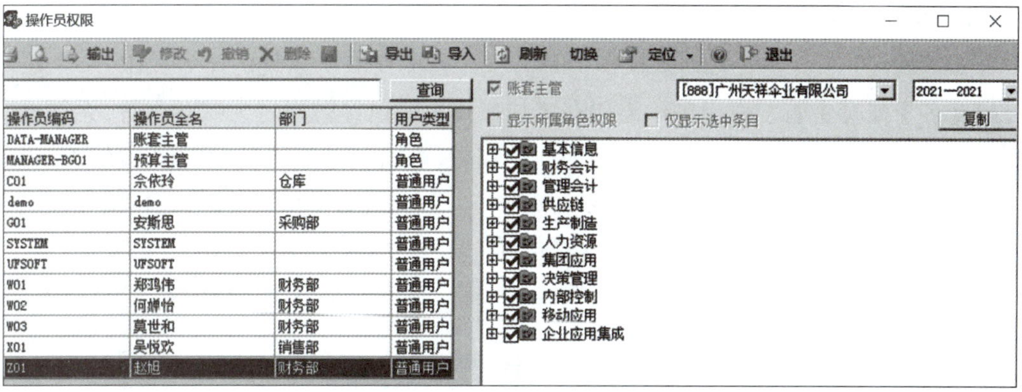

图 1-10　操作员权限设置

（2）编辑操作员权限。单击【权限】-【权限】命令，进入"操作员权限"窗口，选中【888】账套，【2021】年度。

（3）修改操作员"郑鸿伟"权限。选择【郑鸿伟】，单击工具栏中的【修改】按钮，选择【888 广州天祥伞业有限公司，2021—2021 年度】。选择【基本信息 - 公共目录设置】-【财务会计 - 总账 - 凭证 - 审核凭证和查询凭证】-【财务会计 - 总账 - 期末 - 对账和结账】-【财务会计 -UFO 报表】权限，单击【保存】按钮。

（4）修改操作员权限。"何婵怡"等其他人员权限操作方法同"郑鸿伟"的赋权，结果如图 1-11 所示。

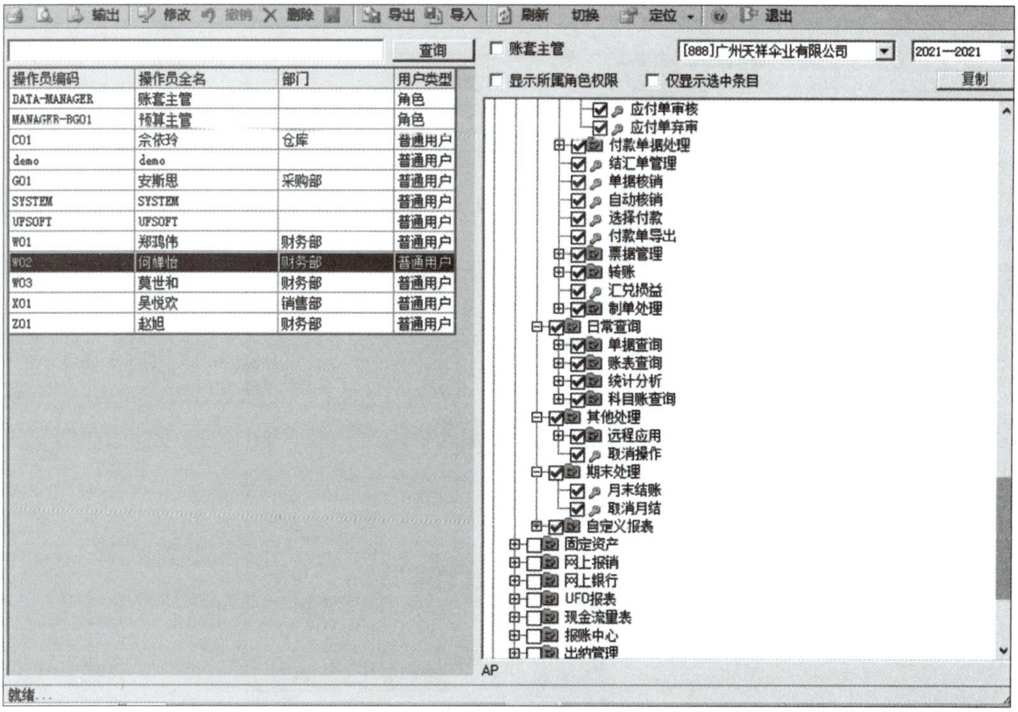

图 1-11　修改权限

【注意事项】

如果勾选【账套主管】,则该操作员具有该账套的所有子系统的所有权限,一个账套可以有多个账套主管。由于 Z01 赵旭在增加操作员时已经被指定为账套主管,无须再次授权。如果一次性给多名操作员增加相同的权限,可以点击工具栏“切换”按钮,在界面左侧选择一些权限,然后在右侧选择多名操作员。如果设置了角色权限,则在增加新用户时(该用户属于此角色)该用户自动拥有此角色具有的权限。

任务六　输出账套

将建立的“888”账套备份至文件夹“C:\1 账套备份 \888 天祥伞业”。

【操作步骤】

(1)启动【系统管理】,以系统管理员(admin)身份注册登录。

(2)输出账套。单击【账套】-【输出】。

(3)编辑输出账套的信息。选择需要输出的账套“888”。

(4)设置输出路径。在输出文件位置,单击下拉列表框,选择需要备份的路径【C:\1 备份账套 \888 天祥伞业 \】(提前在 C 盘建立该路径),如图 1-12 所示。单击【确定】按钮。

(5)系统弹出提示“输出成功”,单击【确定】。

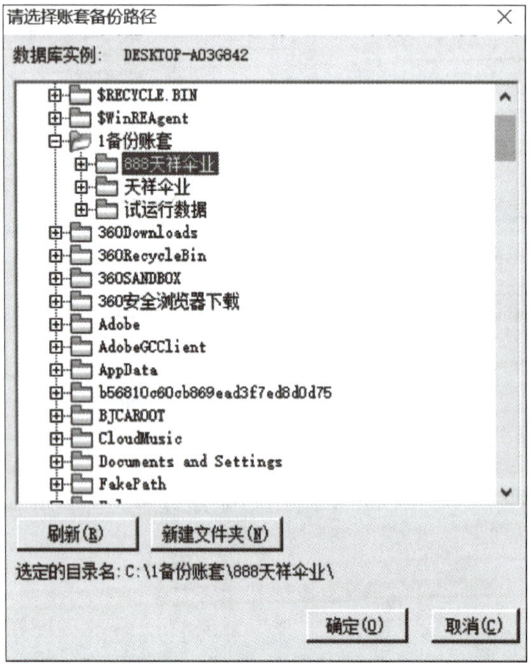

图 1-12　账套输出路径

任务七 恢 复 账 套

恢复“C:\1 账套备份 \888 天祥伞业”路径中备份的“888”账套。

【操作步骤】

（1）启动系统管理，以系统管理员（admin）身份注册登录。

（2）打开【引入账套数据】对话框，点击【账套】-【引入】。

（3）打开相应的账套路径，选择账套文件“UfErpAct.Lst”，如图 1-13 所示。

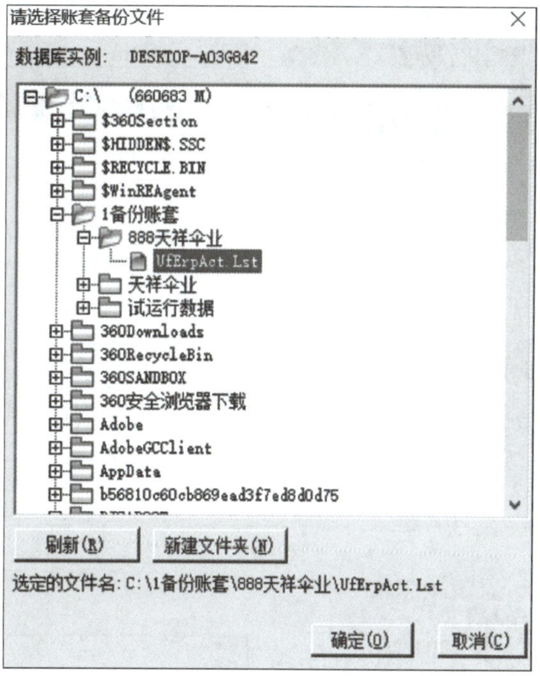

图 1-13 账套恢复路径

（4）选择账套需引入的目录，单击【确定】。点击覆盖提示，如图 1-14 所示。

（5）系统提示“正在引入账套，请等待…”，最后提示“账套引入成功！”，单击【确定】。

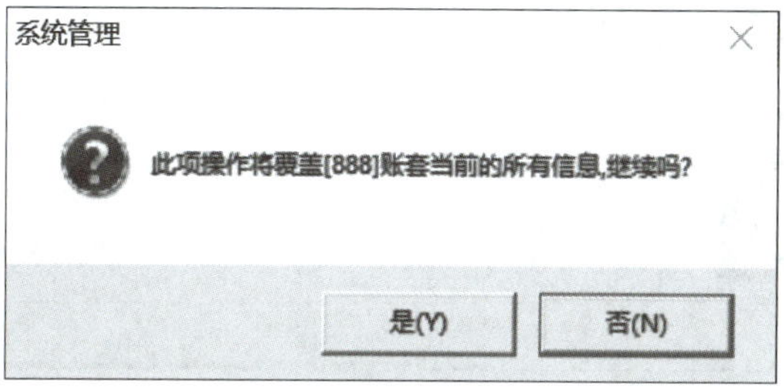

图 1-14 覆盖提示

任务八　修改账套

掌握修改账套的方法。

【操作步骤】

（1）启动系统管理，如前所述，以账套主管（赵旭，编号Z01，密码为空）身份注册登录。

（2）执行【账套】-【修改】命令，如图1-15所示。

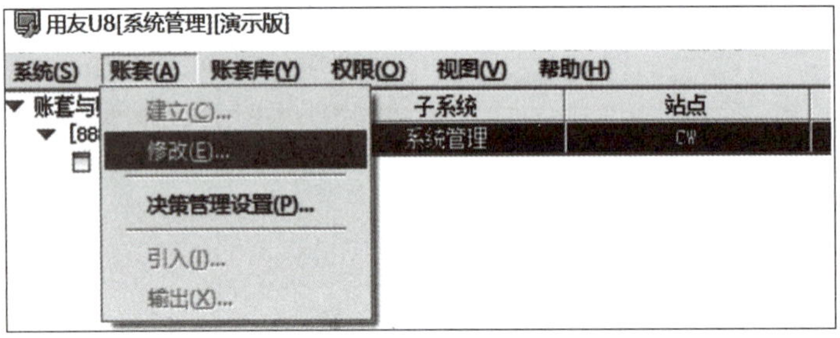

图1-15　账套修改

（3）点击【下一步】可以修改信息，如图1-16所示，最后单击【确定】，提示“确认修改账套吗？”，单击【是】修改，系统弹出“修改账套成功”页面，单击【确定】退出，提示“确认修改账套吗？”，单击【否】，退出修改。

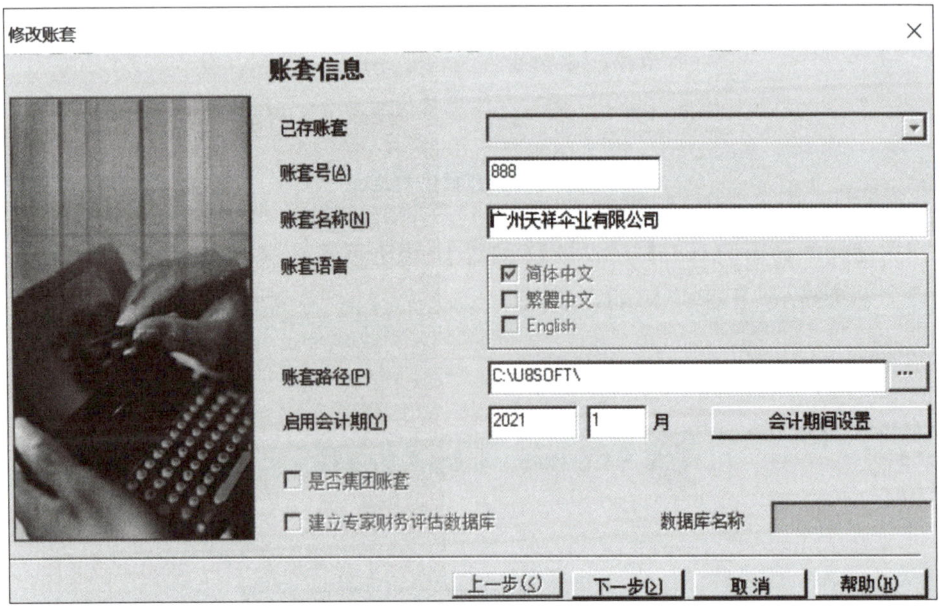

图1-16　修改账套信息

【操作视频】

项目一　系统管理操作视频

【思考题】

账套建立后是否还可以对账套进行修改？

项目二　基础档案及公共目录设置

任务一　启动企业应用平台

以账套主管赵旭（编号 Z01，时间 2021-01-01）登录企业管理门户。

【操作步骤】

（1）单击【开始】-【程序】-【用友 U8 V10.1】-【企业应用平台】命令（图 2-1），打开“登录”对话框。

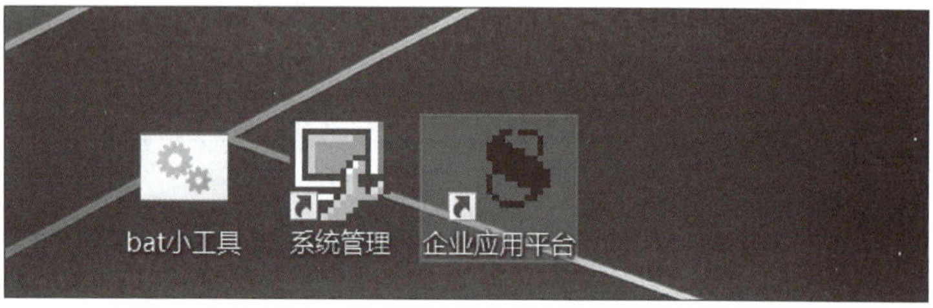

图 2-1　企业应用平台图标

（2）输入或选择数据。操作员：Z01，账套：【888】广州天祥伞业有限公司，操作日期：2021-01-01。登录系统。如图 2-2 所示，单击【登录】进入系统。

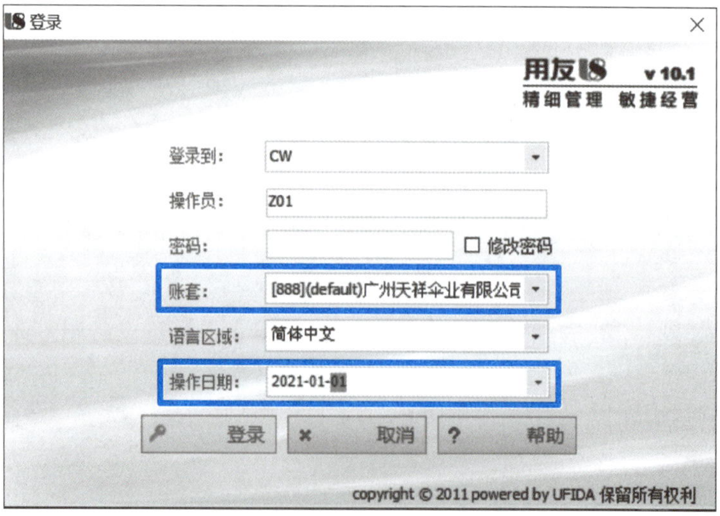

图 2-2　企业应用平台登录页面

任务二　启 用 系 统

根据表 2-1 启用天祥伞业的 U8 系统 9 个子系统。

表 2-1　账套启用子系统

系统编码	系统名称	启用会计期间	启用自然日期	启用人
GL	总账	2021-01-01	2021-01-01	赵旭
AR	应收款管理	2021-01-01	2021-01-01	赵旭
AP	应付款管理	2021-01-01	2021-01-01	赵旭
FA	固定资产	2021-01-01	2021-01-01	赵旭
SA	销售管理	2021-01-01	2021-01-01	赵旭
PU	采购管理	2021-01-01	2021-01-01	赵旭
ST	库存管理	2021-01-01	2021-01-01	赵旭
IA	存货核算	2021-01-01	2021-01-01	赵旭
WA	薪资管理	2021-01-01	2021-01-01	赵旭

【操作步骤】

（1）2021 年 1 月 1 日，由赵旭（Z01）登录 U8 企业应用平台。

（2）系统启用。依次双击【基础设置】-【基本信息】-【系统启用】，依次勾选应收账款、应付账款、固定资产、销售管理、采购管理、库存管理、存货核算以及薪资管理八个模块左侧的选择框，日期均设置为“2021-01-01”，结果如图 2-3 所示，单击【确定】，然后关闭窗口。

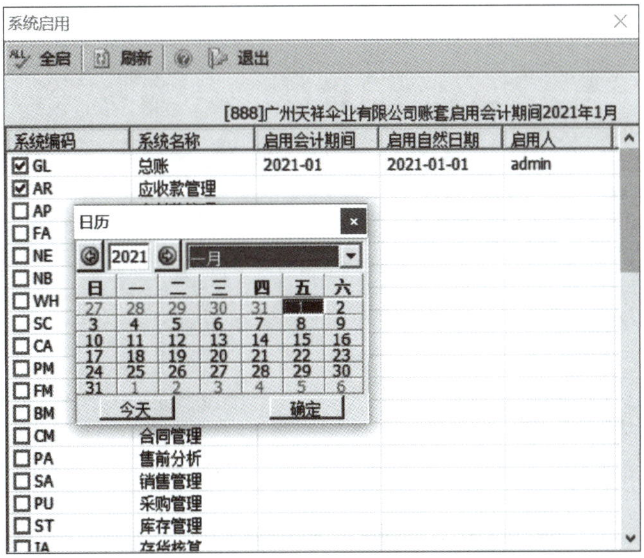

图 2-3　系统启用

【注意事项】

（1）除上述方法外，在创建账套结束并设置完数据精度后，系统提示启用系统，那么设置总账为已经启用项目。

（2）各系统启用的自然日期必须大于或等于建立账套时设定的“启用会计期”。启用模块一旦设置后续将无法修改，设置时注意不要输错信息。

任务三　基础档案

1. 根据表 2-2 设置部门档案。

表 2-2　部门档案

部门编码	部门名称	部门编码	部门名称
01	行政部	05	生产部
02	财务部	0501	生产一部
03	销售部	0502	生产二部
04	采购部	06	仓库

【操作步骤】

（1）2021 年 1 月 1 日，由赵旭（Z01）登录 U8 企业应用平台。

（2）增加行政部信息。依次双击【基础设置】-【基础档案】-【机构人员】-【部门档案】，单击【增加】，“部门编码”输入“01”，“部门名称”输入“行政部”，输入完毕单击工具栏的【保存】图标，完成第一个部门档案的增加，如图 2-4 所示。

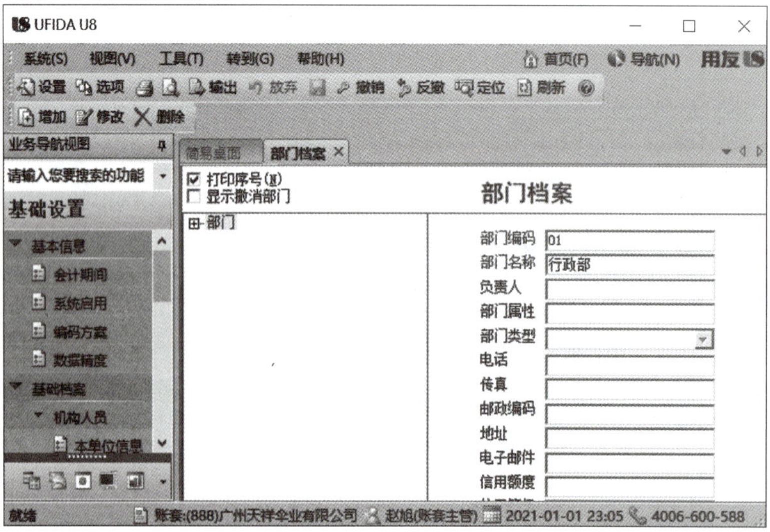

图 2-4　部门档案录入

（3）增加其他部门信息。单击【增加】按钮，根据表 2-2 继续增加其他部门档案，结果如图 2-5 所示，关闭窗口。

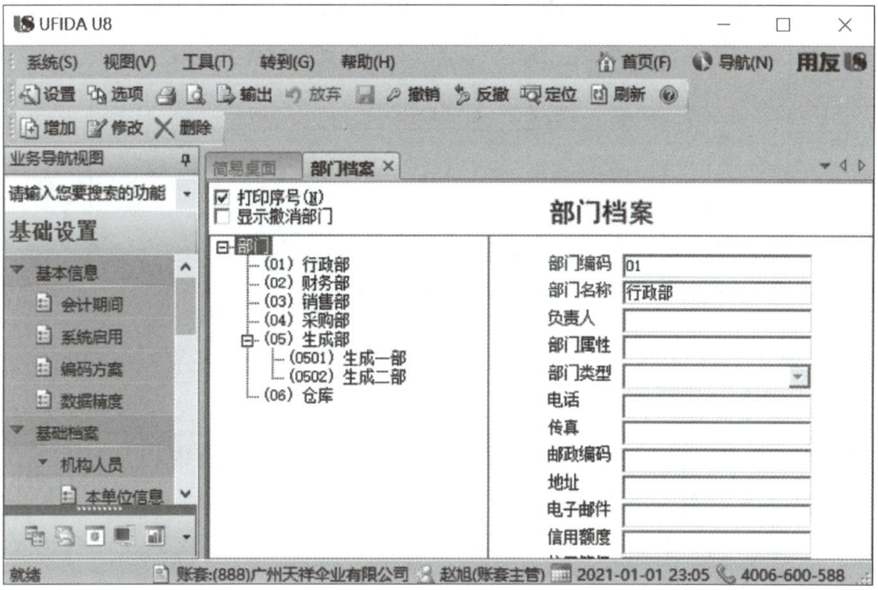

图 2-5　部门档案

【注意事项】

部门是指与企业财务核算或业务管理相关的职能单位。设置部门档案的目的在于按部门进行数据汇总和分析。部门档案需按照已定义好的部门编码层级原则输入部门相关信息。部门档案中包含部门编码、部门名称、负责人、部门属性等信息。显示蓝色字体的部分为必填项。

2. 根据表 2-3 设置人员类别。

表 2-3　人员类别

档案编码	档案名称	档案编码	档案名称
10101	管理人员	10102	销售人员
10103	采购人员	10104	生产人员

【操作步骤】

双击【基础档案】-【机构人员】-【人员类别】，打开【人员类别】对话框。根据资料，单击左侧的【正式工】，单击工具栏的【增加】按钮，弹出“增加档案项”窗口。在“档案编码”栏输入“10101”，“档案名称”栏输入“管理人员”，单击【确定】按钮。继续输入剩余的人员类别档案。全部输入完毕，关闭“增加档案项”窗口，返回“人员类别”窗口，如图 2-6 所示。

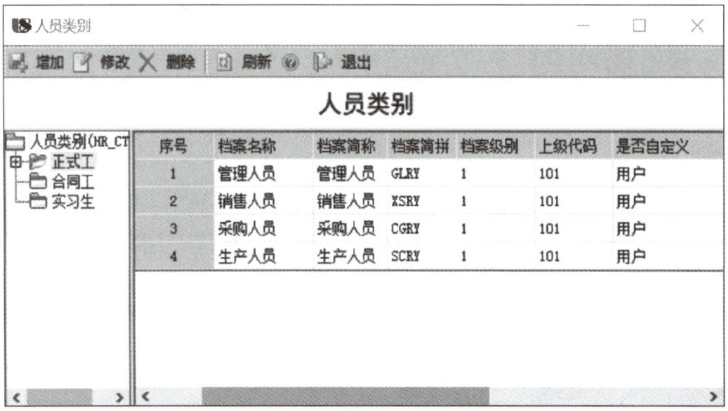

图 2-6　设置人员类别

【注意事项】

档案编码与档案名称为必填项。新增或修改人员类别档案时，只能选择末级的人员类别。人员类别在薪资管理系统的工资分摊中有着非常重要的应用。

3. 根据表 2-4 设置人员档案。

表 2-4　人员档案

人员编码	姓名	行政部门名称	雇佣状态	人员类别	性别	业务或费用部门名称	是否操作员	是否业务员
101	侯仁	行政部	在职	管理人员	男	行政部	否	是
102	黎中柔	行政部	在职	管理人员	女	行政部	否	是
201	赵旭	财务部	在职	管理人员	男	财务部	是	是
202	郑鸿伟	财务部	在职	管理人员	男	财务部	是	是
203	莫世和	财务部	在职	管理人员	男	财务部	是	是
204	何婵怡	财务部	在职	管理人员	女	财务部	是	是
301	吴悦欢	销售部	在职	销售人员	女	销售部	是	是
302	陈绮琳	销售部	在职	销售人员	女	销售部	否	是
401	安斯思	采购部	在职	采购人员	女	采购部	是	是
511	毛燕丽	生产一部	在职	管理人员	女	生产一部	否	是
512	朱曼琳	生产一部	在职	生产人员	女	生产一部	否	是
521	柯佳娜	生产二部	在职	生产人员	女	生产二部	否	是
522	黄晓华	生产二部	在职	管理人员	女	生产二部	否	是
601	佘依玲	仓库	在职	管理人员	女	仓库	是	是

【操作步骤】

（1）2021 年 1 月 1 日，由赵旭（Z01）登录 U8 企业应用平台。

（2）在 U8 企业应用平台，依次双击【基础档案】-【机构人员】-【人员档案】。

（3）增加“侯仁”档案。单击选择【行政部】，单击【增加】按钮，弹出【人员档案】界面，录入侯仁的档案信息，单击【保存】或按【F6】，如图2-7所示。

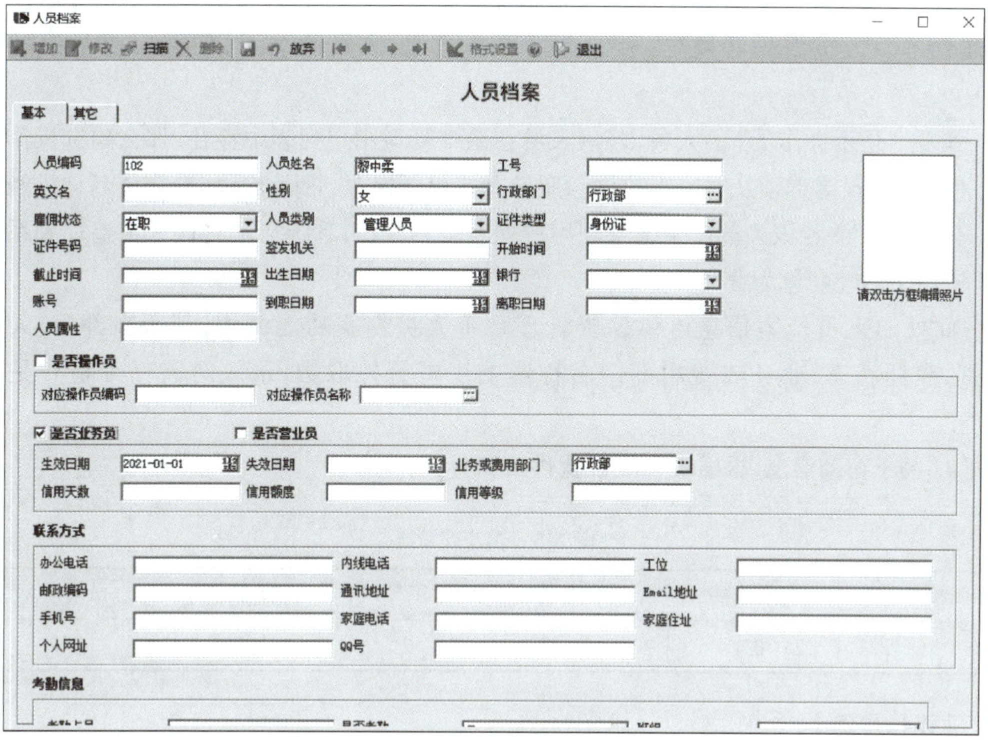

图2-7 人员档案

（4）输入表2-4其他人员档案，全部输完后，关闭“增加档案项”窗口。

（5）展示人员列表（图2-8）。全部输入完毕后，单击“人员列表”窗口中的【部门分类】，可在右方窗口显示方才输入的“人员列表”信息。检查无误后，单击【退出】或关闭窗口。

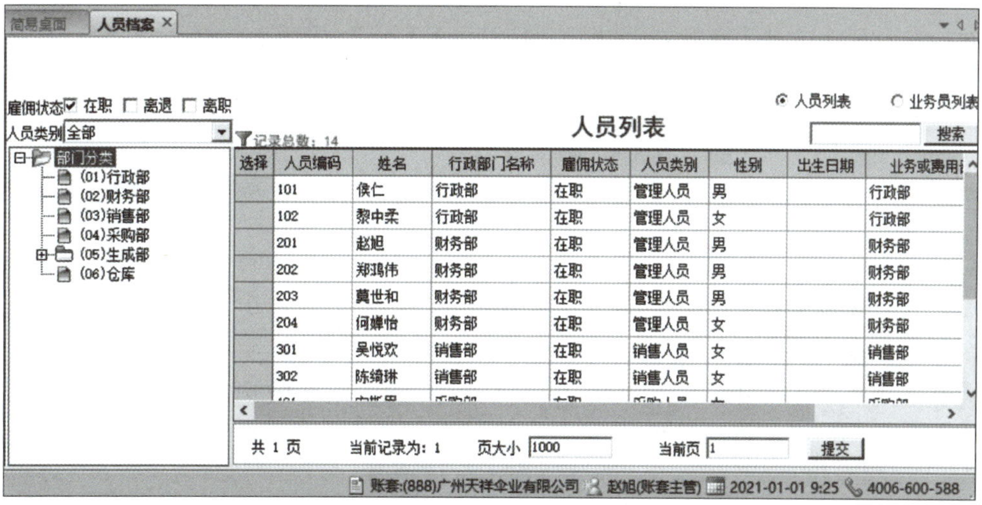

图2-8 人员列表

【注意事项】

人员档案主要用于记录本单位职员个人的信息资料，设置人员档案可以方便进行个人往来核算和管理等操作。人员档案包括人员编码、人员姓名、所属部门及职员属性等。人员编码必须唯一，保存后不能修改，人员姓名可以重复，也可以随时修改。

勾选“是否操作员”的人员，若该人员在系统管理用户列表中存在，那么勾选操作员时，对应操作员名称须从对应下拉框参照选择并更新保存，否则提示“操作员名称已经存在，不可重复”；若该人员在系统管理用户列表中不存在，系统自动将该人员追加到系统管理的用户中（角色为普通员工）。

此处的人员档案信息可供薪资管理系统人员档案功能调用，其所在部门、人员类别、雇佣状态、业务或费用部门名称影响工资分摊取数，录入时需仔细检查是否正确。

4. 关于客商信息，根据表 2–5 设置供应商分类。

表 2–5　供应商分类

序号	分类编码	分类名称	序号	分类编码	分类名称
1	01	国内	2	02	国外

【操作步骤】

（1）打开“供应商分类”窗口。双击【基础档案】–【客商信息】–【供应商分类】命令，打开“供应商分类”对话框。

（2）编辑供应商分类信息。在“供应商分类”窗口中，单击【增加】按钮，按要求输入信息，单击【保存】或按【F6】。

（3）增加其他供应商分类信息。同理，按要求输入其他供应商分类信息，全部输入完毕并检查无误后，单击【退出】或关闭“供应商分类”窗口，如图 2–9 所示。

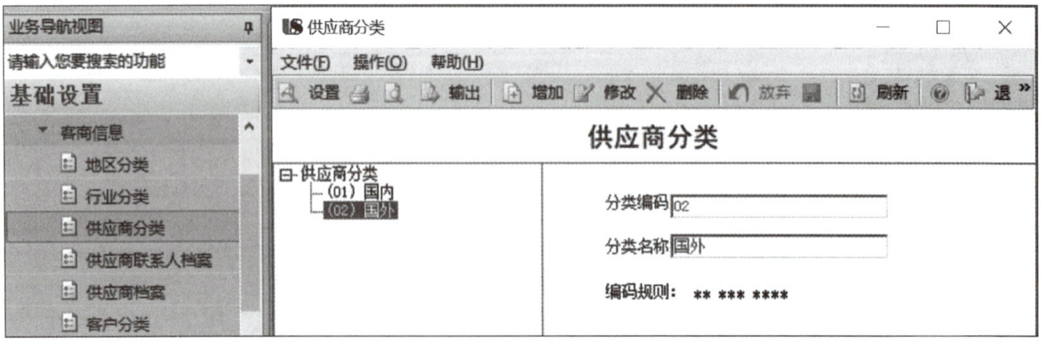

图 2–9　供应商分类设置

5. 根据表 2-6 设置供应商档案。

表 2-6 供应商档案

供应商编码	供应商名称（简称）	分类	税号	开户银行及银行账号	联系地址及电话
01	从化环亚包装有限公司（环亚公司）	01	440111287262958	工行从化支行神岗分理处 6602029933394088	广州市从化区广从路 987 号（020-87825062）
02	广州旭阳油墨有限公司（旭阳公司）	01	440111731550283	工行广州白云支行陈田分理处 6602028095047234	广州市白云区陈田村 53 号（020-47497601）
03	广州天晖实业有限公司（天晖公司）	01	440105287262958	工行广州海珠支行怡乐分理处 6602029933394088	广州市海珠区怡乐新村 10 号（020-64870097）
04	广州黎明五金有限公司（黎明公司）	01	440106485468421	工行广州花都支行狮岭分理处 6602026482151012	广州市花都区狮岭路大江直街 10 号（020-58462167）
05	广州从化自来水公司（自来水公司）	01	440110526343641	工行广州从化支行温泉分理处 6602022634364116	广州市从化区温泉镇玉泉街 56 号（020-37980192）
06	广州从化电力局（从化电力局）	01	440110140107429	工行广州从化支行府前路分理处 6602020906795207	广州市从化区府前路 153 号（020-87974261）

【操作步骤】

（1）打开供应商分类窗口。在 U8 企业应用平台双击【基础档案】-【客商信息】-【供应商档案】命令，打开“供应商档案”窗口。

（2）增加供应商档案。根据表 2-6 资料在“供应商档案”窗口中，单击【增加】按钮，在编辑区【基本】页签“供应商编码”栏输入“01”，在“供应商名称”栏输入“从化环亚包装有限公司”，在“供应商简称”栏输入“环亚公司”，在“税号”栏输入“440111287262958”，在“开户银行”栏输入“工行从化支行神岗分理处”，在“银行账号”栏输入“6602029933394088”，如图 2-10 所示。点击【联系】页签，在“地址”栏输入“广州市从化区广从路 987 号”，在“电话”栏输入“020-87825062”，然后点击【保存并新增】。

（3）按要求输入其他供应商档案，全部输入完毕并检查无误后，如图 2-11 所示，单击【退出】或关闭“供应商档案”窗口。

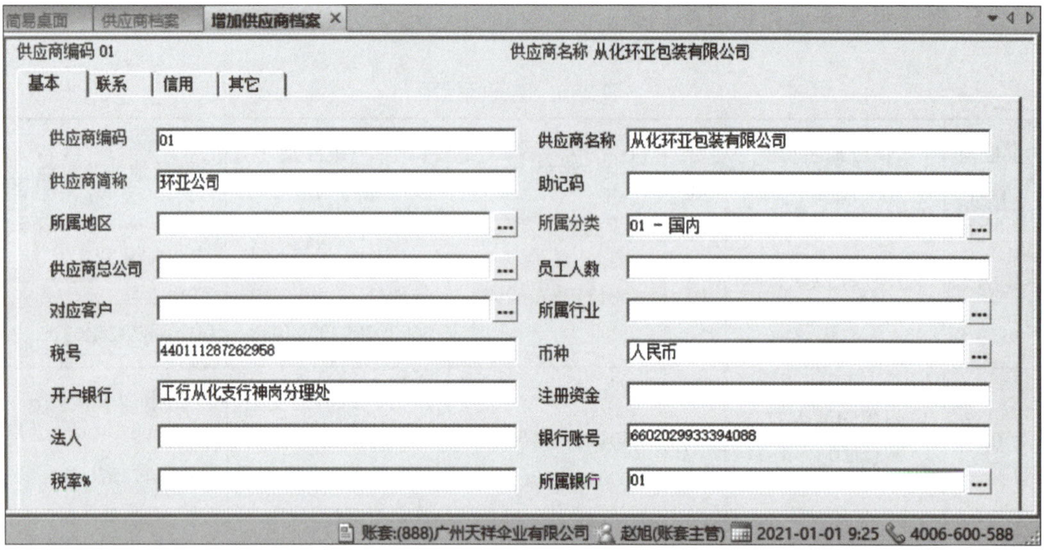

图 2-10　供应商档案设置

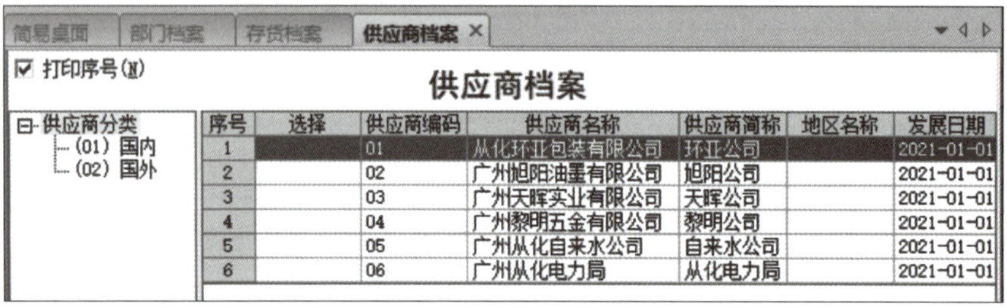

图 2-11　供应商档案明细

【注意事项】

页签包含供应商的主要信息，其中，蓝字的栏目为必填项。如果设置了“分管部门”和“专管业务员”，在填制采购发票时，系统自动根据供应商信息带出部门及业务员信息。

6. 根据表 2-7 设置客户分类档案。

表 2-7　客户分类

分类编码	分类名称	分类编码	分类名称
01	核心客户	02	普通客户

【操作步骤】

（1）打开客户分类窗口。在 U8 企业应用平台，双击【基础档案】-【客商信息】-【客户分类】命令，打开“客户分类”对话框。

（2）编辑客户分类。根据资料在“客户分类”窗口中，单击【增加】按钮，在“分类编码”栏输入“01”，在“分类名称”栏输入“核心客户”信息，单击【保存】。

（3）按要求输入其他客户分类信息，全部输入完毕并检查无误后，单击【退出】或关闭“客户分类”窗口。

【注意事项】

分类编码、分类名称是必填项。客户分类必须逐级增加。已经使用的客户分类不能删除，非末级客户分类不能删除。客户分类在U8总账、销售管理、应收款管理、存货核算系统均有重要用途。

7. 根据表2–8设置客户档案。

表2–8　客户档案

客户编码	客户名称（客户简称）	所属分类	税号	开户银行及银行账号	联系地址及电话	默认值
0101	广州华润万家有限公司（华润万家）	01	440101656246482	工行广州荔湾支行中山八路分理处 6602082843157467	广州市荔湾区中山八路12号（020–84314511）	是
0102	广州沃尔玛有限公司（沃尔玛）	01	440101181659014	工行广州天河支行体育西分理处 6602081597534682	广州市天河区体育西路78号（020–84315404）	是
0201	广州天旺伞业有限公司（天旺公司）	02	440104620254512	工行广州越秀支行站前路分理处 6602082508361512	广州市越秀区站前路564号（020–87825062）	是
0202	广州广百股份有限公司（广百公司）	02	440104532397929	工行广州白云支行永泰分理处 6602028095047234	广州市白云区永泰路23号（020–47497601）	是
0203	杭州天擎伞业有限公司（天擎伞业）	02	330165719597557	工行杭州滨江支行南环路分理处 6602024561239876	杭州市滨江区南环路3738号（0571–5668810）	是
0204	苏州天羽伞业有限公司（天羽伞业）	02	330100697058965	工行苏州吴江支行迎春南路分理处 6602029874563210	杭州市吴江区迎春南路468号（0512–6546919）	是
备注：0202 广州广百股份有限公司设置付款条件“4/10，1/30，n/60”；付款条件编码为02						

【操作步骤】

（1）打开客户档案。在U8企业应用平台，双击【基础档案】–【客商信息】–【客户档案】命令，打开“客户档案”对话框。

（2）编辑客户档案基本信息及联系信息。在“客户档案”窗口中，单击【01核心客户】。单击【增加】按钮，打开“增加客户档案”对话框。在【基本】页签的“客户编码”栏输入“0101”，在“客户名称”栏输入“广州华润万家有限公司”，在“客户简称”栏输入“华润万家”，在“税号”栏输入“440101656246482”，“所属分类”选择“01–核心客户”，如

图 2–12 所示。在【联系】页签“地址”栏输入“广州市荔湾区中山八路 12 号”,在“电话”栏输入“020–84314511”。

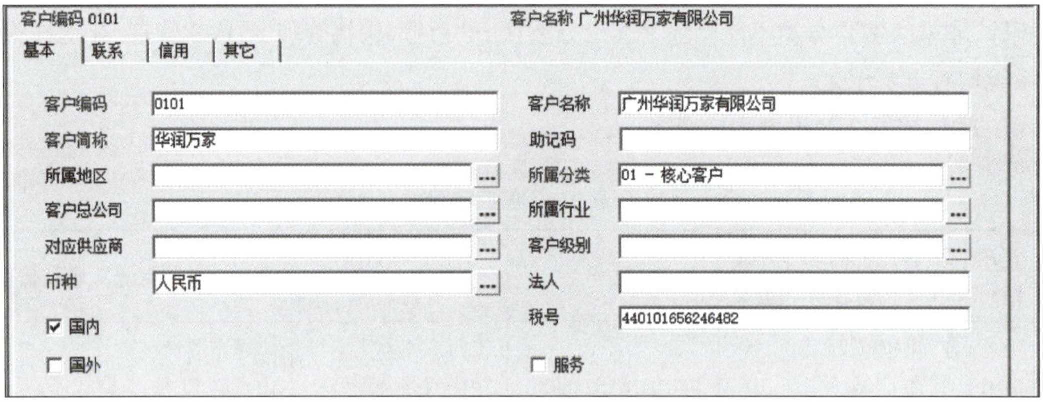

图 2–12　客户档案编辑窗

（3）编辑客户档案银行信息。单击左上角工具栏【银行】按钮,弹出“客户银行档案”对话框,单击【增加】按钮,在“所属银行”栏选择“中国工商银行”,在“开户银行信息”栏输入“工行广州荔湾支行中山八路分理处”,在“银行账号”栏输入“6602082843157467”,在“账户名称”栏输入“广州华润万家有限公司”,“默认值”选择“是”,单击【保存】按钮。然后点击左上角工具栏【保存】或【保存并新增】,如图 2–13 所示。

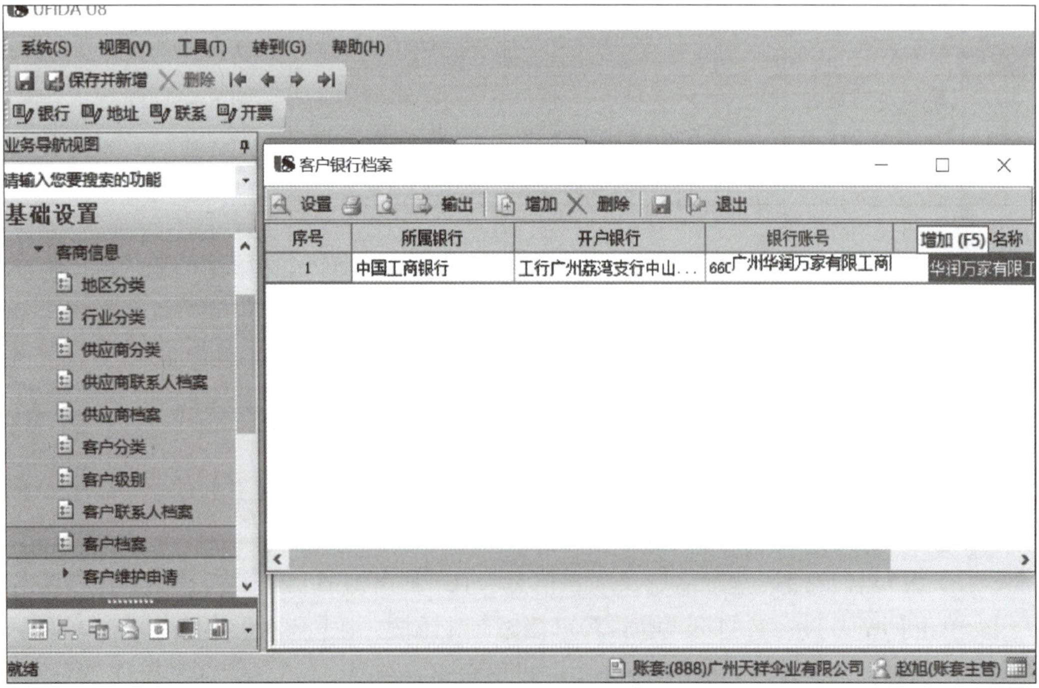

图 2–13　客户银行档案

（4）编辑其他客户档案信息。全部输入完毕检查无误后，单击【退出】或关闭窗口，单击【客户档案】右侧【客户分类】，如图 2–14 所示。

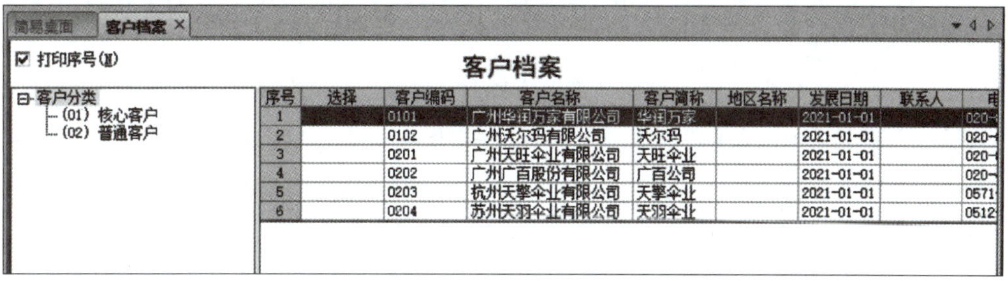

图 2–14　客户档案明细

（5）修改编辑客户档案信用信息。双击【基础设置】–【客户档案】，单击【0202 广州广百股份有限公司】，单击左上角【修改】，单击“信用”页签，点击【付款条件】–【编辑】，点击【增加】，“付款条件编码”输入“02”，“信用天数”输入“60”，“优惠天数 1”输入“10”，“优惠率 1”输入“4”，“优惠天数 2”输入“30”，“优惠率 2”输入“1”，点击【保存】，如图 2–15 所示，然后关闭窗口并退出。在“信用”页签“付款条件”栏输入“02”，点击左上角【保存】，关闭窗口。

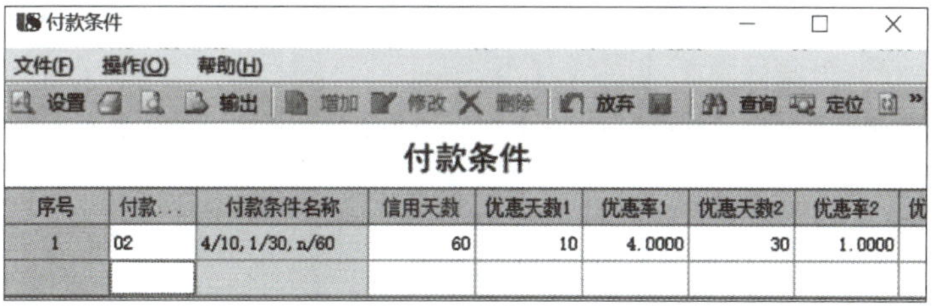

图 2–15　付款条件

【注意事项】

企业如果需要进行往来管理，就必须建立客户档案。建立客户档案直接关系到企业对客户数据的统计、汇总和查询等分类处理。客户档案中包含了客户的基本信息、联系信息、信用信息和其他信息。如果用户设置了客户分类，客户档案必须在“末级客户分类”中设置，如果未进行客户分类，客户档案则应在客户分类的“无分类”项下设置客户档案。

8. 根据表 2–9 设置存货分类。

表 2–9　存货分类表

序号	分类编码	分类名称	对应条形码
1	01	原材料	
2	02	产成品	
3	03	应税劳务	

【操作步骤】

（1）2021 年 1 月 1 日，由赵旭（Z01）登录 U8 企业应用平台。

（2）打开存货分类窗口。双击【基础设置】-【基本档案】-【存货】-【存货分类】命令，进入“存货分类”窗口。

（3）增加存货分类信息。单击工具栏【增加】按钮。在“分类编码”栏输入“01”；在“分类名称”栏输入“原材料”。单击【保存】按钮保存该类存货，如图 2-16 所示。同理增加其他存货分类信息。

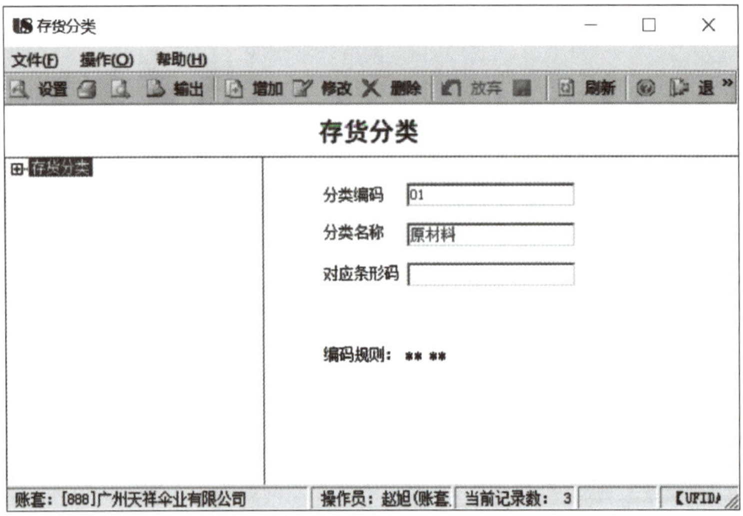

图 2-16 存货分类

9. 根据表 2-10 设置计量单位组及计量单位。

表 2-10 计量单位组及计量单位

序号	计量单位组编码	计量单位组名称	计量单位组类别	是否默认值
1	01	数量	无换算率	
2	02	里程	固定换算率	
计量单位编码	**计量单位名称**	**计量单位组编码**	**计量单位组名称**	**计量单位组类别**
0101	千克	01	数量	无换算率
0102	支	01	数量	无换算率
0103	个	01	数量	无换算率
0104	米	01	数量	无换算率
0105	包	01	数量	无换算率
0106	件	01	数量	无换算率
0107	把	01	数量	无换算率

续表

计量单位编码	计量单位名称	计量单位组编码	计量单位组名称	计量单位组类别
0108	立方米	01	数量	无换算率
0109	千瓦时	01	数量	无换算率
0201	公里	02	里程	固定换算率
0202	千米	02	里程	固定换算率（比率 1）

【操作步骤】

（1）打开计量单位窗口。双击【基础设置】-【基本档案】-【存货】，单击【计量单位】，进入“计量单位”窗口。

（2）增加计量单位组。在“计量单位”窗口中，单击【分组】按钮，打开“计量单位组”窗口。单击【增加】按钮，“计量单位组编码”输入“01”，“计量单位组名称”输入“数量”，“计量单位组类别”输入“无换算率”，单击【保存】或【增加】按钮进入下一条信息录入。同理，输入“里程”单位组，如图 2-17 所示。

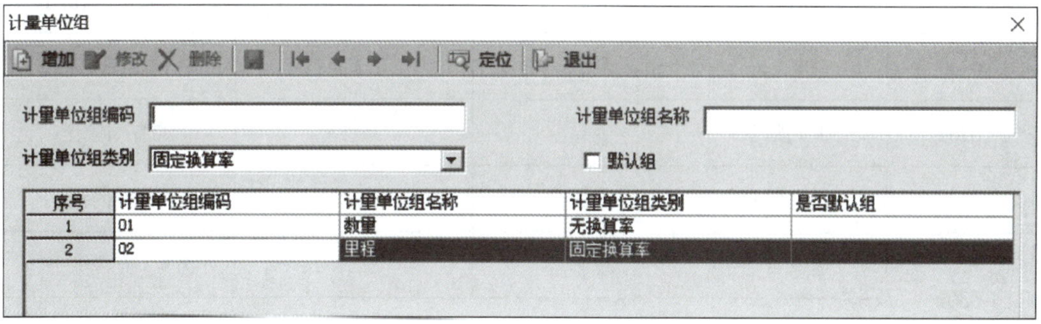

图 2-17 计量单位组

（3）编辑计量单位。在“计量单位”窗口中，单击【数量】计量单位组，单击【单位】按钮，打开“计量单位设置”对话框。单击【增加】，在“计量单位编码”栏输入“0101”，在“计量单位名称”栏输入“千克”，点击【保存】退出，或者点击【增加】可以保存并新增。同理输入其他单位，全部添加完成后如图 2-18 所示。添加完毕退出“计量单位”窗口。

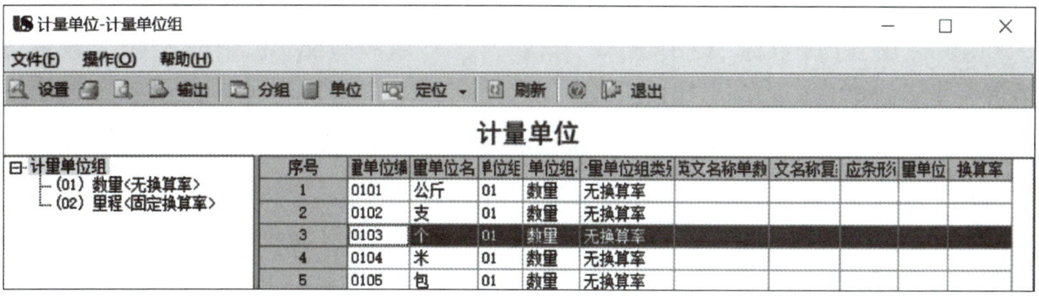

图 2-18 计量单位

10. 根据表 2-11 设置存货档案。

表 2-11　存货档案

<table>
<tr><th>存货编码</th><th>存货名称</th><th>计量单位组名称</th><th>主计量单位名称</th><th>存货属性</th></tr>
<tr><td>0101</td><td>伞柄</td><td>数量</td><td>支</td><td>外购、生产耗用</td></tr>
<tr><td>0102</td><td>伞帽</td><td>数量</td><td>个</td><td>外购、生产耗用</td></tr>
<tr><td>0103</td><td>伞布</td><td>数量</td><td>米</td><td>外购、生产耗用</td></tr>
<tr><td>0104</td><td>珠仔</td><td>数量</td><td>包</td><td>外购、生产耗用</td></tr>
<tr><td>0105</td><td>二折伞骨</td><td>数量</td><td>件</td><td>外购、生产耗用</td></tr>
<tr><td>0106</td><td>三折伞骨</td><td>数量</td><td>件</td><td>外购、生产耗用</td></tr>
<tr><td>0107</td><td>油墨</td><td>数量</td><td>千克</td><td>外购、生产耗用</td></tr>
<tr><td>0108</td><td>水</td><td>数量</td><td>立方米</td><td>外购、生产耗用</td></tr>
<tr><td>0109</td><td>电</td><td>数量</td><td>千瓦时</td><td>外购、生产耗用</td></tr>
<tr><td>0201</td><td>二折太阳伞</td><td>数量</td><td>把</td><td>自制、内销</td></tr>
<tr><td>0202</td><td>三折太阳伞</td><td>数量</td><td>把</td><td>自制、内销</td></tr>
<tr><td rowspan="2">0301</td><td>运输费</td><td>里程</td><td>千米</td><td>外购、应税劳务</td></tr>
<tr><td colspan="4">备注：其中运输费税率为 9%，水税率为 6%，其余均为 13%</td></tr>
</table>

【操作步骤】

（1）打开存货档案窗口。在 U8 企业应用平台双击【基础设置】-【基本档案】-【存货】-【存货档案】命令，进入“存货档案”窗口。

（2）编辑存货档案信息。在“存货档案”窗口中，单击【（01）原材料】，单击【增加】按钮，打开“增加存货档案”窗口输入数据。在【基本】选项卡“存货编码”栏输入“0101”，在“存货名称”栏中输入“伞柄”，在“计量单位组”栏中输入“01- 数量”，在“主要计量单位”栏输入“0102- 支”，将“销项税率”“进项税率”修改成“13”。“存货属性”栏勾选“外购”“生产耗用”，保存该存货档案并添加剩余存货档案，如图 2-19 所示。

（3）所有存货档案添加完毕，关闭“增加存货档案”窗口，返回“存货档案”窗口，结果如图 2-20 所示。

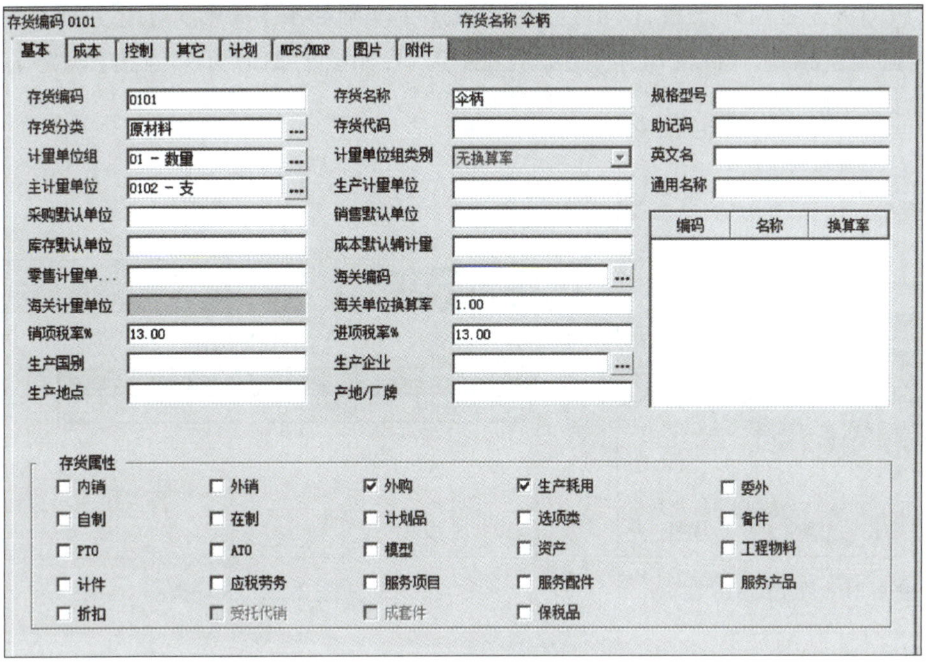

图 2-19 存货档案编辑

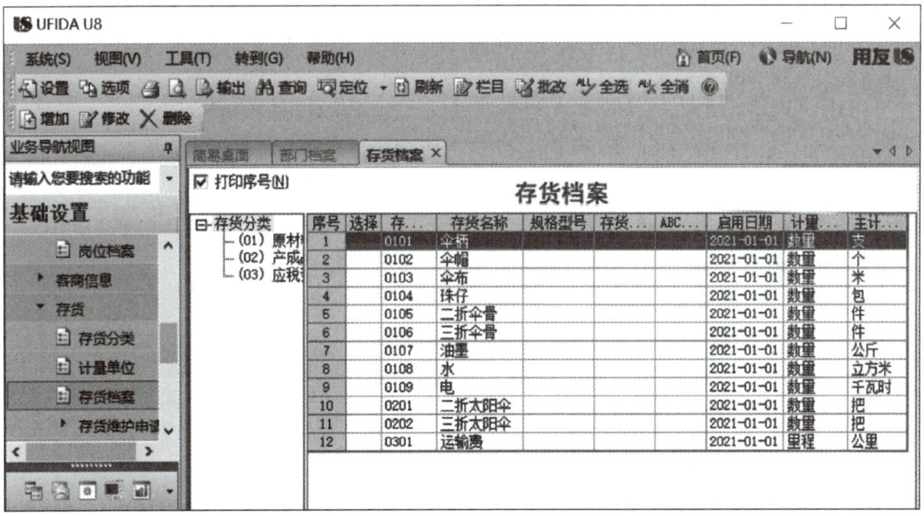

图 2-20 存货档案明细

11. 根据表 2-12 设置凭证类别。

表 2-12 凭证类别

类别字	类别名称	限制类型	限制科目	调整期
记	记账凭证	无限制		

【操作步骤】

打开 U8 企业应用平台，双击【基础设置】-【基础档案】-【财务】-【凭证类别】打开“凭证类别预置”窗口，勾选“记账凭证”选项，如图 2-21 所示。点击【确定】，弹出图 2-22 显示框，然后退出。

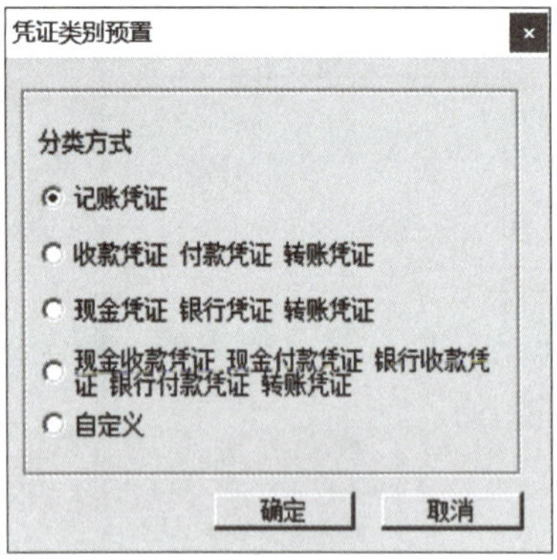

图 2-21　存货类别预置

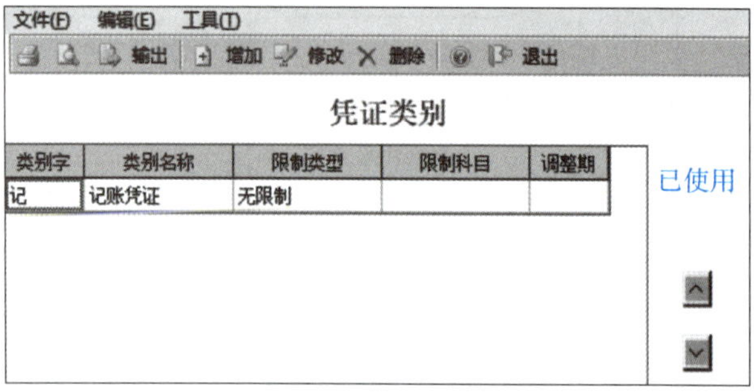

图 2-22　凭证类别

12. 进行外币设置（币名：美元；币符：USD；固定汇率 1∶6.34）。

【操作步骤】

在 U8 企业应用平台下，双击【基础设置】-【基础档案】-【财务】-【外币设置】，打开“外币设置”窗口，点击【增加】，在“币符”栏输入“USD”，在“币名”栏输入“美元”，点击右下角【确定】，在“记账汇率”栏输入“6.34”，如图 2-23 所示。

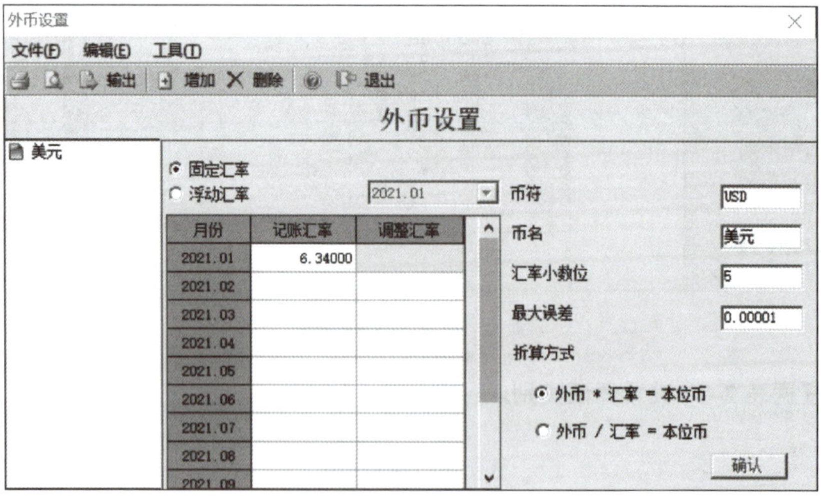

图 2-23　外币设置

13. 根据表 2-13 设置会计科目。

表 2-13　会计科目表

科目编码	科目名称	计量单位	辅助账类型	账页格式	余额方向	受控系统	银行账	日记账
1001	库存现金			金额式	借			Y
1002	银行存款			金额式	借		Y	Y
100201	工行存款			金额式	借		Y	Y
100202	招行存款	外币		金额式	借		Y	Y
1012	其他货币资金			金额式	借			
101201	存出投资款			金额式	借			
101202	银行汇票存款			金额式	借			
101203	银行本票存款			金额式	借			
1121	应收票据		客户往来	金额式	借	应收系统		
1122	应收账款		客户往来	金额式	借	应收系统		
1123	预付账款		供应商往来	金额式	借	应付系统		
1221	其他应收款		个人往来	金额式	借			
1402	在途物资			金额式	借			
140201	伞柄			金额式	借			
140202	伞帽			金额式	借			
140203	伞布			金额式	借			
140204	珠仔			金额式	借			
140205	二折伞骨			金额式	借			
140206	三折伞骨			金额式	借			
140207	油墨			金额式	借			
1403	原材料			金额式	借			
140301	伞柄	支		数量金额式	借			
140302	伞帽	个		数量金额式	借			
140303	伞布	米		数量金额式	借			

续表

科目编码	科目名称	计量单位	辅助账类型	账页格式	余额方向	受控系统	银行账	日记账
140304	珠仔	包		数量金额式	借			
140305	二折伞骨	件		数量金额式	借			
140306	三折伞骨	件		数量金额式	借			
140307	油墨	公斤		数量金额式	借			
1405	库存商品	把	项目核算	数量金额式	借			
1604	在建工程			金额式	借			
160401	1号仓库			金额式	借			
2201	应付票据		供应商往来	金额式	贷	应付系统		
2202	应付账款			金额式	贷			
220201	一般应付款		供应商往来	金额式	贷	应付系统		
220202	应付暂估款		供应商往来	金额式	贷			
2203	预收账款		客户往来	金额式	贷	应收系统		
220301	人民币户		客户往来	金额式	贷	应收系统		
220302	美元户		客户往来 外币核算	金额式	贷	应收系统		
2211	应付职工薪酬			金额式	贷			
221101	工资			金额式	贷	对应工资系统工资分摊科目设置		
221102	职工福利			金额式	贷			
221103	社会保险费			金额式	贷			
221104	住房公积金			金额式	贷			
221105	工会经费			金额式	贷			

续表

科目编码	科目名称	计量单位	辅助账类型	账页格式	余额方向	受控系统	银行账	日记账
221106	职工教育经费			金额式	贷			
221107	非货币性福利			金额式	贷			
221108	辞退福利			金额式	贷			
2221	应交税费			金额式	贷			
222101	应交增值税			金额式	贷			
22210101	进项税额			金额式	贷			
22210102	已交税金			金额式	贷			
22210103	销项税额			金额式	贷			
22210104	进项税额转出			金额式	贷			
22210105	转出未交增值税			金额式	贷			
222102	未交增值税			金额式	贷			
222103	应交所得税			金额式	贷			
222104	应交城市维护建设税			金额式	贷			
222105	应交教育费附加			金额式	贷			
222106	应交地方教育费附加			金额式	贷			
222107	个人所得税			金额式	贷			
224101	代扣四险一金			金额式	贷			
5001	生产成本		项目核算	金额式	借			
5101	制造费用			金额式	借			
510101	工资			金额式	借			
510102	折旧费			金额式	借			
510103	水电费			金额式	借			
510104	办公费			金额式	借			
510105	社保费			金额式	借			
510106	公积金			金额式	借			
6001	主营业务收入		项目核算	金额式	贷			
630101	罚款收入			金额式	贷			
630102	债务重组利得			金额式	贷			
630103	接受捐赠			金额式	贷			

续表

科目编码	科目名称	计量单位	辅助账类型	账页格式	余额方向	受控系统	银行账	日记账
6401	主营业务成本		项目核算	金额式	借			
6403	税金及附加（修改会计科目名称）			金额式	借			
6601	销售费用			金额式	借			
660101	工资			金额式	借			
660102	折旧费			金额式	借			
660103	水电费			金额式	借			
660104	差旅费			金额式	借			
660105	广告费			金额式	借			
660106	社保费			金额式	借			
660107	公积金			金额式	借			
6602	管理费用			金额式	借			
660201	工资			金额式	借			
660202	折旧费			金额式	借			
660203	水电费			金额式	借			
660204	差旅费		部门核算	金额式	借			
660205	办公费		部门核算	金额式	借			
660206	维修费			金额式	借			
660207	其他			金额式	借			
660208	社保费			金额式	借			
660209	公积金			金额式	借			
6603	财务费用			金额式	借			
660301	利息			金额式	借			
660302	现金折扣			金额式	借			
660303	汇兑损益			金额式	借			
660304	其他			金额式	借			
671101	捐赠支出			金额式	借			
671102	罚款支出			金额式	借			
671103	债务重组损失			金额式	借			
6702	信用减值损失			金额式	借			

【操作步骤】

（1）2021 年 1 月 1 日，由赵旭（Z01）登录 U8 企业应用平台。

（2）编辑会计科目。双击【基础设置】-【基础档案】-【财务】-【会计科目】点击【增加】打开“增加会计科目”窗口。在“科目编码”栏输入“100201”，在“科目名称”输入“工行存款”，同时勾选右下角“日记账”“银行账”，如图 2-24 所示，然后点击【确定】，该科目添加成功。单击【增加】按钮，继续添加剩余科目，全部添加后退出“新增会计科目”窗口。

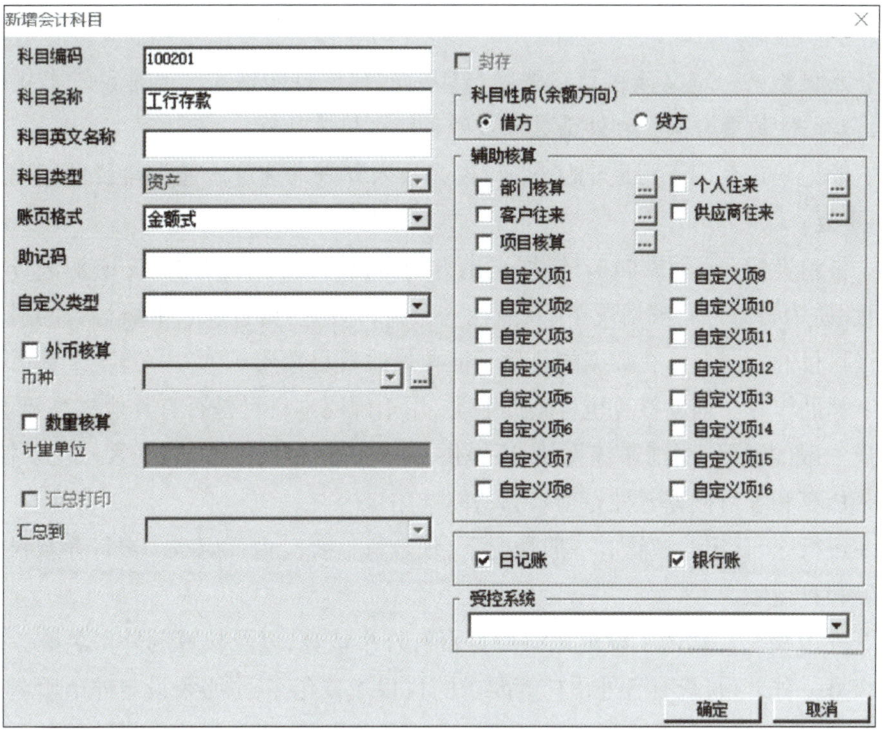

图 2-24　新增会计科目

（3）修改会计科目设置。由操作员赵旭（Z01）登录企业应用平台，双击【基础设置】-【基础档案】-【财务】-【会计科目】，选择【1121 应收票据】点击【修改】，打开“会计科目 - 修改”窗口，点击【修改】，勾选辅助核算“客户往来”，“受控系统”栏弹出“应收系统”，点击【确定】。其他科目根据资料添加或者修改。

【注意事项】

会计科目设置的功能是将单位会计核算中使用的科目逐一地按要求描述给系统，并将科目设置的结果保存在科目文件中，实现对会计科目的管理。财会人员可以根据会计核算和管理的需要，设置适合自身业务特点的会计科目体系。

会计科目设置的内容包含以下几个方面。

（1）科目编码。科目编码应是科目全编码，即从一级科目至本级科目的各级科目编码组合。其中,各级科目编码必须唯一,且必须按其级次的先后次序建立,即先有上级科目,然后才能建立下级明细科目。科目编码中的一级科目编码必须符合现行的会计制度。通常,通用商品化会计核算系统在建立账套时,会自动导入规范的一级会计科目。

(2)科目名称。科目名称是指本级科目名称,通常分为科目中文名称和科目英文名称。在中文版中,必须录入中文名称;若是英文版,则必须录入英文名称。科目的中文名称和英文名称不能同时为空。

(3)科目类型。科目类型是指会计制度中规定的科目类型,分为:资产、负债、所有者权益、成本、损益。

(4)账页格式。定义该科目在账簿打印时的默认打印格式。通常系统会提供金额式、外币金额式、数量金额式和外币数量式四种账页格式选择。

(5)助记码。其用于帮助记忆科目,提高录入和查询速度。通常科目助记码不必唯一,可以重复。

(6)科目性质(余额方向)。增加记借方的科目,科目性质为借方;增加记贷方的科目,科目性质为贷方。一般情况下,只能在一级科目设置科目性质,下级科目的科目性质与其一级科目的相同。已有数据的科目不能再修改科目性质。

(7)辅助核算。辅助核算也称辅助账类,用于说明本科目是否有其他核算要求,系统除了完成一般的总账、明细账核算外,还提供部门核算、个人往来核算、客户往来核算、供应商往来核算和项目核算五种专项核算功能选用。

(8)银行账、日记账核算。一般情况下,现金科目要设为日记账。银行存款科目要设为银行账和日记账。

(9)外币核算。其用于设定该科目是否有外币核算,以及核算的外币名称。一个科目只能核算一种外币,只有有外币核算要求的科目才被允许,也必须设定外币币名。

(10)数量核算。其用于设定该科目是否有数量核算,以及设定数量计量单位。计量单位可以是任何汉字或字符,如:千克、件、吨等。

14. 指定现金科目、银行科目。

【操作步骤】

(1)登录系统。2021年1月1日,由赵旭(Z01)登录U8企业应用平台。

(2)打开会计科目窗口。双击【基础设置】-【基础档案】-【财务】-【会计科目】。

(3)指定现金科目。单击工具栏【编辑】,点击打开“指定科目”窗口,选择“现金科目”,“待选科目”选择“1000银行存款”,单击【>】,“已选科目”显示“1001库存现金”,点击【确定】,如图2-25所示。

(4)指定银行科目。单击左侧“银行科目”,再单击【>】将“1002银行存款”添加到“已选科目”区。单击【确定】按钮,完成指定科目并返回“会计科目”窗口。

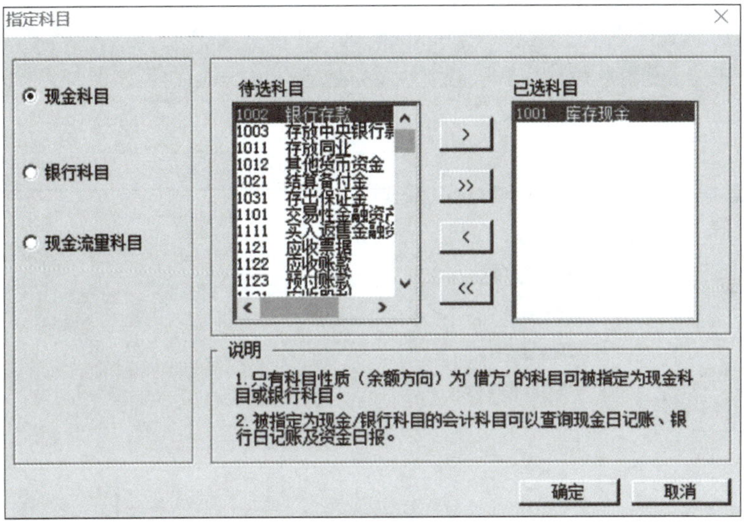

图 2–25　指定科目

15. 根据表 2–14 及表 2–15 设置项目目录。

表 2–14　产品项目核算科目

项目名称	科目编码	科目名称	分类编码	分类名称
产品核算	1405	库存商品	1	产成品
	5001	生产成本		
	6001	主营业务收入		
	6401	主营业务成本		

表 2–15　项目分类及明细

项目大类名称	项目编号	项目名称	是否结算	所属分类码
产品核算	001	二折太阳伞		1
	002	三折太阳伞		1

【操作步骤】

（1）增加项目大类。打开 U8 企业应用平台，双击【基础设置】–【基础档案】–【财务】–【项目目录】，打开“项目档案”窗口，点击【新增】，在“新项目大类名称”栏输入“产品核算”，如图 2–26 所示，单击【下一步】，到“定义项目级次”界面（取系统默认值），再单击【下一步】到“定义项目栏目”界面（取系统默认值），单击【完成】按钮，项目大类添加完毕后自动返回“项目档案”窗口。

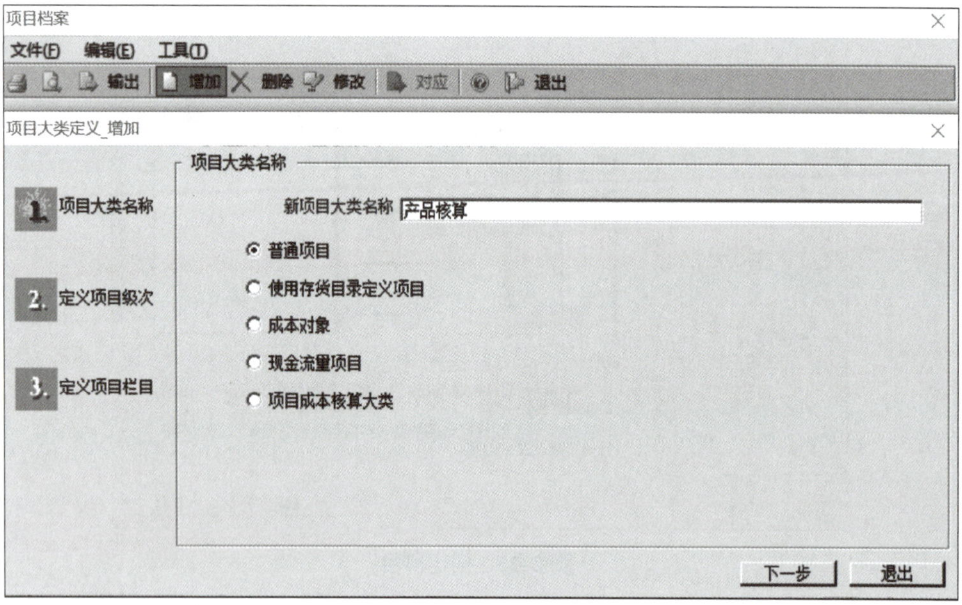

图 2-26　项目档案分类

（2）设置项目核算科目。单击【项目档案】窗口，在“项目大类”下拉框选择【产品核算】，选择“待选科目”中【1405 库存商品】【6001 主要业务收入】【6401 主营业务成本】【5001 生产成本】并移动到“已选科目”区，如图 2-27 所示。

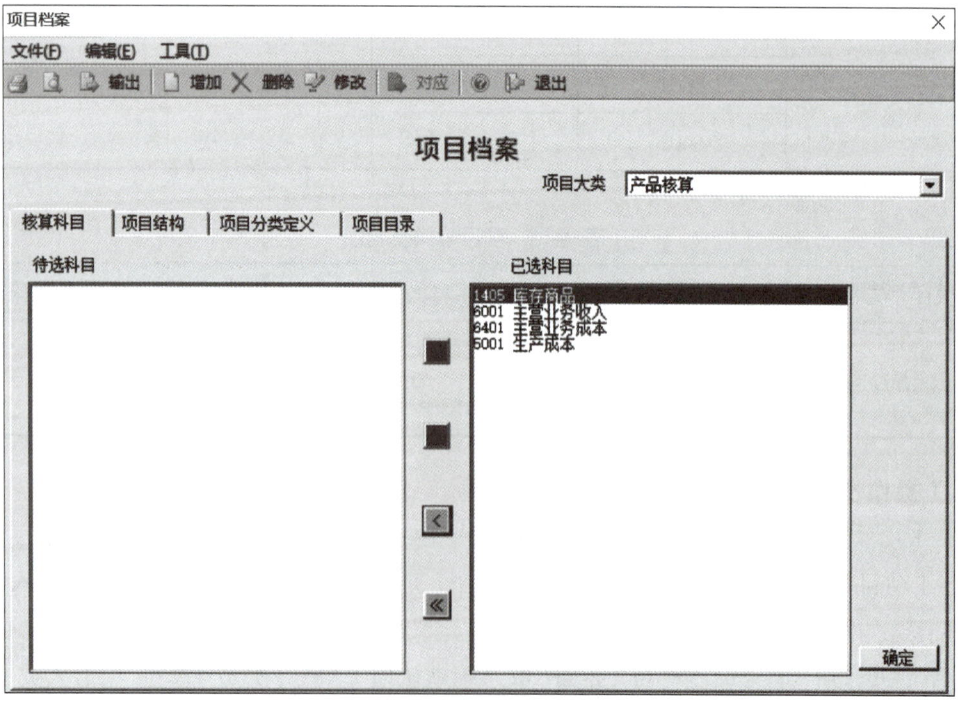

图 2-27　产品核算项目核算科目

（3）编辑项目分类定义。单击“项目档案”窗口【项目分类定义】,单击窗口右下方的【增加】按钮,根据资料在“分类编码”栏输入“1”,在“分类名称”栏输入“产成品”,单击【确定】按钮,如图2–28所示。

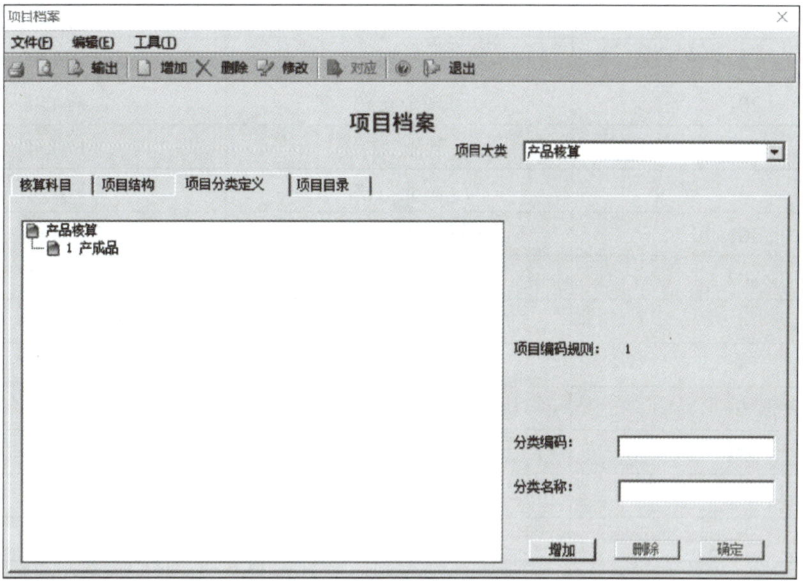

图2–28　项目分类定义

（4）编辑项目目录。单击“项目档案”窗口【项目目录】,单击右下角【维护】进入【项目目录维护】窗口,单击【增加】按钮,在“项目编号”栏输入“001”,在“项目名称”栏输入“二折太阳伞”,“是否结算”栏空白,在“所属分类码”栏输入“1”,如图2–29所示。

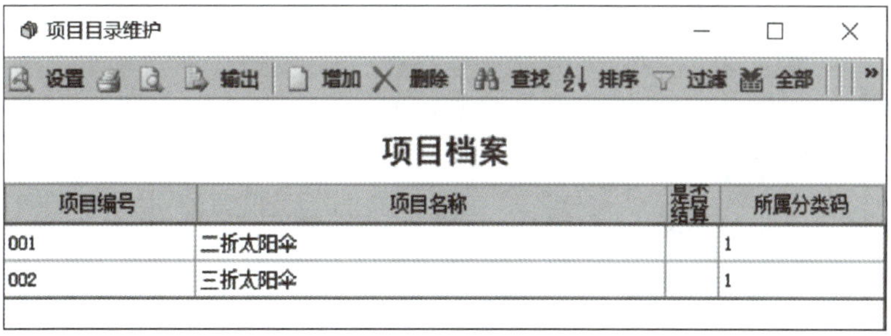

图2–29　项目档案

16. 根据表 2–16 设置结算方式。

表 2–16 结算方式

结算方式编码	结算方式名称	是否票据管理
1	现金结算	FALSE
2	支票	FALSE
201	现金支票	FALSE
202	转账支票	FALSE
3	商业汇票	FALSE
301	银行承兑汇票	FALSE
302	商业承兑汇票	FALSE
4	银行本票	FALSE
5	银行汇票	FALSE
6	汇兑	FALSE
601	电汇	FALSE
602	信汇	FALSE
7	托收承付	FALSE
8	委托收款	FALSE
9	其他	FALSE

【操作步骤】

打开 U8 企业应用平台，双击【基础信息】–【基础档案】–【收付结算】–【结算方式】，点击工具栏【增加】，在"结算编号"栏输入"1"，在"结算名称"栏输入"现金结算"，保存后继续添加其他付款条件，如图 2–30 所示。

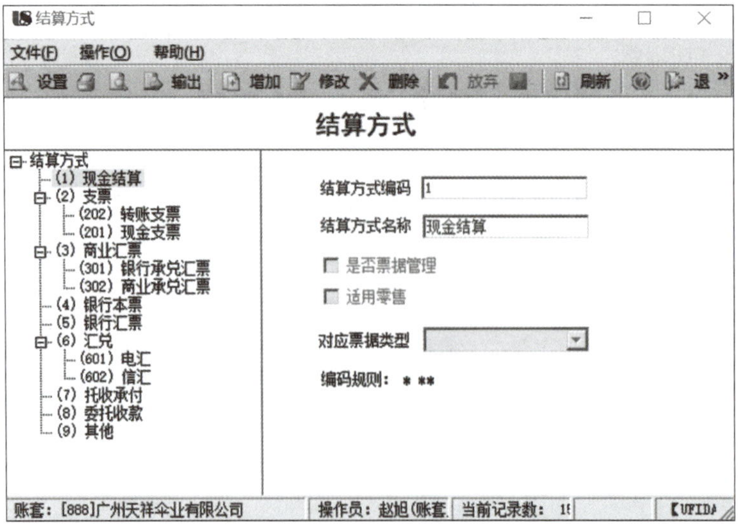

图 2–30 结算方式

17. 根据表 2–17 设置付款条件。

表 2–17 付款条件

付款条件编码	付款条件名称
01	2/10，n/30
02	4/10，1/30，n/60

【操作步骤】

打开 U8 企业应用平台，双击【基础信息】–【基础档案】–【收付结算】–【付款条件】，在工具栏点击【增加】，在“付款条件码”栏目输入“1”，在“信用天数”栏输入“30”，在“优惠天数 1”栏输入“10”，在“优惠率 1”栏输入“2”，然后点击【保存】或按【F6】，如图 2–31 所示。

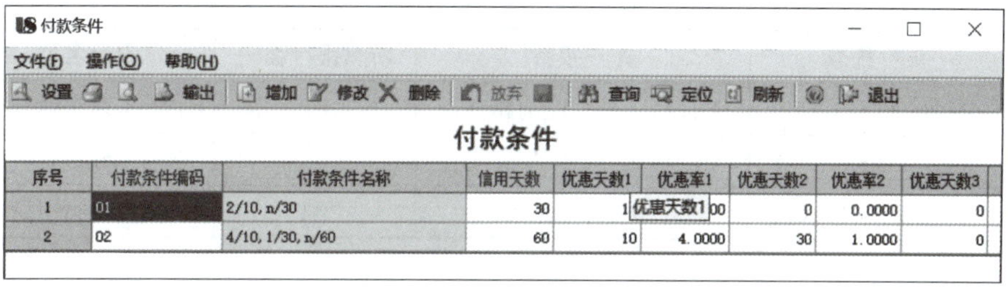

图 2–31 付款条件

18. 根据表 2–18 设置银行档案。

表 2–18 银行档案

银行编码	银行名称	个人账号长度	企业账号是否定长	企业账号长度
01	中国工商银行	14	是	16
02	招商银行	11	是	16

【操作步骤】

打开 U8 企业应用平台，双击【基础信息】–【基础档案】–【收付结算】–【银行档案】，选择【01 中国工商银行】，点击工具栏【修改】打开“修改银行档案”窗口。“个人账户规则”勾选“定长”，“账户长度”输入“14”，“企业账户规则”勾选“定长”，“账户长度”输入“16”，如图 2–32 所示。

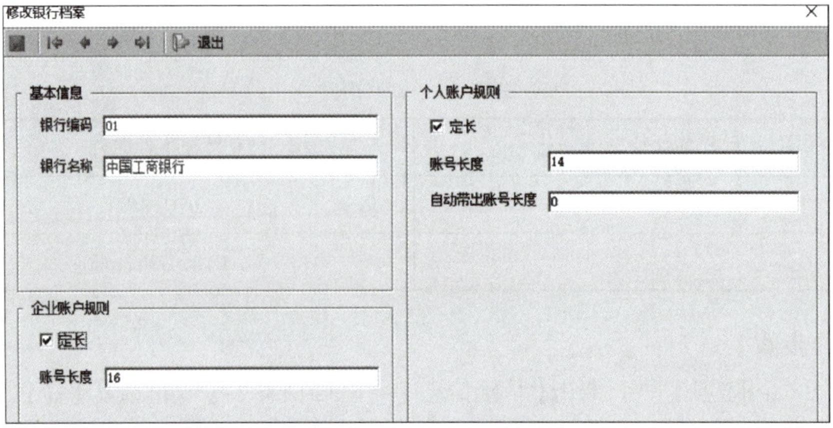

图 2-32　修改银行档案

19. 根据表 2-19 设置单位开户银行信息。

表 2-19　开户银行信息

编码	银行账号	开户银行	所属银行编码	所属银行名称	币种
001	6602028800008709	工行从化分行府前路支行	01	中国工商银行	RMB
002	6602028800008981	工行从化分行中华路支行	01	中国工商银行	RMB
003	1234567890123432	招商银行广州支行	02	招商银行	USD

【操作步骤】

打开 U8 企业应用平台，双击执行【基础信息】-【基础档案】-【收付结算】-【本单位开户银行】，点击工具栏【增加】打开“增加本单位开户银行”窗口，在“编号”栏输入“001”，在“银行账号”栏输入“6602028800008709”，“币种”栏选择“人民币”，在“开户银行”栏输入“工行从化分行府前支行”，“所属银行编码”栏选择“01 中国工商银行”，如图 2-33 所示，然后点击【保存】或按【F6】保存。

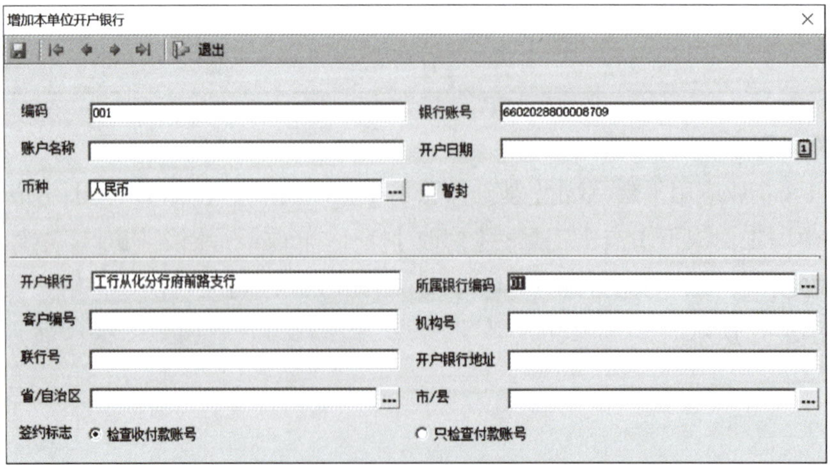

图 2-33　增加单位开户银行

20. 根据表 2–20 设置常用摘要。

表 2–20　常用摘要

摘要编码	摘要内容	摘要编码	摘要内容
01	提取现金	04	结转销售成本
02	借支差旅费	05	销售商品
03	缴税	06	报销差旅费

【操作步骤】

打开 U8 企业应用平台，双击【基础信息】–【基础档案】–【其他】，打开“常用摘要”，点击【增加】，在“摘要编码”栏输入“01”，在“摘要内容”栏输入“提出现金”，点击【增加】，保存并增加，如图 2–34 所示，添加所有常用摘要后退出。

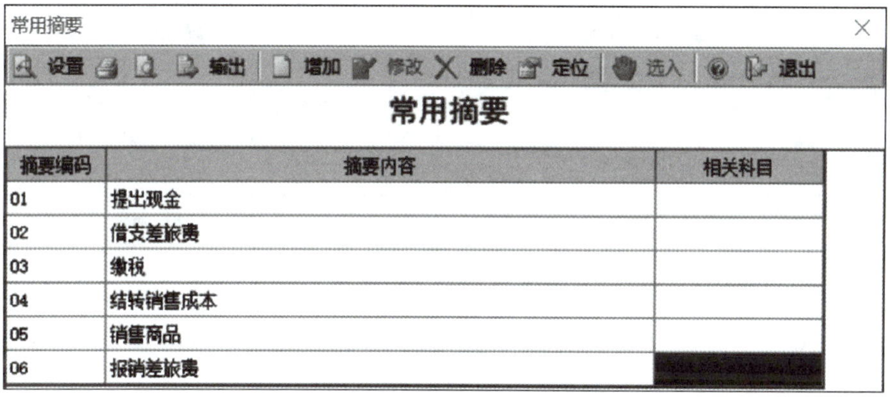

图 2–34　常用摘要

21. 单据设置（基础设置 – 单据设置）。

在材料出库单单据格式中增加“项目编码”“项目”。采购专用发票、采购订单、销售专用发票、销售订单均改为完全手工编号。修改委托结算单，结算单号为完全手工编号，并增加表头项目发票号，设置为必输项目。

【操作步骤】

（1）设置单据格式。双击【基础信息】–【单据设置】–【单据格式设置】，点击左上角【模板夹】，从左侧【U8 单据目录分类】–【库存管理】–【材料出库单】，选择【显示】–【材料出库单】，点击工具栏【表体项目】，打开“表体”窗口，滑动“项目名称”滑动块选择“40 项目”及“41 项目编码”，如图 2–35 所示，点击【确定】，点击左上角【保存】图标。

（2）设置单据类型。双击【基础信息】–【单据设置】–【单据编号设置】，打开“单据编号设置”窗口，从窗口左侧【单据类型】中打开“采购管理”单据“采购专用发票”，点击右侧【 】，“详细信息”栏勾选“完全手工编号”，单击右边【 】，如图 2–36 所示。

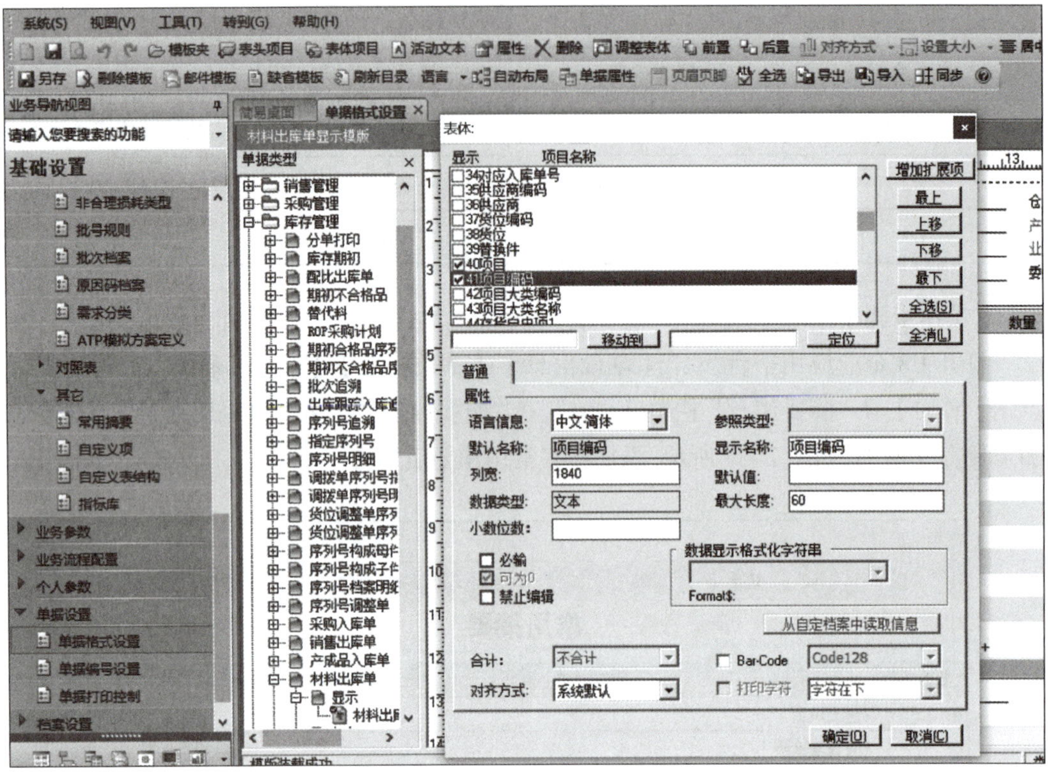

图 2-35　单据格式设置

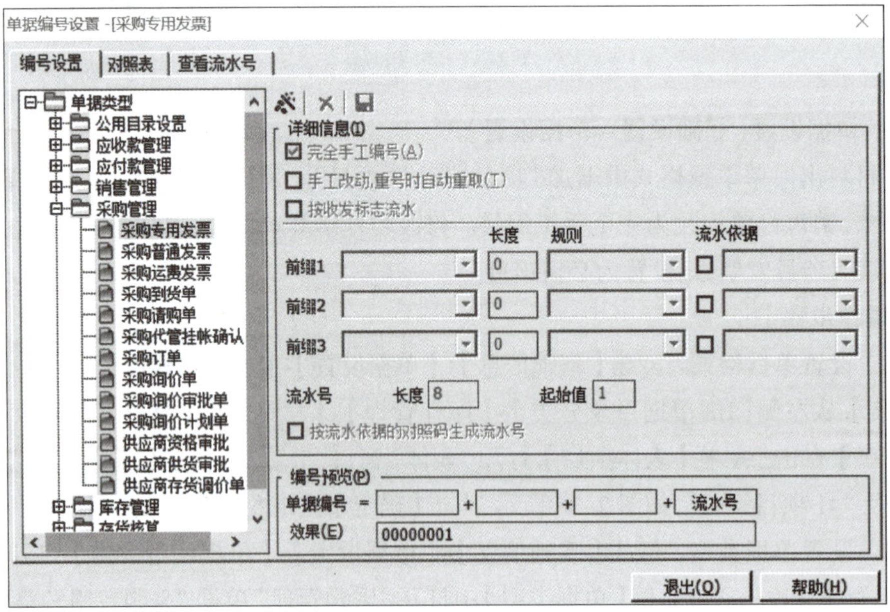

图 2-36　采购专业发票单据设置

（3）修改编号方式。同上操作修改采购订单、销售专用发票、销售订单、委托代销单，均改为完全手工编号。

（4）修改表头设置。双击执行【基础信息】-【单据设置】-【单据格式设置】，点击右侧【U8 单据目录分类】中【销售管理】-【委托代销结算单】-【显示－委托地下结算单】，点击工具栏的“表头项目”，在【项目名称】列表中勾选“31 发票号”并选择【必输】，如图 2–37 所示，然后点击【确定】保存。

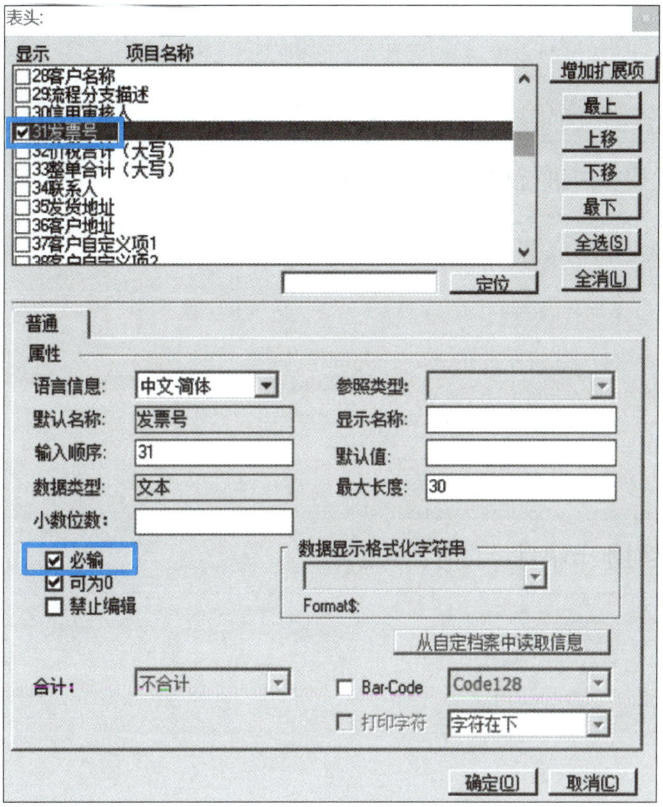

图 2–37　单据表头设置

【操作视频】

项目二　基础档案及公共目录设置操作视频

【思考题】

1. 指定科目的作用是什么?

2. 应收账款按客户进行辅助核算有什么作用?

3. 编码方案对本节项目设置有什么影响?

模块二

财务会计系统

一、学习目的

1. 掌握用友 U8 V10.1 管理软件中总账管理系统初始设置的相关内容。
2. 理解总账管理系统初始设置的意义。
3. 掌握总账管理系统初始设置的操作方法。
4. 了解固定资产系统的功能和操作流程。
5. 掌握固定资产系统基础设置的内容和方法。
6. 掌握固定资产系统的业务操作流程。
7. 掌握固定资产系统期末对账和结账方法。
8. 掌握有关工资管理的相关内容。
9. 掌握工资系统初始化、日常业务处理、工资分摊及月末处理的操作方法。

二、学习内容

1. 总账管理系统径控制参数设置。
2. 期初余额录入。
3. 总账日常业务的处理。
4. 固定资产系统的初始设置。
5. 固定资产系统参数设置。
6. 固定资产卡片管理。
7. 固定资产系统折旧的计提。
8. 固定资产的增加和减少的处理。
9. 固定资产的账表查询和分析。
10. 工资系统初始设置。

11. 工资系统日常业务处理。
12. 工资分摊及月末处理。
13. 工资系统数据查询。

思政园地

在账务处理过程中，会计、出纳、主管都应该遵守企业会计准则，按会计准则的规定进行日常核算处理。同时遵守国家税收法律法规对各税种进行核算、申报，避免涉水风险的同时为企业利益最大化服务。在固定资产管理、薪资核算中维护企业的经济利益。

项目三　总账系统

任务一　总账初始化

1. 总账系统参数设置。

【操作步骤】

（1）打开平台。双击【开始】-【程序】-【用友 U8 v10.1】-【企业应用平台】命令，打开“登录”对话框。

（2）登录 U8 应用平台。2021 年 1 月 1 日，由赵旭（Z01）登录 U8 企业应用平台。

（3）修改凭证设置。选择【业务工作】，双击执行【财务会计】-【总账】-【设置】-【选项】，打开“凭证”选项页签，点击【编辑】勾选“支票控制”，去除“制单序时控制”选项勾，点击【确定】，如图 3-1 所示。

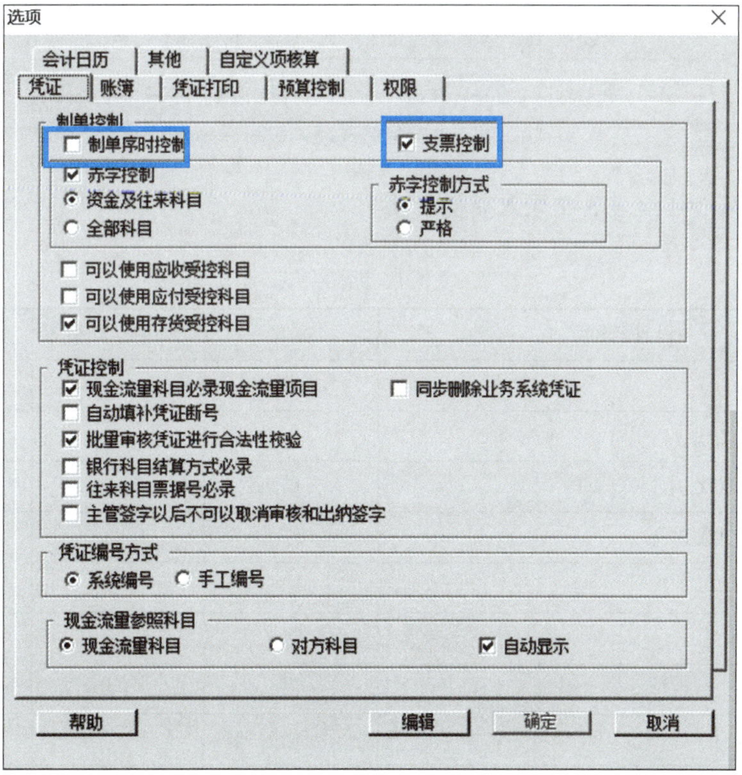

图 3-1　总账选项 - 凭证

（4）修改权限设置。单击【业务工作】，双击【财务会计】-【总账】-【设置】-【选项】，打开“权限”选项页签，勾选“出纳凭证必须经由出纳签字”，取消勾选“允许修改、作废他人填制的凭证”，如图 3-2 所示。

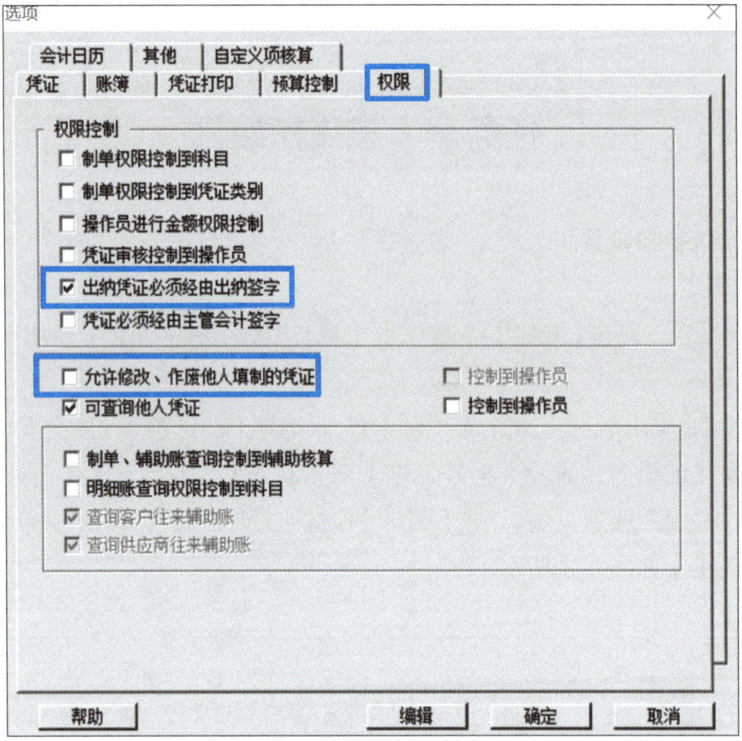

图 3-2　总账选项 - 权限

2. 根据表 3-1 至表 3-7 录入期初余额。

表 3-1　期初余额

科目名称	方向	币别 / 计量	期初余额 / 元
库存现金（1001）	借		6 346
银行存款（1002）	借		2 634 000
工行存款（100201）	借		2 000 000
招行存款（100202）	借		634 000
		美元	100 000
其他货币资金	借		1 200 000
存出投资款	借		1 200 000
应收票据（1121）	借		113 000
应收账款（1122）	借		305 100

续表

科目名称	方向	币别 / 计量	期初余额 / 元
其他应收款（1221）	借		3 000
坏账准备（1231）	贷		50 000
在途物资（1402）	借		150 000
伞柄（140201）	借		0
伞帽（140202）	借		0
伞布（140203）	借		0
珠仔（140204）	借		10 000
二折伞骨（140205）	借		0
三折伞骨（140206）	借		140 000
油墨（140207）	借		0
原材料（1403）	借		451 490
伞柄（140301）	借		61 680
	借	支	10 280
伞帽（140302）	借		41 200
	借	个	20 600
伞布（140303）	借		41 260
	借	米	20 630
珠仔（140304）	借		41 200
	借	包	1 030
二折伞骨（140305）	借		187 200
	借	件	31 200
三折伞骨（140306）	借		39 200
	借	件	2 800
油墨（140307）	借		39 750
	借	千克	2 650
库存商品（1405）	借		795 000
固定资产（1601）	借		7 380 000
累计折旧（1602）	贷		390 600
在建工程（1604）	借		400 000
一号仓库（160401）	借		400 000
短期借款（2001）	贷		500 000
应付票据	贷		452 000

续表

科目名称	方向	币别 / 计量	期初余额 / 元
应付账款（2202）	贷		143 000
一般应付款（220201）	贷		113 000
应付暂估款（220202）	贷		30 000
预收账款（2203）	贷		0
人民币户	贷		0
美元户	贷		0
应付职工薪酬（2211）	贷		149 510
工资（221101）	贷		149 510
应交税费（2221）	贷		152 826
未交增值税（222102）	贷		83 550
应交所得税（222103）	贷		53 060
应交城市维护建设税（222104）	贷		8 896
应交教育费附加（222105）	贷		3 820
应交地方教育费附加（222106）	贷		2 546
个人所得税（222107）	贷		954
长期借款（2501）	贷		1 600 000
实收资本（4001）	贷		10 000 000

根据企业静态数据“2021 年 1 月初会计科目体发生额及辅助核算账户期初余额”，检查相关模块期初数据，继续录入期初数据。

（1）其他应收款（1221），见表 3-2。

表 3-2　其他应收款期初明细

日期	凭证号	部门	个人	摘要	方向	金额 / 元
2020-12-1	记 -1	销售部	吴悦欢	个人借款	借	3 000

（2）应收票据（1121），见表 3-3。（摘要：销售货物）

表 3-3　应收票据期初明细

票据类型	票据编号	开票单位	承兑银行	票据面值	签发日期	收到日期	到期日	业务员
银行承兑汇票	151225	华润万家	中国工商银行	113 000	2020-12-25	2020-12-25	2021-01-25	吴悦欢

（3）应收账款（1122），见表 3–4。（摘要：销售货物）

表 3–4 应收账款期初明细

单据类型	发票日期	发票号	客户名称	货物编号	货物名称	数量/把	无税单价	价税合计/元	部门	业务员
专用发票	2020–11–15	XS20201115046	天擎公司	0201	二折太阳伞	2 000	30	67 800	销售部	陈绮琳
				0202	三折太阳伞	1 000	50	56 500	销售部	陈绮琳
专用发票	2020–11–21	XS20201121013	天羽公司	0201	二折太阳伞	1 000	30	33 900	销售部	吴悦欢
专用发票	2020–12–26	XS20201226001	沃尔玛	0201	二折太阳伞	1 000	30	33 900	销售部	陈绮琳
专用发票	2020–12–27	XS20201227084	天旺公司	0202	三折太阳伞	2 000	50	113 000	销售部	吴悦欢

（4）应付票据（2201），见表 3–5。（摘要：采购）

表 3–5 应付票据期初明细

票据编号	收票单位	票据面值/元	签发日期	到期日	部门	业务员	承兑银行
151023	环亚公司	452 000	2020–10–23	2021–02–23	采购部	安斯思	中国工商银行

（5）应付账款（220201），见表 3–6。（摘要：采购）

表 3–6 应付账款期初明细

单据类型	发票日期	单据编号	供应商	货物编号	货物名称	数量/个	原币单价/元	原币价税合计/元	部门	业务员	凭证号
专用发票	2020.12.21	CG20201221001	环亚	0104	珠仔	2 500	40	113 000	采购部	安斯思	记 –2

（6）库存商品（1405），见表 3–7。

表 3–7 库存商品期初明细

项目	方向	金额/元	数量/把
二折太阳伞	借	150 000	10 000
三折太阳伞	借	645 000	30 000

【操作步骤】

（1）登录 U8 企业应用平台。2021 年 1 月 1 日，由赵旭（Z01）登录 U8 企业应用平台。

（2）打开期初余额录入窗口。在“业务工作”菜单双击【财务会计】菜单，双击【总账】-【设置】-【期初余额】命令，进入“期初余额录入”窗口，如图 3-3 所示。

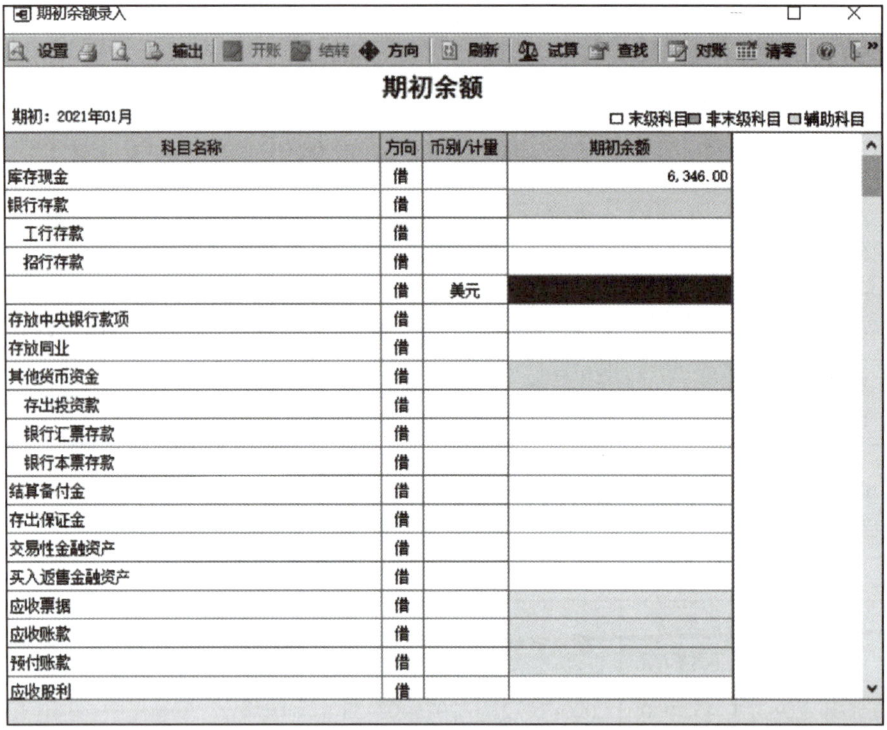

图 3-3　期初余额录入

（3）分类录入期初余额。在“期初余额录入”窗口中“期初余额”栏依次录入相关科目的余额。“期初余额”那一列单元格有三种颜色。

① 白色单元格对应科目为末级科目，直接输入数据即可。比如，“库存现金 6346”“银行存款”“工行存款 2 000 000 元”。

② 灰色单元格对应科目设置有明细科目，待末级科目输入完成后期初余额自动汇总生成，无需手工录入。如“120101 存出投资款”输入“1200000”后，“1012 其他货币资金”科目显示“1200000”。

③ 黄色单元格对应科目设置有辅助核算。以应收票据为例，双击该科目，打开“辅助期初余额”窗口，单击工具栏的【往来明细】按钮，进入“期初往来明细”窗口。

（4）编辑应收票据期初往来明显。单击【增行】按钮，根据资料“日期”选择“2020-12-25”，“客户”选择“华润万家”，“业务员”选择“吴悦欢”，在“摘要”栏输入“销售货物”，“方向”选择“借”，“金额”选择“113000”，在“票号”一栏输入“151225”，在“票据日期”一栏输入“2020-12-25”，如图 3-4 所示。

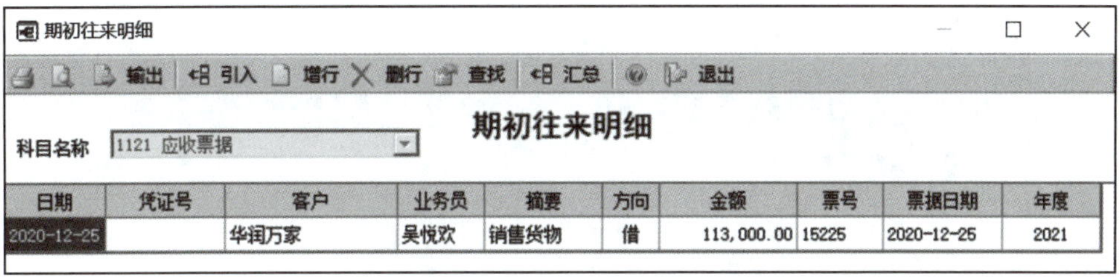

图 3-4　应收票据期初往来明细

（5）汇总应收票据往来辅助期初余额。点击【汇总】按钮，弹出提示，选择【是】，系统弹出“完成了往来明细到辅助期初余额的汇总！”提示框，点击【确定】后弹出“辅助期初余额”窗口，如图 3–5 所示，然后点击【退出】。

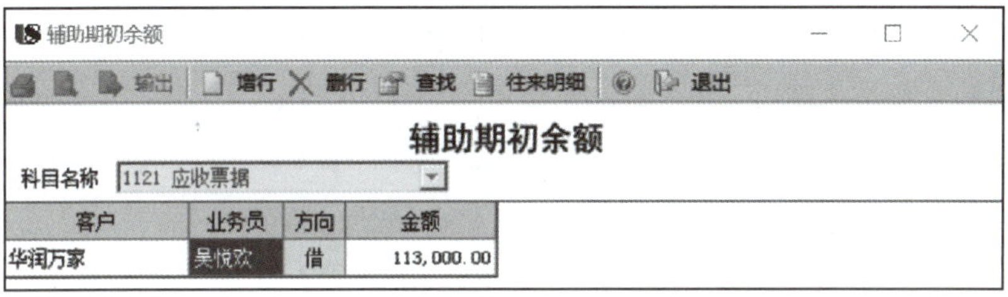

图 3–5　应收票据辅助期初余额

【注意事项】

（1）录入期初往来明细时，当最后一栏回车后，系统将自动新增一空行记录。如果输入过程中发现某项输入错误，可按键盘【ESC】键取消当前项输入，将光标移动至需要修改的编辑项上，直接修改即可。如果想放弃整行增加数据，在取消当前输入后，按【ESC】键即可。

在“辅助期初余额”窗口，点击【科目名称】下列框选择相同辅助核算的其他科目录入期初余额。若项目核算科目则可选择相同项目大类的其他科目录入期初余额。

在新建账套或年度账未记账且启用了应收、应付系统（其期初余额已经录入）的前提下，通过图中【引入】功能，可将应收、应付系统的期初余额引入总账对应科目期初往来明细中。

在期初余额录入中没有的科目，双击【基础设置】–【财务】–【科目】点击新增，再进入【业务工作】–【总账】–【设置】–【期初余额】录入余额。

在期初余额录入中发现科目设置不对，退出期初余额设置，双击【基础设置】–【财务】–【科目】，点击修改，再进入【业务工作】–【总账】–【设置】–【期初余额】录入余额。

根据上述方法继续录入表 3–1 至表 3–7 所有科目余额。录入完毕，单击“工具栏”的【试算】按钮，系统进行试算平衡。结果如图 3–6 所示，单击【确定】按钮后退出“期初余额录入”窗口。

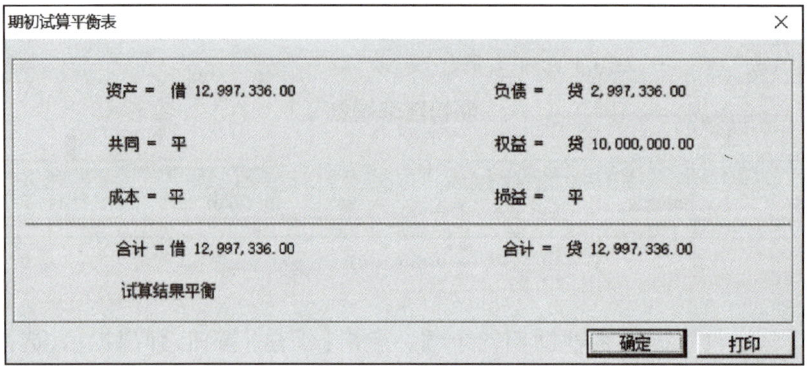

图 3-6　期初试算平衡

（2）如果是年度中启用系统，还可以录入年初至建账月份的借贷方累计发生额，年初余额由系统自动生成。在“期初余额录入”窗口，单击【对账】按钮，可检查总账、明细账、辅助账的期初余额是否相符，如图 3-7 所示，可得出以下结论。

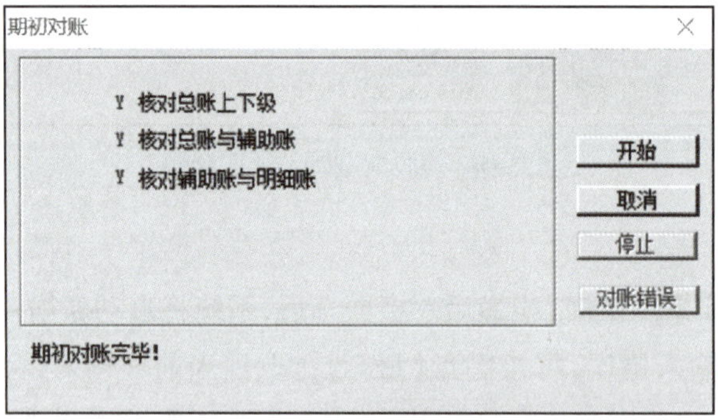

图 3-7　期初对账

① 期初余额试算不平衡，系统将不能记账，但可以填制凭证。

② 系统已经记账，则不能修改期初余额。

③ 明细科目的余额方向与总账相反，则明细科目的余额用负数表示。

④ 应收票据期初往来明细中的“日期”及“票据日期”均指“收款日期”。

⑤ 应付票据期初往来明细中的“日期”及“票据日期”均指“付款日期”。

任务二　总账日常业务处理

记账凭证是财务信息中可以查询的基础数据来源，U8 企业应用平台中的记账凭证主要通过以下方式生成。

- 直接在总账系统手工填制凭证；
- 通过总账系统【冲销凭证】功能生成；

- 通过总账系统中调用【常用凭证】功能生成；
- 通过总账系统中【转账生成】功能生成；
- 由各子模块（如固定资产、薪资管理、应收、应付及存货核算等）生成并传递至总账系统。

以下业务主要是何婵怡（W02）通过总账系统进行凭证业务的处理。

1. 2021 年 01 月 01 日，销售部吴悦欢出差归来，报销差旅费。出差前预支差旅费 3 000 元，本次报销车船票 240 元，市内交通费 160 元，出差伙食补助费 800 元，住宿费 1 800 元。

会计分录

借：销售费用——差旅费　　　　3 000

　贷：其他应收款——吴悦欢　　　　3 000

【操作步骤】

（1）登录企业应用平台。2021 年 1 月 1 日，由何婵怡（W02）登录 U8 企业应用平台。

（2）打开填制凭证窗口。依次双击【业务工作】-【财务会计】-【总账】-【凭证】-【填制凭证】菜单，打开“填制凭证”窗口，如图 3-8 所示。

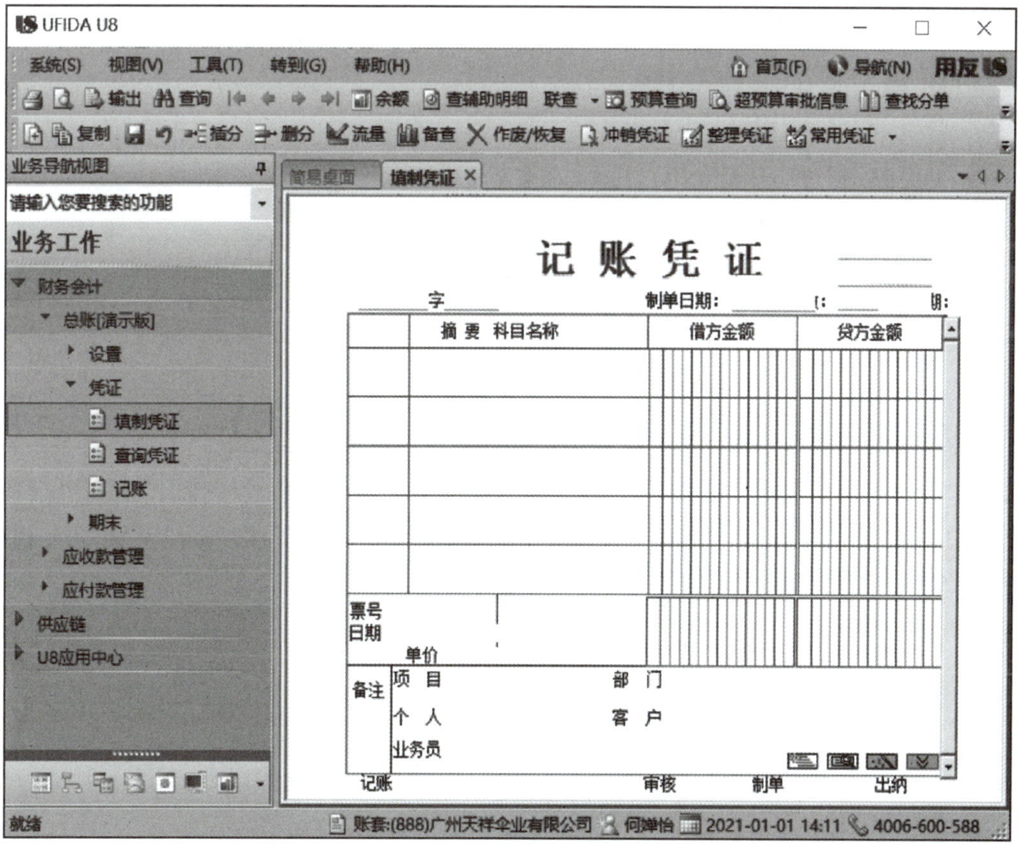

图 3-8 填制凭证

（3）新增操作。单击工具栏的【 】增加按钮（或按【F5】），增加一张新凭证，凭证自动编号。

（4）输入制单日期。首次填制凭证，系统取登录 U8 企业应用平台时输入的操作日期作为记账凭证的填制日期，可修改或单击【 】按钮参照输入。

（5）编辑附件单据数量。附件单据为非必输项，可以根据原始凭证份数填写。“附件单据”上方两行为凭证自定义项，单击后直接进行输入即可，系统对这些信息只保存不校验。

（6）输入凭证摘要。每笔凭证分录需录入摘要、发生额、科目，缺一不可。在摘要栏直接输入“吴悦欢报销差旅费”（或者保存有常用摘要可单击【 】按钮，参照选择常用摘要）。

（7）输入借方科目和金额。在“科目名称”栏，单击【 】按钮（或按【F2】），科目参照窗口，如图 3-9 所示，选择损益类科目“销售费用——差旅费”，单击【确定】按钮并单击【借方金额】栏，输入金额“3000”。

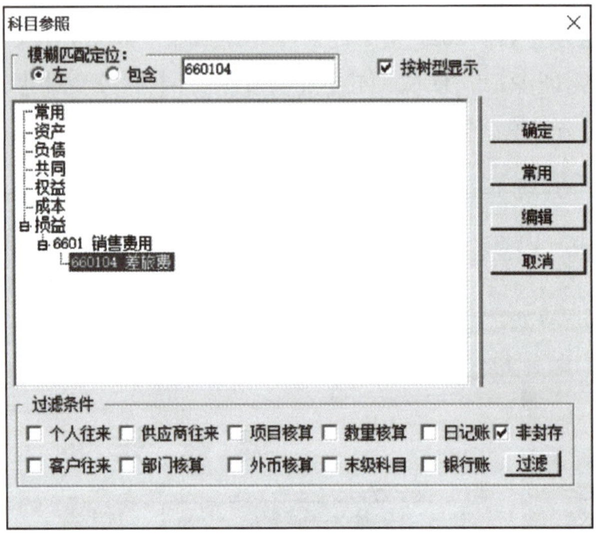

图 3-9 销售费用 - 差旅费参照输入

（8）输入贷方科目和金额。按回车键跳转到第 2 行，系统自动复制上一行摘要。再按回车键，在“科目名称”栏参照选择资产类科目“1221 其他应收款”，按回车键跳出辅助栏窗口如图 3-10 所示，在“部门”栏单击【 】选择“销售部”，在“个人”栏单击【 】选择“吴悦欢”（可以直接点击“个人”栏【 】选择“吴悦欢”自动带出部门）。

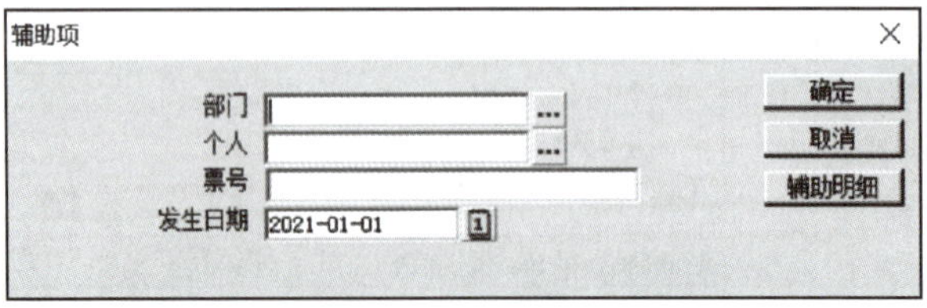

图 3-10 其他应收账款个人辅助项

（9）单击【 】保存按钮（或按【F6】），系统弹出“凭证保存成功！”信息提示框，单击【确定】按钮，如图 3-11 所示。

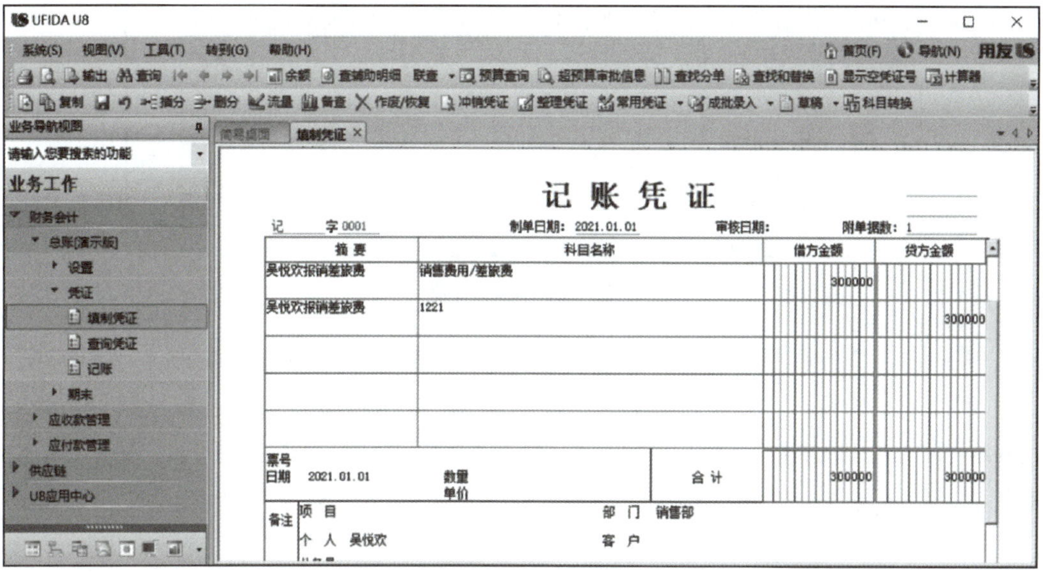

图 3-11　凭证保存

【注意事项】

（1）如果会计凭证录入时，会计科目不存在，可单击图 3-9 中的【编辑】按钮直接新增会计科目。

（2）如果放弃输入辅助项或者系统没有跳出辅助项窗口时，可以将鼠标移动到凭证下面“备注”栏处，鼠标变成钢笔头时双击跳出辅助项。有辅助核算的项目必须输入辅助项，否则凭证将无法保存。

2. 2021 年 01 月 01 日，莫世和签发现金支票（支票号：2021010154）提取现金 5 000 元备用。

会计分录

借：库存现金　　　　　　　　　　5 000

　　贷：银行存款　　　　　　　　　　5 000

【操作步骤】

（1）登录企业应用平台。2021 年 1 月 1 日，由何婵怡（W02）登录 U8 企业应用平台。

（2）打开填制凭证窗口。双击【业务工作】-【财务会计】-【总账】-【凭证】-【填制凭证】菜单，打开“填制凭证”窗口，点击左上角【 】，点击“摘要”栏【 】选择常用摘要“01 提出现金”，如图 3-12 所示。

（3）输入借方科目和金额。在“科目名称”中选择录入“1001 库存现金”，在借方金额输入“5000”。

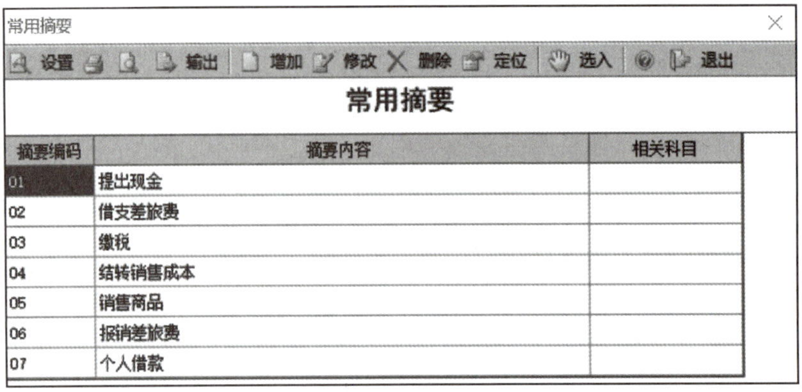

图 3-12　常用摘要

（4）输入贷方科目和金额。按回车键跳转到第 2 行，系统自动复制上一行摘要。再按回车键，在“科目名称”栏参照选择“100201 工行存款”，在“贷方金额”栏输入“5000”，回车弹出辅助项，点击“辅助项 – 结算方式”右侧【 】，选择“201 现金支票结算”，在“票号”栏输入“2021010154”，如图 3-13 所示，点击【确定】退出。

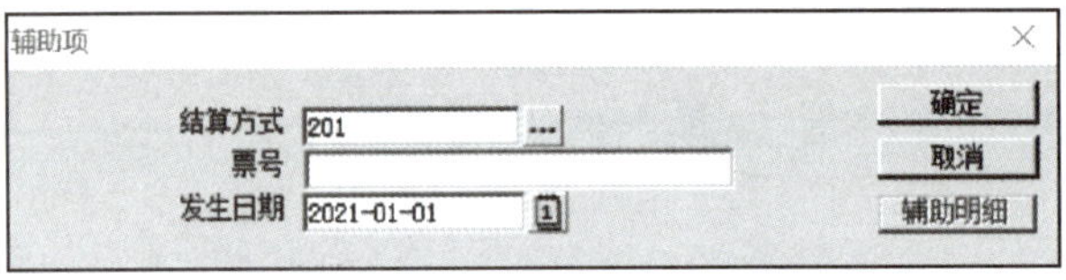

图 3-13　填制凭证 – 银行存款辅助项

（5）保存凭证。点击左上角【 】保存，或者点击【 】图标保存并新增。

3. 生成常用凭证，调用常用凭证。

2021 年 01 月 01 日，以银行存款缴纳企业上月各项税费，增值税 83 550 元，所得税 53 060 元，城市维护建设税 8 896 元，教育费附加 3 820 元，地方教育费附加 2 546 元，并代缴个人所得税 954 元。

借：应交税费——未交增值税　　83 550
　　应交税费——应交所得税　　53 060
　　应交税费——应交城市维护建设税　　8 896
　　应交税费——应交教育费用附加　　3 820
　　应交税费——应交地方教育费用附加　　2 546
　　应交税费——应交个人所得税　　954
　　贷：银行存款　　152 826（摘要“缴税”）

【操作步骤】

（1）按照上述操作填制凭证保存。

（2）打开生成常用凭证窗口。单击工具栏【常用凭证】下列标签选择【生成常用凭证】项目。

（3）编辑常用凭证信息。在“常用凭证生成”窗口，“代码”栏输入”001”，在“说明”栏输入“缴税”，然后点击【确定】，显示“该操作员无此功能权限！”，则常用凭证生成不成功，点击【确定】，点击“常用凭证生成”窗口的【取消】退出，点击工具栏【 】保存凭证退出。

（4）更换有权限操作员生成常用凭证。点击左上角工具栏【系统】选择【重注册】。

（5）更换操作员登录U8应用平台。在U8应用平台选择“Z01赵旭”，账套选择“888”，操作日期选择“2021-01-01”。

（6）生成常用凭证。双击【业务工作】-【总账】-【凭证填制】，如图3-14所示。

点击工具栏【常用凭证】，在“常用凭证生成”窗口“代码”栏输入“001”，在“说明”栏输入“缴税”，点击【确定】保存。

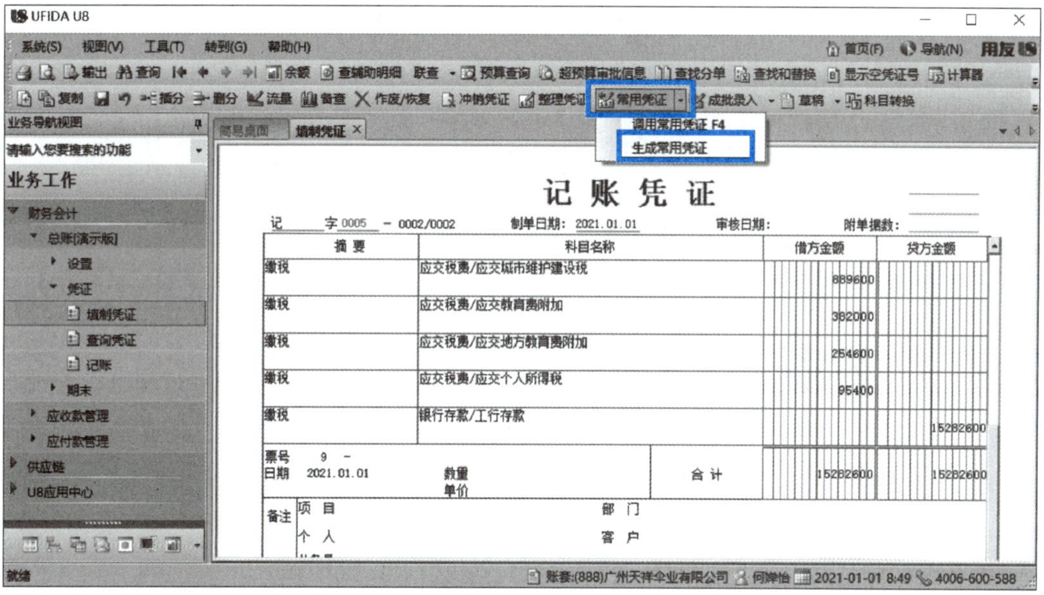

图3-14　常用凭证

【注意事项】

常用凭证另一种生成方式：有常用凭证生成权限的人员登录企业应用平台，双击【业务工作】-【总账】-【常用凭证】，点击【增加】进行更新。

4. 2021年01月01日，收到中国工商银行利息收入回单，共计251.13元。

借：财务费用——利息　　　　　　　　-251.13

　　借：银行存款　　　　　　　　　　　　251.13

（1）登录企业应用平台。2021年1月1日，由何婵怡（W02）登录企业用平台。

（2）双击【业务工作】-【总账】-【填制凭证】，点击左上角工具栏【 】，如同前面操作填入摘要、科目名称、金额。

【注意事项】

（1）“财务费用”属于费用类科目，方向在“借方”，“财务费用——利息”表示收入，用借方红字表示。

（2）如果会计分录的金额方向错误，可按空格键调整金额方向。

（3）如果会计分录的金额为负数，录入金额之前或之后按【－】减号键，当金额为红字时即表示负数。

在“填制凭证”窗口，单击工具栏的【选项】按钮，调出“凭证选项设置”窗口，如图 3-15 所示。

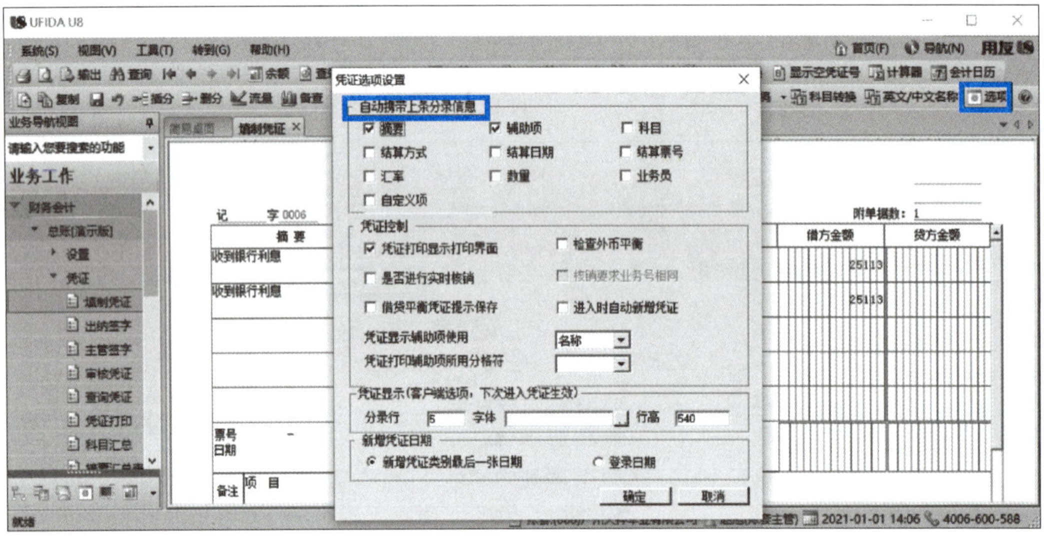

图 3-15　凭证选项设置

（4）选择录入凭证时，分录自动携带上条分录信息的内容选项，可提高会计分录的录入速度。

（5）系统默认凭证窗口显示 5 条分录，可在此处调整窗口显示分录的行数。

（6）新增凭证时，将本凭证类别最后一张凭证的日期作为新增凭证自动带出的日期。或者新增凭证时，将登录 U8 企业应用平台的操作日期作为新增凭证自动带出的日期。

5. 2021 年 01 月 01 日，开出转账支票（支票号：2021010645）支付广告费 2 700 元。

借：管理费用——广告费用　　　　　　2 700

　　贷：银行存款　　　　　　　　　　　2 700

【操作步骤】

（1）登录企业应用平台。2021 年 1 月 1 日，由何婵怡（W02）登录 U8 企业应用平台。

填制凭证状态新增会计科目。双击【业务工作】-【总账】-【填制凭证】，点击【增加】输入摘要“支付广告费”，在科目名称点击【 】打开下拉框，双击【管理费用】下拉二级科目“管理费用－广告费用”。点击右边【编辑】跳到“会计科目”，新增科目代码“660210”，科目名称“广告费”，点击【确定】退出。

（2）输入借方科目及金额。点击【科目名称】,点击【】,双击【损益】,选择“管理费用”双击选择【广告费】回车输入“2700”。

（3）输入贷方科目及金额。在“科目名称”输入“银行存款——工行存款”回车,跳出“辅助项”,“结算方式”选择“202 转账支票”,“票号”输入“2021010645”,回车,在“金额栏”按【=】键跳出金额“2700”。

（4）保存凭证。

任务二　凭证操作练习

根据凭证的操作原理,完成以下任务凭证。

1. 2021 年 01 月 01 日,销售部陈绮琳借支差旅费 1 000 元,财务部已以现金支付。

借:销售费用——差旅费　　1 000

　　贷:库存现金　　1 000

假设此凭证以错误的会计科目录入,为后期修改凭证操作做铺垫。

2. 2021 年 01 月 01 日,与中国工商银行从化分行中华路支行签订借款合同,取得短期借款 600 000 元,已存入公司账户。

借:银行存款　　600 000

　　贷:短期借款　　600 000　（摘要“从银行借款”）

3. 2021 年 01 月 01 日,买入广州友谊股票 30 000 股,每股 30 元,佣金 650 元,印花税 150 元。准备短期持有,买价包含已宣告发放但尚未支付的现金股利每股 5 元。(股票成交过户交割凭单)(总账填制凭证)

借:交易性金融资产　　750 000

　　应收股利　　150 000

　　投资收益　　800

　　贷:其他货币资金　　900 800

4. 2021 年 01 月 01 日,出纳莫世和去银行缴存现金 2 300 元。(总账填制凭证)

借:银行存款　　2 300

　　贷:库存现金　　2 300

5. 2021 年 01 月 01 日,以现金支付行政部招待费 857 元。总账系统填制凭证,业务招待费没有设置明细,需要自行设置。

借:管理费用——招待费　　857

　　贷:库存现金　　857

6. 2021 年 01 月 01 日,收到黎中柔迟到罚款收入 50 元。

借:库存现金　　50

贷：营业外收入——罚款收入　　　　　　50

7. 2021 年 01 月 01 日，开出转账支票（支票号：2021010788）捐赠中国希望工程基金会广州分会支出 50 000 元。

借：营业外支出　　　　　　　　　50 000

贷：银行存款——工行存款　　　　　50 000

8. 2021 年 01 月 01 日，采购部安斯思报销加油费 700 元。

借：管理费用——差旅费　　　　　　700

贷：库存现金　　　　　　　　　　700

9. 2021 年 01 月 01 日，开出转账支票（支票号：2021010843）支付行政部招聘场地租赁费 500 元。

借：管理费用——办公费　　　　　　500

贷：银行存款——工行存款　　　　　500

10. 2021 年 01 月 01 日，行政部购买办公用品 634 元，以现金支付。

借：管理费用——办公费　　　　　　634

贷：库存现金　　　　　　　　　　634

11. 2021 年 01 月 01 日，以银行转账方式支付行政部电话费 2 204.58 元。

借：管理费用——办公费　　　　2 204.58

贷：银行存款——工行存款　　　　2 204.58

12. 2021 年 01 月 1 日，与广州天马集团公司签订投资协议，取得天马集团投资 2 000 000 元，收到该公司开出的转账支票（支票号：2021012082），已到银行入账。

借：银行存款　　　　　　　　2 000 000

贷：实收资本　　　　　　　　2 000 000

13. 2021 年 01 月 05 日，收到广州友谊发放的现金股利 150 000 元（广州广发证券营业部收账通知略）。

借：其他货币资金　　　　　　　150 000

贷：应收股利　　　　　　　　　150 000

14. 2021 年 01 月 06 日，卖出广州友谊股票 20 000 股，每股 33 元，佣金 250 元，印花税 70 元，实际收到 659 680 元。

借：其他货币资金　　　　　　　659 680

投资收益　　　　　　　　　　90 320

贷：交易性金融资产　　　　　　750 000

15. 2021 年 01 月 06 日，接到从化区安全生产监督管理局罚款通知，现金支付安全生产罚款 1 500 元。

借：营业外支出　　　　　　　　　1 500

贷：库存现金　　　　　　　　　　1 500

16. 2021 年 01 月 06 日，收到生产工人柯佳娜工作服押金 200 元现金。

借：库存现金　　　　　　　　　　　　　200

　　贷：其他应付款——应付个人——柯桂娜　　200

（224102 应付个人为辅助个人往来核算）

17. 2021 年 01 月 31 日，收到贷款银行转来贷款利息通知单，本月利息为 3 000 元。

借：财务费用——利息　　　　　　　　3 000

　　贷：银行存款　　　　　　　　　　　3 000

任务三　查 询 凭 证

查询 1 月第 1 号凭证。

【操作步骤】

（1）登录企业应用平台。2021 年 01 月 31 日操作员何婵怡（W02）登录 U8 企业应用平台。

（2）打开凭证查询窗口。依次双击【业务工作】-【财务会计】-【总账】-【凭证】-【查询凭证】菜单，打开“凭证查询”窗口，根据资料输入查询凭证条件，如图 3-16 所示。

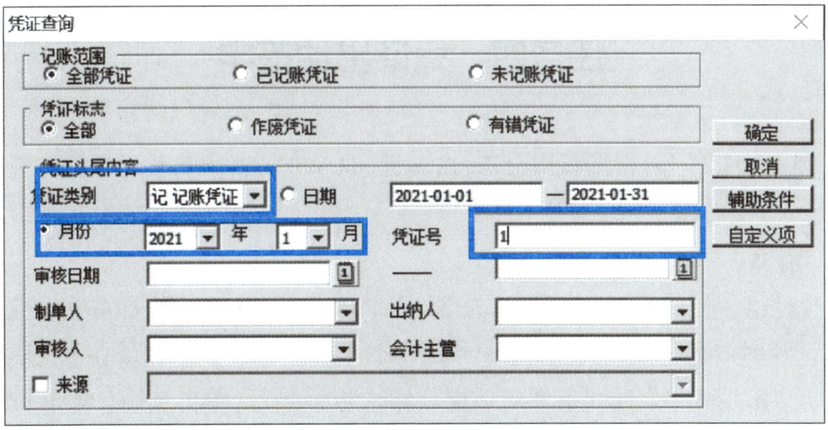

图 3-16　凭证查询

（3）显示查询凭证列表。单击【确定】按钮，屏幕显示查询凭证列表。

（4）双击【记 -001】号凭证，显示此张凭证。

【注意事项】

（1）在该窗口可对该凭证进行修改、冲销、生成常用凭证等操作。

（2）在“填制凭证”窗口，单击工具栏的【查询】功能，也可以查询凭证，如图 3-17 所示。此处只能查询未记账的凭证，而【查询凭证】功能可查询所有记账凭证。

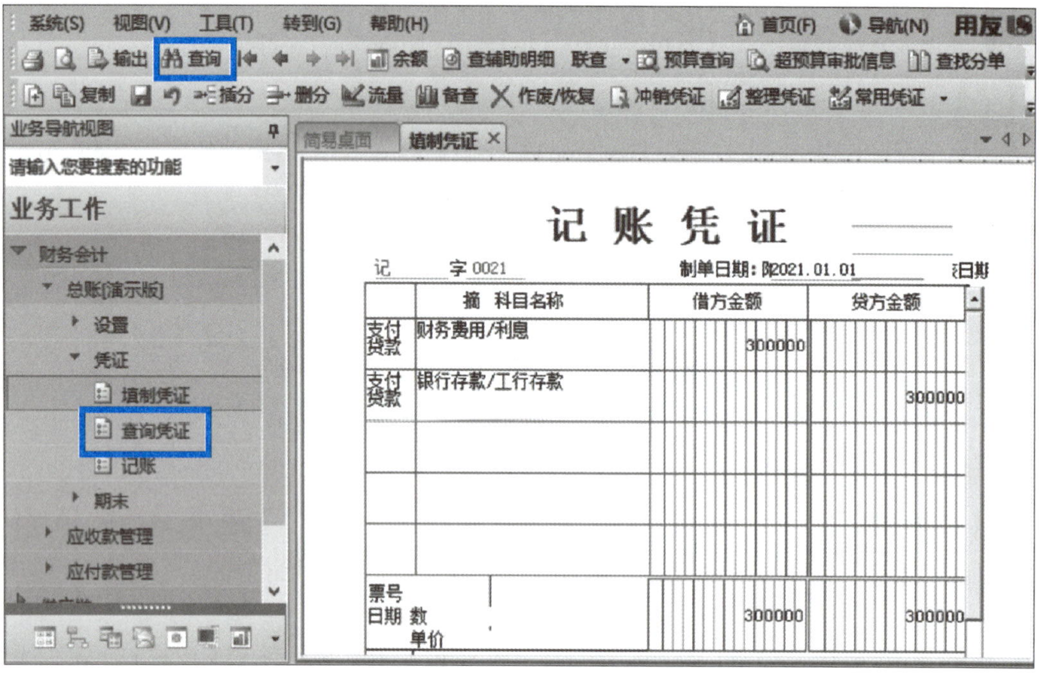

图 3-17　填制凭证下查询凭证

任务四　凭证出纳签字

2021 年 01 月 31 日，根据权限分工，由莫世和（W03）对所有收付款记账凭证进行出纳签字。

【操作步骤】

（1）更换操作员登录。2021 年 01 月 31 日，由莫世和（W03）登录 U8 企业应用平台。

（2）打开出纳签字窗口。点击【业务工作】-【财务会计】-【总账】-【凭证】-【出纳签字】，打开“出纳签字”查询条件对话框。输入查询条件，单击选中【全部】按钮，勾选“月份”，单击【确定】。在弹出的“出纳签字”对话框，单击【确定】按钮，进入签字窗口，如图 3-18 所示。

（3）出纳签字。单击【确定】按钮，显示“出纳签字列表”，双击【记字 -0002】弹出“出纳签字记 0002 凭证”，单击【签字】按钮，凭证底部的“出纳”处自动签上出纳人姓名。

（4）完成签字。单击【下一张】按钮，对其他凭证进行签字，单击【退出】按钮。最后关闭“出纳签字”窗口。

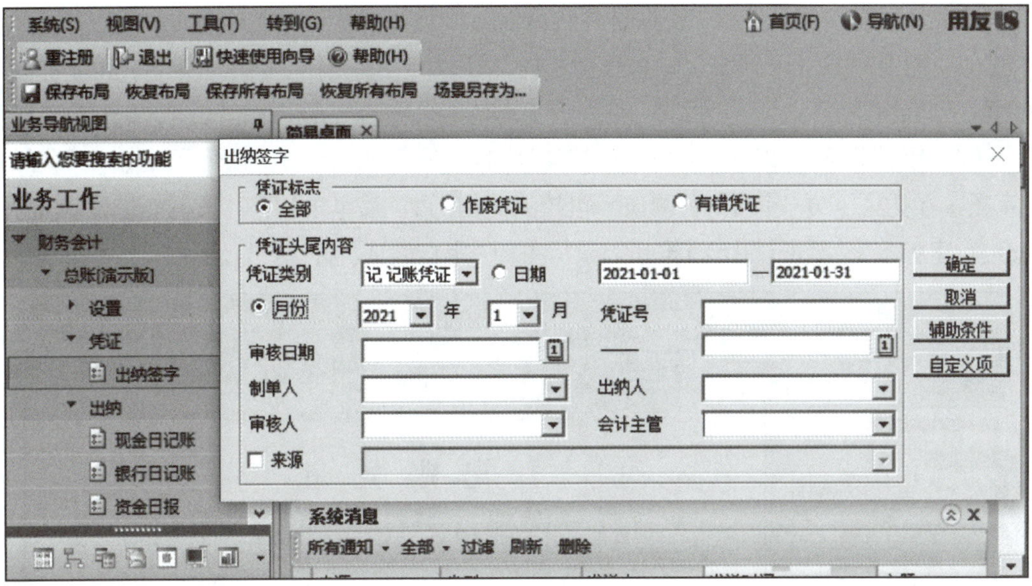

图 3-18 出纳签字

【注意事项】

（1）如果点击【签字】提示“不存在符合条件的凭证”，表明未指定现金科目、银行科目，需返回重新指定。

（2）如果出纳签字的操作日期（登录日期）小于记账凭证的制单日期，则该记账凭证将不显示在“出纳签字列表”，也不能被签字。

（3）在出纳签字页面，点击【批处理】按钮下的“成批出纳签字”和“成批取消签字”可以对所有出纳凭证进行签字或者取消。

（4）出纳签字完毕，系统自动将登录 U8 企业应用平台的操作员作为签字人。

（5）记账凭证一经签字，不能修改、删除，只有取消签字后才可以进行修改、删除。单击“签字”右侧的【取消】按钮取消签字。取消签字只能本人操作。

（6）填制记账凭证后，如果该凭证是出纳凭证，且在总账系统选项的“权限”页签中选择“出纳签字凭证必须由出纳签字”，则出纳凭证由出纳员签字后才能记账。如果勾选此项，出纳凭证不签字也可进行审核、记账。

任务五 审 核 凭 证

2021 年 01 月 31 日，由赵旭（Z01）进行审核凭证。

【操作步骤】

（1）登录企业应用平台。2021 年 01 月 31 日，由赵旭（Z01）登录 U8 企业应用平台。

（2）打开凭证审核窗口。双击【业务工作】-【财务会计】-【总账】-【凭证】-【审核凭证】命令，打开“凭证审核”查询条件对话框。

（3）打开审核凭证列表。输入查询条件，采用默认值，单击【确定】，进入“凭证审核”的凭证列表窗口。

（4）审核凭证。双击第1张待审核凭证，打开该凭证如图3-19所示，点击工具栏的【审核】，在凭证下方“审核”右侧显示审核人赵旭的名字，单击【下一张】按钮，对其他凭证进行审核签字，单击【退出】按钮。最后关闭“审核凭证”窗口。

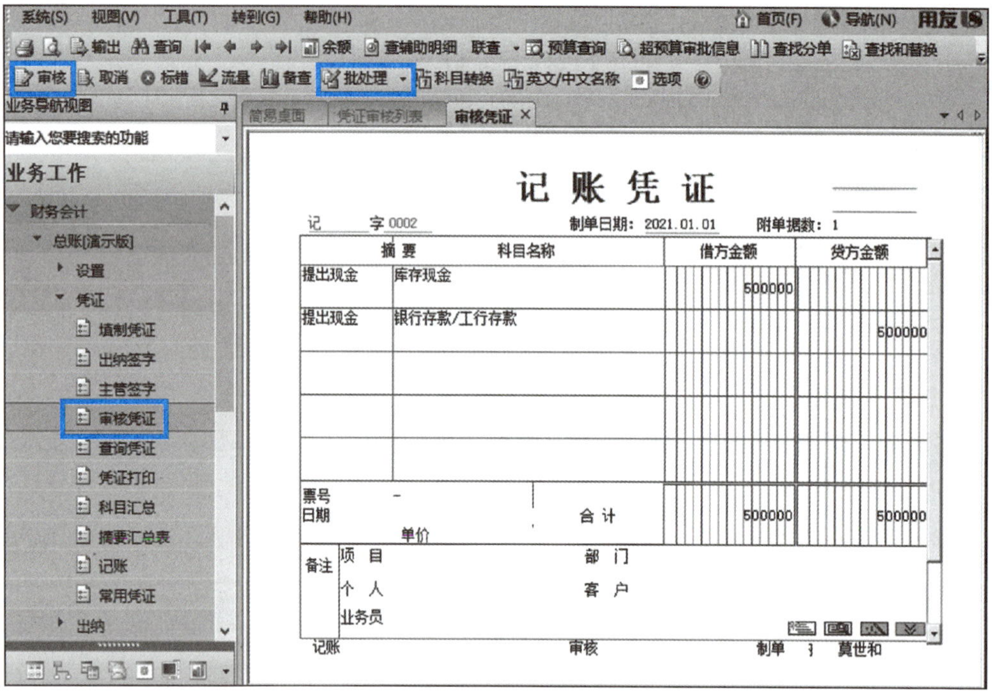

图3-19　成批审核签字

【注意事项】

（1）审核人必须具有系统管理中“审核凭证”（GL0204）的功能权限，还须具有对制单人所有凭证进行“审核”的数据权限。

（2）制单人和审核人不能是同一人。

（3）审核人与出纳签字没有先后顺序。

（4）标错的凭证不能审核。

任务六　记　　账

2021年01月31日，由赵旭（Z01）完成记账。

【操作步骤】

（1）打开记账窗口。双击执行【业务工作】-【财务会计】-【总账】-【凭证】-【记账】命令，打开【记账】对话框。

（2）记账。单击【全选】，单击【记账】。

（3）系统核对。显示“期初试算平衡表”对话框，单击【确定】按钮，系统开始登录有关的总账、明细账、辅助账。

（4）登记完毕后，弹出“记账完毕”信息提示对话框。单击【确定】按钮，记账完毕。单击【退出】按钮。

任务七　激活恢复记账功能

2021 年 01 月 31 日由赵旭（Z01）登录企业应用平台激活恢复记账功能。

【操作步骤】

（1）打开记账对话框。双击【业务工作】-【财务会计】-【总账】-【期末】-【对账】命令，双击【对账】打开“对账”对话框。

（2）激活，按键盘【Ctrl+H】组合键，系统弹出“恢复记账前状态功能已被激活”信息提示框，如图 3-20 所示。单击【确定】，单击【退出】。

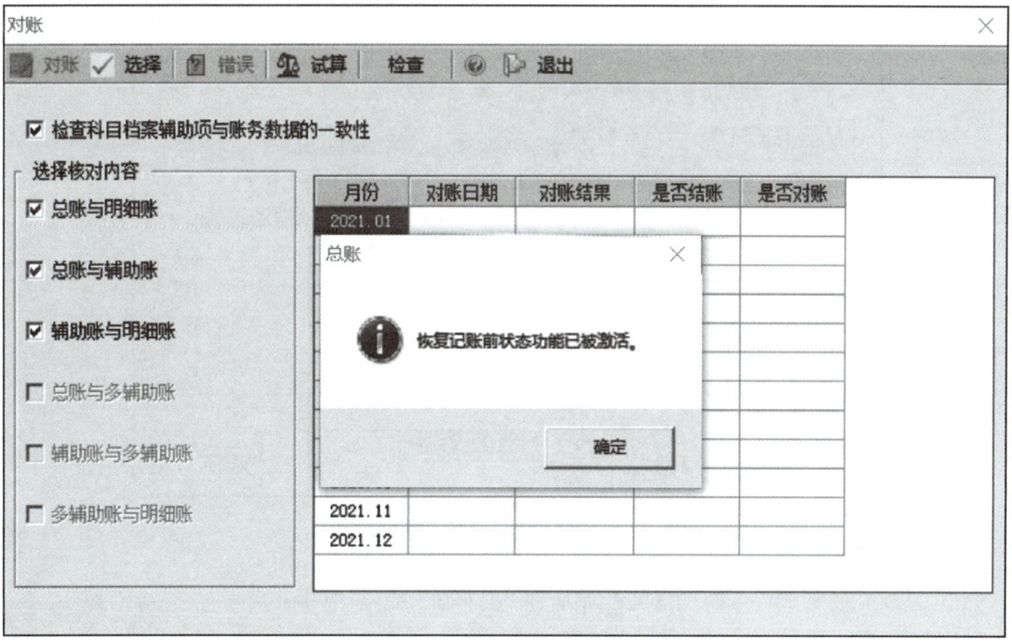

图 3-20　激活恢复记账

【注意事项】

（1）第一次记账时，若期初余额试算不平衡，不能记账。

（2）上月末未记账，本月不能记账。

（3）未审核凭证不能记账，记账范围应小于等于已审核范围。

（4）作废凭证不需审核可直接记账。

（5）记账过程中一旦断电或因其他原因造成中断后，系统将自动调用“恢复记账前状态”恢复数据，然后再重新记账。

任务八　恢复记账

2021 年 01 月 31 日由赵旭（Z01）登录企业应用平台恢复记账。

【操作步骤】

（1）打开恢复记账前状态窗口。双击【业务工作】-【财务会计】-【总账】-【凭证】-【恢复记账前状态】命令，打开“恢复记账前状态”对话框。

（2）选择恢复的条件。单击【最近一次记账前状态】，如图 3-21 所示。

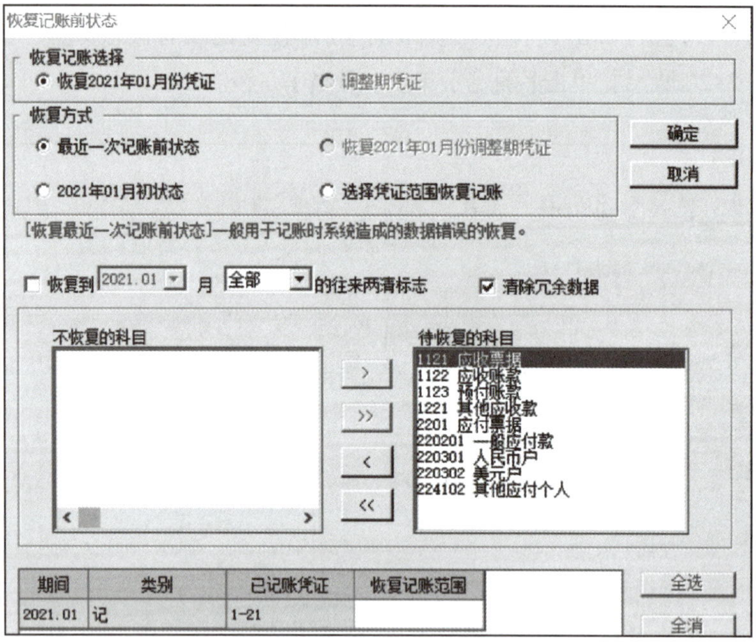

图 3-21　恢复最近一次记账前状态

（3）输入主管口令，如图 3-22 所示，单击【确定】按钮。弹出“恢复记账完毕”信息提示对话框，单击【确定】按钮。

（4）为了继续完成余下的操作，请重新记账。

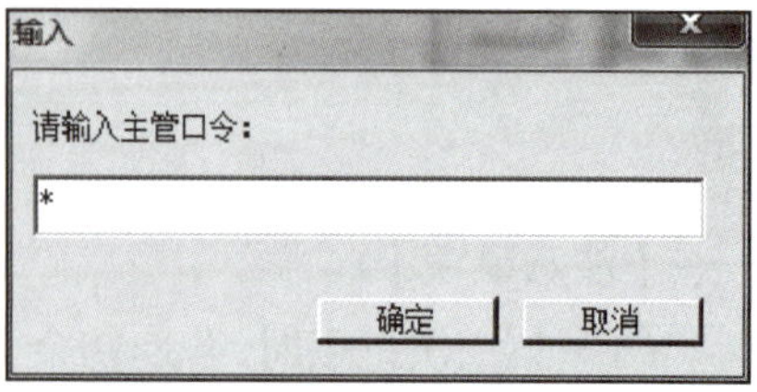

图 3-22　恢复记账操作员密码输入

【注意事项】

计算机账务处理中的记账过程是一个数据传

递的过程，把经过审核签章的、要求记账的记账凭证从录入凭证数据库文件中传递到记账凭证数据库文件中，这一工作由计算机自动完成。经过记账的凭证是不能修改的，也就是记账凭证数据库文件中的数据是不能修改的，由此形成了会计核算系统稳定的数据。

系统记账过程：

（1）选择记账凭证。确定本次需要记账的凭证范围，包括期间、类别、记账范围。确定记账范围时可以单击【全选】按钮选择所有未记账凭证。可以输入连续编号范围如“1–9”表示对该类别第1~9号凭证进行记账，也可以输入不连续的编号如“3，7”表示仅对第3张和第7张凭证记账。

（2）记账报告。系统自动记账前，需要相应的检查，检查完成后，系统显示记账报告，呈现检验的结果，如期初余额不平，哪些凭证未审核或出纳未签字等。

（3）记账。记账之前，系统将自动进行硬盘备份，保存记账前的数据，一旦记账过程异常中断，可以利用这个备份将系统恢复到记账前状态。

任务九 出 纳 管 理

1. 查询现金日记账。

【操作步骤】

（1）登录企业应用平台。2021年01月31日，莫世和（W03）登录企业应用平台。

（2）打开现金日记账查询条件窗口。双击执行【业务工作】–【财务会计】–【总账】–【出纳】–【现金日记账】命令，打开“现金日记账查询条件”对话框。

（3）查询日记账。选择科目“1001 库存现金”，默认月份“2021.01”。单击【确定】按钮，进入“现金日记账”窗口。

（4）查看日记账凭证。双击某行或将光标置于某行再单击【凭证】按钮，可查看相应的凭证。单击【总账】按钮，可查看此科目的三栏式总账。此处，由于莫世和（W03）不具备查询凭证和查询账簿的权限，所以执行此操作时将会显示“无权限”的提示。赋予相关权限后，可操作。

注意：同理可查询银行日记账及资金日报表。

2. 支票登记簿处理。

2021年01月01日，莫世和签发现金支票（支票号：2021010154）。

【操作步骤】

（1）登录企业应用平台。2021年01月31日，莫世和（W03）登录企业应用平台。

（2）编辑支票登记簿。双击【业务工作】–【财务会计】–【总账】–【出纳】–【支票登记簿】命令，打开“支票登记簿”对话框。点击工具栏【 】，在“领用日期”栏输入“2021–01–01”，在“领用部门”栏输入“财务部”，在“领用人”栏输入“莫世和”，在“支票号”栏输入“2021010154”,在“预计金额”栏输入“5000”,在“用途”栏输入“提现金”,在“收款人”栏输入“广州天祥伞业有限公司”,在“对方科目”栏输入“1001 库存现金”,在“付款银行名称”栏输入“工行从化分行府前路支行”,如图 3-23 所示,然后输入其他完整信息保存即可。

(3)单击【增加】按钮,依次输入相关信息。

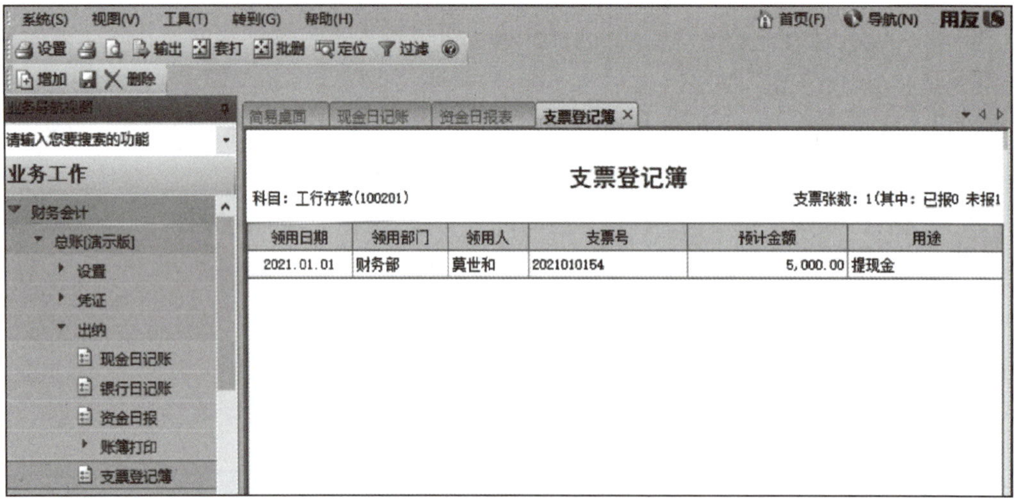

图 3-23 支票登记簿

【注意事项】

(1)只有在结算方式设置中选择“票据管理标志”功能才能在此选择登记。

(2)领用日期和支票号必须输入,其他内容可输可不输。

(3)报销日期不能在领用日期之前。

(4)已报销的支票可成批删除。

任务十 查询基本会计核算账簿

2021 年 01 月 31 日,由何婵怡(W02)登录 U8 企业应用平台,查询总账、余额表、明细账。

【操作步骤】

(1)登录企业应用平台。2021 年 01 月 31 日,何婵怡(W02),密码空,登录企业应用平台。

(2)打开总账查询窗口。双击【业务工作】-【财务会计】-【总账】-【账表】-【科目账】-【总账】命令。

(3)设置查询条件。系统弹出“总账查询条件”对话框,单击【确定】按钮,即可查询总账。单击科目下拉列表,可查询其他总账科目。

（4）查询余额表。双击【业务工作】-【财务会计】-【总账】-【账表】-【科目账】-【余额表】命令，系统弹出“发生额及余额查询条件”对话框，单击【确定】按钮。即可查询余额表。结果如图 3-24 所示。

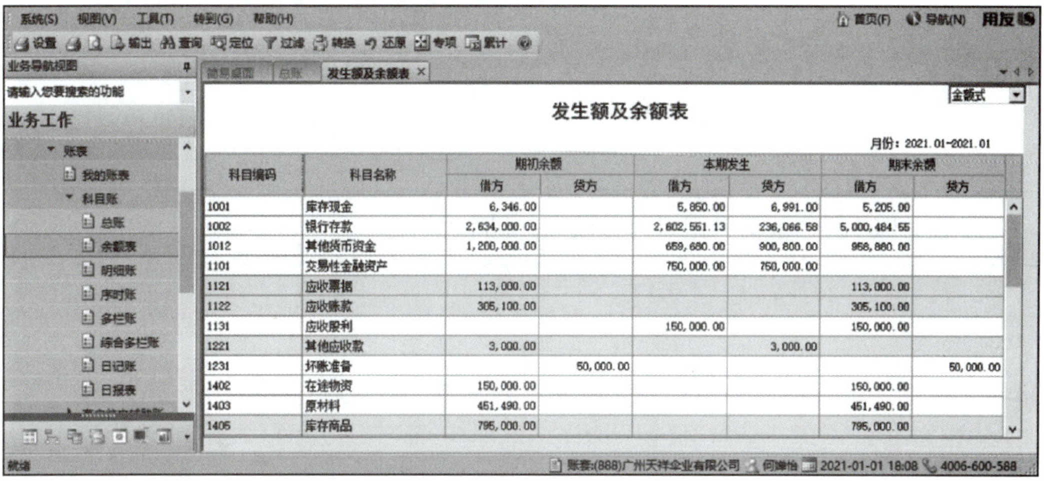

发生额及余额表

月份：2021.01-2021.01

科目编码	科目名称	期初余额		本期发生		期末余额	
		借方	贷方	借方	贷方	借方	贷方
1001	库存现金	6,346.00		5,850.00	6,991.00	5,205.00	
1002	银行存款	2,634,000.00		2,602,551.13	236,066.58	5,000,484.55	
1012	其他货币资金	1,200,000.00		659,680.00	900,800.00	958,880.00	
1101	交易性金融资产			750,000.00	750,000.00		
1121	应收票据	113,000.00				113,000.00	
1122	应收账款	305,100.00				305,100.00	
1131	应收股利			150,000.00		150,000.00	
1221	其他应收款	3,000.00			3,000.00		
1231	坏账准备		50,000.00				50,000.00
1402	在途物资	150,000.00				150,000.00	
1403	原材料	451,490.00				451,490.00	
1405	库存商品	795,000.00				795,000.00	

图 3-24　查询发生额及余额

【注意事项】

（1）如果勾选“末级”那么显示查询的本级科目及所属明细的末级发生额及余额。

（2）如果勾选“包含未记账凭证”则显示已经记账及未记账的凭证，否则只显示已经记账的凭证。

【操作视频】

项目三　总账系统操作视频

【思考题】

1. 简述总账期初数据与其他子系统初始数据之间的关系。

2. 已经记账的凭证可以删除修改吗？

3. 在总账中是否能对未记账的凭证进行删除？

项目四　固定资产系统

任务一　系统初始化

1. 固定资产账套初始化—固定资产系统参数设置。

2021 年 01 月 01 日，由何婵怡（W02）登录 U8 企业应用平台，完成任务。

【账套资料】

系统参数设置见表 4–1。

表 4–1　固定资产系统参数档案

启用月份	2021.01
折旧信息	折旧方法：平均年限法（二） 折旧汇总分配周期：1 个月；当（月初已计提月份 = 可使用月份 –1）时将剩余折旧全部提足（工作量法除外）
编码方式	编码长度：2112 固定资产编码方式:（自动编码）类别编号 + 序号 序号长度 3 位
账务接口	固定资产对账科目：1601 固定资产 累计折旧对账科目：1602 累计折旧 在对账不平的情况下允许固定资产月末结账
补充参数	固定资产缺省入账科目：1601 固定资产 累计折旧缺省入账科目：1602 累计折旧 减值准备缺省入账科目：1603 固定资产减值准备 增值税进项税额缺省入账科目：22210101 进项税额 固定资产清理缺省入账科目：1606 固定资产清理

【操作步骤】

（1）执行【开始】–【程序】–【用友 U8 v10.1】–【企业应用平台】命令，打开“登录”对话框。

（2）输入或选择数据。

（3）操作员处录入“W02”，账套选择“[888]（default）广州天祥伞业有限公司”，操作日期选择“2021–01–01”，单击【确定】。

（4）进入 U8 操作窗口，依次点击【业务工作】-【财务会计】-【固定资产】，系统会弹出固定资产提示框“这是第一次打开此账套，还未进行过初始化，是否进行初始化？”，单击【是】按钮，出现“初始化账套导向”对话框。

注意：初始化账套导向操作步骤，分别为① 约定及说明；② 启用月份；③ 折旧信息；④ 编码方式；⑤ 账务接口；⑥ 完成。

（5）约定及说明对话框，选择“我同意”，如图 4-1 所示。

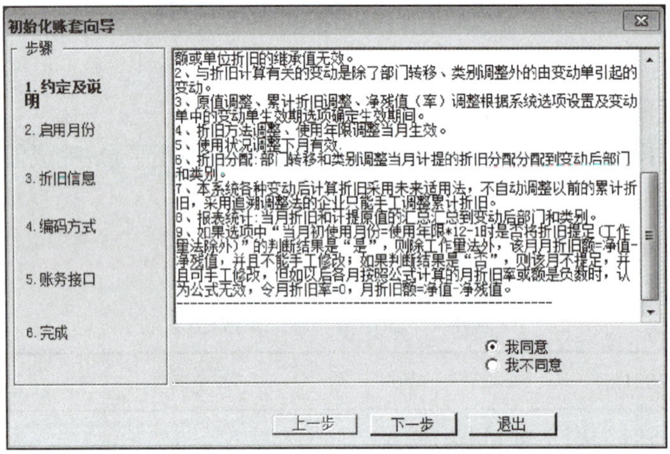

图 4-1　约定及说明

（6）点击【下一步】按钮，出现系统默认账套启用日期为“2021.01”的界面，如图 4-2 所示。

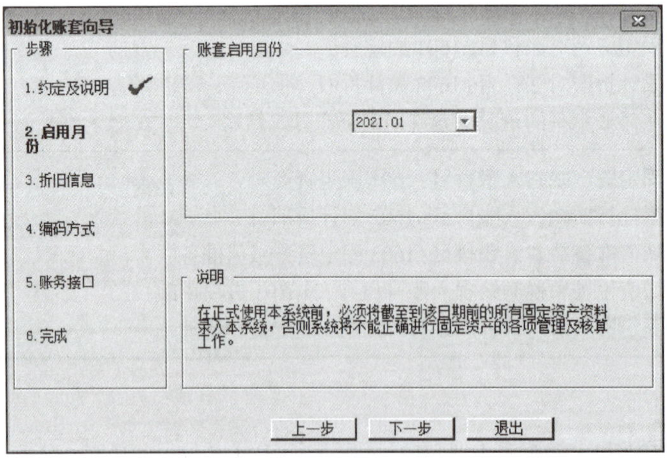

图 4-2　启用日期

（7）点击【下一步】按钮，出现折旧信息对话框，在“主要折旧方法”下拉选项选择“平均年限法（二）”，“折旧汇总分配周期”选择“1 个月”，勾选“当（月初已计提月份 = 可使用月份 -1）时将剩余折旧全部提足（工作量法除外）”，如图 4-3 所示。

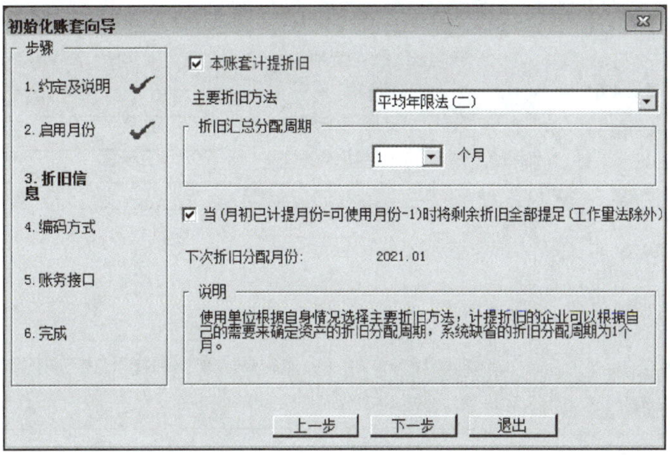

图 4–3　折旧信息

注意：系统提供 6 种主要折旧方法，分别为平均年限法（一）、平均年限法（二）、工作量法、年数总和法、双倍余额递减法（一）、双倍余额递减法（二）。

（8）点击【下一步】按钮，出现编码方式对话框，将资产类别编码方式的“级别”1–4 所对应的“编码长度”修改为“2–1–1–2”。“固定资产编码方式”选择“自动编码”，下拉框选择“类别编号 + 序号”，“序号长度”修改为“3”，如图 4–4 所示。

（9）点击【下一步】按钮，出现账务接口对话框，勾选“与账务系统进行对账”，对账科目的固定资产对账科目栏，从 会计科目表中选择“1601，固定资产”，对账科目的累计折旧对账科目栏，从 会计科目表中选择“1602，累计折旧”，勾选“在对账不平的情况下允许固定资产月末结账”。如图 4–5 所示。

（10）点击【下一步】按钮，出现初始化完成对话框，显示账套信息的基本设置，如图 4–6 所示。

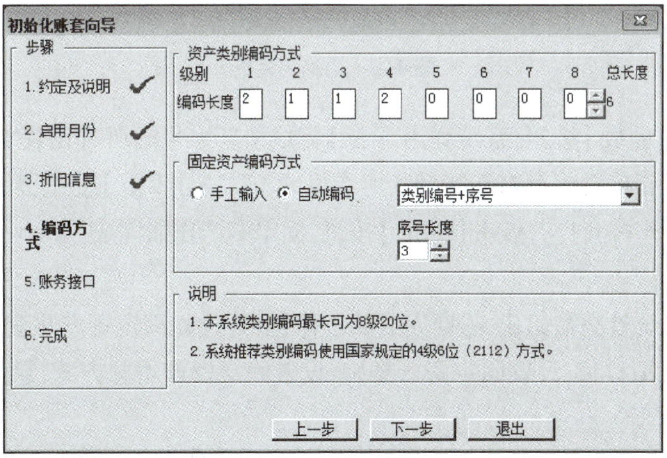

图 4–4　编码方式

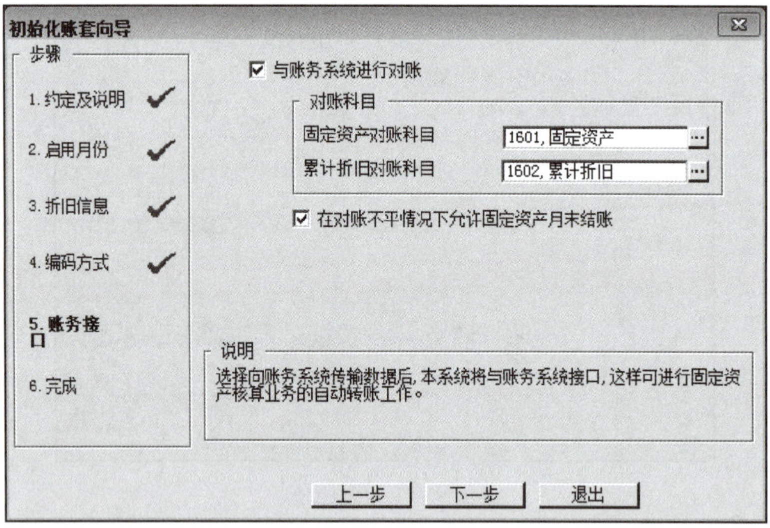

图 4-5　账务接口

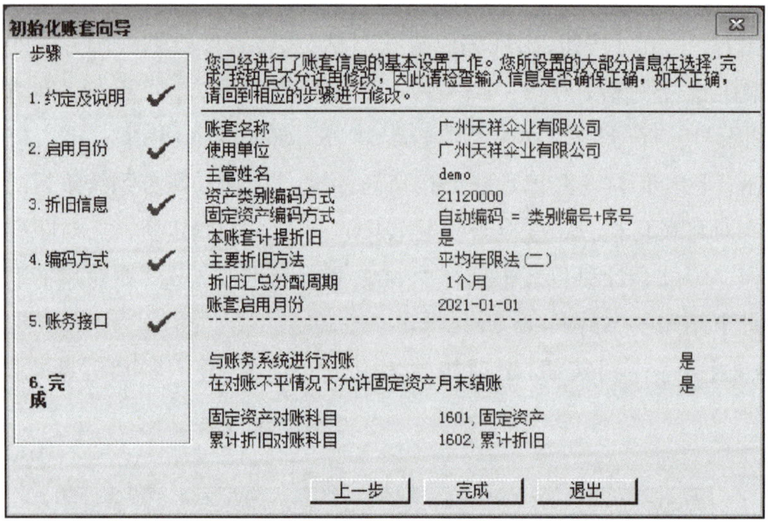

图 4-6　初始化完成

（11）点击【完成】按钮，系统弹出“已经完成了新账号的所有设置工作，是否确定所设置的信息完全正确并保存对新账套的所有设置？”，点击【是】按钮，系统弹出“已成功初始化本固定资产账套！”，点击【确定】按钮，固定资产建账完成。

【注意事项】

固定资产系统首次初始化，需要完成的工作包含：建立固定资产账套，设置系统参数，设置部门对应折旧科目，设置固定资产类别，设置固定资产增减方式，录入固定资产原始卡片。

固定资产的业务处理包括：固定资产增加，计提折旧，计提减值准备，固定资产减少，固定资产盘点等。

2. 设置部门对应折旧科目，见表 4-2。

表 4-2 折旧科目编码及名称

部门名称	折旧科目编码	折旧科目名称
行政部	660202	管理费用－折旧费
财务部	660202	管理费用－折旧费
销售部	660102	销售费用－折旧费用
采购部	660202	管理费用－折旧费
生产部	510102	制造费用－折旧费
生产一部	510102	制造费用－折旧费
生产二部	510102	制造费用－折旧费
仓库	660202	管理费用－折旧费

【操作步骤】

（1）双击【固定资产】-【设置】-【选项】对话框，点击【编辑】按钮，修改相关的信息。

补充参数

固定资产缺省入账科目：1601 固定资产；

累计折旧缺省入账科目：1602 累计折旧；

减值准备缺省入账科目：1603 固定资产减值准备；

增值税进项税额缺省入账科目：22210101 进项税额；

固定资产清理缺省入账科目：1606 固定资产清理。

（2）双击【选项】，在选项窗口点击【账务系统接口】页签，点击【编辑】按钮，根据上面补充参数录入缺省入账科目，如图 4-7 所示。

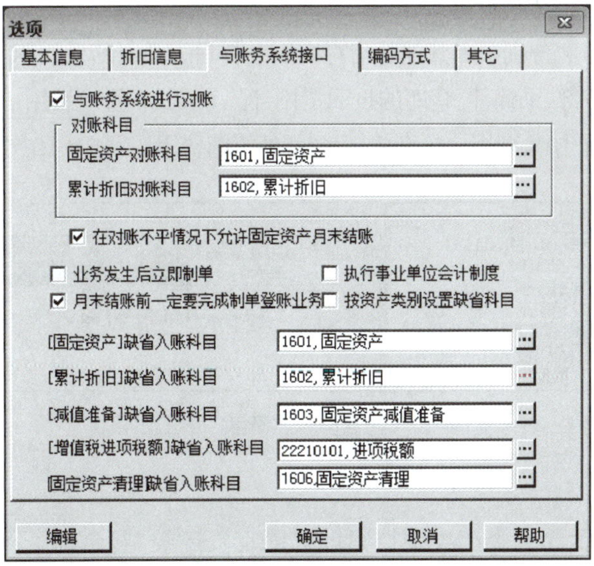

图 4-7 缺省入账科目

（3）双击【部门对应折旧科目】，进入“部门对应折旧科目”界面，如图 4–8 所示。

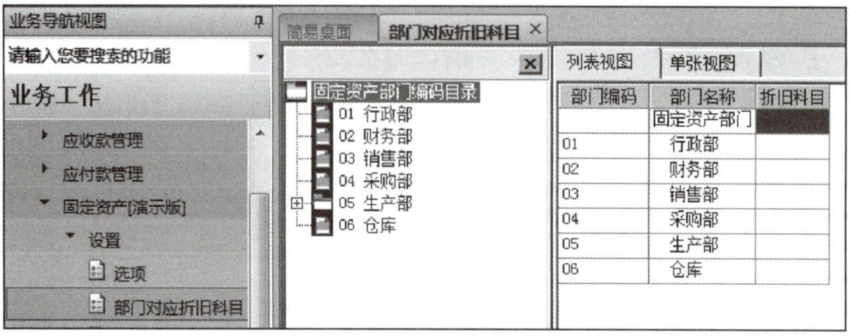

图 4–8　部门对应折旧科目

（4）在“固定资产部门编码目录”窗口点击【01 行政部】，然后点击左上角的【修改】按钮，如图 4–9 所示。

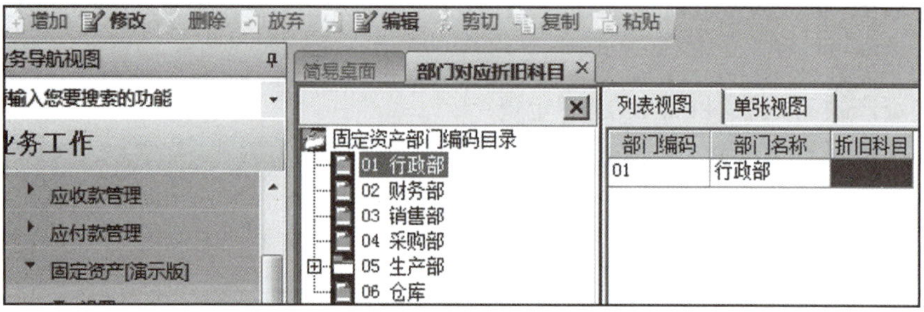

图 4–9　部门对应折旧科目（01 行政部）

（5）在“折旧科目”点击【 】弹出“科目参照”窗口，选择科目“660202 管理费用 – 折旧费”，点击工具栏的【保存】按钮。

（6）按照以上方法分别录入其他部门对应折旧科目。录入结果如图 4–10 所示。（会计核算提示：行政部、财务部、采购部、仓库的折旧费用计入 660202 管理费用——折旧费，销售部的折旧费用计入 660102 销售费用 – 折旧费，生产部的折旧费用计入 510102 制造费用 – 折旧费。）

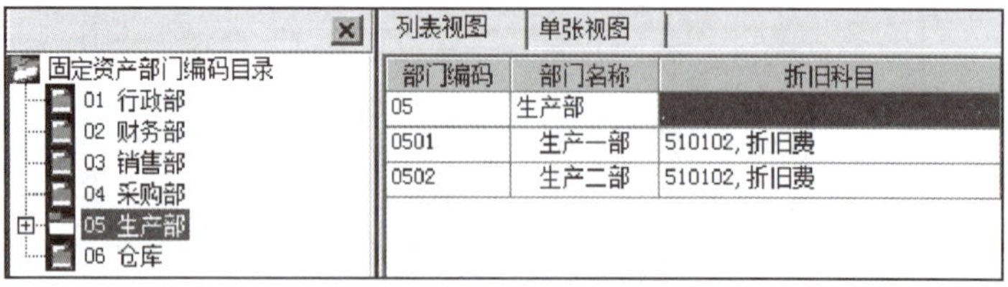

图 4–10　固定资产生产部门折旧科目

3. 设置资产类别。

根据表 4–3 所示固定资产类别档案设置固定资产类别，全部资产的计提属性为“正常计提”，卡片样式为“含税卡片样式”。

表 4-3　固定资产类别档案

类别编码	类别名称	使用年限 / 年	净残值率	计提属性	折旧方法	卡片样式
01	房屋及建筑物	70	10.00%	正常计提	平均年限法（二）	含税卡片样式
02	办公设备	4	4.00%	正常计提	平均年限法（二）	含税卡片样式
03	运输设备	20	10.00%	正常计提	平均年限法（二）	含税卡片样式
04	生产设备	10	5.00%	正常计提	平均年限法（二）	含税卡片样式

【操作步骤】

（1）进入 U8 操作平台，依次点击【业务工作】-【财务会计】-【固定资产】-【设置】- 双击【资产类别】，系统会弹出固定资产类别界面，如图 4-11 所示。

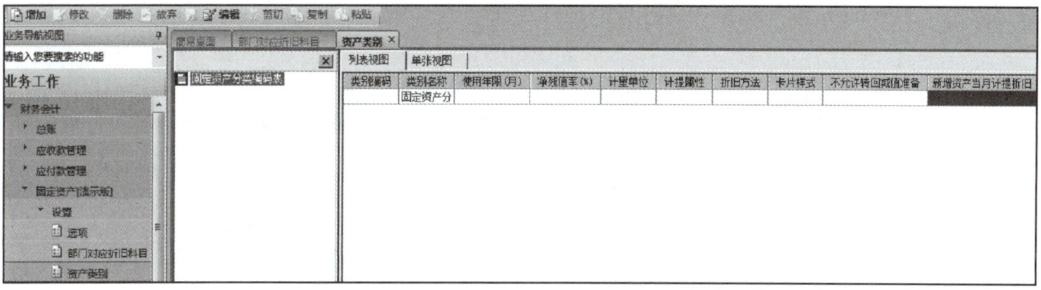

图 4-11　固定资产类别

（2）点击左上角【增加】按钮，进入“资产类别——单张视图”界面。根据表 4-3 固定资产类别档案录入以下资料：类别编码、类别名称、使用年限（年）、净残值率（%）、计提属性、折旧方法、卡片样式，具体如图 4-12 所示。录入完毕，点击工具栏的【保存】按钮。

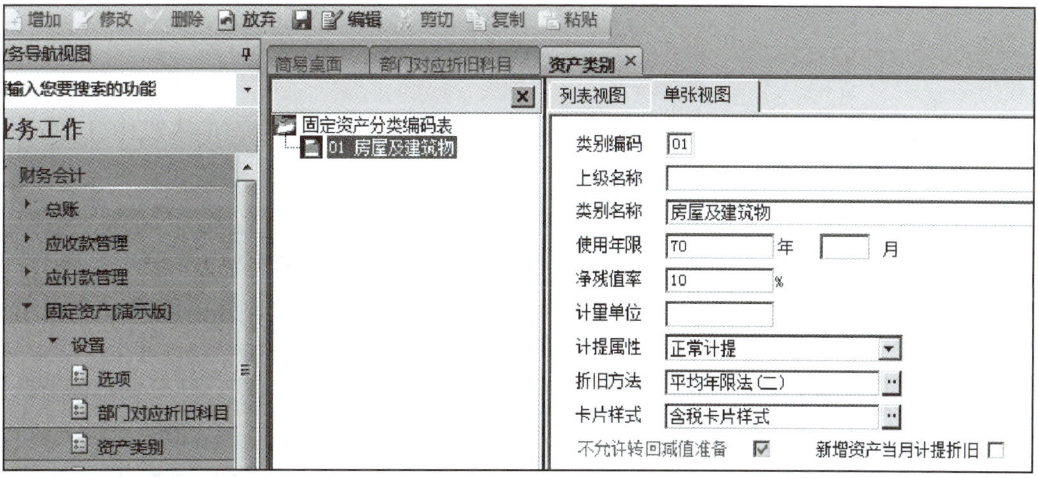

图 4-12　固定资产类别录入

（3）录完最后一项，单击【保存】按钮，系统默认进入下一条录入的界面。单击【放弃】按钮，系统提示“是否取消本次操作”，单击【是】按钮，返回“资产类别—列表视图”窗口。录入的资料如图 4–13 所示。

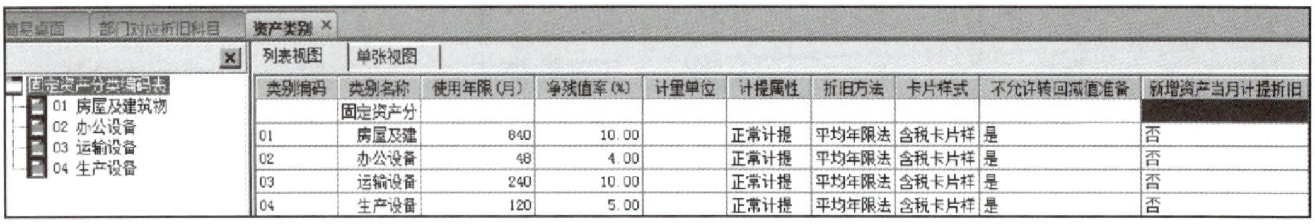

图 4–13　资产类别

4. 设置资产增减方式对应科目。

【操作步骤】

（1）进入 U8 操作平台，依次点击【业务工作】–【财务会计】–【固定资产】–【设置】– 双击【增加方式】，系统会弹出固定资产增减方式界面，如图 4–14 所示。

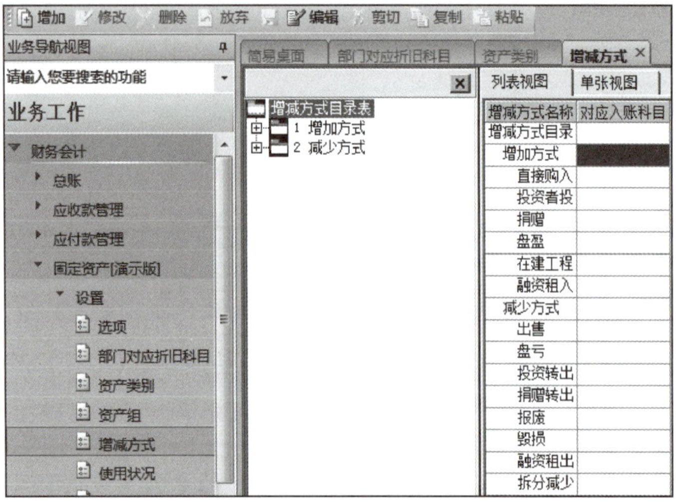

图 4–14　固定资产增减方式

（2）根据表 4–4 所示固定资产增减方式对应科目设置固定资产对应入账科目。

表 4–4　固定资产增减方式对应科目

增减方式类别	增减方式名称	对应科目及名称
增加方式	直接购入	100201（工行存款）
	投资者投入	4001（实收资本）
	捐赠	630103（营业外收入\接受捐赠）
	盘盈	6901（以前年度损益调整）
	在建工程转入	160401（在建工程）

续表

增减方式类别	增减方式名称	对应科目及名称
减少方式	出售	1606（固定资产清理）
	盘亏	1901（待处理财产损溢）
	投资转出	1606（固定资产清理）
	捐赠转出	1606（固定资产清理）
	报废	1606（固定资产清理）

（3）选择“增加方式”下“101 直接购入”，单击【修改】按钮。

（4）打开“增减方式—单张视图”窗口，在“对应入账科目”栏输入“100201（工行存款）”，单击【保存】按钮，如图 4–15 所示。（其中“106 融资租入”系统缺省）

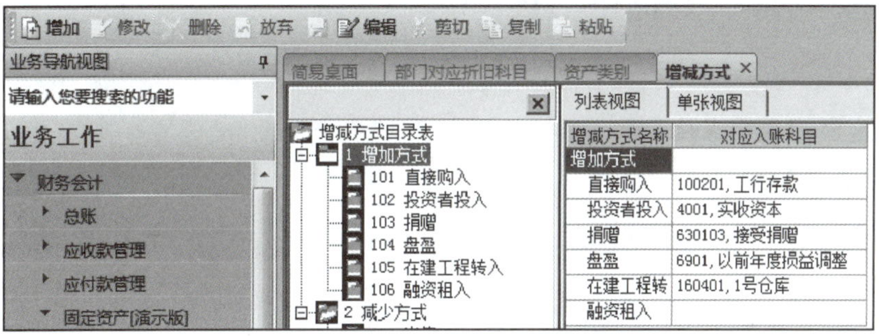

图 4–15　固定资产增加方式对应入账科目

（5）选择“减少方式”下的“201 出售”，单击【修改】按钮，在“对应入账科目”栏录入“1606，固定资产清理”，如图 4–16 所示，单击【保存】按钮。

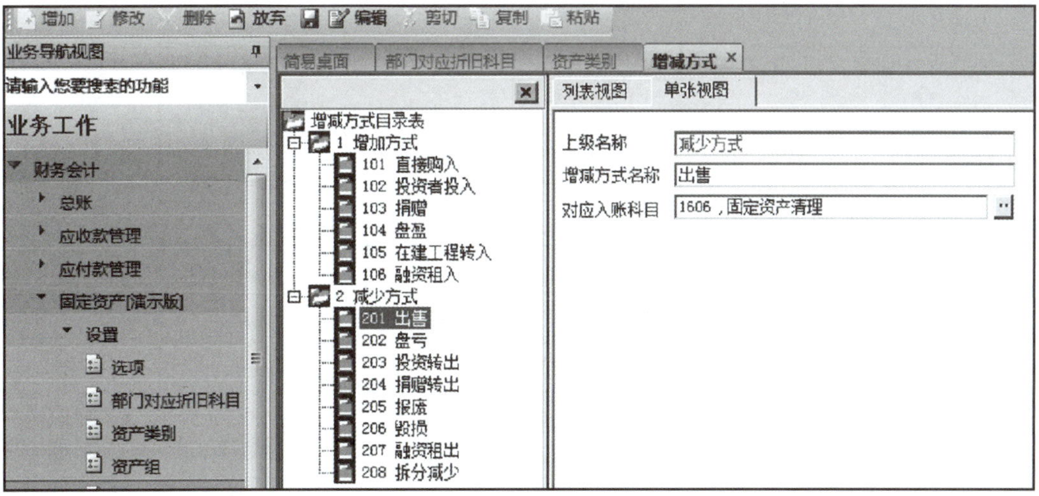

图 4–16　固定资产减少方式对应入账科目

（6）录入完毕，打开“增减方式—列表视图”窗口，如图 4-17 所示。（其中“206 毁损”“207 融资租出”“208 拆分减少”系统缺省）

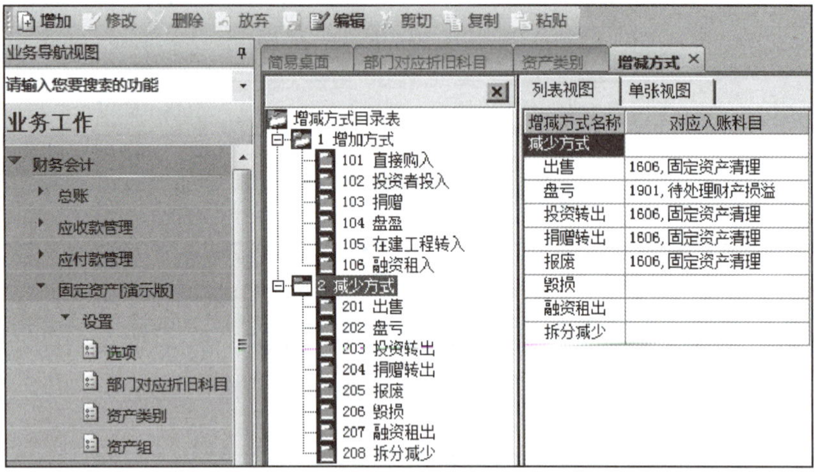

图 4-17　固定资产减少方式对应入账科目

5. 固定资产原始卡片录入。

【账套资料】

固定资产原始卡片见表 4-5。

表 4-5　固定资产原始卡片

卡片编号	00001	00002	00003 ~ 00007	00008	00009
固定资产编号	01001	03001	02001 ~ 02005	01002	04001
固定资产名称	1# 楼	东风卡车	电脑	2# 楼	生产线
类别编号	01	03	02	01	04
类别名称	房屋及建筑物	运输设备	办公设备	房屋及建筑物	生产设备
使用部门	生产一部	销售部	行政部	行政部、财务部、销售部、采购部、生产二部、仓库（使用比例为 1∶1∶1∶1∶4∶2）	生产一部、生产二部（使用比例 1∶1）
增加方式	直接购入	直接购入	直接购入	直接购入	直接购入
使用状况	在用	在用	在用	在用	在用
使用年限	70 年	20 年	4 年	70 年	10 年
折旧方法	平均年限法（二）	平均年限法（二）	平均年限法（二）	平均年限法（二）	平均年限法（二）
开始使用日期	2016-09-01	2020-11-01	2020-11-01	2016-08-01	2020-12-01

续表

原值	1 400 000.00 元	200 000.00 元	10 000.00 元	5 530 000.00 元	200 000.00 元
增值税	182 000.00 元	26 000.00 元	1 300.00 元	718 900 元	26 000.00 元
累计折旧	76 500.00 元	3 000.00 元	600.00 元	308 100 元	
净残值率	10%	10%	4%	10%	5%
对应折旧科目	510 102 折旧费	660 103 折旧费	660 202 折旧费	510 102 折旧费 /660 202 折旧费 /510 102 折旧费	510 102 折旧费

【操作步骤】

（1）进入 U8 操作平台，依次点击【业务工作】-【财务会计】-【固定资产】-【卡片】- 双击【录入原始卡片】，系统会弹出固定资产类别档案界面。

（2）勾选需要增加的资产类别编码或者资产类别名称，点击【确定】，系统会弹出固定资产卡片界面，如图 4-18 所示。

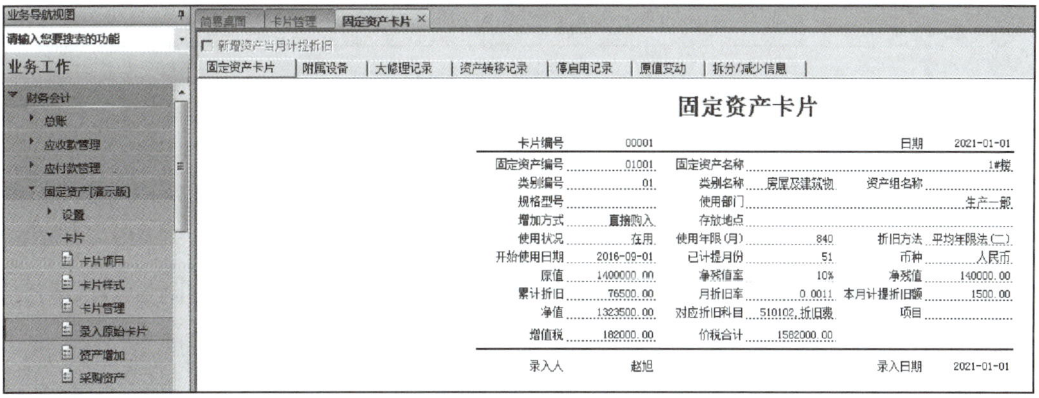

图 4-18　固定资产卡片

（3）卡片管理。按照上述给定的固定资产原始卡片资料录入相关的数据后，可以进入卡片管理，进行查询，如图 4-19 所示。

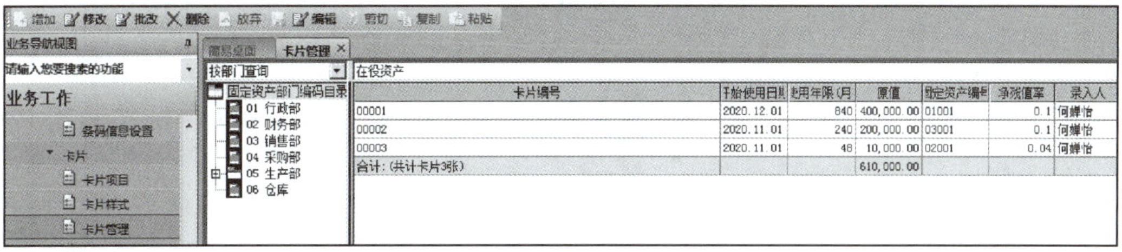

图 4-19　固定资产卡片管理

（4）复制方式建立新卡片。如果固定资产的内容相同，也可以通过复制功能进行批量录入。如我们的卡片编号为00003～00007办公设备电脑，卡片的内容相同，可以通过复制的功能增加卡片。点击“00003卡片编号”并选择左上方的【复制】按钮。出现“00003原始卡片”批量复制对话框。需要填入的是起始资产编号和终止资产编号，注意不是固定资产卡片编号，卡片复制数量要与增加的资产编号数量一致，如图4–20所示。系统出现“卡片批量复制完成”的对话框，点击【确定】按钮。

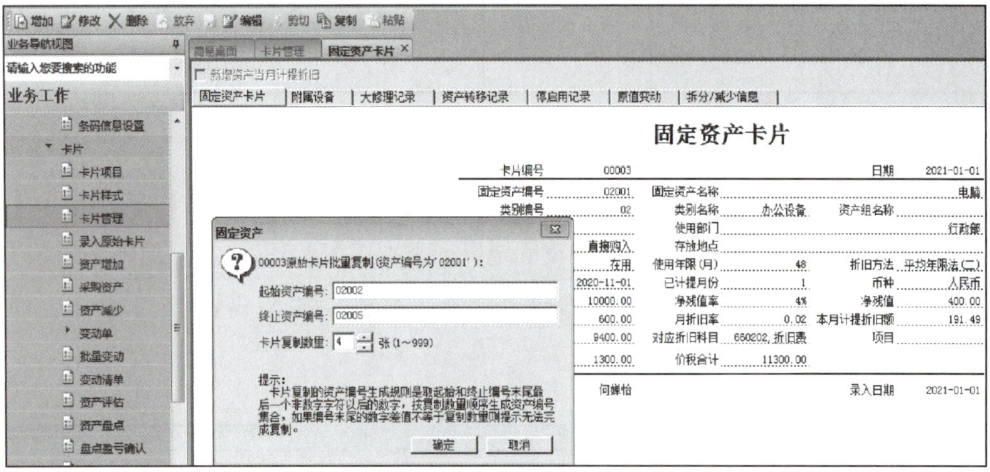

图4–20　固定资产卡片批量复制

（5）多部门共用固定资产的设置。固定资产编号为01002（2#楼）和04001（生产线）涉及多部门使用的情况。按照权责发生制的原则，将费用按部门进行分配。填写使用部门项目的时候，在本资产部门使用方式对话框选择“多部门使用”选项。系统弹出固定资产使用部门对话框，如图4–21所示。选择需要编辑的部门编码或部门名称，然后点击【确定】按钮。

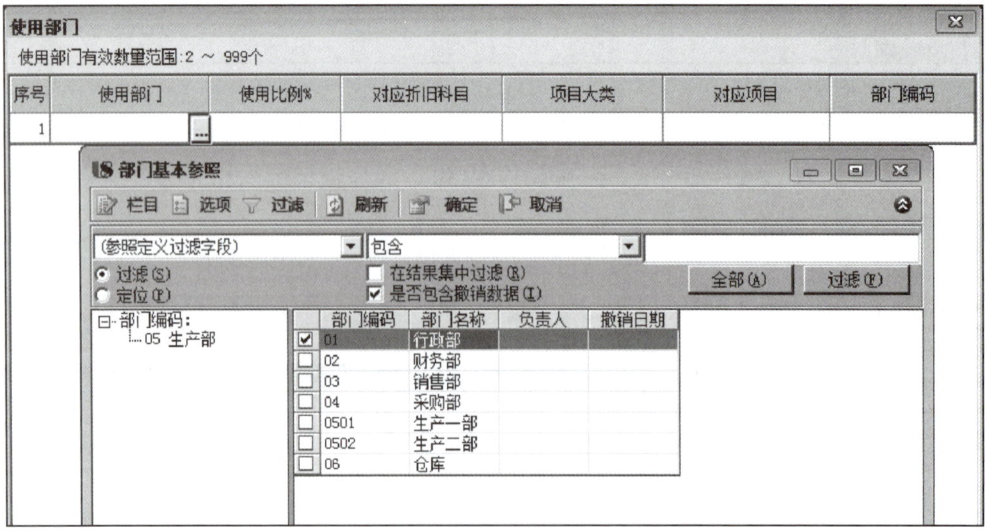

图4–21　固定资产使用部门

【注意事项】

（1）固定资产按照使用部门的使用比例来进行设定。行政部、财务部、销售部、采购部、生产二部、仓库使用比例为 1∶1∶1∶1∶4∶2，如图 4–22 所示。

使用部门

使用部门有效数量范围:2 ～ 999个

序号	使用部门	使用比例%	对应折旧科目	项目大类	对应项目	部门编码
1	行政部	10	660202，折旧费			01
2	财务部	10	660202，折旧费			02
3	销售部	10	660102，折旧费			03
4	采购部	10	660202，折旧费			04
5	生产二部	40	510102，折旧费			0502
6	仓库	20	660202，折旧费			06

图 4–22　固定资产使用部门使用比例设定

（2）固定资产卡片录入完毕后，可以通过卡片管理进行综合查询。

6. 固定资产期初与总账系统对账。

固定资产子系统具有相对的独立性，但在核算上又要保持与总账系统的统一性。因此，在固定资产卡片录入完毕后，必须对录入的期初数据进行对账检查，以检验固定资产子系统与总账系统核算上的统一性。如果固定资产子系统期初录入数据错误，而在固定资产选项设置中又选择了“在对账不平的情况下不允许月末结账”的话，结账业务将无法正常开展。

【操作步骤】

（1）进入 U8 操作平台，点击【业务工作】–【总账】–【固定资产】–【处理】–【对账】，弹出固定资产与财务对账结果窗口，如图 4–23 所示，提示“结果：平衡”后点击【确定】。

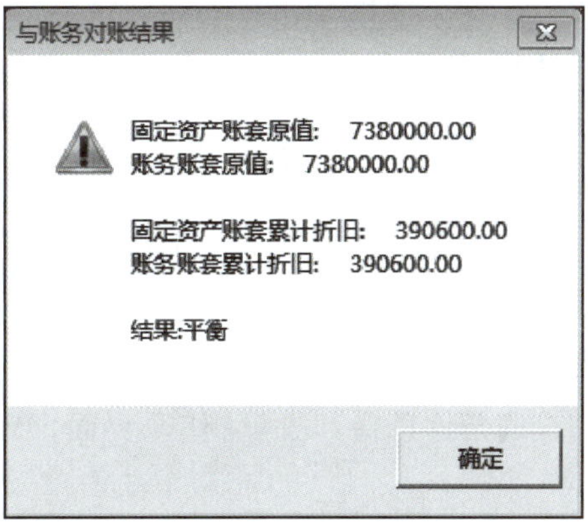

图 4–23　固定资产与财务对账结果

任务二　日常业务处理

1. 日常购入固定资产。

2021 年 01 月 06 日，生产一部开出转账支票（支票号：20210108048）购入智能缝纫机一台，收到增值税专用发票（发票号：202101080051），单价 20 000 元，增值税 2 600 元，共计 22 600 元。已投入使用。

【操作步骤】

（1）进入 U8 操作窗口，依次点击【业务工作】–【财务会计】–【固定资产】–【卡片】–【资产增加】，系统会弹出“固定资产类别档案”界面。选择“04（生产设备）”，单击【确定】按钮，进入固定资产卡片窗口。

（2）根据给出的资料填写固定资产卡片，如图 4–24 所示，单击【保存】按钮，系统提示数据成功保存。

固定资产卡片

卡片编号	00010			日期	2021-01-06
固定资产编号	04002	固定资产名称	缝纫机		
类别编号	04	类别名称	生产设备	资产组名称	
规格型号	智能缝纫机	使用部门	生产一部		
增加方式	直接购入	存放地点			
使用状况	在用	使用年限(月)	120	折旧方法	平均年限法(二)
开始使用日期	2021-01-06	已计提月份	0	币种	人民币
原值	20000.00	净残值率	5%	净残值	1000.00
累计折旧	0.00	月折旧率	0	本月计提折旧额	0.00
净值	20000.00	对应折旧科目	510102,折旧费	项目	
增值税	2600.00	价税合计	22600.00		
录入人	何婵怡			录入日期	2021-01-06

图 4–24　固定资产卡片 00010

（3）固定资产卡片录入完毕，接下来我们可以根据已录入的固定资产卡片进行批量制单，生成资产增加的记账凭证。

进入 U8 操作窗口，依次点击【业务工作】–【财务会计】–【固定资产】–【处理】–【批量制单】，系统会弹出“查询条件选择 – 批量制单”界面，单击【确定】按钮，弹出批量制单窗口。

（4）在“批量制单”界面，双击【选择】栏，空白处出现“Y”的字样。凭证类别默认“记记账凭证”，如图 4–25 所示。

（5）点击“制单设置”页签，单击左上角工具栏的【凭证】按钮，如图4–26所示。

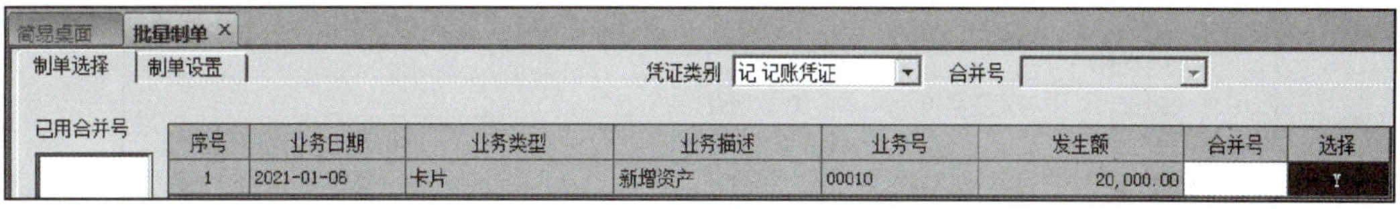

图4–25　批量制单－制单选择

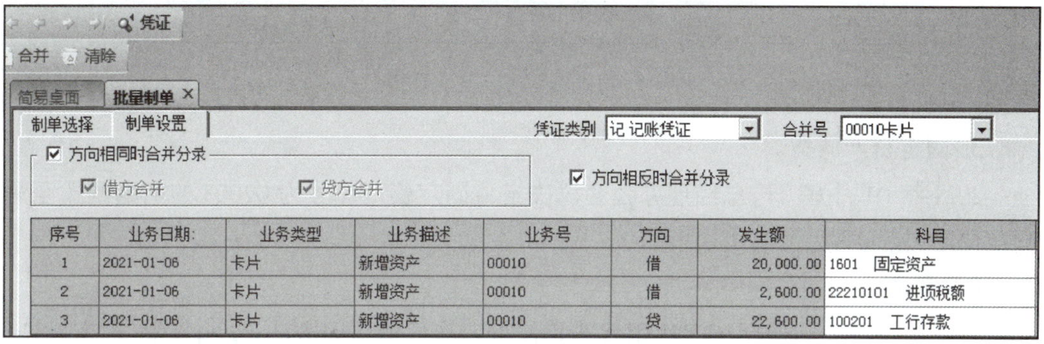

图4–26　批量制单－制单设置

（6）系统生成一张记账凭证，单击会计分录第3行任意位置，同时按【Ctrl+S】组合键，调出辅助项对话框，录入结算方式、票号及发生日期，单击【确定】按钮。

（7）单击【保存】按钮，结果生成记账凭证。

2. 日常自建固定资产。

2021年01月07日，1号仓库，原值424 820元，完工验收合格交付使用，并开出转账支票（支票号：2021010972）支付工程尾款424 820元。

【操作步骤】

（1）进入U8操作窗口，依次点击【业务工作】–【财务会计】–【固定资产】–【卡片】–【资产增加】，系统会弹“固定资产类别档案”界面。选择“01（房屋及建筑物）”，单击【确定】按钮，进入固定资产卡片窗口。

（2）根据给出的资料填写固定资产卡片。如图4–27所示，单击【保存】按钮，系统提示“数据成功保存”。

（3）进入U8操作窗口，依次点击【业务工作】–【财务会计】–【固定资产】–【处理】–【批量制单】，系统会弹出“查询条件选择－批量制单”界面。单击【确定】按钮，弹出批量制单窗口。在“批量制单”界面，双击【选择】栏，空白处出现“Y”的字样。凭证类别默认“记记账凭证”。点击“制单设置”页签，单击左上角工具栏的【凭证】按钮。系统生成一张记账凭证，单击【保存】按钮，生成记账凭证。

固定资产卡片

卡片编号	00011			日期	2021-01-07
固定资产编号	01004	固定资产名称	1号仓库		
类别编号	01	类别名称	房屋及建筑物	资产组名称	
规格型号		使用部门	仓库		
增加方式	在建工程转入	存放地点			
使用状况	在用	使用年限(月)	840	折旧方法	平均年限法(二)
开始使用日期	2021-01-07	已计提月份	0	币种	人民币
原值	424820.00	净残值率	10%	净残值	42482.00
累计折旧	0.00	月折旧率	0	本月计提折旧额	0.00
净值	424820.00	对应折旧科目	660202,折旧费	项目	
增值税	0.00	价税合计	424820.00		
录入人	何婵怡			录入日期	2021-01-07

图 4-27　固定资产卡片 00011

3. 固定资产调拨。

2021 年 01 月 07 日，总经理办公会议决定将固定资产编号为 02003 的电脑调拨至采购部使用（总经理办公会决议书略）。

【注意事项】

月末结账后原则使用部门使用状况累计折旧净残值折旧方法，使用年限，资产类别，各项目将不能通过固定资产卡片修改功能进行修改，只能通过变动单或评估单进行调整。

【操作步骤】

（1）进入 U8 操作窗口，依次点击【业务工作】-【财务会计】-【固定资产】-【卡片】-【变动单】-【资产减少】-【部门转移】，系统会弹出“固定资产变动单”界面。点击【卡片编号】按钮，选择卡片编号为 00005，固定资产编号为 02003 的电脑。

（2）选择固定资产“变动后部门”，弹出本资产部门使用方式对话框，选择“单部门使用”，点击【确定】按钮。

（3）点击【使用部门】项目，弹出“部门基本参照”窗口，点击【过滤】按钮，选择 04 采购部使用，如图 4-28 所示。点击【确定】按钮，点击【保存】按钮，系统提示“数据保存成功”。

固定资产变动单

— 部门转移 —

变动单编号	00001			变动日期	2021-01-07
卡片编号	00005	资产编号	02003	开始使用日期	2020-11-01
资产名称	电脑			规格型号	
变动前部门	行政部	变动后部门	采购部		
存放地点		新存放地点			
变动原因	电脑调拨				
				经手人	何婵怡

图 4-28　固定资产变动单 - 部门转移

4. 固定资产减值。

2021 年 01 月 31 日，对销售部已经发生减值迹象的东风卡车计提减值准备。该卡车可回收金额 150 000 元，计提减值准备后，预计使用年限 12 年，预计净残值 30 000 元。

【操作步骤】

（1）进入 U8 操作窗口，依次点击【业务工作】–【财务会计】–【固定资产】–【卡片】–【变动单】–【计提减值准备】，系统会弹出图 4–29 所示界面。在“卡片编号”栏选择资产编号为“03001”东风卡车，单击【确定】按钮。在“减值准备金额”栏录入“47000”，在“变动原因”栏录入“资产减值”，单击【保存】按钮，系统提示“数据成功保存”，单击【确定】按钮。

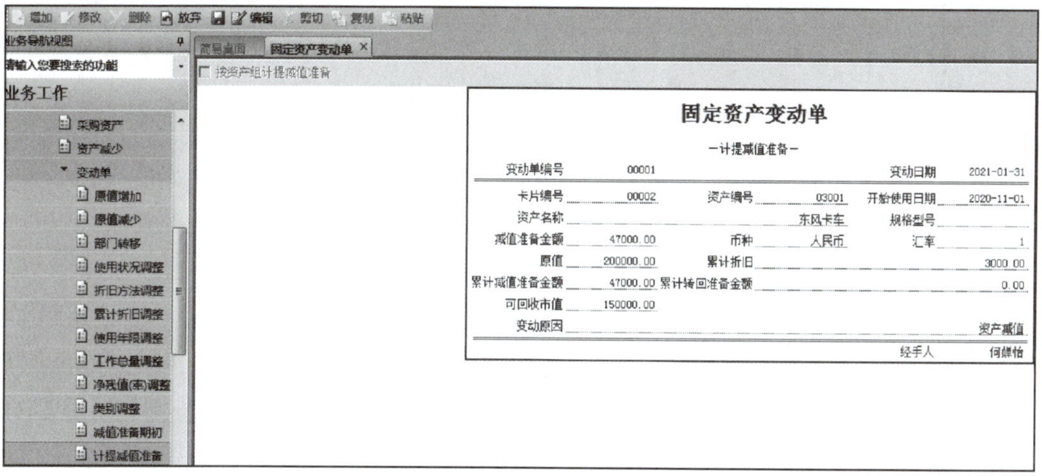

图 4–29　固定资产变动单 – 计提减值准备

（2）单击工具栏“凭证”按钮系统生成一张记账凭证。将凭证类别修改为“记账凭证”，借方科目参照选择“6701 资产减值损失”，单击工具栏的【保存】按钮，跳出“记账凭证 – 计提减值准备”，单击【确定】按钮。也可以在“批量制单”完成记账凭证的生成。

5. 计提折旧。

2021 年 01 月 31 日，计提本月固定资产折旧（使用批量制单处理）。

【操作步骤】

（1）进入 U8 操作窗口，依次点击【业务工作】–【财务会计】–【固定资产】–【处理】–【计提本月折旧】，系统会弹出“是否要查看折旧清单？”界面，单击【是】按钮，弹出计提本月折旧系统提示“本操作将计提本月折旧，并花费一定时间，是否要继续？”，单击【是】按钮，打开“折旧清单”窗口。

（2）单击【退出】按钮，系统提示“计提折旧完成”，单击【确定】退出。

（3）批量制单。双击【批量制单】菜单。打开“查询条件选择—批量制单”对话框，单击【确定】按钮，打开批量制单窗口，双击【第 1 行的选择栏】。

（4）单击“制单设置”页签，如图 4–30 所示。

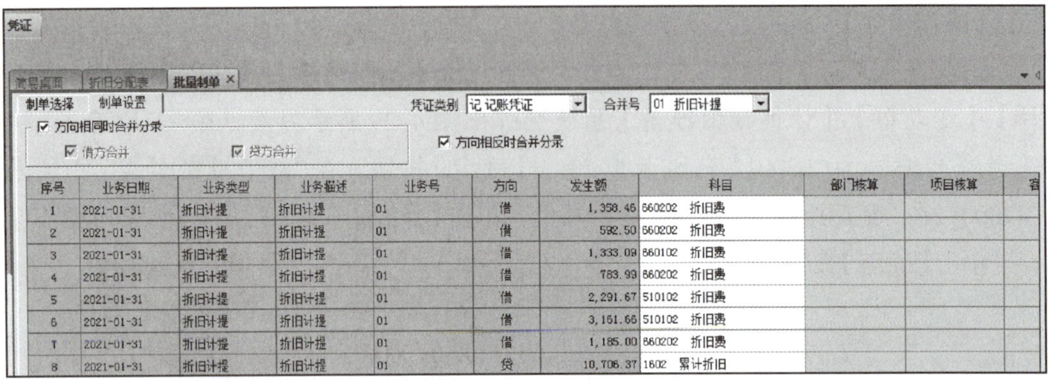

序号	业务日期	业务类型	业务描述	业务号	方向	发生额	科目	部门核算	项目核算	客
1	2021-01-31	折旧计提	折旧计提	01	借	1,358.46	660202 折旧费			
2	2021-01-31	折旧计提	折旧计提	01	借	592.50	660202 折旧费			
3	2021-01-31	折旧计提	折旧计提	01	借	1,333.09	660102 折旧费			
4	2021-01-31	折旧计提	折旧计提	01	借	783.99	660202 折旧费			
5	2021-01-31	折旧计提	折旧计提	01	借	2,291.67	510102 折旧费			
6	2021-01-31	折旧计提	折旧计提	01	借	3,161.66	510102 折旧费			
7	2021-01-31	折旧计提	折旧计提	01	借	1,185.00	660202 折旧费			
8	2021-01-31	折旧计提	折旧计提	01	贷	10,706.37	1602 累计折旧			

图 4–30　批量制单（制单设置）

（5）单击工具栏“凭证”按钮，系统生成一张记账凭证，单击“保存”按钮。

【注意事项】

另外一种处理方法如下。

进入 U8 操作平台，依次点击【业务工作】–【财务会计】–【固定资产】–【处理】–【计提本月折旧】，系统会弹出“是否要查看折旧清单？”界面，单击【是】按钮，点击【退出】，系统提示“固定资产折旧计提完成”，点击【确定】。双击【折旧分配表】，如图 4–31 所示。点击左上角的【凭证】，如图 4–32 所示，生成“计提第 1 期间折旧凭证”，选择“凭证字号”后点击【保存】。

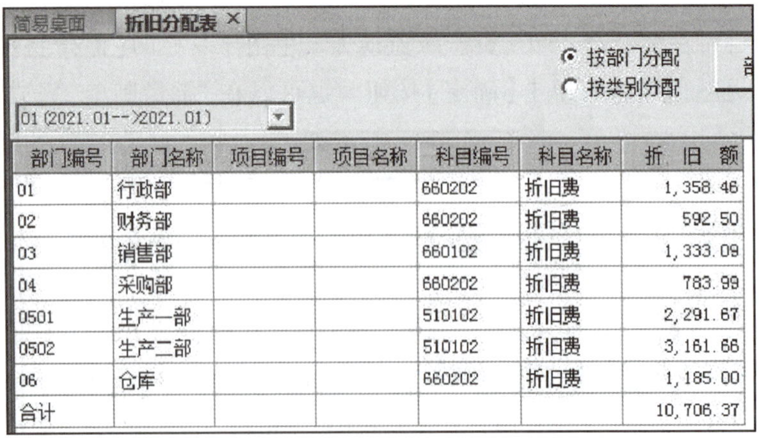

部门编号	部门名称	项目编号	项目名称	科目编号	科目名称	折 旧 额
01	行政部			660202	折旧费	1,358.46
02	财务部			660202	折旧费	592.50
03	销售部			660102	折旧费	1,333.09
04	采购部			660202	折旧费	783.99
0501	生产一部			510102	折旧费	2,291.67
0502	生产二部			510102	折旧费	3,161.66
06	仓库			660202	折旧费	1,185.00
合计						10,706.37

图 4–31　固定资产折旧分配

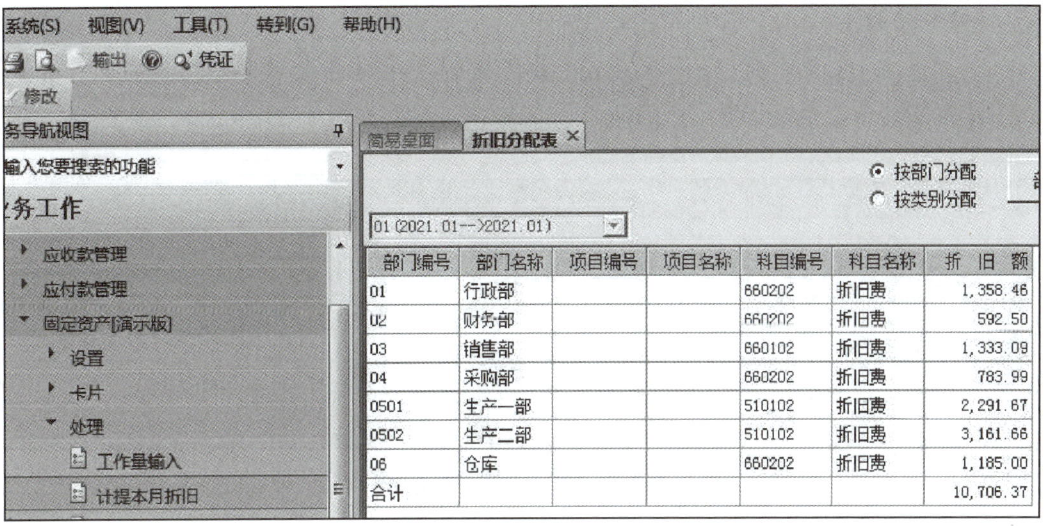

图 4-32 固定资产折旧分配

6. 固定资产报废。

2021 年 01 月 31 日，固定资产编号为 02004 的电脑由于短路致使其毁损。

【操作步骤】

（1）进入 U8 操作窗口，依次点击【业务工作】-【财务会计】-【固定资产】-【卡片】-【资产减少】，系统会弹出“资产减少”界面。“卡片编号”栏参照选择“00006”或者“固定资产编号”栏参照选择“02004”，单击【增加】按钮，“减少方式”选择“毁损”，点击【确定】按钮。

（2）点击【确定】按钮，系统提示“所选卡片以减少成功！”，单击【确定】按钮。

（3）在【固定资产】-【处理】-【批量制单】菜单，打开“查询条件选择—批量制单”对话框，单击【确定】按钮，打开批量制单窗口，双击“第 1 行的选择栏”。“选择”列显示“Y”。

（4）单击“制单设置”页签。单击工具栏【凭证】按钮，系统生成一张记账凭证，如图 4-33 所示，单击【保存】按钮。

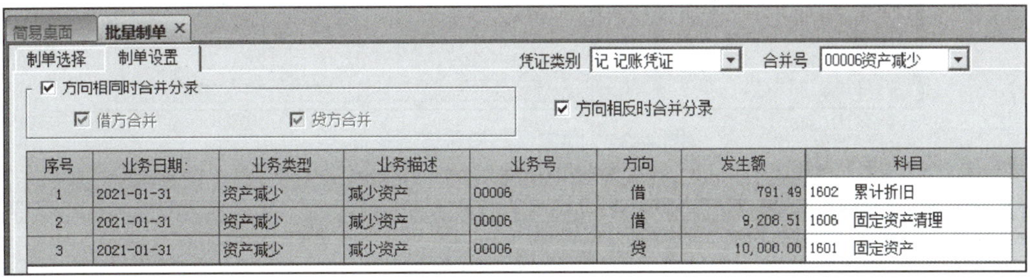

图 4-33 批量制单（制单设置）

7. 固定资产模块下账证查询。

固定资产模块下账证查询包含：查询固定资产折旧清单；查询固定资产总账；查询 1 月份生成的记账凭证。

【操作步骤】

（1）进入 U8 操作窗口，依次点击【业务工作】-【财务会计】-【固定资产】-【处理】-【折旧清单】，系统会弹出折旧清单“2021.01”界面，如图 4-34 所示。

折旧清单 [2021.01]

输出 退出

2021.01（登录）

按部门查询

固定资产部门编码目录
01 行政部
02 财务部
03 销售部
04 采购部
05 生产部
06 仓库

卡片编号	资产编号	资产名称	原值	计提原值	本月计提折旧额	累计折旧	本年计提折旧	减值准备	净值	净残值	折旧率	单位折旧	本月工作量	累计工作量
00001	01001	1#楼	1,400,000.00	1,400,000.00	1,500.00	78,000.00	1,500.00	0.00	1,322,000.00	0,000.00	0.0011		0.000	0.000
00002	03001	东风卡车	200,000.00	200,000.00	740.59	3,740.59	740.59	47,000.00	149,259.41	0,000.00	0.0038		0.000	0.000
00003	02001	电脑	10,000.00	10,000.00	191.49	791.49	191.49	0.00	9,208.51	400.00	0.0200		0.000	0.000
00004	02002	电脑	10,000.00	10,000.00	191.49	791.49	191.49	0.00	9,208.51	400.00	0.0200		0.000	0.000
00005	02003	电脑	10,000.00	10,000.00	191.49	791.49	191.49	0.00	9,208.51	400.00	0.0200		0.000	0.000
00006	02004	电脑	10,000.00	10,000.00	191.49	791.49	191.49	0.00	9,208.51	400.00	0.0200		0.000	0.000
00007	02005	电脑	10,000.00	10,000.00	191.49	791.49	191.49	0.00	9,208.51	400.00	0.0200		0.000	0.000
00008	01002	2#楼	5,530,000.00	5,530,000.00	5,925.00	314,025.00	5,925.00	0.00	5,215,975.00	3,000.00	0.0011		0.000	0.000
00009	04001	生产线	200,000.00	200,000.00	1,583.33	1,583.33	1,583.33	0.00	198,416.67	0,000.00	0.0079		0.000	0.000
合计			7,380,000.00	7,380,000.00	10,706.37	401,306.37	10,706.37	47,000.00	6,931,693.63	5,000.00			0.000	0.000

图 4-34 固定资产折旧清单【2021.01】

（2）进入 U8 操作窗口，依次点击【业务工作】-【财务会计】-【固定资产】-【账表】-【我的账表】，系统会弹出图 4-35 所示界面。双击【固定资产总账】，弹出“固定资产总账查询条件”界面，单击【确定】按钮，系统会弹出图 4-36 所示界面。

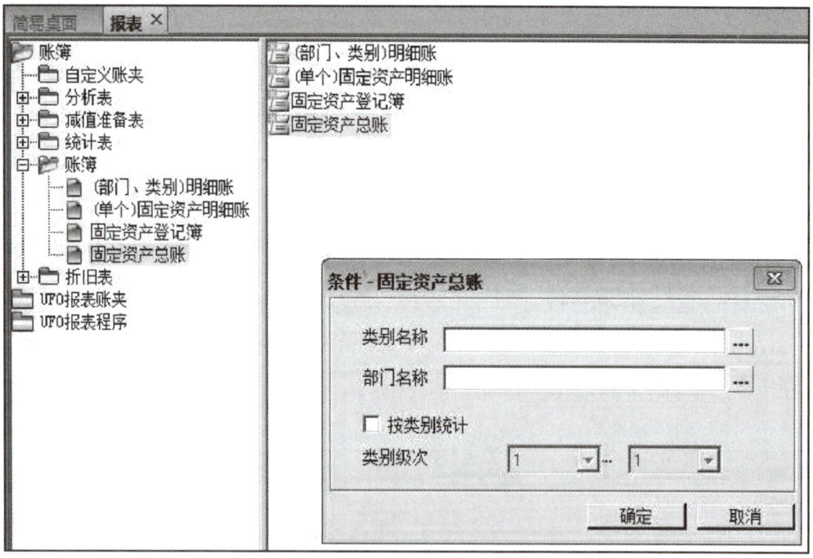

图 4-35 固定资产总账查询条件

简易桌面 报表 固定资产总账

恢复缺省格式 保存格式 锁定格式 图形分析 格式锁定状态:未锁定

固定资产总账

使用单位:广州天祥伞业有限公司

资产类别: 使用部门:

期间	原值			累计折旧			减值准备			净值
	借方	贷方	余额	借方	贷方	余额	借方	贷方	余额	
2021.01	7,824,820.00	10,000.00	7,814,820.00	791.49	401,306.37	400,514.88		47,000.00	47,000.00	7,367,305.12
合计	7,824,820.00	10,000.00	7,814,820.00	791.49	401,306.37	400,514.88		47,000.00	47,000.00	7,367,305.12

图 4-36 固定资产总账

（3）进入U8操作窗口，依次点击【业务工作】-【财务会计】-【固定资产】-【处理】-【凭证查询】，系统会弹出“固定资产凭证查询结果”界面。

【操作视频】

项目四　固定资产系统操作视频

【思考题】

1. 需要进行批量处理的变动单有哪些？

2. 计提本月折旧的注意事项有哪些？

3. 固定资产减少业务与计提本月折旧业务的先后顺序是什么？

项目五　薪资管理系统

工资是企业职工薪酬的重要组成部分，也是产品成本的计算内容，是企业进行各种费用计提的基础。工资核算的任务是以职工个人的工资原始数据为基础，计算应发工资、扣款和实发工资等，编制工资结算单；按部门和人员类别进行汇总，进行个人所得税计算；提供对工资相关数据的多种方式的查询和分析；进行工资费用分配与计提，并实现自动转账处理。

任务一　系统初始化

1. 工资账套初始设置。

【操作步骤】

（1）先以系统管理员（admin）登陆“系统管理”，引入之前备份的“项目四”账套。

（2）登录企业应用管理平台。以“Z01 赵旭”的身份注册进入企业应用平台。操作日期为 2021 年 01 月 01 日。

（3）打开建立工资账套窗口。双击【业务工作】-【人力资源】-【薪资管理】，系统弹出“建立工资套”窗口。

（4）设置工资账套参数。在“参数设置”页签选择“单个”，币别选择“人民币”，点击【下一步】，如图 5-1 所示。

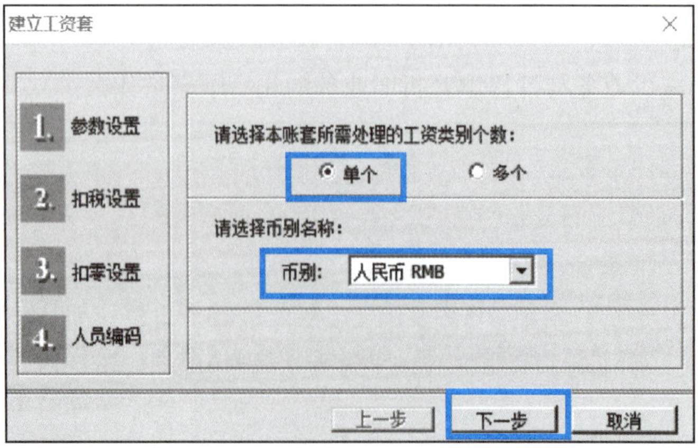

图 5-1　建立工资套

（5）扣税设置。在“扣税设置”中“是否从工资中代扣个人所得税”选择“√”,点击【下一步】。

（6）扣零设置。在“扣零设置”按默认值,点击【下一步】。

（7）人员编码设置。

2. 根据表 5-1 内容建立人员档案。

表 5-1　人员档案

薪资部门名称	人员编号	人员姓名	人员类别	账号	中方人员	是否计税
行政部	101	侯仁	管理人员	10011020088001	是	是
行政部	102	黎中柔	管理人员	10011020088002	是	是
财务部	201	赵旭	管理人员	10011020088003	是	是
财务部	202	郑鸿伟	管理人员	10011020088004	是	是
财务部	203	莫世和	管理人员	10011020088005	是	是
财务部	204	何婵怡	管理人员	10011020088006	是	是
销售部	301	吴悦欢	销售人员	10011020088007	是	是
销售部	302	陈绮琳	销售人员	10011020088008	是	是
采购部	401	安斯思	采购人员	10011020088009	是	是
生产一部	511	毛燕丽	管理人员	10011020088010	是	是
生产一部	512	朱曼琳	生产人员	10011020088011	是	是
生产二部	521	柯佳娜	生产人员	10011020088012	是	是
生产二部	522	黄晓华	管理人员	10011020088013	是	是
仓库	601	佘依玲	管理人员	10011020088014	是	是

（员工银行名称“中国工商银行”）

【操作步骤】

（1）打开人员档案窗口。双击【业务工作】-【人力资源】-【薪资管理】-【设置】-【人员档案】命令,打开“人员档案”窗口。

（2）批量增加人员档案。单击工具栏的【批增】按钮,打开“人员批量增加”窗口,单击对话框右侧的【查询】按钮,单击【确定】按钮,人员添加成功并返回“人员档案”窗口。

（3）录入每个职员的开户银行、账号。在人员“人员档案”窗口,双击“侯仁”所在行,打开“人员档案明细”窗口,根据表资料,“银行名称”选择“中国工商银行”,“银行账号”输入“10011020088001”,如图 5-2 所示。

（4）单击【确定】按钮,同理录入其他人员档案,如图 5-3 所示。

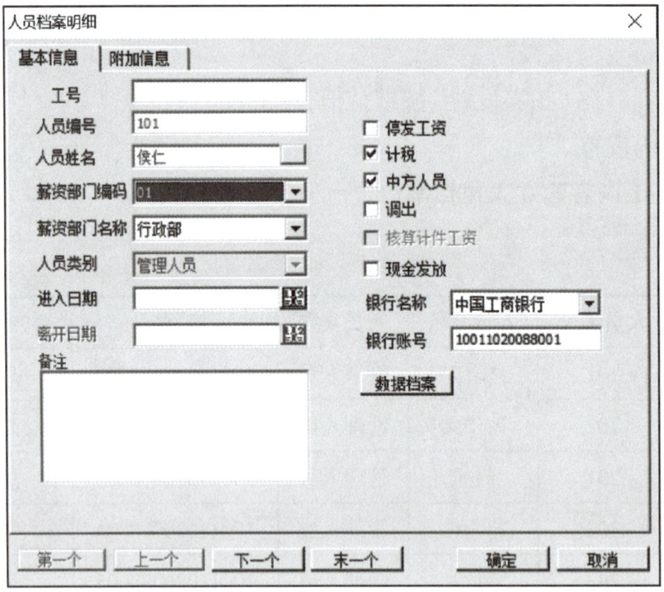

图 5-2　人员档案明细

图 5-3　人员批量增加

【注意事项】

人员档案的设置用于登记工资发放人员的姓名、职工编号、所在部门、人员类别等信息。此外，员工的增减变动也必须在本功能中处理。人员档案的操作是针对某个工资类别的，应先打开相应的工资类别。人员档案管理包括：增加、修改、删除人员档案，人员调离与停发处理，查找人员等。

3. 根据表 5–2 内容完成工资项目设置。

表 5–2　工资项目表

工资项目名称	类型	长度	小数	增减项
基本工资	数字	8	2	增项
职务补贴	数字	8	2	增项
奖金	数字	8	2	增项
交补	数字	8	2	增项
应付工资	数字	8	2	其他
单位医疗保险	数字	8	2	其他
单位养老保险	数字	8	2	其他
单位失业保险	数字	8	2	其他
单位工伤保险	数字	8	2	其他
单位住房公积金	数字	8	2	其他
个人医疗保险	数字	8	2	减项
个人养老保险	数字	8	2	减项
个人失业保险	数字	8	2	减项
个人住房公积金	数字	8	2	减项
缺勤扣款	数字	8	2	减项
缺勤天数	数字	8	2	其他
应发合计	数字	10	2	增项
扣款合计	数字	10	2	减项
实发合计	数字	10	2	增项
代扣税	数字	10	2	减项
年终奖	数字	10	2	其他（系统默认）
年终奖代扣税	数字	10	2	其他（系统默认）
扣税合计	数字	10	2	其他（系统默认）
四险一金工资基数	数字	8	2	其他
累计应付工资	数字	10	2	其他
累计减除费用	数字	8	2	其他
累计专项附加费用	数字	8	2	其他
累计预扣预缴应纳税所得额	数字	10	2	其他

【操作步骤】

（1）双击执行【业务工作】-【人力资源】-【薪资管理】-【设置】-【工资项目设置】，打开“工资项目设置”窗口。

（2）单击【增加】按钮，工资项目列表中增加一空行，单击右上方“名称参照”下拉列表框，从下拉列表中选择“基本工资”选项。若下拉列表中无参照项目，可自行在空白处输入工资项目名称。

（3）双击【类型】栏，选中“数字”选项。同理，选中“长度”“小数”“增减项”。

（4）全部工资项目增加完成后，使用“工资项目设置”界面上的“上移”和“下移”按钮，按照实验资料所给顺序调整工资项目的排列位置，结果如图 5-4 所示。单击【确定】按钮。

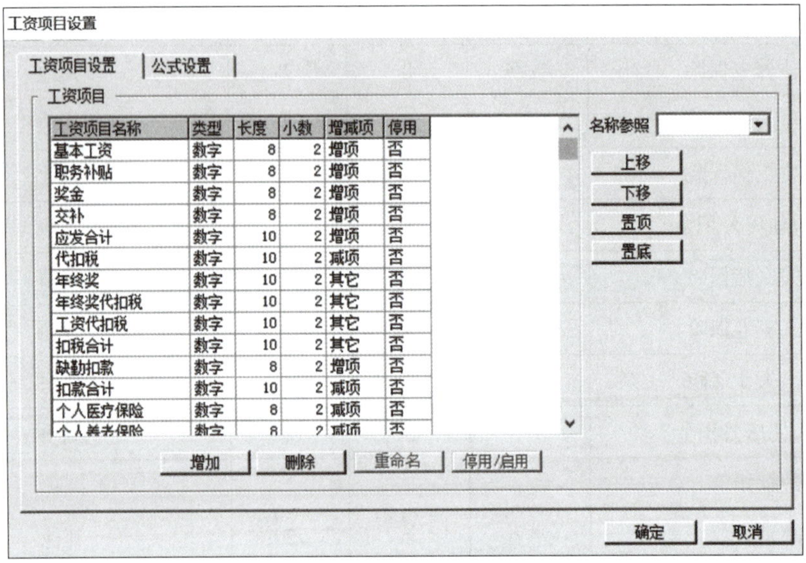

图 5-4　工资项目设置明细

【注意事项】

（1）在薪资管理中，如果单位存在按周或每月多次发放工资，或者存在多种不同类别的人员，每一类人员的工资发放项目不同，计算公式亦不同，但又需要进行统一工资核算管理的情况，则可以通过建立不同的工资类别，实现多个类别的核算。例如，某企业正式职工和临时职工工资组成项目不同，需要进行不同的工资核算，则可以设置正式职工和临时职工两个工资类别。

- 设置工资类别、人员类别、部门档案、工资项目等内容时，需关闭工资类别。
- 设置工资项目计算公式，设置人员档案、输入工资数据、定义工资转账关系、工资计算、设置所得税基数、工资费用分配等操作，需要在打开某一工资类别下进行。

（2）工资项目设置即定义工资项目的名称、类型、宽度、小数和增减项等。系统中有一些固定项目是工资账中必不可少的，包括应发合计、扣款合计、实发合计等，这些项目不能删除和重命名。其他项目可根据实际情况定义或参照增加，如基本工资、奖励工资、请假天数等。在此设置的工资项目是针对所有工资类别的全部工资项目。

4. 根据表 5-3 内容完成公式设置。

表 5-3 工资项目计算公式

序号	工资项目设置	计算公式
1	缺勤扣款	(基本工资 /30)* 缺勤天数
2	应发合计	基本工资 + 职务补贴 + 奖金 + 交补
3	应付工资	基本工资 + 职务补贴 + 奖金 + 交补 – 缺勤扣款
4	扣款合计	代扣税 + 个人医疗保险 + 个人养老保险 + 个人失业保险 + 个人住房公积金
5	实发合计	应发合计 – 扣款合计
6	四险一金工资基数	5000
7	单位住房公积金	四险一金工资基数 *0.12
8	单位失业保险	四险一金工资基数 *0.005
9	单位养老保险	四险一金工资基数 *0.14
10	单位医疗保险	四险一金工资基数 *0.07
11	单位工伤保险	四险一金工资基数 *0.002
12	个人住房公积金	四险一金工资基数 *0.12
13	个人失业保险	四险一金工资基数 *0.002
14	个人养老保险	四险一金工资基数 *0.08
15	个人医疗保险	四险一金工资基数 *0.02
16	累计应付工资	
17	累计减除费用	5 000*month( )
18	累计专项扣除	2 000*month( )
19	累计预扣缴应纳税所得额	累计应付工资 – 累计减除费用 –(个人养老保险 + 个人医疗保险 + 个人失业保险 + 个人住房公积金)*month( )– 累计专项扣除

【操作步骤】

(1)双击执行【业务工作】-【人力资源】-【薪资管理】-【设置】-【工资项目设置】命令,打开“工资项目设置”窗口。

(2)单击“公式设置”选项卡,单击【增加】按钮。

(3)在工资项目列表中增加一空行,单击下拉列表框选中“缺勤扣款”选项。

(4)单击工资项目列表中的“基本工资”,使“基本工资”出现在公式定义文本框中,在“公式输入参照”依次选择“/”“*”“30”,移动公式定义文本框中光标,再在“公式输入参照”选择“（ ）”,使得“（基本工资 /30）* 缺勤天数”出现在公式定义文本框中。结果如图 5-5 所示。

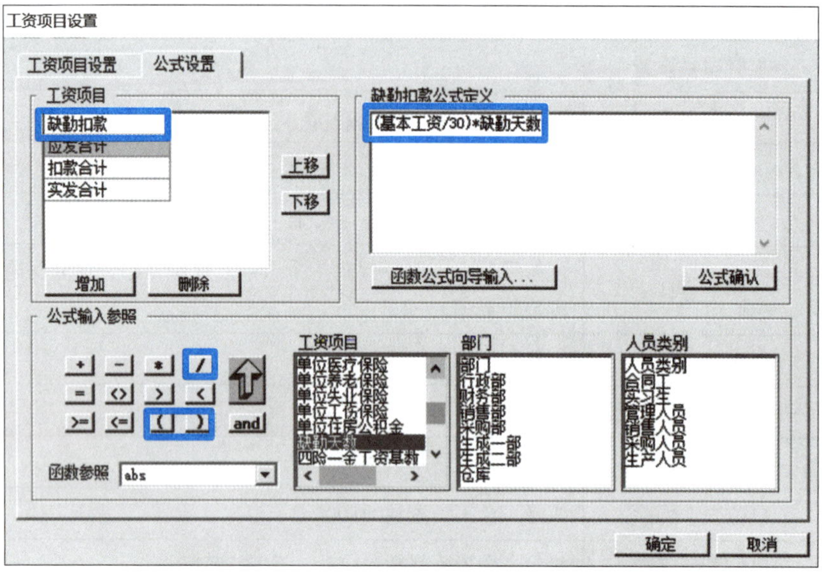

图 5-5　工资项目公式设置

（5）单击【公式确认】按钮,再点击【确定】。

（6）同理,设置四险一金基数公式“5000”。结果如图 5-6 所示。

（7）继续设置其他工资项目公式。

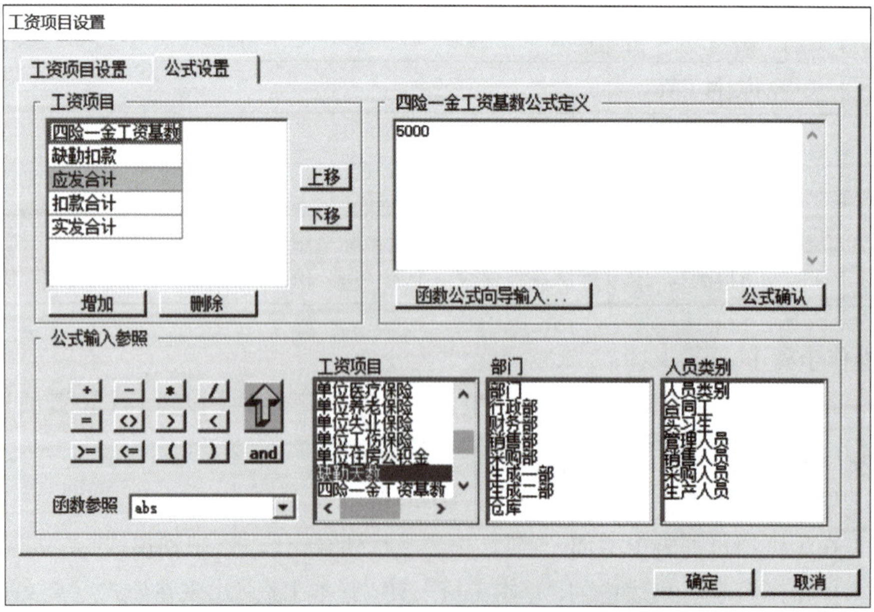

图 5-6　四险一金工资基数设置

【注意事项】

设置计算公式就是定义某些工资项目的计算公式及工资项目之间的运算关系。例如：缺勤扣款 =（基本工资 ÷30）× 缺勤天数。运用公式可直观表达工资项目的实际运算过程，灵活地进行工资计算处理。

定义公式可通过选择工资项目、运算符、关系符、函数等组合完成。

系统固定的工资项目，如应发合计、扣款合计、实发合计等的计算公式，系统根据工资项目设置的“增减项”自动给出，用户在此只能增加、修改、删除其他工资项目的计算公式。

定义工资项目计算公式要符合逻辑。系统将对公式进行合法性检查，对不符合逻辑的公式，系统将给出错误提示。定义公式时要注意先后顺序，先得到的数据应先设置公式。

5. 扣税设置。

2021 年 01 月 01 日，按照个人所得税法规定的累计预扣法，设置征税依据为“累计预扣预缴应纳税所得额”工资项，将税率表中的“基数”和“附加费用”暂设为零。根据表 5-4 将税率表调整为预扣率表。

表 5-4　税率

级数	累计预扣预缴应纳税所得额	预扣率（%）	速算扣除数
1	不超过 36 000 元的	3	0
2	超过 36 000 元至 144 000 元的部分	10	2 520
3	超过 144 000 元至 300 000 元的部分	20	16 920
4	超过 300 000 元至 420 000 元的部分	25	31 920
5	超过 420 000 元至 660 000 元的部分	30	52 920
6	超过 660 000 元至 960 000 元的部分	35	85 920
7	超过 960 000 元的部分	45	181 920

【操作步骤】

（1）双击执行【业务工作】-【人力资源】-【薪资管理】-【设置】-【选项】命令，打开“选项”窗口。

（2）单击“扣税设置”页签，工资项目选择“累计预扣预缴应纳税所得额”，如图 5-7 所示，单击【编辑】按钮。

（3）单击【税率设置】按钮，进入“个人所得税申报表 - 税率表”窗口。

（4）修改所得税纳税“基数”为“0”，“附加费用”为“0”，1 级应纳税所得额下限为“0”应纳税所得额上限为“36000”，税率 % 为“3”，速算扣除数为“0”，根据表 5-4 填写其他级次的上限、下限、税率、速算扣除数，如图 5-8 所示，单击【确定】按钮。

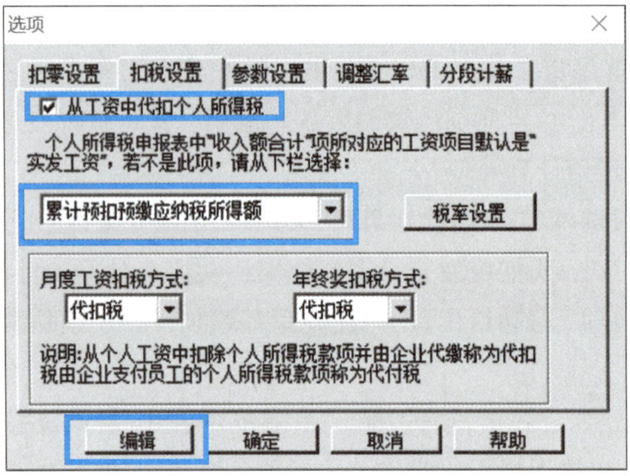

图 5-7　累计应纳税所得额税率设置

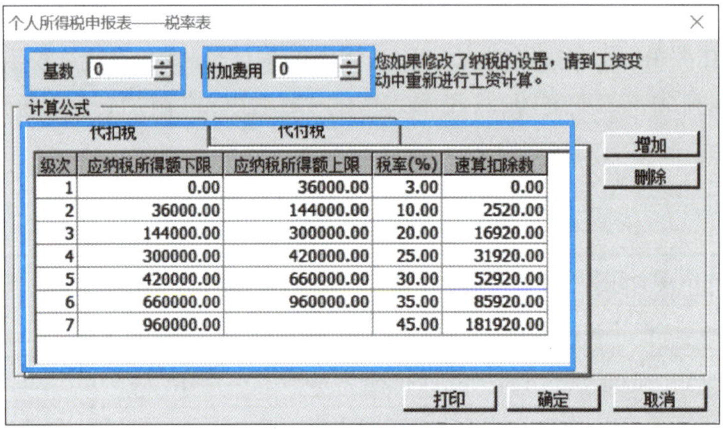

图 5-8　超额累计税率设置

任务二　薪资管理日常业务

1. 工资数据变动。

2021 年 01 月 31 日，分摊在职人员工资。在职人员工资数据如表 5-5 所示，奖金：销售部人员为 2 000 元，其他人员 1 000 元。累计应付工资生成工资变动表。

表 5-5　工资数据

人员	部门	基本工资 / 元	缺勤天数
侯仁	行政部	10 000	
黎中柔	行政部	6 000	2
赵旭	财务部	5 500	

续表

人员	部门	基本工资 / 元	缺勤天数
郑鸿伟	财务部	5 000	
莫世和	财务部	5 000	
何婵怡	财务部	4 500	
吴悦欢	销售部	8 000	
陈绮琳	销售部	9 000	
安斯思	采购部	6 000	
毛燕丽	生产一部	7 000	
朱曼琳	生产一部	5 000	
柯佳娜	生产二部	4 000	
黄晓华	生产二部	5 500	
余依玲	仓管部	4 500	

【操作步骤】

（1）何婵怡（W02）登录 U8 企业应用平台。

（2）双击执行【业务工作】-【人力资源】-【薪资管理】-【业务处理】-【工资变动】命令，打开“工资变动”窗口。

（3）录入全体人员的基本工资。在工资变动窗口，根据表的数据找到对应人员，双击“基本工资”栏，从键盘直接输入数据。其他人员同理输入。

（4）录入全体人员的奖金。单击工具栏的“全选”按钮，单击【替换】打开“工资数据替换”对话框，从工资项目列表中选择“奖金”项目，在“替换成”栏输入“2000”，“替换条件”第一行下拉框选择“人员类别”，中间框选择“=”，后面框选择“销售人员”，如图 5-9 所示。点击【确定】，提示“数据替换后不可恢复，是否继续？”，点击【是】，提示“2 条记录被替换，是否重新计算？”，点击【是】。单击工具栏的“全选”按钮，单击【替换】打开“工资数据替换”对话框，从工资项目列表中选择“奖金”项目，在“替换成”栏输入“1000”，“替换条件”第一行下拉框选择“人员类别”，中间框选择“<>”，后面框选择“销售人员”，如图 5-10 所示，点击【确定】，提示“数据替换后不可恢复，是否继续？”，点击【是】，提示“12 条记录被替换，是否重新计算？”，点击【是】。

（5）根据表录入全部工资数据后，单击工具栏的【计算】-【汇总】。

（6）批量录入“累计应付工资”。鼠标移动到电脑系统右下角时间日期，点击鼠标右键选择调整日期，“手动设置日期”进行电脑日期更改，时间改为“2021-1-31”，修改后点击【确定】。

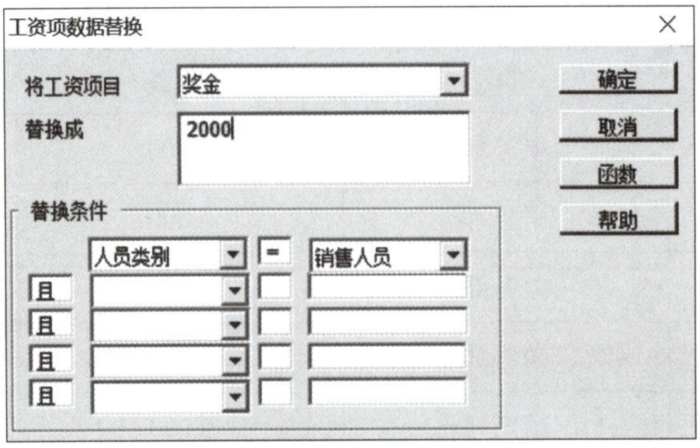

图 5-9　设置销售人员奖金

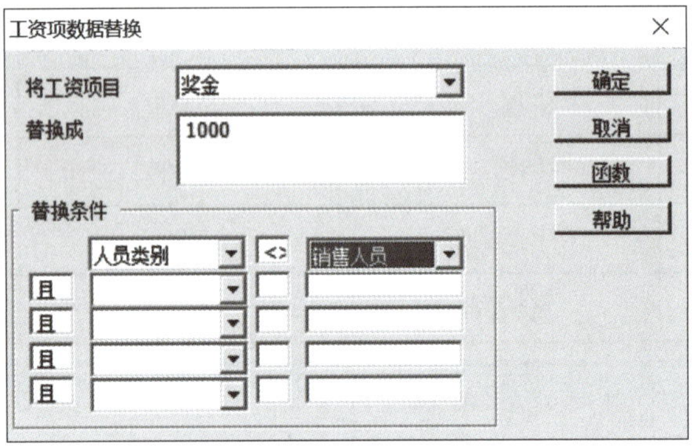

图 5-10　设置非销售人员奖金

（7）在 U8 企业应用窗口，单击工具栏“全选”，再单击【替换】，打开“工资数据替换”对话框。从工资项目列表中选择“累计应付工资”，单击右侧的【函数】按钮，打开“系统函数”对话框。在右下角工资项目列表中选择“应付工资”，如图 5-11 所示。

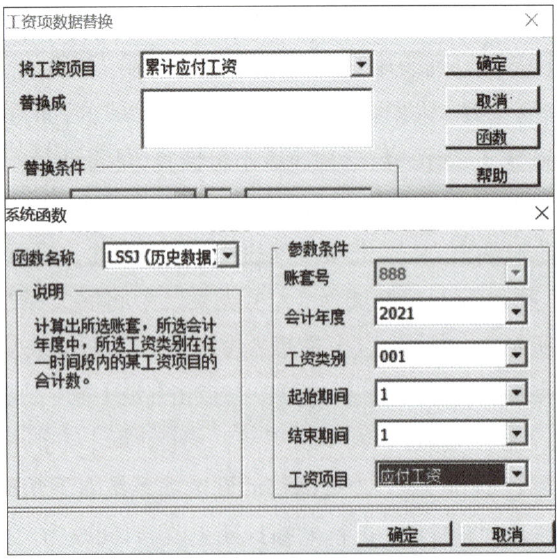

图 5-11　工资项数据替换设置

（8）单击【确定】，返回“工资项数据替换”对话框，结果如图 5-12 所示。

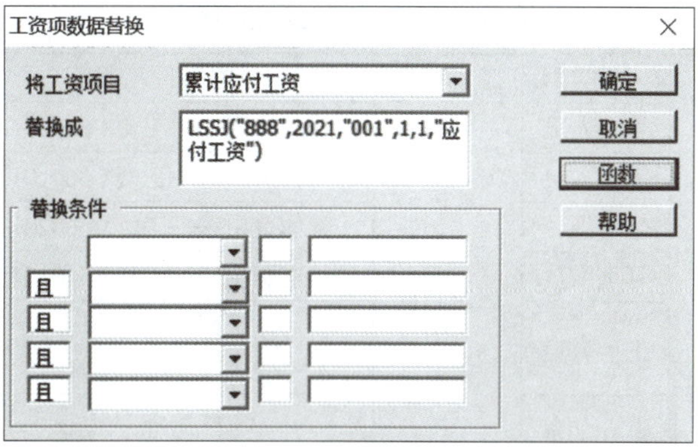

图 5-12　工资项数据替换

（9）单击【确定】，系统弹出提示“数据替换后不可恢复，是否继续？”，点击【是】，提示“14 条记录被替换，是否重新计算？”，点击【是】，如图 5-13 所示。

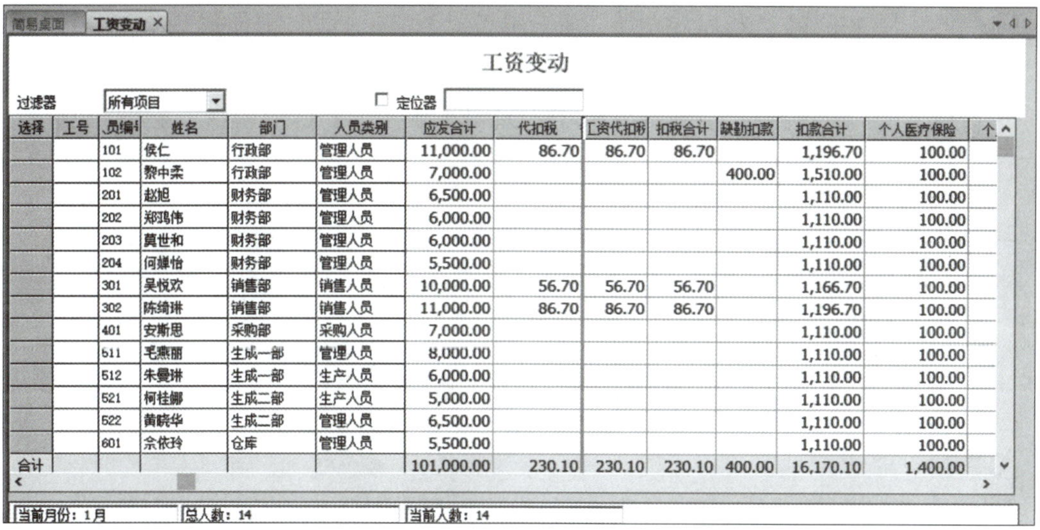
简易桌面　工资变动

工资变动

过滤器　所有项目　　定位器

选择	工号	员编	姓名	部门	人员类别	应发合计	代扣税	工资代扣	扣税合计	缺勤扣款	扣款合计	个人医疗保险	个
		101	侯仁	行政部	管理人员	11,000.00	86.70	86.70	86.70		1,196.70	100.00	
		102	黎中柔	行政部	管理人员	7,000.00				400.00	1,510.00	100.00	
		201	赵旭	财务部	管理人员	6,500.00					1,110.00	100.00	
		202	郑鸿伟	财务部	管理人员	6,000.00					1,110.00	100.00	
		203	莫世和	财务部	管理人员	6,000.00					1,110.00	100.00	
		204	何婵怡	财务部	管理人员	5,500.00					1,110.00	100.00	
		301	吴悦欢	销售部	销售人员	10,000.00	56.70	56.70	56.70		1,166.70	100.00	
		302	陈绮琳	销售部	销售人员	11,000.00	86.70	86.70	86.70		1,196.70	100.00	
		401	安斯思	采购部	采购人员	7,000.00					1,110.00	100.00	
		511	毛燕丽	生成一部	管理人员	8,000.00					1,110.00	100.00	
		512	朱曼琳	生成一部	生产人员	6,000.00					1,110.00	100.00	
		521	柯桂娜	生成二部	生产人员	5,000.00					1,110.00	100.00	
		522	黄晓华	生成二部	管理人员	6,500.00					1,110.00	100.00	
		601	余依玲	仓库	管理人员	5,500.00					1,110.00	100.00	
合计						101,000.00	230.10	230.10	230.10	400.00	16,170.10	1,400.00	

当前月份：1月　总人数：14　当前人数：14

图 5-13　工资变动

【注意事项】

（1）变动工资数据是指考勤数据、产量工时、水电费、房租、病事假扣款等每月发生变化的工资数据。

（2）工资计算是根据用户输入的职工工资数据和定义的计算公式，使用工资计算功能，会计核算软件能自动完成工资计算，包括应发工资、扣款合计、实发工资等数据。

2. 根据表 5–6 内容完成工资分摊设置。

表 5–6　计提工资科目设置

<table>
<tr><th>部门名称</th><th>人员类别</th><th>工资项目</th><th>借方科目及项目</th><th>贷方科目</th></tr>
<tr><td>行政部、财务部、仓库</td><td>管理人员</td><td rowspan="6">应发合计</td><td>管理费用——工资（660201）</td><td rowspan="6">应付职工薪酬－工资（221101）</td></tr>
<tr><td>销售部</td><td>销售人员</td><td>销售费用——工资（660101）</td></tr>
<tr><td>采购部</td><td>采购人员</td><td>管理费用——工资（660201）</td></tr>
<tr><td>生产一部、生产二部</td><td>管理人员</td><td>制造费用——工资（510101）</td></tr>
<tr><td>生产一部</td><td>生产人员</td><td>生产成本 5001
借方科目：二折太阳伞</td></tr>
<tr><td>生产二部</td><td>生产人员</td><td>生产成本 5001
借方科目：三折太阳伞</td></tr>
</table>

【操作步骤】

（1）赵旭（Z01）登录 U8 企业应用平台。

（2）双击执行【业务工作】–【人力资源】–【薪资管理】–【业务处理】–【工资分摊】命令，打开“工资分摊”窗口。单击【工资分摊设置】按钮，打开“分摊类型设置”对话框。

（3）单击【增加】按钮，打开“分摊计提比例设置”对话框。在“计提类型名称”栏输入“计提工资”，分摊计提比例选择“100%”，单击【下一步】按钮，打开“分摊构成设置”对话框，如图 5–14 所示。

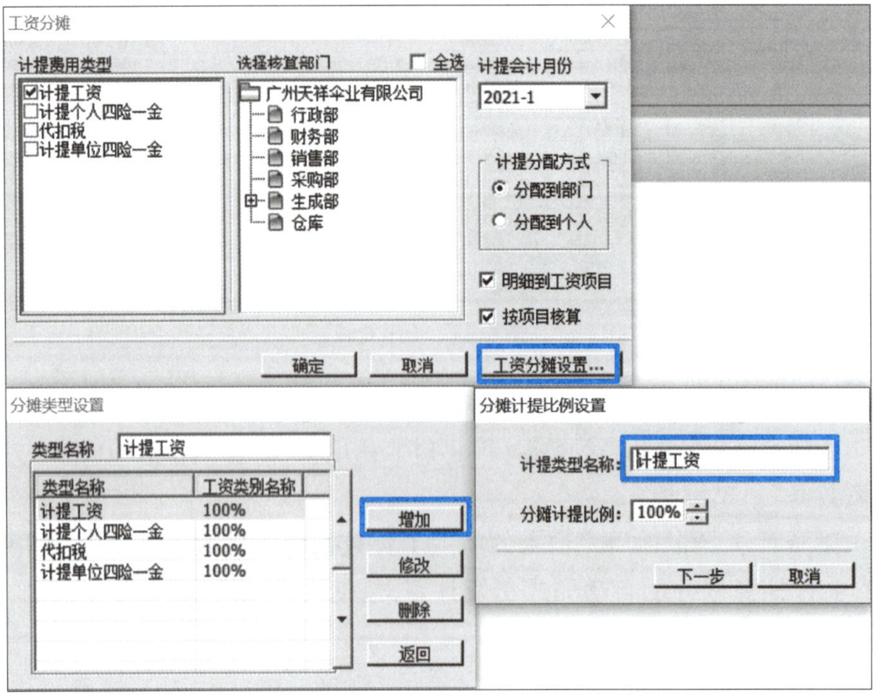

图 5–14　计提工资分摊设置

（4）根据表 5-6 资料选择输入“部门名称”“人员类别”“工资项目”“借贷方科目”等数据。输完后单击【完成】按钮。

3. 根据表 5-7 内容计提个人四险一金。

表 5-7　计提个人四险一金科目

部门名称	人员类别	工资项目	借方科目及项目	贷方科目
行政部、财务部、仓库	管理人员	个人医疗保险	应付职工薪酬 – 工资（221101）	其他应付款 – 代扣四险一金（224101）
销售部	销售人员		应付职工薪酬 – 工资（221101）	
采购部	采购人员		应付职工薪酬 – 工资（221101）	
生产一部、生产二部	管理人员		应付职工薪酬 – 工资（221101）	
生产一部	生产人员		应付职工薪酬 – 工资（221101）	
生产二部	生产人员		应付职工薪酬 – 工资（221101）	
行政部、财务部、仓库	管理人员	个人养老保险	应付职工薪酬 – 工资（221101）	其他应付款 – 代扣四险一金（224101）
销售部	销售人员		应付职工薪酬 – 工资（221101）	
采购部	采购人员		应付职工薪酬 – 工资（221101）	
生产一部、生产二部	管理人员		应付职工薪酬 – 工资（221101）	
生产一部	生产人员		应付职工薪酬 – 工资（221101）	
生产二部	生产人员		应付职工薪酬 – 工资（221101）	
行政部、财务部、仓库	管理人员	个人失业保险	应付职工薪酬 – 工资（221101）	其他应付款 – 代扣四险一金（224101）
销售部	销售人员		应付职工薪酬 – 工资（221101）	
采购部	采购人员		应付职工薪酬 – 工资（221101）	
生产一部、生产二部	管理人员		应付职工薪酬 – 工资（221101）	
生产一部	生产人员		应付职工薪酬 – 工资（221101）	
生产二部	生产人员		应付职工薪酬 – 工资（221101）	
行政部、财务部、仓库	管理人员	个人住房公积金	应付职工薪酬 – 工资（221101）	其他应付款 – 代扣四险一金（224101）
销售部	销售人员		应付职工薪酬 – 工资（221101）	
采购部	采购人员		应付职工薪酬 – 工资（221101）	
生产一部、生产二部	管理人员		应付职工薪酬 – 工资（221101）	
生产一部	生产人员		应付职工薪酬 – 工资（221101）	
生产二部	生产人员		应付职工薪酬 – 工资（221101）	

【操作步骤】

（1）赵旭（Z01）登录 U8 企业应用平台。

（2）双击执行【业务工作】–【人力资源】–【薪资管理】–【业务处理】–【工资分摊】

命令，打开“工资分摊”窗口。单击【工资分摊设置】按钮，打开“分摊类型设置”对话框。

（3）单击【增加】按钮，打开“分摊计提比例设置”对话框。在“计提类型名称”栏输入“计提个人四险一金”，分摊计提比例选择“100%”，单击【下一步】按钮，打开“分摊构成设置”对话框，如图 5-15 所示。

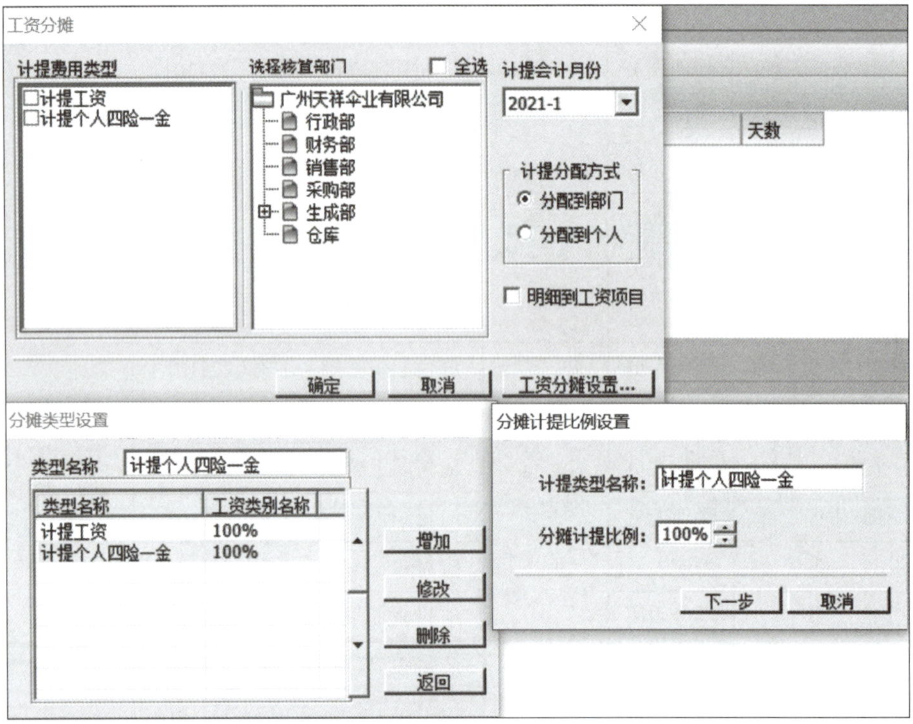

图 5-15 计提个人四险一金工资分摊设置

（4）根据表资料选择输入“部门名称”“人员类别”“工资项目”“借贷方科目”等数据，如下图 5-16 所示，最后点击【完成】保存。

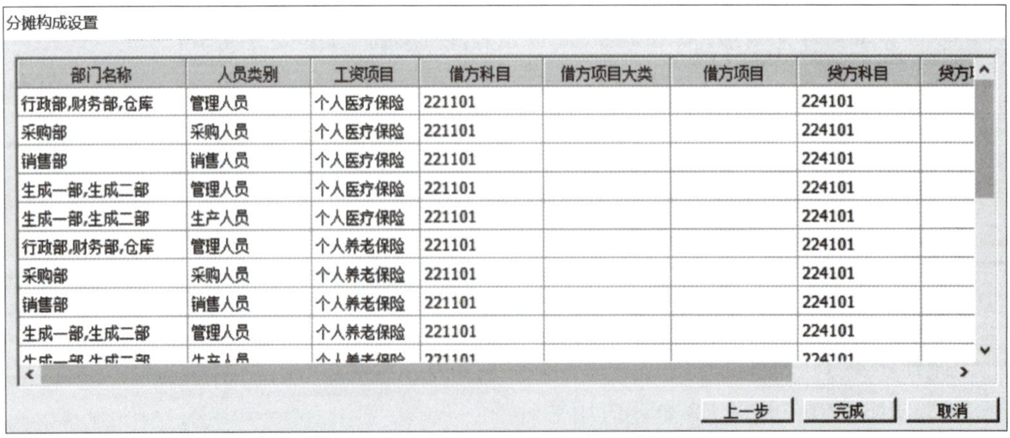
分摊构成设置

部门名称	人员类别	工资项目	借方科目	借方项目大类	借方项目	贷方科目	贷方
行政部,财务部,仓库	管理人员	个人医疗保险	221101			224101	
采购部	采购人员	个人医疗保险	221101			224101	
销售部	销售人员	个人医疗保险	221101			224101	
生成一部,生成二部	管理人员	个人医疗保险	221101			224101	
生成一部,生成二部	生产人员	个人医疗保险	221101			224101	
行政部,财务部,仓库	管理人员	个人养老保险	221101			224101	
采购部	采购人员	个人养老保险	221101			224101	
销售部	销售人员	个人养老保险	221101			224101	
生成一部,生成二部	管理人员	个人养老保险	221101			224101	
生成一部,生成二部	生产人员	个人养老保险	221101			224101	

图 5-16 计提个人四险一金分摊构成设置

4. 根据表 5-8 内容完成代扣税。

表 5-8 代扣税科目设置

部门名称	人员类别	工资项目	借方科目及项目	贷方科目
行政部、财务部、仓库、生产一部、生产二部	管理人员	代扣税	221101	222107
销售部	销售人员		221101	
采购部	采购人员		221101	
生产一部、生产二部	生产人员		221101	

【实验步骤】

（1）赵旭（Z01）登录 U8 企业应用平台。

（2）双击执行【业务工作】-【人力资源】-【薪资管理】-【业务处理】-【工资分摊】命令，打开“工资分摊”窗口。单击【工资分摊设置】按钮，打开“分摊类型设置”对话框。

（3）单击【增加】按钮，打开“分摊计提比例设置”对话框。输入计提类型名称“代扣税”，分摊计提比例“100%”，单击【下一步】按钮，打开“分摊构成设置”对话框，如图 5-17 所示。

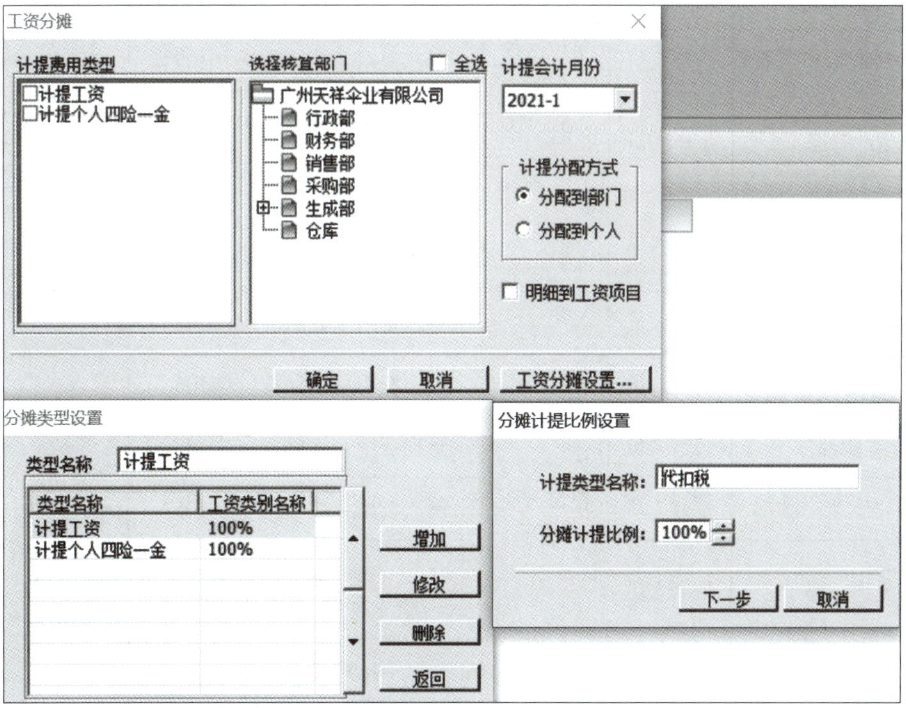

图 5-17 代扣税工资分摊设置

（4）根据表 5-8 选择输入“部门名称”“人员类别”“工资项目”“借贷方科目”等数据。最后点击【完成】,保存退出。

5. 根据表 5-9 内容计提企业四险一金。

表 5-9　计提单位四险一金

<table>
<tr><th>部门名称</th><th>人员类别</th><th>工资项目</th><th>借方科目及项目</th><th>贷方科目</th></tr>
<tr><td>行政部、财务部、仓库</td><td>管理人员</td><td rowspan="6">单位养老保险</td><td>管理费用－社保费（660208）</td><td rowspan="6">应付职工薪酬－社保费用（221103）</td></tr>
<tr><td>销售部</td><td>销售人员</td><td>销售费用－社保费（660106）</td></tr>
<tr><td>采购部</td><td>采购人员</td><td>管理费用－社保费（660208）</td></tr>
<tr><td>生产一部、生产二部</td><td>管埋人员</td><td>制造费用－社保费（510105）</td></tr>
<tr><td>生产一部</td><td>生产人员</td><td>生产成本 5001
借方科目：二折太阳伞</td></tr>
<tr><td>生产二部</td><td>生产人员</td><td>生产成本 5001
借方科目：三折太阳伞</td></tr>
<tr><td>行政部、财务部、仓库</td><td>管理人员</td><td rowspan="6">单位医疗保险</td><td>管理费用－社保费（660208）</td><td rowspan="6">应付职工薪酬－社保费用（221103）</td></tr>
<tr><td>销售部</td><td>销售人员</td><td>销售费用－社保费（660106）</td></tr>
<tr><td>采购部</td><td>采购人员</td><td>管理费用－社保费（660208）</td></tr>
<tr><td>生产一部、生产二部</td><td>管理人员</td><td>制造费用－社保费（510105）</td></tr>
<tr><td>生产一部</td><td>生产人员</td><td>生产成本 5001
借方科目：二折太阳伞</td></tr>
<tr><td>生产二部</td><td>生产人员</td><td>生产成本 5001
借方科目：三折太阳伞</td></tr>
<tr><td>行政部、财务部、仓库</td><td>管理人员</td><td rowspan="6">单位失业保险</td><td>管理费用－社保费（660208）</td><td rowspan="6">应付职工薪酬－社保费用（221103）</td></tr>
<tr><td>销售部</td><td>销售人员</td><td>销售费用－社保费（660106）</td></tr>
<tr><td>采购部</td><td>采购人员</td><td>管理费用－社保费（660208）</td></tr>
<tr><td>生产一部、生产二部</td><td>管理人员</td><td>制造费用－社保费（510105）</td></tr>
<tr><td>生产一部</td><td>生产人员</td><td>生产成本 5001
借方科目：二折太阳伞</td></tr>
<tr><td>生产二部</td><td>生产人员</td><td>生产成本 5001
借方科目：三折太阳伞</td></tr>
</table>

续表

部门名称	人员类别	工资项目	借方科目及项目	贷方科目
行政部、财务部、仓库	管理人员	单位工伤保险	管理费用－社保费（660208）	应付职工薪酬－社保费用（221103）
销售部	销售人员		销售费用－社保费（660106）	
采购部	采购人员		管理费用－社保费（660208）	
生产一部、生产二部	管理人员		制造费用－社保费（510105）	
生产一部	生产人员		生产成本 5001 借方科目：二折太阳伞	
生产二部	生产人员		生产成本 5001 借方科目：三折太阳伞	
行政部、财务部、仓库	管理人员	单位公积金	管理费用－公积金（660209）	应付职工薪酬－住房公积金（221104）
销售部	销售人员		销售费用－公积金（660107）	
采购部	采购人员		管理费用－公积金（660209）	
生产一部、生产二部	管理人员		制造费用－公积金（510106）	
生产一部	生产人员		生产成本 5001 借方科目：二折太阳伞	
生产二部	生产人员		生产成本 5001 借方科目：三折太阳伞	

【操作步骤】

（1）赵旭（Z01）登录 U8 企业应用平台。

（2）双击执行【业务工作】–【人力资源】–【薪资管理】–【业务处理】–【工资分摊】命令，打开“工资分摊”窗口。单击【工资分摊设置】按钮，打开“分摊类型设置”对话框。

（3）单击【增加】按钮，打开“分摊计提比例设置”对话框。输入计提类型名称“计提单位四险一金”，分摊计提比例“100%”，单击【下一步】按钮，打开“分摊构成设置”对话框。

（4）输入单位养老保险项目构成。根据表资料选择输入“部门名称”“人员类别”“工资项目”“借贷方科目”等数据，如图 5–18 所示，点击【完成】保存。

（5）输入单位医疗保险项目构成。承上步根据表资料继续选择输入“部门名称”“人员类别”“工资项目”“借贷方科目”等数据，点击【完成】保存。

（6）输入单位失业保险项目构成。根据表资料选择输入“部门名称”“人员类别”“工资项目”“借贷方科目”等数据。点击【完成】保存。

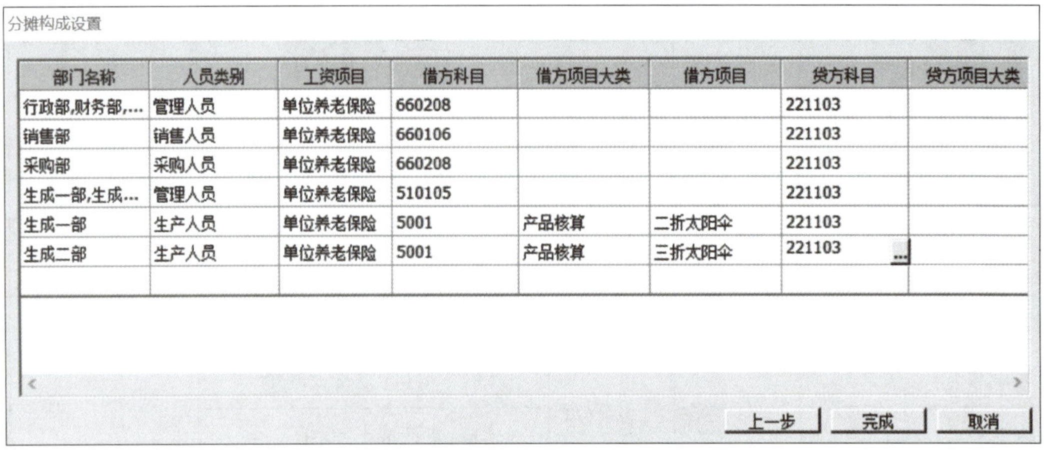

部门名称	人员类别	工资项目	借方科目	借方项目大类	借方项目	贷方科目	贷方项目大类
行政部,财务部,...	管理人员	单位养老保险	660208			221103	
销售部	销售人员	单位养老保险	660106			221103	
采购部	采购人员	单位养老保险	660208			221103	
生成一部,生成...	管理人员	单位养老保险	510105			221103	
生成一部	生产人员	单位养老保险	5001	产品核算	二折太阳伞	221103	
生成二部	生产人员	单位养老保险	5001	产品核算	三折太阳伞	221103	

图 5-18　计提单位养老保险分摊构成设置

（7）输入单位工伤保险项目构成。根据表资料选择输入“部门名称”“人员类别”“工资项目”“借贷方科目”等数据，如下图 5-19 所示，点击【完成】保存。

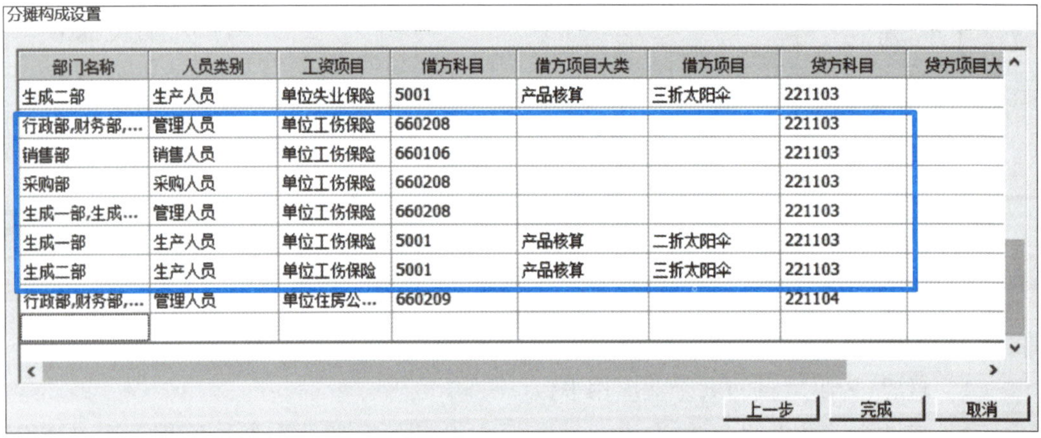

部门名称	人员类别	工资项目	借方科目	借方项目大类	借方项目	贷方科目	贷方项目大
生成二部	生产人员	单位失业保险	5001	产品核算	三折太阳伞	221103	
行政部,财务部,...	管理人员	单位工伤保险	660208			221103	
销售部	销售人员	单位工伤保险	660106			221103	
采购部	采购人员	单位工伤保险	660208			221103	
生成一部,生成...	管理人员	单位工伤保险	660208			221103	
生成一部	生产人员	单位工伤保险	5001	产品核算	二折太阳伞	221103	
生成二部	生产人员	单位工伤保险	5001	产品核算	三折太阳伞	221103	
行政部,财务部,...	管理人员	单位住房公...	660209			221104	

图 5-19　计提单位工伤保险分摊构成设置

（8）输入单位住房公积金项目构成。根据表资料选择输入“部门名称”“人员类别”“工资项目”“借贷方科目”等数据，点击【完成】保存。

6. 计提工资并生成凭证。

【操作步骤】

（1）赵旭（Z01）登录 U8 企业应用平台。

（2）双击执行【业务工作】-【人力资源】-【薪资管理】-【业务处理】-【工资分摊】命令，打开“工资分摊”窗口。

（3）工资分摊设置。在“工资分摊”窗口，“计提费用类型”选择“计提工资”，选择核算部门“全选”，“计提会计月份”选择“2021-1”，“计提分配方式”选择“分配到部门”，勾选“明细到工资项目”“按项目核算”，然后点击【确定】，如图 5-20 所示。

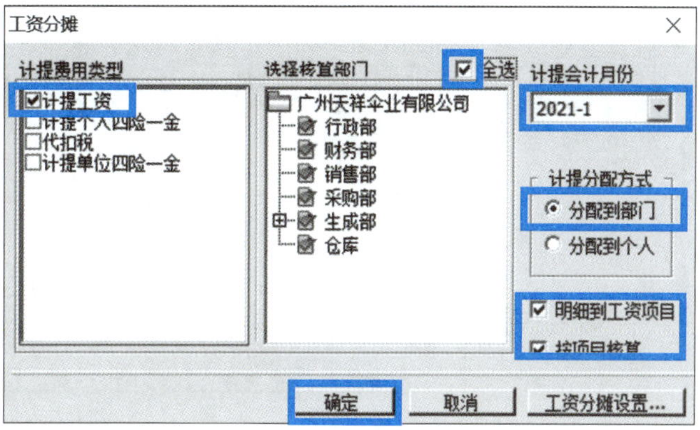

图 5-20　工资分摊

（4）生成凭证。在“计提工资一栏表”页面，勾选左上角“合并科目相同，辅助项相同的分录”，点击工具栏的【制单】，如图 5-21 所示，跳到“填制凭证”窗口，点击“填制凭证”页面，跳出“ ”选择“记账凭证”类型，单击工具栏【 】保存凭证。

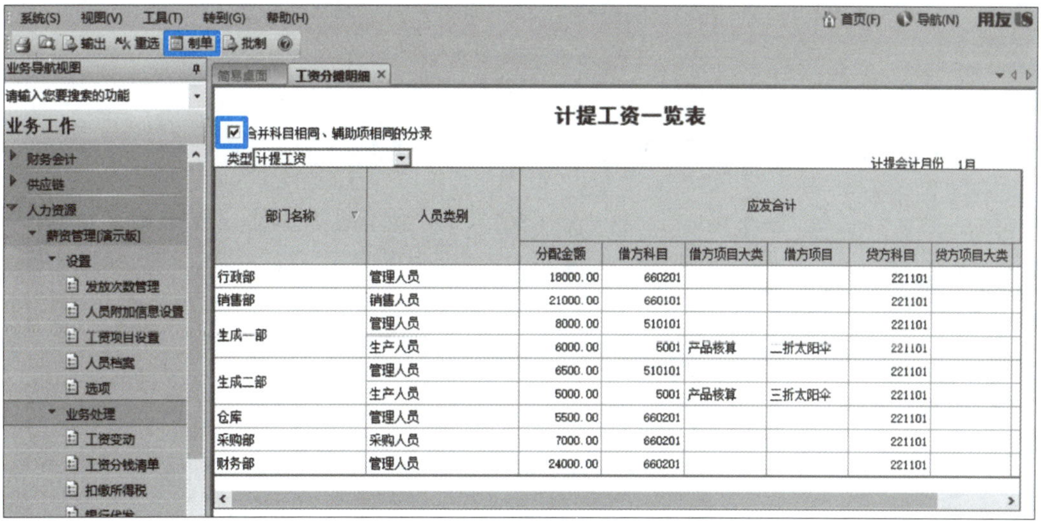

图 5-21　计提工资

7. 计提个人四险一金并生成凭证。

【操作步骤】

（1）赵旭（Z01）登录 U8 企业应用平台。

（2）双击执行【业务工作】-【人力资源】-【薪资管理】-【业务处理】-【工资分摊】命令，打开“工资分摊”窗口。

（3）工资分摊设置。在“工资分摊”窗口，“计提费用类型”选择“计提个人四险一金”，选择核算部门“全选”，“计提会计月份”选择“2021-1”，“计提分配方式”选择“分配到部门”，勾选“明细到工资项目”“按项目核算”，然后点击【确定】，如图 5-22 所示。

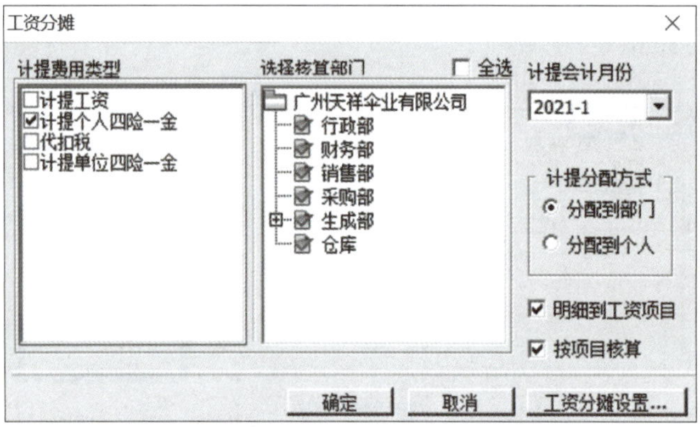

图 5-22　计提个人四险一金 - 工资分摊

（4）生成凭证。在“计提个人四险一金一栏表”页面，勾选左上角“合并科目相同，辅助项相同的分录”，点击工具栏的【制单】，如图 5-23 所示，跳到“填制凭证”窗口，点击“填制凭证”页面，跳出“ ”选择“记账凭证”类型，单击工具栏“ ”保存凭证。

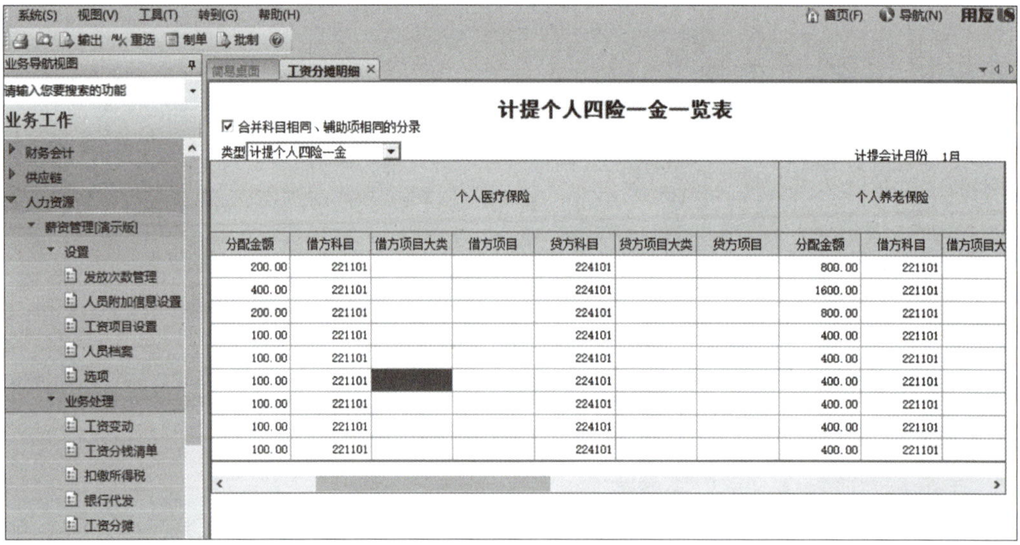

图 5-23　计提个人四险一金

8. 代扣税并生成凭证。

【操作步骤】

（1）赵旭（Z01）登录 U8 企业应用平台

（2）双击执行【业务工作】-【人力资源】-【薪资管理】-【业务处理】-【工资分摊】命令，打开“工资分摊”窗口。

（3）工资分摊设置。在“工资分摊”窗口，“计提费用类型”选择“代扣税”，选择核算部门“全选”，“计提会计月份”选择“2021-1”，“计提分配方式”选择“分配到部门”，勾选“明细到工资项目”“按项目核算”，如图 5-24 所示，点击【确定】。

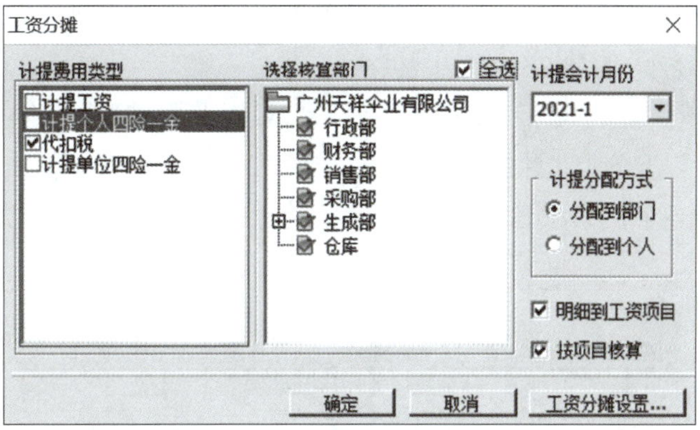

图 5-24　代扣税－工资分摊

（4）生成凭证。在“代扣税一栏表”页面，勾选左上角“合并科目相同，辅助项相同的分录”，点击工具栏的【制单】，如图 5-25 所示，跳到“填制凭证”窗口，点击“填制凭证”页面，跳出“ ”选择“记账凭证”类型，单击工具栏【 】保存凭证。

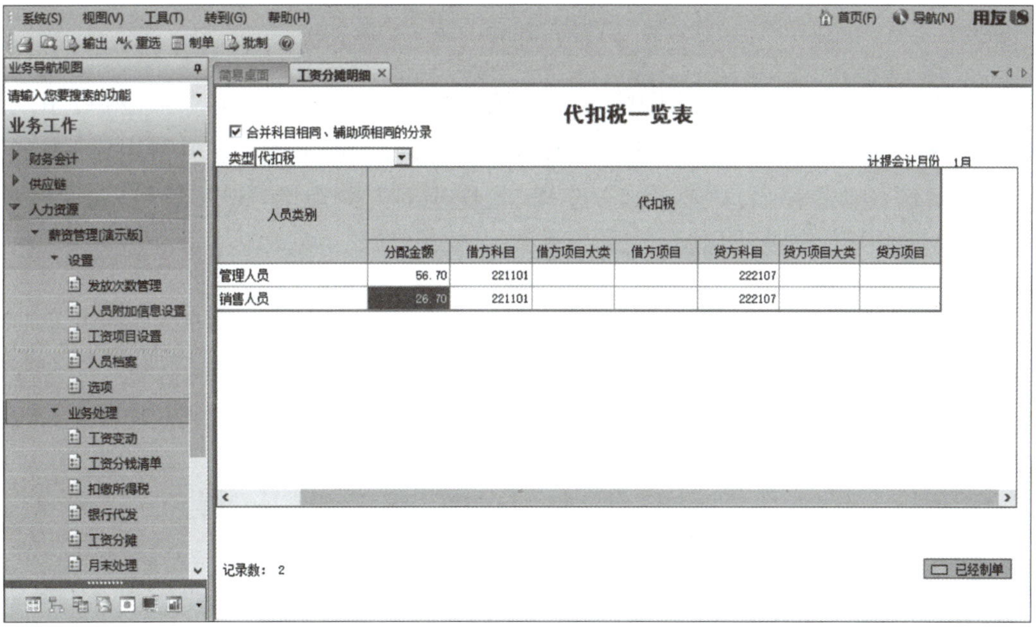

图 5-25　代扣税

（5）凭证生成。

借：应付职工薪酬——工资　　　　　　230.10

　　贷：应交税费——应交个人所得税　　　　230.10

9. 计提单位四险一金并生成凭证。

【操作步骤】

（1）赵旭（Z01）登录 U8 企业应用平台。

（2）双击执行【业务工作】-【人力资源】-【薪资管理】-【业务处理】-【工资分摊】命令，打开“工资分摊”窗口。

（3）工资分摊设置。在“工资分摊”窗口，“计提费用类型”选择“计提单位四险一金”，选择核算部门“全选”，“计提会计月份”选择“2021-1”，“计提分配方式”选择“分配到部门”，勾选“明细到工资项目”“按项目核算”，点击【确定】，如图 5-26 所示。

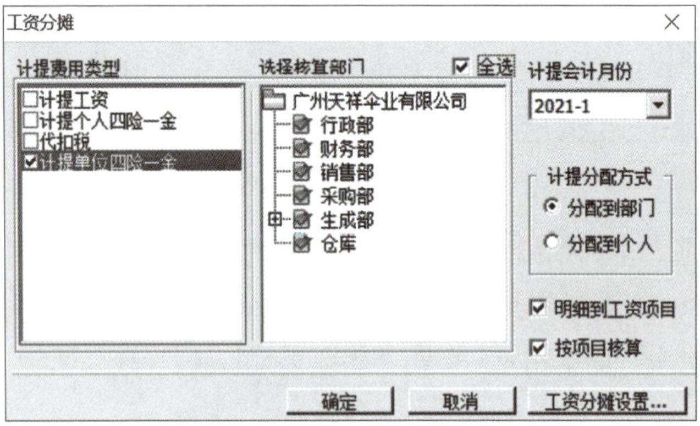

图 5-26　计提单位四险一金 - 工资公摊

（4）生成凭证。在“单位四险一金一览表”页面，勾选左上角“合并科目相同，辅助项相同的分录”，点击工具栏的【制单】，如图 5-27 所示，跳到“填制凭证”窗口，点击“填制凭证”页面，跳出“ ”选择“记账凭证”类型，单击工具栏【 】保存凭证。

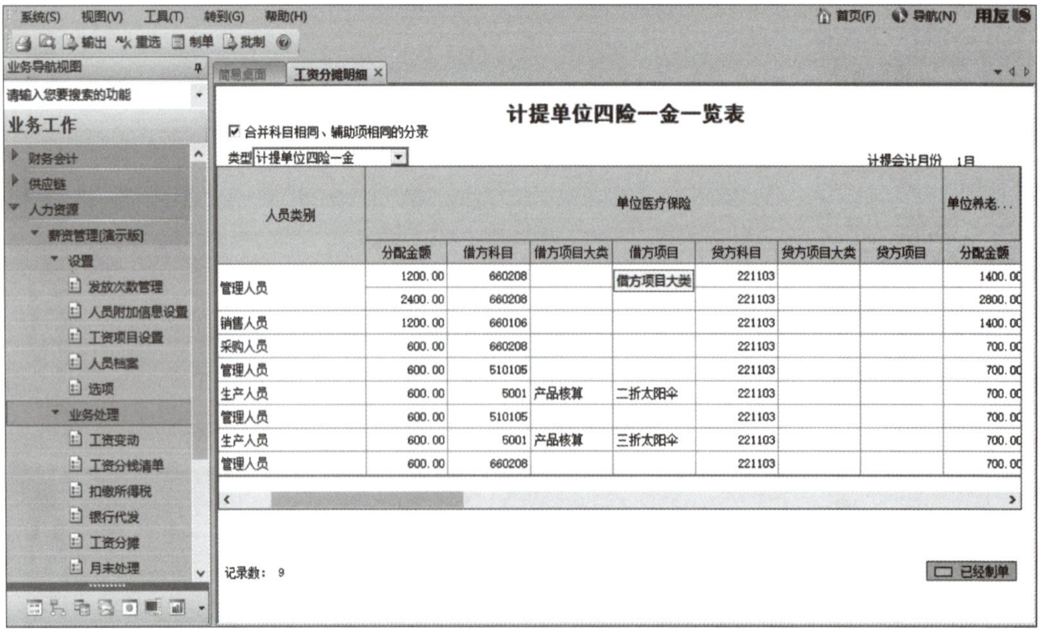

图 5-27　计提单位四险一金

（5）生成凭证，如图 5–28 所示。

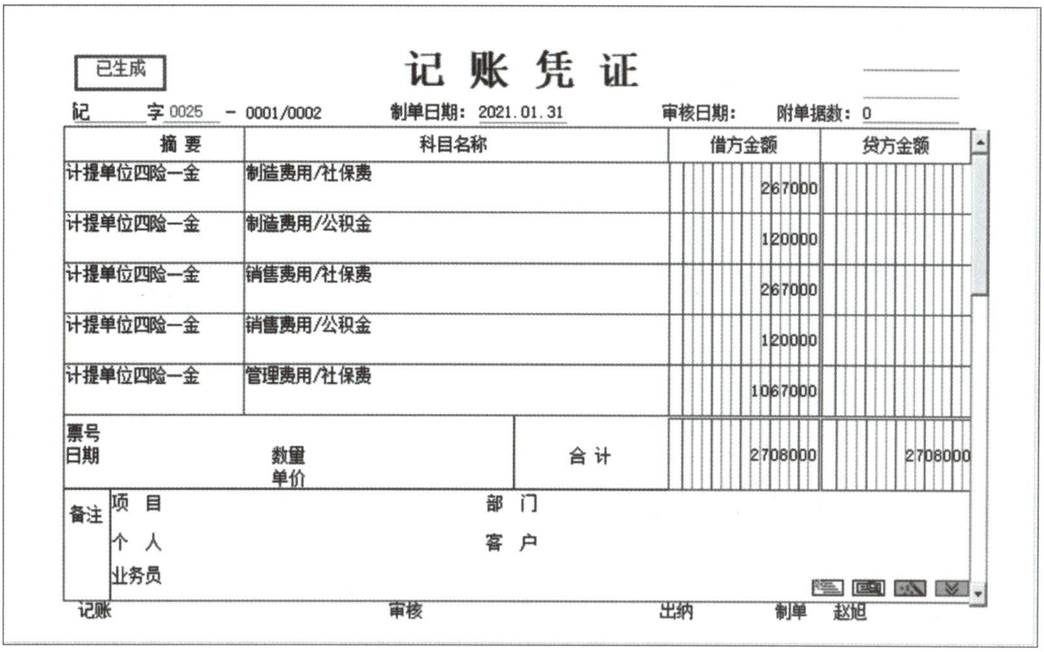

图 5–28　计提单位四险一金记账凭证

10. 查询扣缴个人所得税表。

2021 年 01 月 31 日，查询 1 月份扣缴个人所得税表。

【操作步骤】

（1）登录 U8 企业应用平台，依次双击执行【业务工作】–【人力资源】–【薪资管理】–【业务处理】–【扣缴所得税】命令，打开“个人所得税申报模板”。单击报表类型“扣缴个人所得税报表”，如图 5–29 所示。

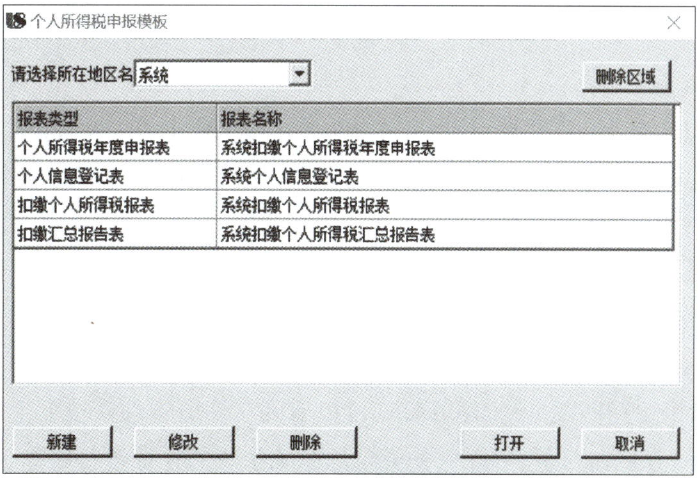

图 5–29　个人所得税申报模板

（2）单击【打开】按钮，打开“所得税申报”对话框，单击【确定】按钮，打开“系统扣缴个人所得税报表”。

11. 查询代发工资。

2021 年 01 月 31 日，查询 1 月份银行代发工资一栏表。

【操作步骤】

（1）登录 U8 企业应用平台，依次双击执行【业务工作】-【人力资源】-【薪资管理】-【业务处理】-【银行代发】命令，打开“请选择部门范围”窗口。选中所有部门，单击【确定】按钮。单击工具栏【格式】打开“银行文件格式设置”窗口，从“银行模板”下拉列表中选择“中国工商银行”，将“账号”的“总长度”修改为“19”，如图 5-30 所示。

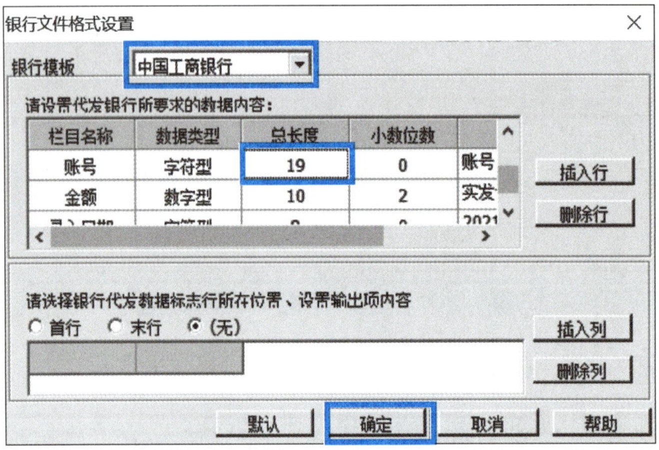

图 5-30　银行代发文件格式设置

（2）单击【确定】按钮，跳出“确认设置的银行文件格式”对话框，单击【是】按钮，打开“银行代发一览表”。

12. 统计分析，查询一级部门工资汇总表，以及 1 月份通过薪资管理系统生成的所有凭证。

【操作步骤】

（1）登录 U8 企业应用平台，依次双击执行【业务工作】-【人力资源】-【薪资管理】-【统计分析】-【账表】-【工资表】命令，打开“工资表”窗口。从列表中选择“部门工资汇总表”，单击【查看】打开“选择部门范围”窗口，选中“所有部门”，如图 5-31 所示。

（2）单击【确定】按钮，跳出“选择部门范围”对话框，选择“一级部门”“二级部门”，打开“部门工资汇总表”，如图 5-32 所示。

（3）同理，依次双击执行【业务工作】-【人力资源】-【薪资管理】-【统计分析】-【凭证查询】命令，打开“凭证查询”窗口，可以看到在薪资管理模块下生成的凭证列表，如图 5-33 所示，在该窗口下，可以对薪资管理系统生成的凭证进行删除、冲销、修改以及查看凭证明细。

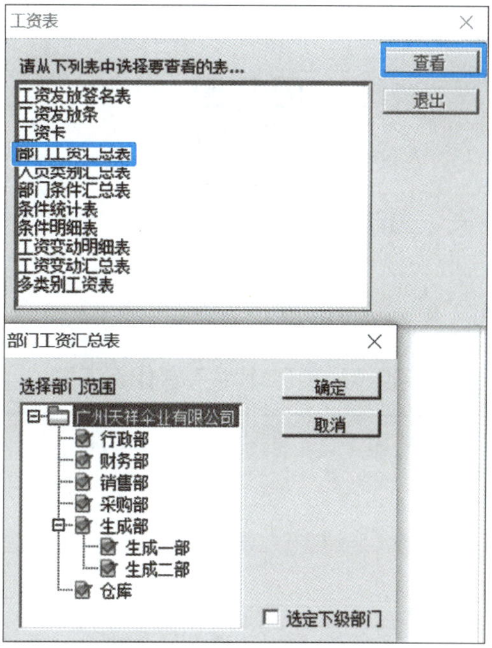

图 5-31　部门工资汇总查看设置

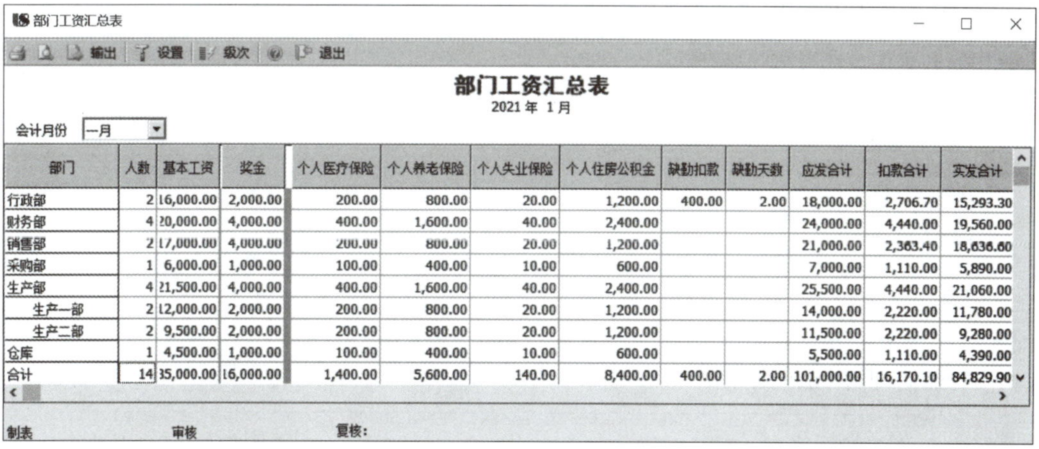

部门工资汇总表

2021 年 1 月

会计月份 一月

部门	人数	基本工资	奖金	个人医疗保险	个人养老保险	个人失业保险	个人住房公积金	缺勤扣款	缺勤天数	应发合计	扣款合计	实发合计
行政部	2	16,000.00	2,000.00	200.00	800.00	20.00	1,200.00	400.00	2.00	18,000.00	2,706.70	15,293.30
财务部	4	20,000.00	4,000.00	400.00	1,600.00	40.00	2,400.00			24,000.00	4,440.00	19,560.00
销售部	2	17,000.00	4,000.00	200.00	800.00	20.00	1,200.00			21,000.00	2,363.40	18,636.60
采购部	1	6,000.00	1,000.00	100.00	400.00	10.00	600.00			7,000.00	1,110.00	5,890.00
生产部	4	21,500.00	4,000.00	400.00	1,600.00	40.00	2,400.00			25,500.00	4,440.00	21,060.00
生产一部	2	12,000.00	2,000.00	200.00	800.00	20.00	1,200.00			14,000.00	2,220.00	11,780.00
生产二部	2	9,500.00	2,000.00	200.00	800.00	20.00	1,200.00			11,500.00	2,220.00	9,280.00
仓库	1	4,500.00	1,000.00	100.00	400.00	10.00	600.00			5,500.00	1,110.00	4,390.00
合计	14	85,000.00	16,000.00	1,400.00	5,600.00	140.00	8,400.00	400.00	2.00	101,000.00	16,170.10	84,829.90

制表　　审核　　复核：

图 5-32　部门工资汇总表

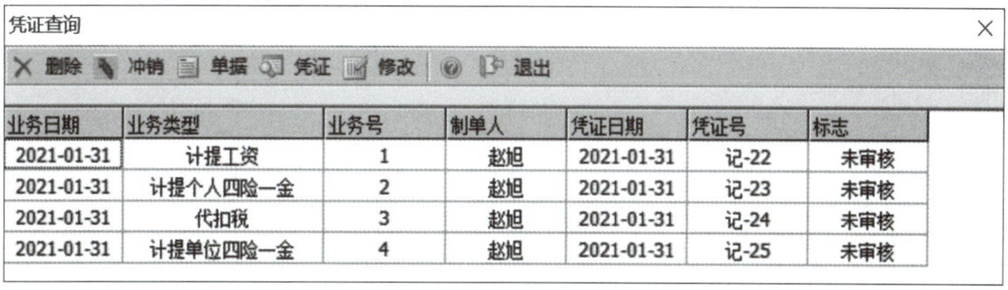

凭证查询

业务日期	业务类型	业务号	制单人	凭证日期	凭证号	标志
2021-01-31	计提工资	1	赵旭	2021-01-31	记-22	未审核
2021-01-31	计提个人四险一金	2	赵旭	2021-01-31	记-23	未审核
2021-01-31	代扣税	3	赵旭	2021-01-31	记-24	未审核
2021-01-31	计提单位四险一金	4	赵旭	2021-01-31	记-25	未审核

图 5-33　凭证查询列表

【操作视频】

项目五　薪资管理系统操作视频

【思考题】

1. 工作项目设置中的“减项”“加项”“其它”有什么不同？

2. 在薪资管理模块生产的记账凭证可以在总账系统中直接删除吗？

3. 如何理解“iff”函数？

模块三

供应链系统

一、学习目的

1. 掌握用友 U8 V10.1 管理软件中供应链基础设置的相关内容。
2. 掌握用友 U8 V10.1 管理软件供应链基础设置的操作流程。
3. 掌握用友 U8 V10.1 管理软件中采购业务的操作流程。
4. 掌握用友 U8 V10.1 管理软件应付款业务的操作流程。
5. 掌握用友 U8 V10.1 管理软件中销售业务的操作流程。
6. 掌握用友 U8 V10.1 管理软件应收款业务的操作流程。

二、学习内容

1. 供应链模块基础设置。
2. 应收款管理系统参数设置。
3. 应付款管理系统参数设置。
4. 应收款管理初始设置。
5. 应收款管理期初余额。
6. 应付款管理初始设置。
7. 应付款管理期初余额。
8. 采购管理期初设置。
9. 库存和存货管理系统期初数据。
10. 采购业务操作流程。
11. 应付款业务操作流程。
12. 销售业务操作流程。
13. 应收款业务操作流程。

思政园地

采购、生产、销售业务直接影响企业经营收入和成本，最终影响利润。信息的真实、完整既对会计信息质量产生重要影响，也对国家税务税收产生重要影响。发票的开具及取得必须遵守国家法律法规。在供应链环节应当培养学生严谨的职业态度及认真负责的职业精神，培养学生在日常业务管理过程中降本增效的职业素养，更好地为企业服务。

项目六　供应链基础设置

任务一　基 础 设 置

1. 供应链模块基础设置。

2021 年 01 月 01 日，由赵旭（Z01）登录 U8 企业应用平台，完成任务一。

1.1　根据表 6–1 内容完成仓库档案设置。

表 6–1　仓库档案

仓库编码	仓库名称	部门名称	计价方式	对应条形码	仓库属性
01	原材料仓库	仓库	移动平均法	01	普通仓
02	成品一库	仓库	移动平均法	02	普通仓
03	成品二库	仓库	移动平均法	03	普通仓

【操作步骤】

（1）进入 U8 操作窗口，依次点击【基础设置】–【基础档案】–【业务】–【仓库档案】，在仓库档案窗口点击工具栏上的【增加】，出现增加“仓库档案”窗口，如图 6–1 所示。

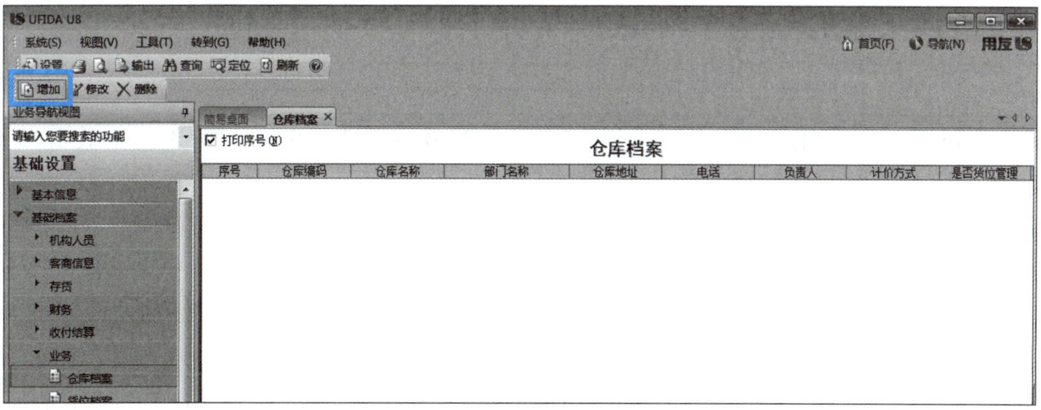

图 6–1　仓库档案

（2）在“仓库档案”窗口“仓库编号”栏录入“01”，“仓库名称”输入“原材料仓库”，“部门编码”选择“06– 仓库”，“对应条形码”录入“01”，“计价方式”选择“移动平均法”，“仓库属性”选择“普通 4 仓”，点击【保存】，如图 6–2 所示。

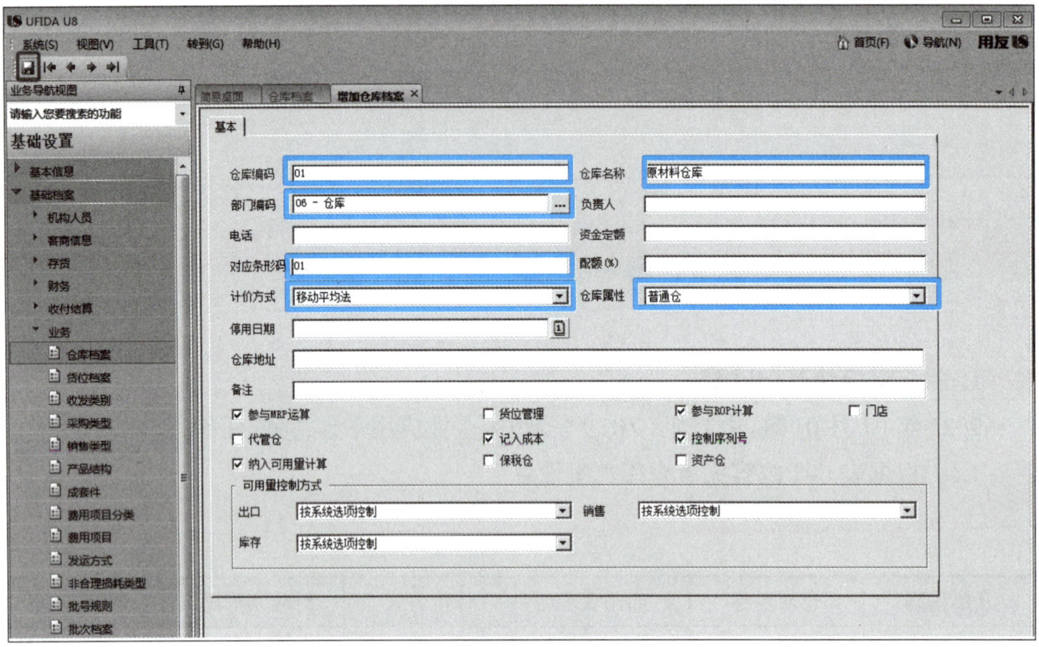

图 6-2　增加仓库档案

（3）继续输入剩余的仓库档案。全部输入完毕，关闭“增加仓库档案”窗口，返回“仓库档案”窗口，查看到仓库档案目录。

1.2　根据表 6-2 内容完成收发类别设置。

表 6-2　收发类别设置

类别编码	类别名称	收发标志	类别编码	类别名称	收发标志
1	出库业务	发	2	入库业务	收
101	材料出库	发	201	采购入库	收
102	销售出库	发	202	成品入库	收
103	盘亏出库	发	203	盘盈入库	收
104	其他	发	204	采购退货	收

【操作步骤】

（1）进入 U8 操作窗口，依次点击【基础设置】–【基础档案】–【业务】–【收发类别】，在“收发类别”窗口，点击工具栏上的【增加】，在“收发类别”窗口“收发类别编码”栏录入“1”，“收发类别名称”录入“出库业务”，“收发标志”选择“发”，点击【保存】。

（2）继续输入剩余的收发类别。全部输入完毕，在“收发类别”点击【退出】，如图 6-3 所示。

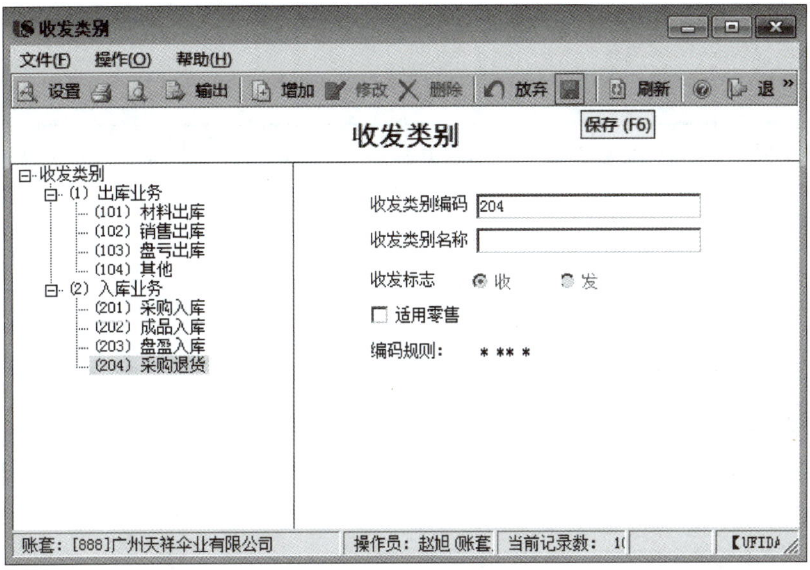

图 6-3　收发类别

1.3　根据表 6-3 内容完成采购类型设置。

表 6-3　采购类型设置

采购类型编码	采购类型名称	入库类别	是否默认值	是否列入 MPSMRP 计划
01	本地采购	采购入库	否	是
02	外地采购	采购入库	否	是
03	采购退回	采购退货	否	是

【操作步骤】

（1）进入 U8 操作窗口，依次点击【基础设置】-【基础档案】-【业务】-【采购类型】，在“采购类型”窗口中点击工具栏上的【增加】，“采购类型编码”录入“01”，“采购类型名称”录入“本地采购”，“入库类别”选择“采购入库”，“是否默认”选择“否”，“是否列入 MPS/MRP 计划”选择“是”，点击【保存】。

（2）继续输入剩余的采购类型，全部输入完毕，点击【退出】，如图 6-4 所示。

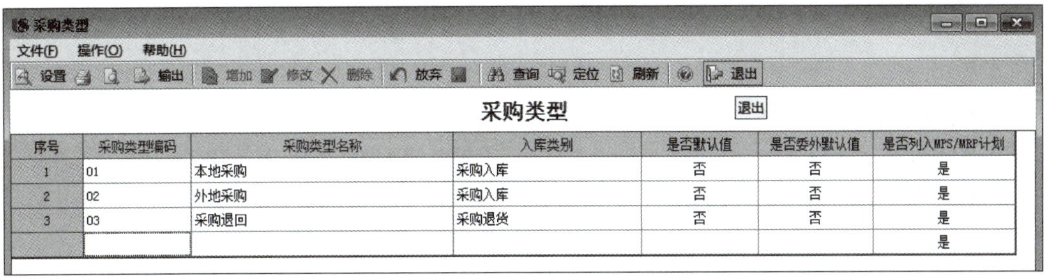

图 6-4　采购类型

1.4　根据表 6–4 内容完成销售类型设置。

表 6–4　销售类型设置

销售类型编码	销售类型名称	出库类别	是否默认值	是否列入 MPSMRP 计划
1	核心客户销售	销售出库	否	是
2	普通客户销售	销售出库	否	是
3	委托代销	销售出库	否	是

【操作步骤】

（1）进入 U8 操作窗口，依次点击【基础设置】–【基础档案】–【业务】–【销售类型】，在“销售类型”窗口点击【增加】，“销售类型编码”录入“1”，“销售类型名称”录入“核心客户销售”，“出库类别”选择“销售出库”，“是否默认”选择“否”，“是否列入 MPS/MRP 计划”选择“是”，点击【保存】。

（2）继续输入剩余的销售类型，全部输入完毕，点击【退出】，如图 6–5 所示。

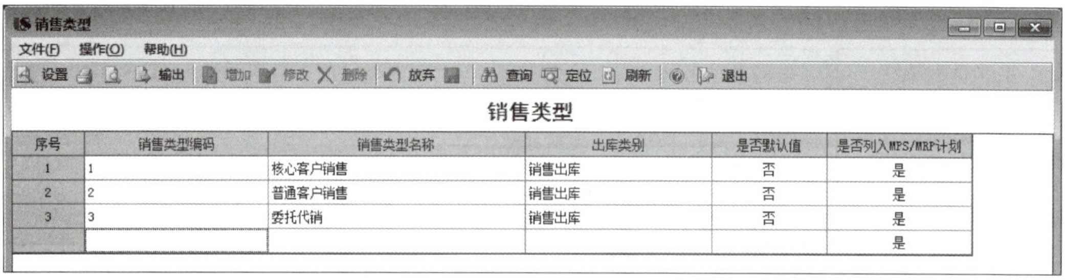

图 6–5　销售类型

1.5　根据表 6–5 内容完成费用项目分类定义。

表 6–5　费用项目分类定义

序号	分类编码	分类名称	备注
1	1	销售费用	
2	2	代垫费用	

【操作步骤】

（1）进入 U8 操作窗口，依次点击【基础设置】–【基础档案】–【业务】–【费用项目分类】，在“费用项目分类”窗口，点击工具栏上的【增加】，“分类编码”录入“1”，“分类名称”录入“销售费用”，点击【保存】。

（2）继续输入剩余的费用项目分类，全部输入完毕，点击【退出】，如图 6–6 所示。

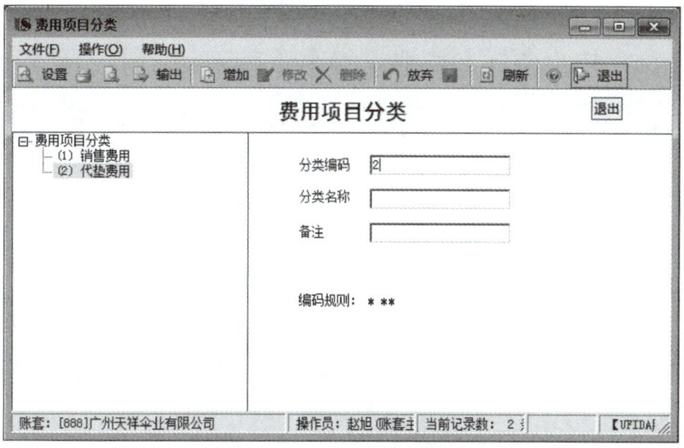

图 6-6　费用项目分类

1.6　根据表 6-6 内容完成费用项目档案设置。

表 6-6　费用档案

序号	费用项目编码	费用项目名称	费用项目分类名称	科目
1	21	运费	代垫费用	库存现金 1001
2	22	保险费	代垫费用	

【操作步骤】

（1）进入 U8 操作窗口，依次点击【基础设置】-【基础档案】-【业务】-【费用项目】，在“费用项目”窗口中点击工具栏上的【增加】，“费用项目编码”录入“21”，“费用项目名称”录入“运费”，“费用项目分类名称”选择“代垫运费”，“会计科目名称”录入“库存现金”，点击【保存】。

（2）继续输入剩余的费用项目，全部输入完毕，点击【退出】，如图 6-7 所示。

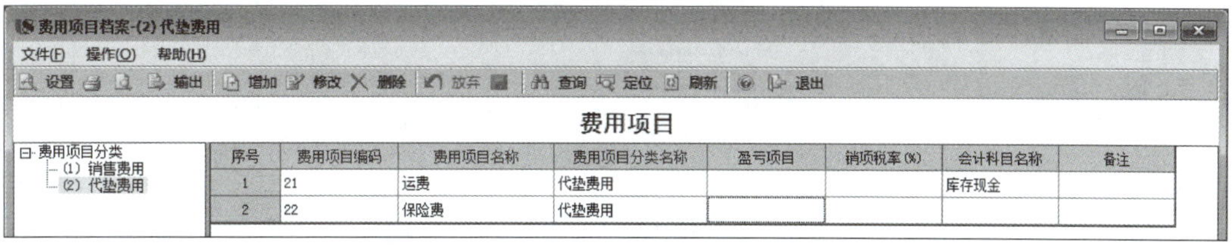

图 6-7　费用项目

1.7　根据表 6-7 内容完成非合理损耗类型设置。

表 6-7　非合理损耗类型设置

序号	非合理损耗类型编码	非合理损耗类型名称	是否默认值	备注
1	01	个人责任	FALSE	

【操作步骤】

进入U8操作窗口，依次点击【基础设置】-【基础档案】-【业务】-【非合理损耗类型】，在“非合理损耗类型”窗口中点击工具栏上的【增加】，“非合理损耗类型编码”录入“01”，“非合理损耗类型名称”录入“个人责任”，“是否默认值”选择“否”，点击【保存】，点击【退出】，如图6-8所示。

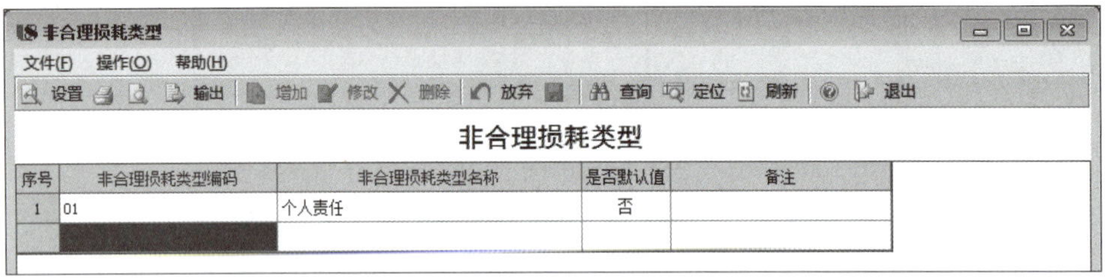

图6-8　非合理损耗类型

1.8　销售管理参数设置。

注意：启用委托代销业务、分期收款业务；普通销售必有订单、委托代销必有订单、分期收款必有订单；允许超发货量开票。

【操作步骤】

进入U8操作窗口，依次点击【基础设置】-【业务参数】-【供应链】-【销售管理】，在“销售选项”“业务控制”标签依次勾选“有委托代销业务”“有分期收款业务”“普通销售必有订单”“委托代销必有订单”“分期收款必有订单”“允许超发货量开票”项目，点击【确定】，如图6-9所示。

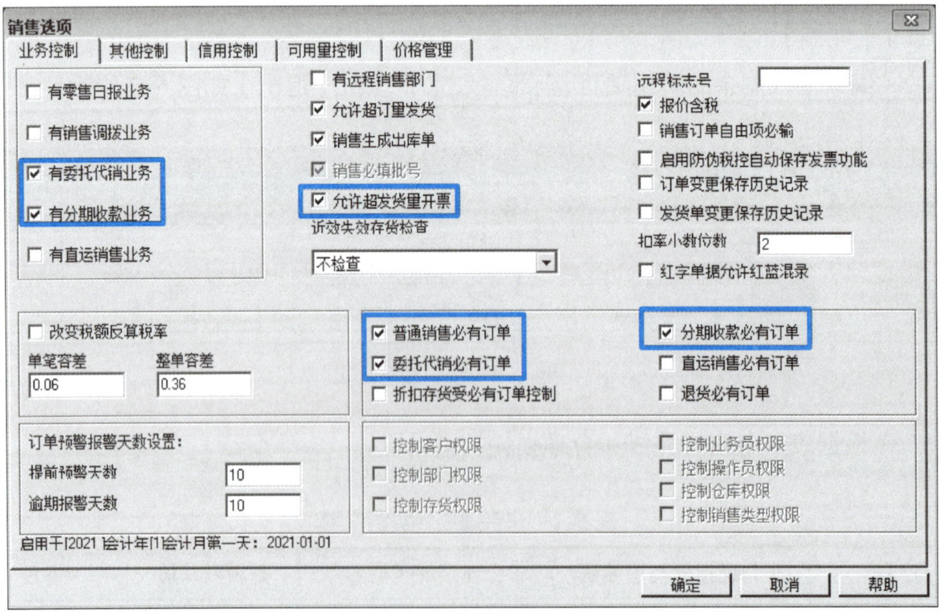

图6-9　销售选项

1.9　采购管理参数设置。

【操作步骤】

进入 U8 操作窗口，依次点击【基础设置】-【业务参数】-【供应链】-【采购管理】，在“采购系统选项设置”-“业务及权限控制”标签依次勾选“启用代管业务”等信息选项，点击【确定】，如图 6-10 所示。

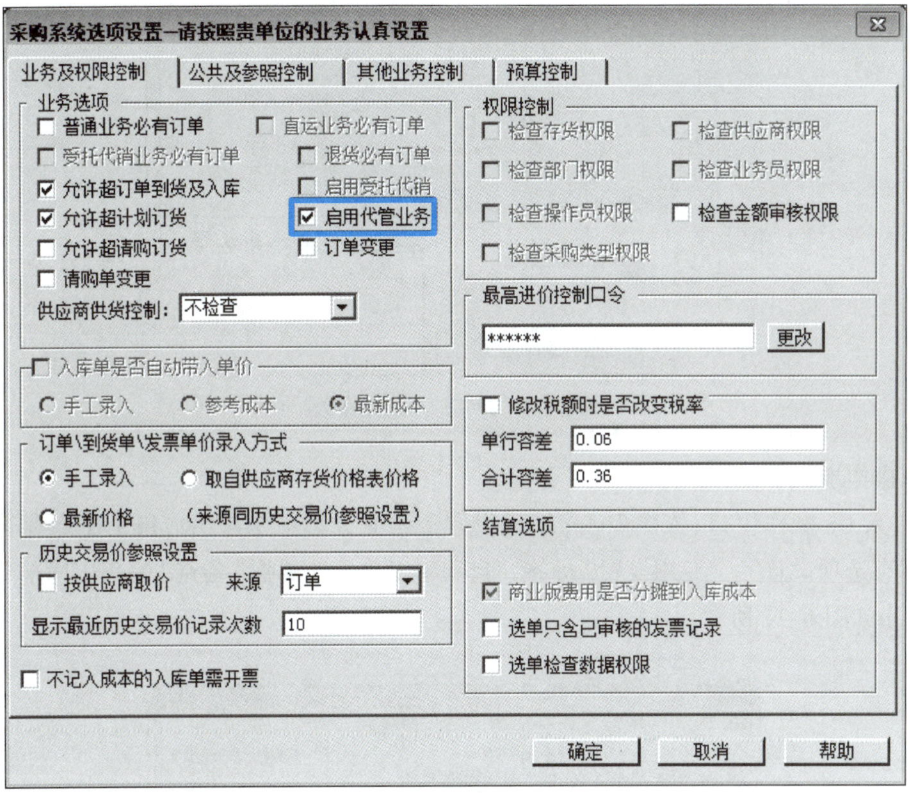

图 6-10　采购选项

1.10　存货核算参数设置。

注意：暂估方式选择单到回冲，销售成本核算方式为销售出库单；委托代销成本核算方式为按发出商品核算。

【操作步骤】

进入 U8 操作窗口，依次点击【基础设置】-【业务参数】-【供应链】-【存货核算】，在“选项录入”-“核算方式”标签，“暂估方式”勾选“单到回冲”，“销售成本核算方式”勾选“销售出库单”；“委托代销成本核算方式”勾选“按发出商品核算”。点击【确定】，提示“是否保存当前设置”，点击【是】，如图 6-11 所示。

1.11　库存管理参数设置。

注意：销售出库单自动带出单价

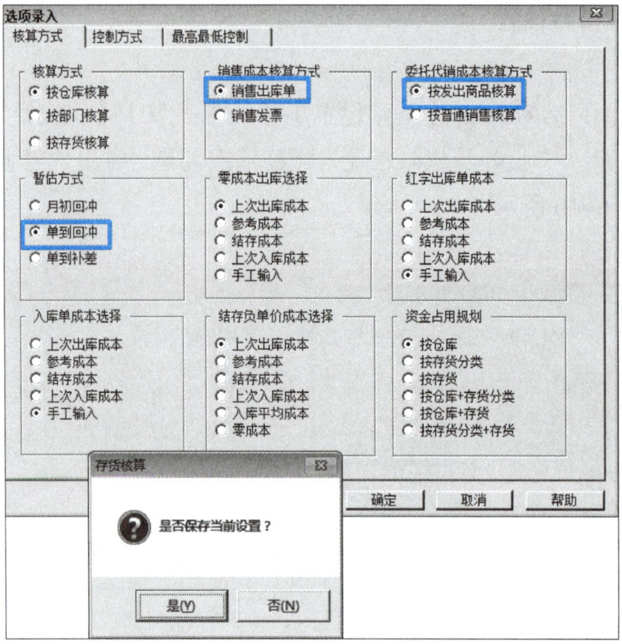

图 6-11　存货核算选项录入

【操作步骤】

进入 U8 操作窗口，依次点击【基础设置】-【业务参数】-【供应链】-【库存管理】，在“库存选项设置”-“专用设置”标签，“自动带出单价的单据”勾选“销售出库单”，点击【确定】，如图 6-12 所示。

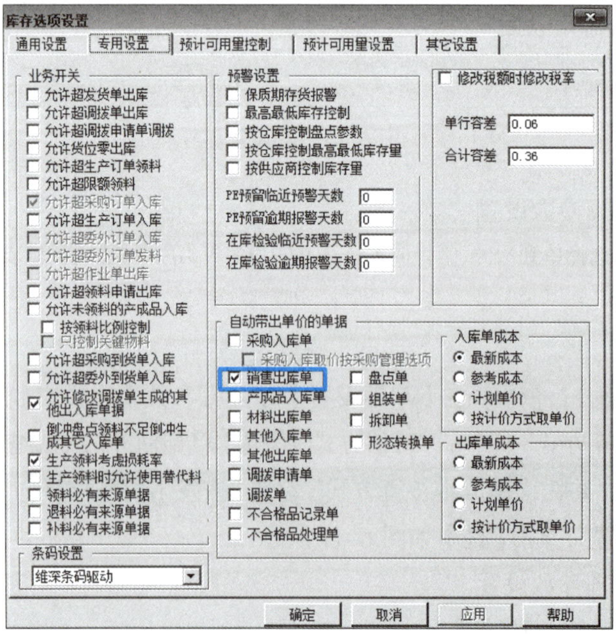

图 6-12　库存选项设置

2. 应收款管理系统参数设置。

【操作步骤】

（1）进入 U8 操作窗口，依次点击【基础设置】-【业务参数】-【财务会计】-【应收款管理】，在“账套参数设置”窗口点击【编辑】，在“常规”标签内“坏账处理方式”选择“应收余额百分比法”，如图 6-13 所示。

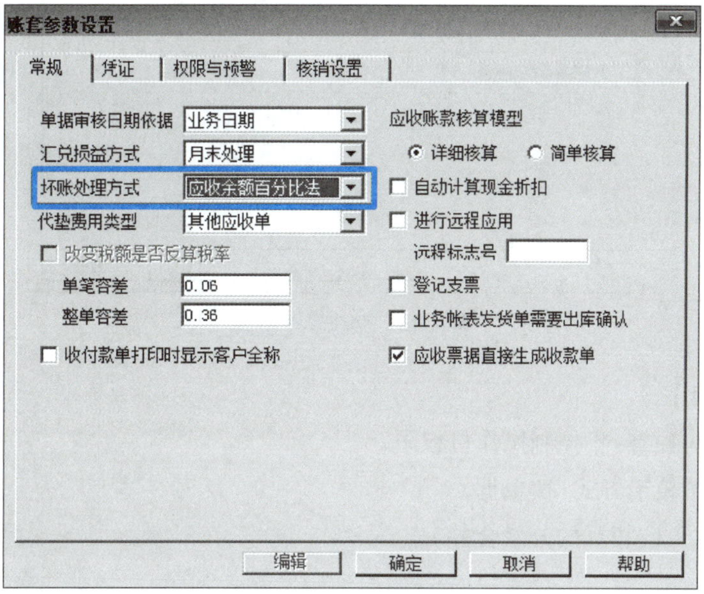

图 6-13　账套参数设置

（2）在“凭证”标签内勾选“方向相反的合并”。

（3）在“核销设置”标签内“应收款核销方式”勾选“按单据”，点击【确定】。

3. 应付款管理系统参数设置。

【操作步骤】

（1）进入 U8 操作窗口，依次点击【基础设置】-【业务参数】-【财务会计】-【应付款管理】，在“账套参数设置”窗口点击【编辑】，在“权限与预警”标签内不勾选“控制操作员权限”。

（2）在“核销设置”标签“应付款核销方式”选择“按单据”，如图 6-14 所示。

（3）在“凭证”标签勾选“方向相反的分录合并”，点击【确定】。

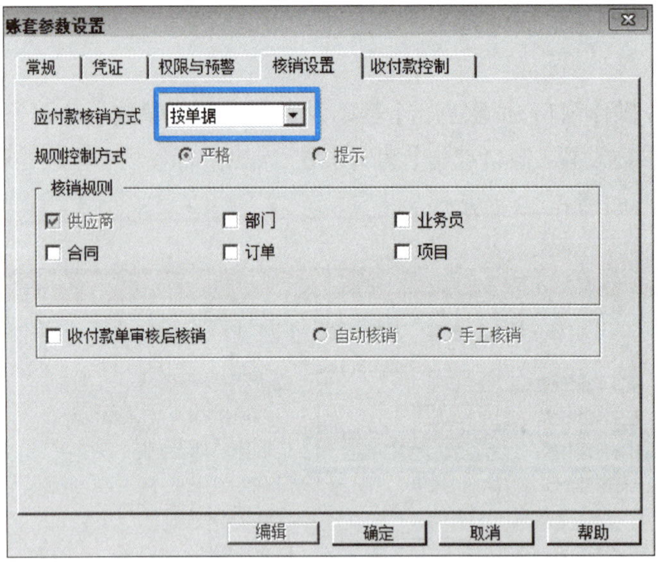

图 6-14　账套参数设置

【注意事项】

（1）权限与预警：不控制操作员权限。

（2）应付款核销方式：按单据。

（3）凭证：方向相反的分录合并。

任务二　系统初始化

1. 应收款管理初始设置。

1.1　根据表 6-8 内容完成应收款管理基础科目设置。

表 6-8　应收款管理基础科目设置

基础科目种类	科目	币种
银行承兑科目	1121	人民币
商业承兑科目	1121	人民币
票据利息科目	660301	人民币
应收科目	1122	人民币
预收科目	220301	人民币
预收科目	220302	美元
税金科目	22210103	人民币
汇兑损益科目	660303	人民币

续表

基础科目种类	科目	币种
现金折扣科目	660302	人民币
销售收入科目	6001	人民币
销售退回科目	6001	人民币

【操作步骤】

（1）进入 U8 操作窗口，依次点击【财务会计】-【应收款管理】-【设置】-【初始设置】-【基本科目设置】，进入“初始设置”窗口，点击工具栏上的【增加】，“基础科目种类”选择“银行承兑科目”，“科目”录入“1121”，“币种”选择“人民币”，如图 6-15 所示。

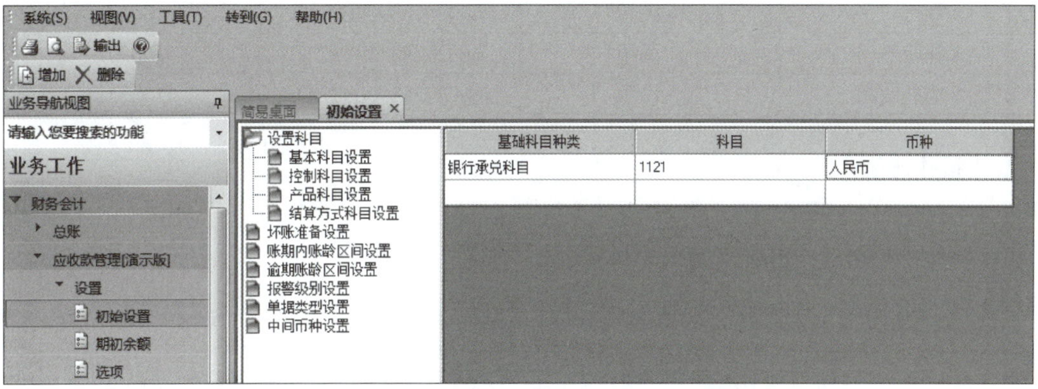

图 6-15　应收款管理基础科目—初始设置 1

（2）按照账套资料依次完成剩余的基本科目设置，全部输入完毕，如图 6-16 所示，点击【×】退出。

图 6-16　应收款管理基础科目—初始设置 2

1.2　根据表 6–8 内容完成应收款管理结算方式科目设置。

表 6–8　应收款管理结算方式科目设置

结算方式	币种	本单位账号	科目
1 现金结算	人民币		1001
201 现金支票	人民币	6602028800008709	100201
202 转账支票	人民币	6602028800008709	100201
301 银行承兑汇票	人民币	6602028800008709	100201
302 商业承兑汇票	人民币	6602028800008709	100201
4 银行本票	人民币	6602028800008709	101203
5 银行汇票	人民币	6602028800008709	101202
601 电汇	人民币	6602028800008709	100201
602 信汇	人民币	6602028800008709	100201
7 托收承付	人民币	6602028800008709	100201
8 委托收款	人民币	6602028800008709	100201

【操作步骤】

（1）进入 U8 操作窗口，依次点击【财务会计】–【应收款管理】–【设置】–【初始设置】–【结算方式科目设置】，进入“初始设置”窗口，点击工具栏上的【增加】，“结算方式”选择“1 现金结算”，“币种”选择“人民币”，“科目”录入“1001”，如图 6–17 所示。

图 6–17　应收款管理结算方式—初始设置 1

（2）按照账套资料依次完成剩余的结算方式科目设置，全部输入完毕，如图 6–18 所示，点击【 × 】退出。

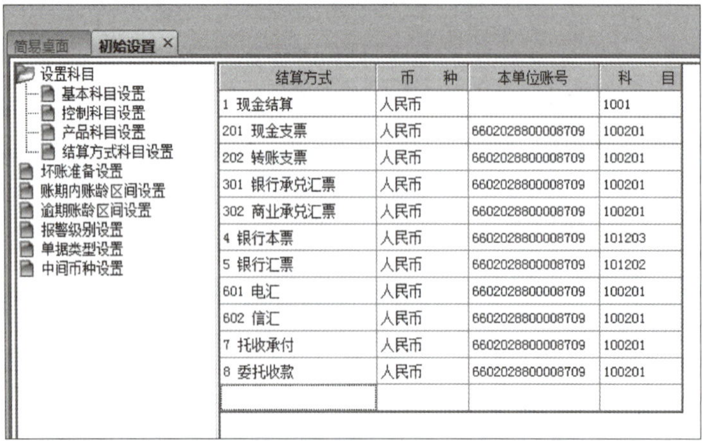

图 6–18　应收款管理结算方式—初始设置 2

1.3　坏账准备设置。

注意：提取比例 0.5%；坏账准备期初余额 50 000；坏账准备科目 1231；对方科目 6702。

【操作步骤】

进入 U8 操作窗口，依次点击【财务会计】-【应收款管理】-【设置】-【初始设置】-【坏账准备设置】，进入“初始设置”窗口，“提取比例”录入“0.5”，“坏账准备期初余额”录入“50000”，“坏账准备科目”录入“1231”，“对方科目”录入“6702”。点击【确定】，提示“储存完毕”，点击【确定】。

1.4　根据表 6-9 内容完成应收款管理逾期账龄区间设置。

表 6-9　应收款管理逾期账龄区间设置

序号	起止天数	总天数
01	0—30	30
02	31—60	60
03	61—90	90
04	91—120	120
05	121 以上	

【操作步骤】

进入 U8 操作窗口，依次点击【财务会计】-【应收款管理】-【设置】-【初始设置】-【逾期账龄区间设置】，进入“初始设置”窗口，点击工具栏上的【增加】，在“01”序号的“总天数”处录入“30”，按回车键，剩余账龄区间依次按照账套资料录入，如图 6-19 所示。

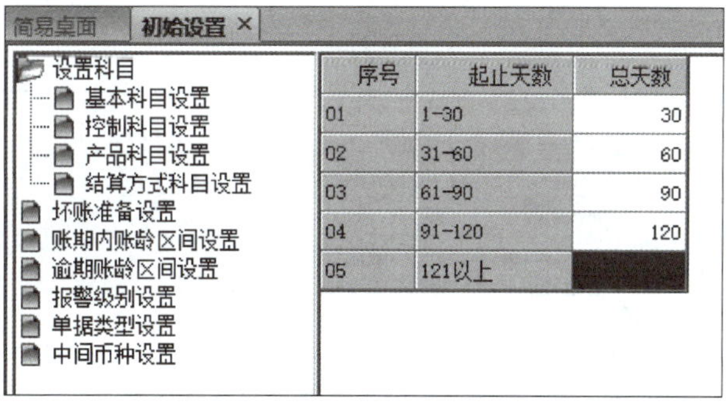

图 6-19　应收款管理逾期账龄区间—初始设置

1.5　根据表 6-10 内容完成应收款管理报警级别设置。

表 6-10　应收款管理报警级别设置

序号	起止比率	总比率	级别名称
01	0-10%	10%	A
02	10%-30%	30%	B

续表

序号	起止比率	总比率	级别名称
03	30%–50%	50%	C
04	50%–100%	100%	D
05	100% 以上		E

【操作步骤】

进入 U8 操作窗口，依次点击【财务会计】–【应收款管理】–【设置】–【初始设置】–【报警级别设置】，进入“初始设置”窗口，点击工具栏上的【增加】，在“01”序号的“总比率”处录入“10”，在“级别名称”处录入“A”，按回车键，剩余报警级别依次按照账套资料录入。

2. 应收款管理期初余额设置。

2.1 根据表 6–11 内容完成应收票据期初余额设置。

表 6–11 应收票据期初余额设置

票据类型	票据编号	开票单位	承兑银行	票据面值	签发日期	收到日期	到期日	业务员
银行承兑汇票	151225	华润万家	中国工商银行	113 000	2020–12–25	2020–12–25	2021–01–25	吴悦欢

【操作步骤】

（1）进入 U8 操作窗口，依次点击【财务会计】–【应收款管理】–【设置】–【期初余额】，出现“期初余额 – 查询”窗口，点击【确定】，进入“期初余额”窗口，点击工具栏上的【增加】，如图 6–20 所示。

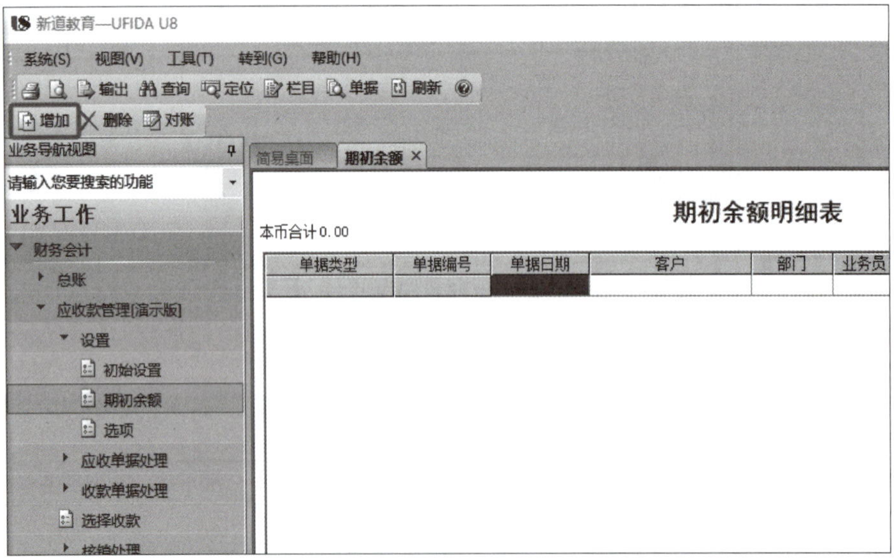

图 6–20 应收票据期初余额—初始设置

（2）出现“单据类别”提示窗口，“单据名称”选择“应收票据”，“单据类型”选择“银行承兑汇票”，点击【确定】，进入“期初票据”设置窗口，点击工具栏上的【增加】，按照账套资料要求录入“票据编号”“开票单位”“承兑银行”“票据面值”“票据余额”“签发日期”“收到日期”“到期日”“业务员”后点击【保存】，如图 6–21 所示。

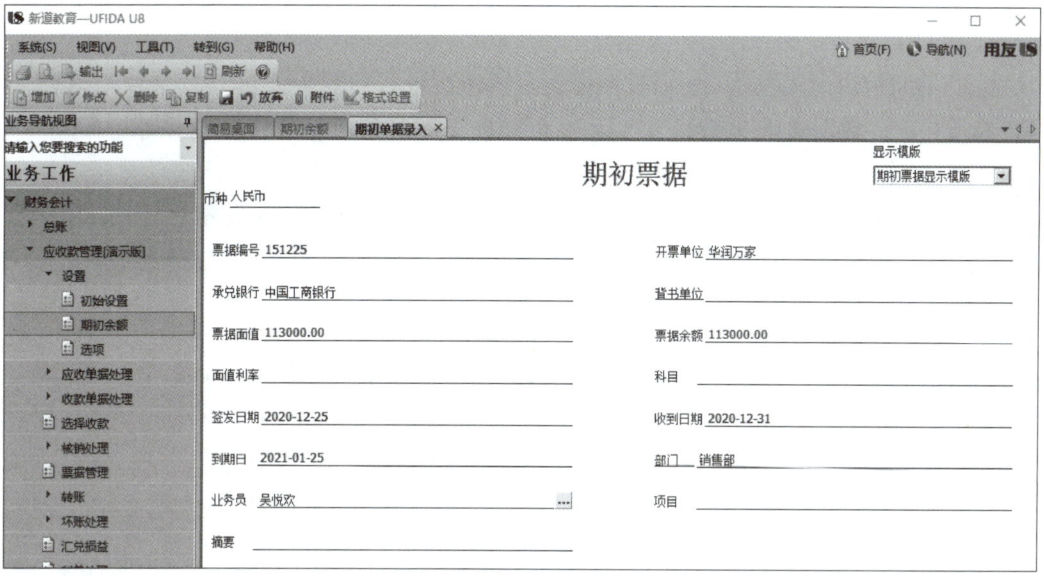

图 6–21 期初票据

2.2 根据表 6–12 内容完成应收账款期初余额设置。

表 6–12 应收款期初余额设置

单据类型	发票日期	发票号	客户名称	货物编号	货物名称	数量	无税单价	价税合计	部门	业务员
专用发票	2020.11.15	XS20201115046	天擎公司	0201	二折太阳伞	2 000	30	67 800	销售部	陈绮琳
				0202	三折太阳伞	1 000	50	56 500	销售部	陈绮琳
专用发票	2020.11.21	XS20201121013	天羽公司	0201	二折太阳伞	1 000	30	33 900	销售部	吴悦欢
专用发票	2020.12.26	XS20201226001	沃尔玛	0201	二折太阳伞	1 000	30	33 900	销售部	陈绮琳
专用发票	2020.12.27	XS20201227084	天旺公司	0202	三折太阳伞	2 000	50	113 000	销售部	吴悦欢

【操作步骤】

（1）进入 U8 操作窗口，依次点击【财务会计】-【应收款管理】-【设置】-【期初余额】，出现“期初余额 - 查询”窗口，点击【确定】，进入“期初余额”窗口，点击工具栏上的【增加】，出现“单据类别”提示窗口，“单据名称”选择“销售发票”，“单据类型”选择“销售专用发票”，“方向”选择“正向”，点击【确定】，进入“销售专用发票”窗口，点击工具栏上的【增加】。

（2）在“销售专用发票”窗口按照账套资料依次录入：“开票日期”“发票号”“客户名称”“业务员”“货物编号”“数量”“无税单价”等，点击【保存】，如图 6-22 所示。

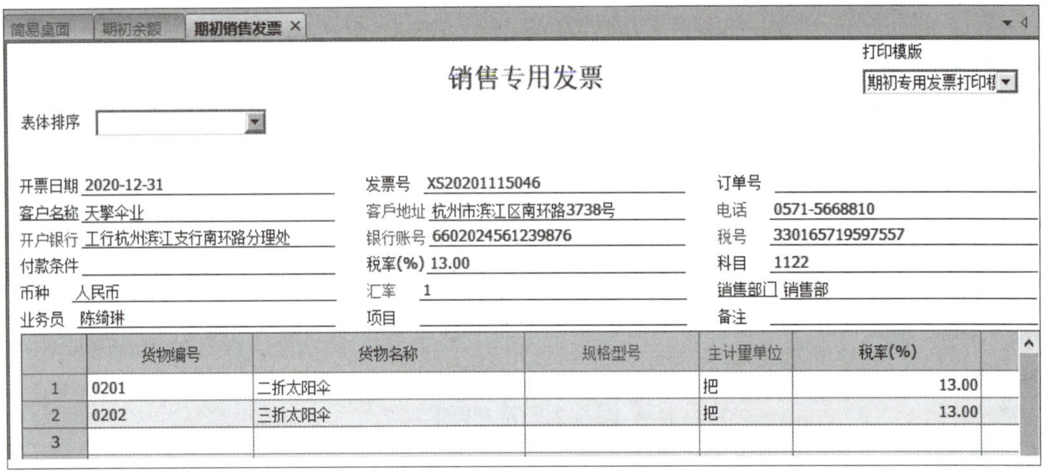

图 6-22　销售专用发票

（3）继续输入剩余的销售专用发票。全部输入完毕，关闭“销售专用发票”窗口，返回“期初余额”窗口，点击【刷新】，如图 6-23 所示。点击【×】退出“期初余额”窗口。

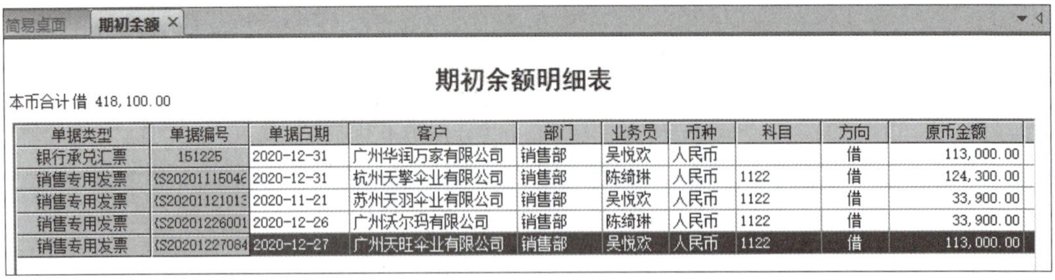

图 6-23　期初余额

3. 应付款管理初始设置。

3.1　根据表 6-13 内容完成应付款管理基础科目设置。

表 6-13　应付款管理基础科目设置

基础科目种类	科目	币种
应付科目	220201	人民币
预付科目	1123	人民币
税金科目	22210101	人民币
汇兑损益科目	660303	人民币
现金折扣科目	660302	人民币
银行承兑科目	2201	人民币
商业承兑科目	2201	人民币
票据利息科目	660301	人民币

【操作步骤】

（1）进入 U8 操作窗口，依次点击【财务会计】-【应付款管理】-【设置】-【初始设置】-【基本科目设置】，进入“初始设置”窗口，点击工具栏上的【增加】，“基础科目种类”选择“应付科目”，“科目”录入“220201”，“币种”选择“人民币”。

（2）按照账套资料依次完成剩余的基本科目设置，全部输入完毕，如图 6-24 所示。

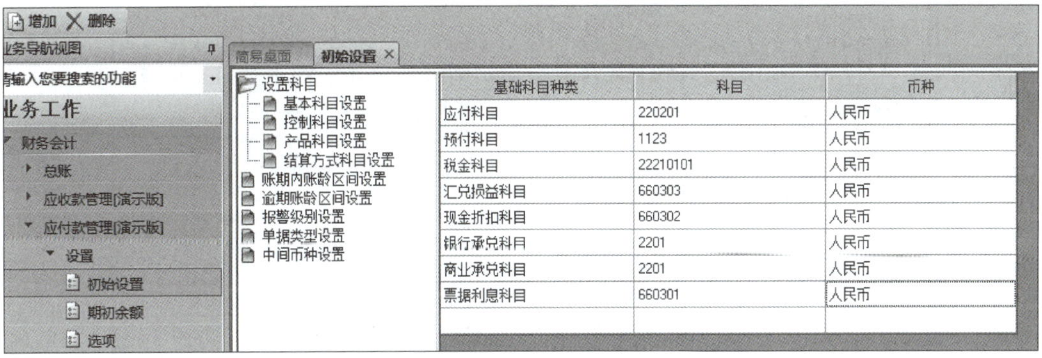

图 6-24　应付款管理基础科目—初始设置

3.2　根据表 6-14 内容完成应付款管理结算方式科目设置。

表 6-14　应付款管理结算方式科目设置

结算方式	币种	本单位账号	科目
1 现金结算	人民币		1001
201 现金支票	人民币	6602028800008709	100201
202 转账支票	人民币	6602028800008709	100201
301 银行承兑汇票	人民币	6602028800008709	100201
302 商业承兑汇票	人民币	6602028800008709	100201
4 银行本票	人民币	6602028800008709	101203

续表

结算方式	币种	本单位账号	科目
5 银行汇票	人民币	6602028800008709	101202
601 电汇	人民币	6602028800008709	100201
602 信汇	人民币	6602028800008709	100201
7 托收承付	人民币	6602028800008709	100201
8 委托收款	人民币	6602028800008709	100201

【操作步骤】

（1）进入 U8 操作窗口，依次点击【财务会计】-【应付款管理】-【设置】-【初始设置】-【结算方式科目设置】，进入“初始设置”窗口，点击工具栏上的【增加】，“结算方式”选择“1 现金结算”，“币种”选择“人民币”，“科目”录入“1001”。

（2）按照账套资料依次完成剩余的结算方式科目设置，全部输入完毕，如图 6-25 所示。点击【×】退出。

图 6-25 应付管理款管理结算方式—初始设置

3.3 根据表 6-15 内容完成逾期账龄区间设置。

表 6-15 逾期账龄区间设置

序号	起止天数 / 天	总天数 / 天
01	0-30	30
02	31-60	60
03	61-90	90
04	91-120	120
05	121 以上	

【操作步骤】

进入 U8 操作窗口，依次点击【财务会计】-【应付款管理】-【设置】-【初始设置】-【逾期账龄区间设置】，进入"初始设置"窗口，点击工具栏上的【增加】，在"01"序号的"总天数"处录入"30"，按回车键，剩余账龄区间依次按照账套资料录入，如图 6-26 所示。

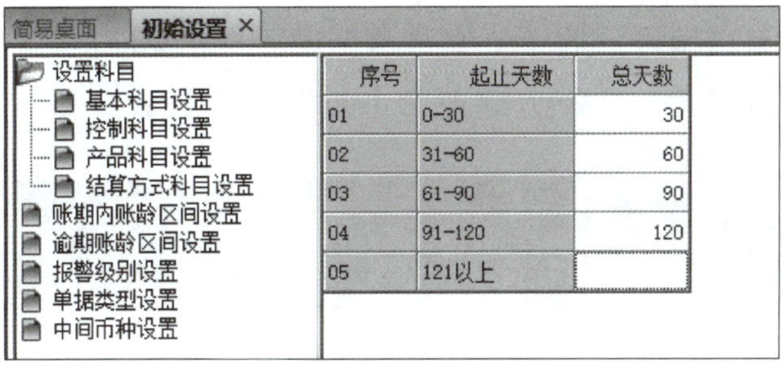

图 6-26　逾期账龄区间—初始设置

3.4　根据表 6-16 内容完成报警级别设置。

表 6-16　报警级别设置

序号	起止比率	总比率（%）	级别名称
01	0–10%	10	A
02	10%–30%	30	B
03	30%–50%	50	C
04	50%–100%	100	D
05	100% 以上		E

【操作步骤】

进入 U8 操作窗口，依次点击【财务会计】-【应付款管理】-【设置】-【初始设置】-【报警级别设置】，进入"初始设置"窗口，点击工具栏上的【增加】，在"01"序号的"总比率"处录入"10"，在"级别名称"处录入"A"，按回车键，剩余报警级别依次按照账套资料录入。

4. 应付款管理期初余额。

4.1　根据表 6-17 内容完成应付票据期初余额设置。

表 6-17　应付票据期初余额设置

票据编号	收票单位	票据面值	签发日期	到期日	部门	业务员	承兑银行
151023	环亚公司	452 000	2020-10-23	2021-02-23	采购部	安斯思	中国工商银行

【操作步骤】

（1）进入 U8 操作窗口，依次点击【财务会计】-【应付款管理】-【设置】-【期初余额】，出现“期初余额 - 查询”窗口，点击【确定】，进入“期初余额明细表”窗口，点击工具栏上的【增加】。

（2）出现“单据类别”提示窗口，“单据名称”选择“应付票据”，“单据类型”选择“银行承兑汇票”，点击【确定】，进入“期初票据”设置窗口，点击工具栏上的【增加】，按照账套资料要求录入“票据编号”“收票单位”“承兑银行”“票据面值”“票据余额”“签发日期”“到期日”“业务员”等信息后点击【保存】，如图 6-27 所示。

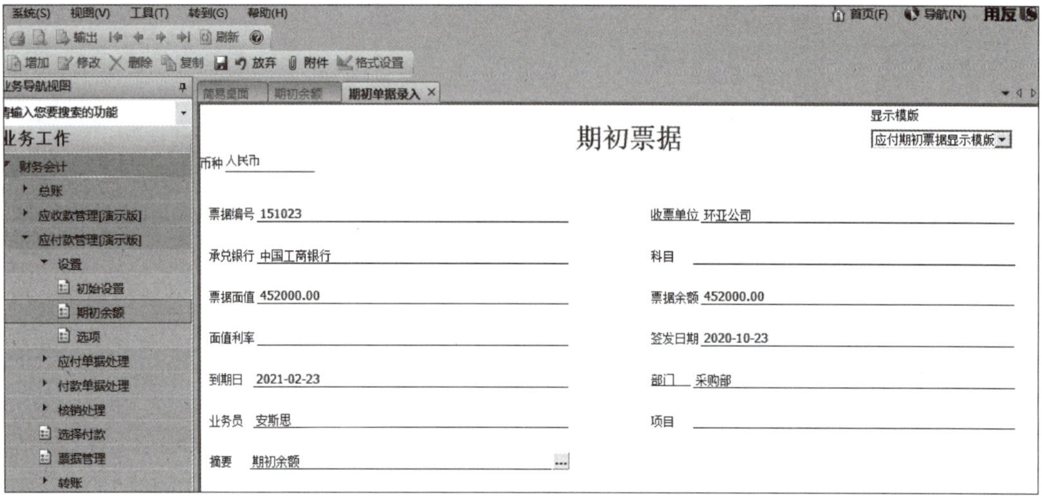

图 6-27 期初票据

4.2 根据表 6-18 内容完成应付账款期初余额设置。

表 6-18 应付账款期初余额设置

单据类型	发票日期	单据编号	供应商	货物编号	货物名称	数量	原币单价	原币价税合计	部门	业务员
专用发票	2020-12-21	CG20201221001	环亚	0104	珠仔	2 500	40	113 000	采购部	安斯思

【操作步骤】

（1）进入 U8 操作窗口，依次点击【财务会计】-【应付款管理】-【设置】-【期初余额】，出现“期初余额 - 查询”窗口，点击【确定】，进入“期初余额”窗口，点击【增加】，出现“单据类别”提示窗口，“单据名称”选择“采购发票”，“单据类型”选择“采购专用发票”，“方向”选择“正向”，点击【确定】，进入“采购专用发票”窗口，点击工具栏上的【增加】。

（2）在“采购专用发票”窗口按照账套资料依次录入“开票日期”“发票号”“供应商”“业务员”“货物编号”“数量”“原币单价”等信息，点击【保存】，如图 6-28 所示。

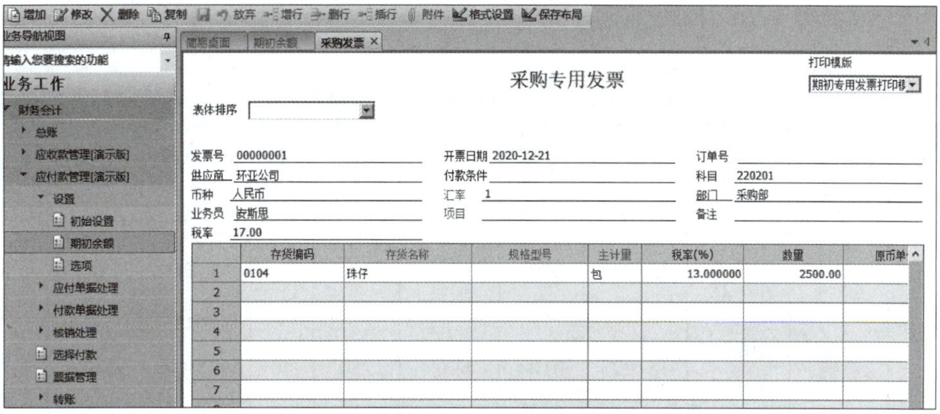

图 6-28 采购专用发票

5. 采购管理期初设置。

5.1 根据表 6-19 内容完成采购期初的采购入库单设置。

表 6-19 期初采购入库单设置

单据类型	供货单位	存货编码	货物名称	数量	单价	金额	部门	业务员	日期
采购入库单	天晖公司	0101	伞柄	5 000	6	30 000	采购部	安斯思	2020-12-25

【操作步骤】

进入 U8 操作窗口，依次点击【业务工作】-【供应链】-【采购管理】-【采购入库】-【采购入库单】，进入“期初采购入库单”窗口，点击工具栏上的【增加】，在“期初采购入库单”上按“照账套资料 - 采购入库单”设置内容依次录入“入库日期”“仓库”“供货单位”“部门”“业务员”“存货编码数量”“本币单价”等信息，点击【保存】，如图 6-29 所示。

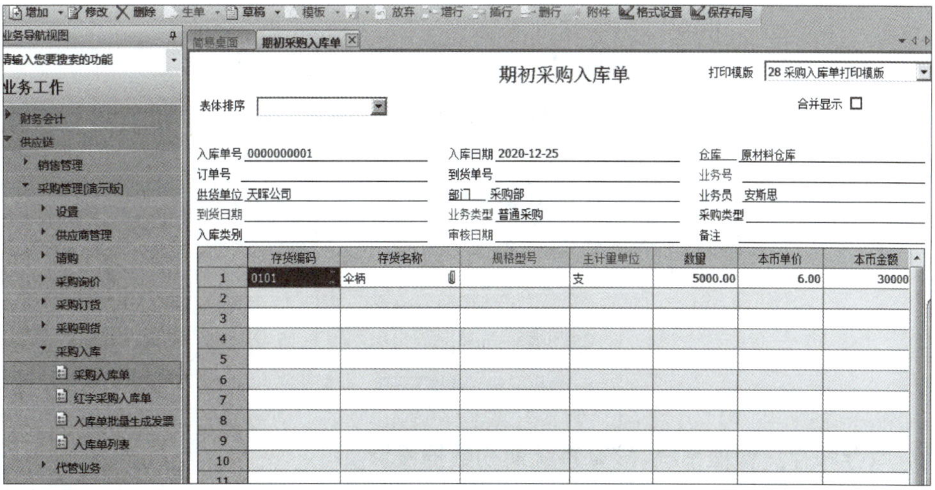

图 6-29 期初采购入库单

5.2 根据表 6–20 内容完成期初专用发票设置。

表 6–20 期初专用发票设置

单据类型	供货单位	发票日期	发票号	货物编号	货物名称	数量 / 个	单价	含税金额 / 元	部门	业务员
专用发票	黎明公司	2020–12–22	151222	0106	三折伞骨	10 000	14	158 200	采购部	安斯思
专用发票	环亚公司	2020–12–23	151223	0104	珠仔	250	40	11 300	采购部	安斯思

【操作步骤】

（1）进入 U8 操作窗口，依次点击【业务工作】–【供应链】–【采购管理】–【采购发票】–【专用采购发票】，进入“期初专用发票”窗口，点击工具栏上的【增加】，在“期初专用发票”上按“照账套资料 – 期初专用发票设置”内容依次录入“发票号”“开票日期”“供商”“部门”“业务员”“存货编码数量”“本币单价”，点击【保存】。

（2）按照账套资料依次完成剩余的期初专用发票设置，全部输入完毕，点击【×】退出。

（3）依次点击【业务工作】–【供应链】–【采购管理】–【设置】–【采购期初记账】，进入“期初记账”窗口，点击【记账】，提示“期初记账完毕！”，点击【确定】，如图 6–30 所示。

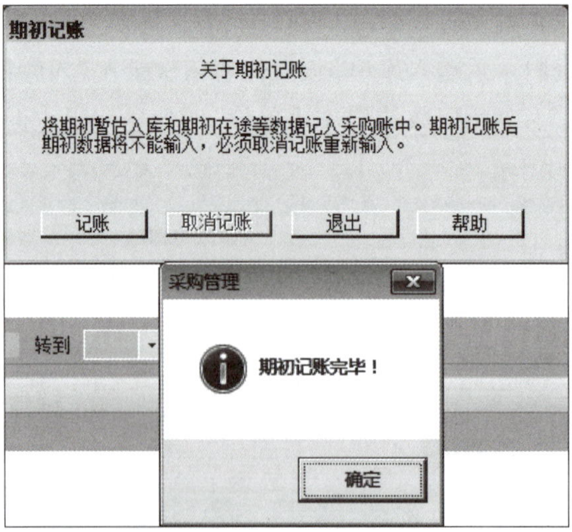

图 6–30 期初记账

6. 库存和存货管理系统、核算系统期初数据设置。

6.1 根据表 6–21 内容完成库存期初数据设置。

表 6-21　库存期初数据设置

仓库名称	存货名称	数量	结存单价（元）
原材料仓库	伞柄	10 280 支	6.00
	伞帽	20 600 个	2.00
	伞布	20 630 米	2.00
	珠仔	1 030 包	40.00
	二折伞骨	31 200 件	6.00
	三折伞骨	2 800 件	14.00
	油墨	2 650 公斤	15.00
成品一库	二折太阳伞	10 000 把	15.00
成品二库	三折太阳伞	30 000 把	21.50

【操作步骤】

（1）进入 U8 操作窗口，依次点击【业务工作】-【供应链】-【库存管理】-【初始设置】-【期初结存】，进入“库存期初”，点击工具栏上的【修改】，按照“账套资料—库存期初数据设置”录入原材仓库的期初库存、入库类别、部门等信息，录入完毕点击【保存】，点击【批审】，提示“批量审核完成”，点击【确定】。

（2）将“库存期初”窗口右上角的“仓库”改为“成品一库”，点击工具栏上的【修改】，按照库存期初数据设置录入成品一库的期初库存、入库类别、部门等信息，录入完毕点击【保存】，点击【批审】，提示“批量审核完成”，点击【确定】。

（3）同理录入后续“成品 = 库”。

6.2　根据表 6-22 内容完成存货科目设置。

表 6-22　存货科目

仓库编码	仓库名称	存货编码	存货名称	存货科目编码	存货科目名称
01	原材料仓库	0101	伞柄	140301	伞柄
01	原材料仓库	0102	伞帽	140302	伞帽
01	原材料仓库	0103	伞布	140303	伞布
01	原材料仓库	0104	珠仔	140304	珠仔
01	原材料仓库	0105	二折伞骨	140305	二折伞骨
01	原材料仓库	0106	三折伞骨	140306	三折伞骨
01	原材料仓库	0107	油墨	140307	油墨
02	成品一库	0201	二折太阳伞	1405	库存商品
03	成品二库	0202	三折太阳伞	1405	库存商品

【操作步骤】

进入 U8 操作窗口，依次点击【业务工作】-【供应链】-【存货核算】-【初始设置】-【科目设置】-【存货科目】，进入“存货科目”窗口，点击工具栏上的【增加】，根据“账套资料—存货科目设置”录入存货科目，录入完毕点击【保存】，如图 6-31 所示。

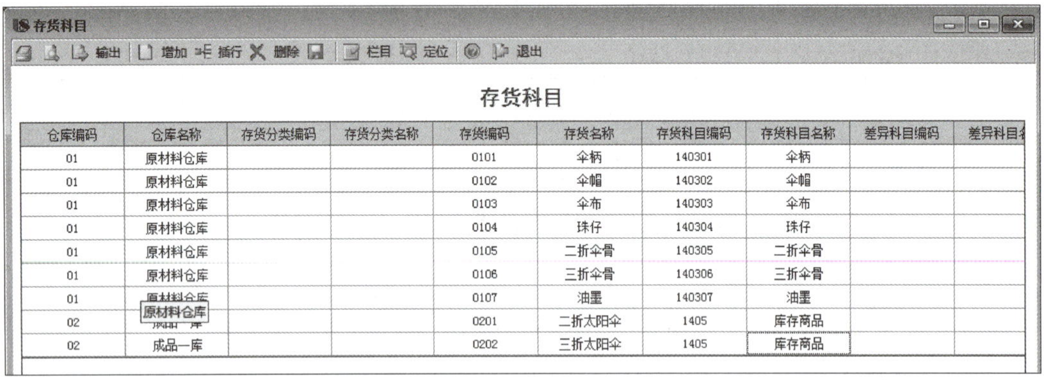

仓库编码	仓库名称	存货分类编码	存货分类名称	存货编码	存货名称	存货科目编码	存货科目名称	差异科目编码	差异科目名
01	原材料仓库			0101	伞柄	140301	伞柄		
01	原材料仓库			0102	伞帽	140302	伞帽		
01	原材料仓库			0103	伞布	140303	伞布		
01	原材料仓库			0104	珠仔	140304	珠仔		
01	原材料仓库			0105	二折伞骨	140305	二折伞骨		
01	原材料仓库			0106	三折伞骨	140306	三折伞骨		
01	原材料仓库			0107	油墨	140307	油墨		
02	原材料仓库			0201	二折太阳伞	1405	库存商品		
02	成品一库			0202	三折太阳伞	1405	库存商品		

图 6-31　存货科目

6.3　根据表 6-23 内容完成对方科目设置。

表 6-23　对方科目

收发类别编码	收发类别名称	存货分类编码	存货分类名称	存货编码	存货名称	对方科目编码	对方科目名称
101	材料出库	01	原材料			5001	生产成本
102	销售出库	02	产成品			6401	主营业务成本
103	盘亏出库	02	产成品			1901	待处理财产损溢
201	采购入库	01	原材料	0101	伞柄	140201	伞柄
201	采购入库	01	原材料	0102	伞帽	140202	伞帽
201	采购入库	01	原材料	0103	伞布	140203	伞布
201	采购入库	01	原材料	0104	珠仔	140204	珠仔
201	采购入库	01	原材料	0105	二折伞骨	140205	二折伞骨
201	采购入库	01	原材料	0106	三折伞骨	140206	三折伞骨
201	采购入库	01	原材料	0107	油墨	140207	油墨
202	成品入库	02	产成品			5001	生产成本
203	盘盈入库	02	产成品			1901	待处理财产损溢

【操作步骤】

进入 U8 操作窗口，依次点击【业务工作】-【供应链】-【存货核算】-【初始设置】-【科目设置】-【对方科目】，进入“对方科目”窗口，点击工具栏上的【增加】，根据“账套资料—对方科目设置”录入对方科目，录入完毕点击【保存】。

6.4　根据表 6-24 内容完成结算科目设置。

表 6-24　结算科目

结算方式	结算名称	币种	科目编码	科目名称
1	现金结算	人民币	1001	库存现金
201	现金支票	人民币	100201	工行存款
202	转账支票	人民币	100201	工行存款
301	银行承兑汇票	人民币	100201	工行存款
302	商业承兑汇票	人民币	100201	工行存款
5	银行汇票	人民币	101202	银行汇票存款
4	银行本票	人民币	101203	银行本票存款
601	电汇	人民币	100201	工行存款
602	信汇	人民币	100201	工行存款
7	托收承付	人民币	100201	工行存款
8	委托收款	人民币	100201	工行存款

【操作步骤】

进入 U8 操作窗口，依次点击【业务工作】-【供应链】-【存货核算】-【初始设置】-【科目设置】-【结算科目】，进入“结算科目”窗口，点击工具栏上的【增加】，根据“账套资料—结算科目设置”录入存货科目，录入完毕点击【保存】，如图 6-32 所示。

结算方式	结算名称	币种	科目编码	科目名称
1	现金结算	人民币	1001	库存现金
201	现金支票	人民币	100201	工行存款
202	转账支票	人民币	100201	工行存款
301	银行承兑汇票	人民币	100201	工行存款
302	商业承兑汇票	人民币	100201	工行存款
4	银行本票	人民币	101203	银行本票存款
5	银行汇票	人民币	101202	银行汇票存款
601	电汇	人民币	100201	工行存款
602	信汇	人民币	100201	工行存款
7	托收承付	人民币	100201	工行存款
8	委托收款	人民币	100201	工行存款

图 6-32　结算科目

6.5　根据表 6-25 内容完成非合理损耗科目设置。

表 6-25　非合理损耗科目设置

序号	非合理损耗类型编码	非合理损耗类型名称	会计科目名称	是否默认值
1	01	个人责任	其他应收款	FALSE

【操作步骤】

进入 U8 操作窗口，依次点击【业务工作】-【供应链】-【存货核算】-【初始设置】-【科目设置】-【非合理损耗科目】，进入“非合理损耗科目”窗口，点击工具栏上的【修改】，“会计科目名称”选择“其他应收款”，点击【保存】。

6.6　存货核算系统期初数据录入。

【操作步骤】

（1）进入 U8 操作窗口，依次点击【业务工作】-【供应链】-【存货核算】-【初始设置】-【期初数据】-【期初余额】，进入“期初余额”窗口，上方“仓库”选择“原材料仓库”，点击工具栏上的【取数】，系统自动从库存管理系统取期初结存数据至存货核算系统。

（2）在“期初余额”窗口，上方“仓库”选择“成品一库”，点击工具栏上的【取数】，系统自动从库存管理系统取期初结存数据至存货核算系统，如图 6-33 所示。

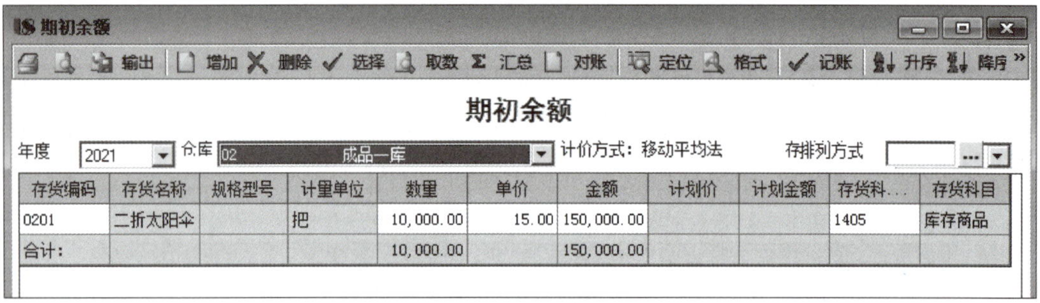

图 6-33　期初余额

（3）在“期初余额”窗口，上方“仓库”选择“成品二库”，点击工具栏上的【取数】，系统自动从库存管理系统取期初结存数据至存货核算系统。

（4）在“期初余额”窗口，点击工具栏上【记账】按钮，提示“期初记账成功”，点击【确定】。

【操作视频】

项目六　供应链基础设置操作视频

【思考题】

1. 简述设置收发类别、采购类型、销售类型的意义。

2. 应收款管理、应付款管理、存货核算的科目设置有什么关系？

3. 库存管理系统期初结存数据与存货核算系统期初数据有什么关系？

项目七　采 购 业 务

任务一　采 购 业 务

1. 有预付款的采购业务。

【账套资料】

2021 年 01 月 08 日，业务员安思斯与广州旭阳油墨有限公司签订采购合同（合同编号：CG20210103001）。购买该公司油墨 400 公斤，不含税单价为 15 元，税率为 13%，共计 6 780 元，合同约定交货时间为 2021 年 01 月 09 日，当日以电汇（票据号：2021010378）方式支付 1 000 元定金给对方，约定交货并验收合格后 3 日内向卖方支付剩余款项。

2021 年 01 月 09 日，收到本月 08 日订购的（合同编号 CG20210103001）的 400 公斤油墨及增值税专用发票（发票号：202101130052），全部到货并验收入库，并开出转账支票（支票号：2021011332）支付余款（使用付款单功能）。

【操作步骤】

（1）填制采购订单。

2021 年 01 月 08 日，由安斯思（G01）登录 U8 企业应用平台。

① 进入 U8 操作窗口，依次点击【业务工作】–【供应链】–【采购管理】–【采购订货】–【采购订单】，进入“采购订单”窗口，点击工具栏上的【增加】按钮，根据“账套资料—有预付款的采购业务”填写采购订单。

② “订单日期”填写“2021-01-08”，“订单编号”填写“CG20210103001”，“采购类型”选择“本地采购”，“供应商”选择“广州旭阳油墨有限公司”，“部门”选择“采购部”，“业务员”选择“安思斯”。

注意：单据中同时存在部门及业务员选项，选择业务员，系统即会自动带出该业务员所在部门信息。

③ “存货编码”选择“0107”，“数量”录入“400”，“原币单价”录入“15”，“计划到货日期”录入“2021-01-09”。

④ 点击工具栏上的【保存】，再点击【审核】，如图 7–1 所示。

（2）填制付款单。

2021 年 01 月 08 日，由莫世和（W03）登录 U8 企业应用平台。

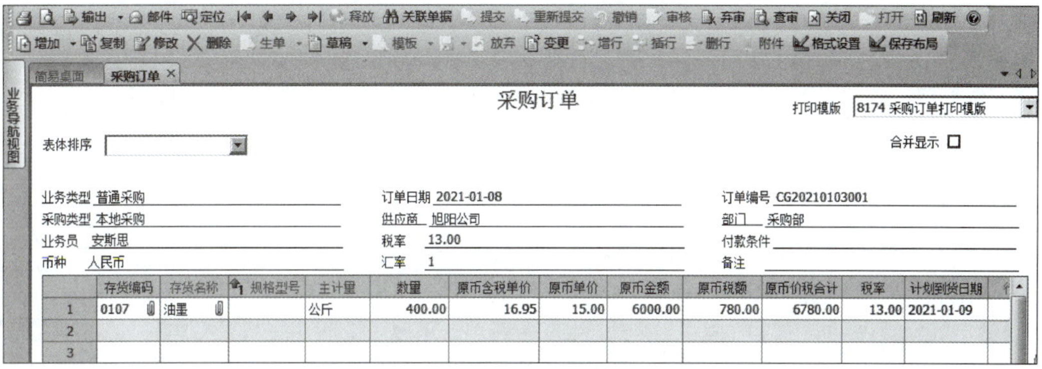

图 7-1 采购订单

进入 U8 操作窗口,依次点击【业务工作】-【应付款管理】-【付款单据处理】-【付款单据录入】,进入“付款单”窗口,点击工具栏上的【增加】。根据账套资料填写付款单,填写完毕点击【保存】,如图 7-2 所示。

注意:表体第一行【款项类型】改为“预付款”。

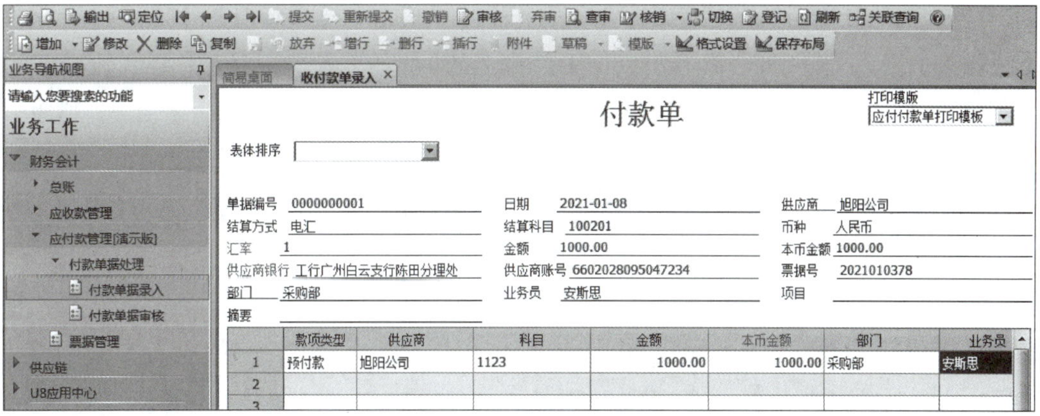

图 7-2 付款单填制

(3)付款单据审核并生成凭证。

2021 年 01 月 08 日,由何婵怡(W02)登录 U8 企业应用平台。

进入 U8 操作窗口,依次点击【业务工作】-【应付款管理】-【付款单据处理】-【付款单据审核】,出现“付款单查询条件”窗口,点击【确定】,进入“收付款单列表”,双击“单据编号”为“0000000001”的付款单,进入“付款单”窗口,点击工具栏上【审核】按键,弹出“应付款管理”窗口,提示“是否立即制单?”,如图 7-3 所示,点击【是】,弹出“记账凭证”窗口,在“记账凭证”工具栏上点击【保存】。

(4)参照订单生成到货单。

2021 年 01 月 09 日,由安斯思(G01)登录 U8 企业应用平台。

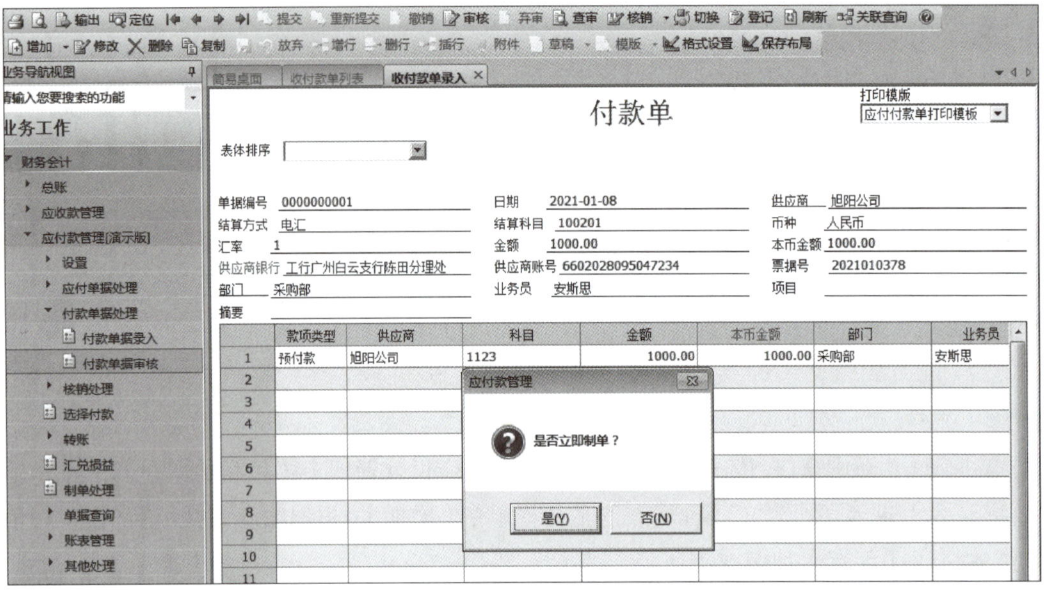

图 7-3　付款单审核

进入 U8 操作窗口，依次点击【业务工作】-【供应链】-【采购管理】-【采购到货】-【到货单】，进入“到货单”窗口。点击工具栏上的【增加】，点击工具栏【生单】选择“采购订单”，进入“查询条件选择 - 采购订单列表过滤”窗口，点击【确定】，进入“拷贝并执行”，勾选“订单号”为“CG20210103001”的订单最左侧的“选择”栏。点击工具栏上的【确定】，返回“到货单”窗口，生成到货单，点击【保存】。完成保存后点击【审核】，如图 7-4 所示。

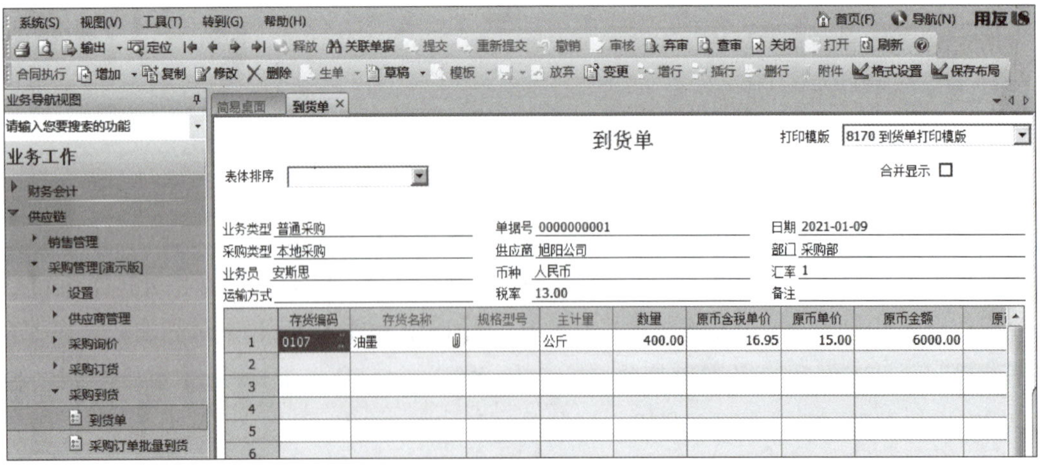

图 7-4　到货单

（5）参照到货单生成入库单。

2021 年 01 月 09 日，由佘依玲（C01）登录 U8 企业应用平台。

① 进入 U8 操作窗口，依次点击【业务工作】-【供应链】-【库存管理】-【采购入库单】，进入“采购入库单”窗口，点击工具栏【生单】选择“采购到货单（蓝字）”，弹出“查询条件选择－采购到货单列表”窗口，点击【确定】，打开“到货单生单列表”窗口，点击单据号为“0000000001”左侧选择处，选定此单据，点击工具栏【确定】，如图 7-5 所示。

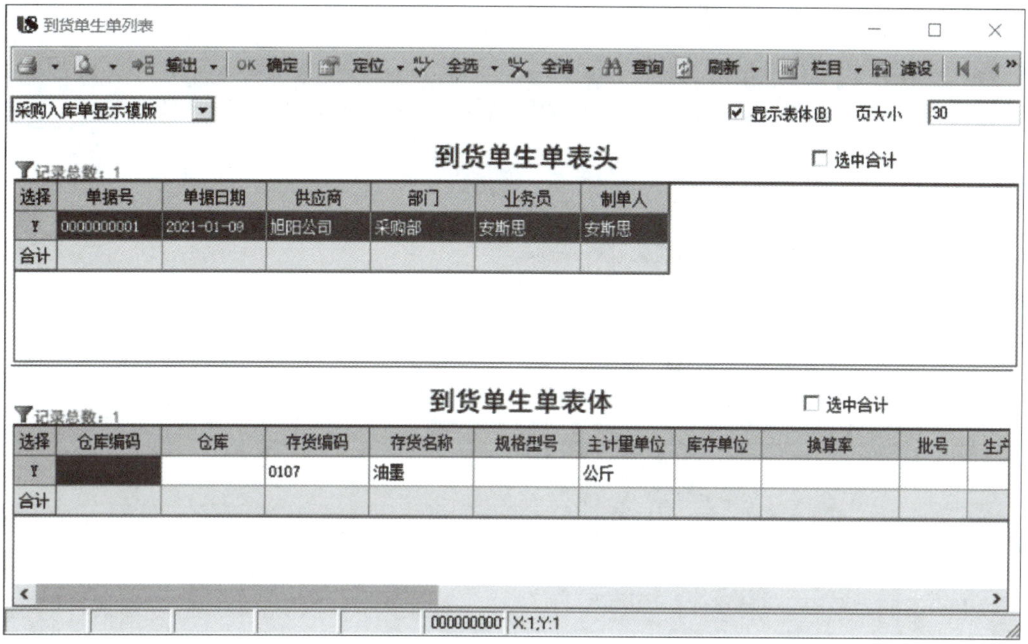

图 7-5　到货单生单表头及表体

② 返回“采购入库单”窗口，根据账套资料在表头“仓库”选择“原材料仓库”，点击工具栏【保存】，再点击工具栏【审核】，如图 7-6 所示。

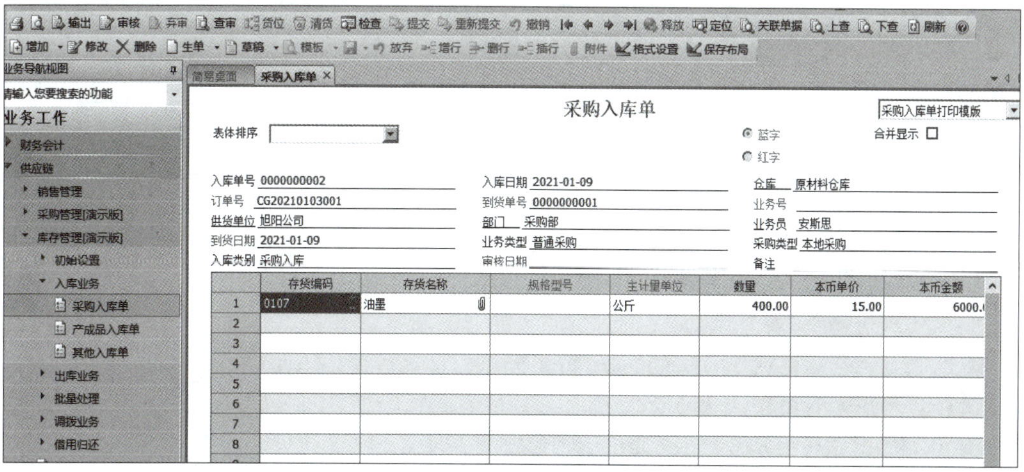

图 7-6　采购入库单

（6）参照采购入库单生成采购专用发票，并进行结算处理。

2021 年 01 月 09 日，由安斯思（G01）登录 U8 企业应用平台。

① 进入 U8 操作窗口，依次点击【业务工作】-【供应链】-【采购管理】-【采购发票】-【专用采购发票】，进入“专用发票”窗口，点击工具栏【增加】按钮，点击工具栏【生单】选择“入库单”，弹出“查询条件选择 - 采购入库单列表过滤”窗口，点击【确定】，进入“拷贝并执行”窗口，点击入库单号为“0000000002”左侧选择处，选定此单据，点击工具栏【确定】，如图 7-7 所示。

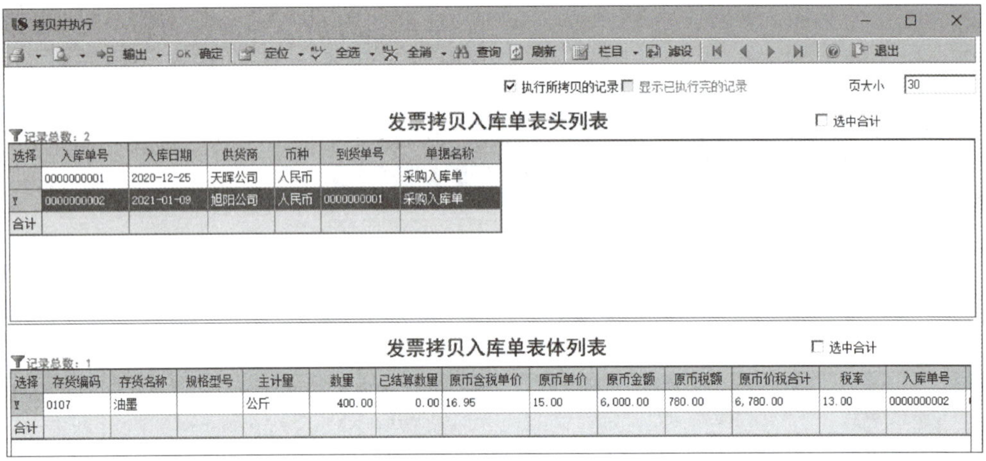

图 7-7 发票拷贝入库单表头及表体

② 返回“专用发票”窗口，在表头“发票号”处录入“202101130052”，“发票日期”修改为“2021-01-09”，点击工具栏【保存】，再点击工具栏【结算】按钮，完成采购专用发票结算处理，如图 7-8 所示。

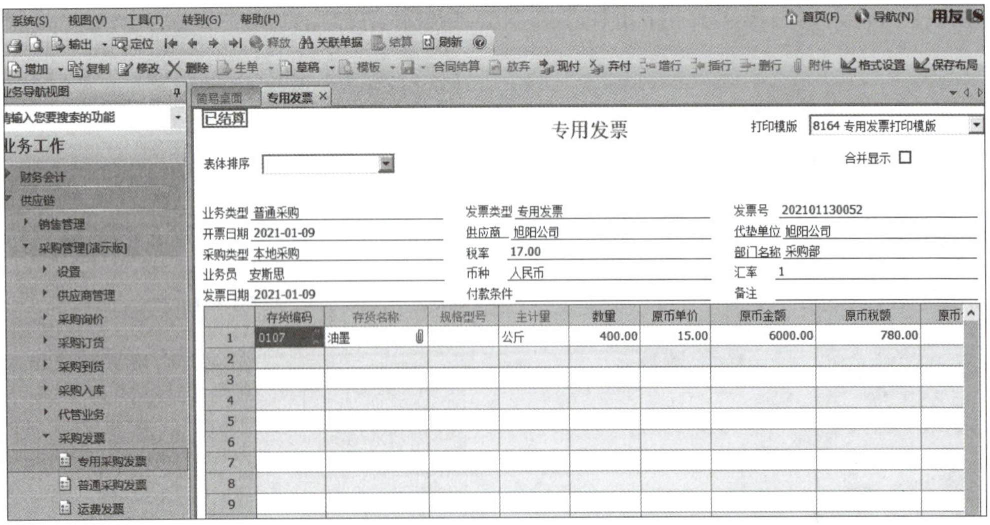

图 7-8 专用发票

（7）采购发票审核并生成凭证。

2021 年 01 月 09 日，由何婵怡（W02）登录 U8 企业应用平台。

① 进入 U8 操作窗口，依次点击【业务工作】-【应付款管理】-【应付单据处理】-【应付单据审核】，弹出“应付单查询条件”提示窗口，点击【包含已现结发票】，点击【确定】，进入“应付单据列表”，双击“202101130052”号发票所在行选择栏右侧任意单元格，打开要审核的“专用发票”窗口，点击工具栏【审核】，弹出“应付款管理”提示窗口，提示“是否立即制单？”，点击【是】，如图 7–9 所示。

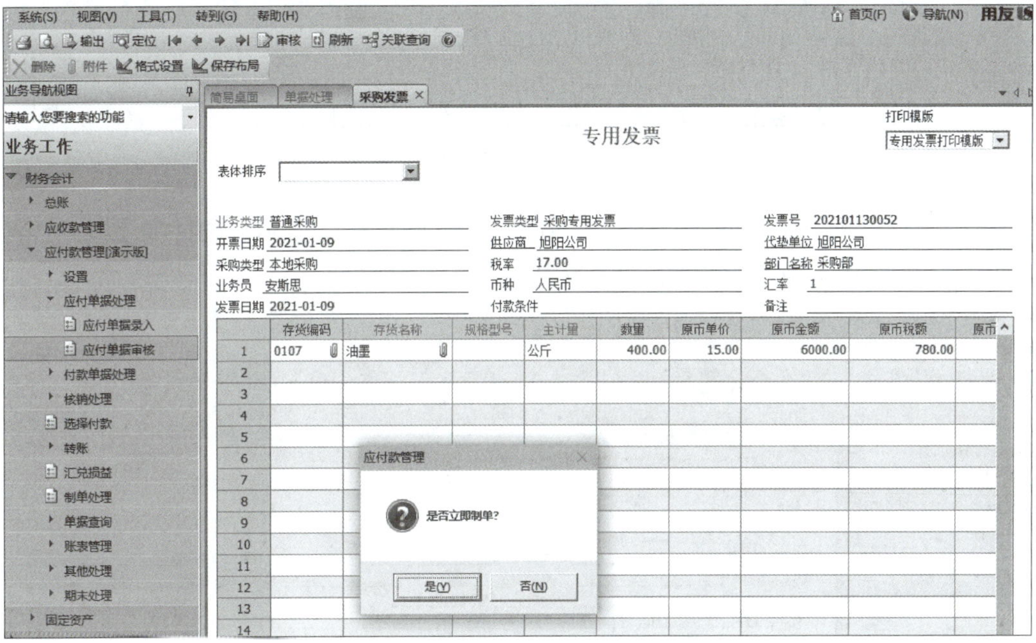

图 7–9　专用发票审核

② 系统打开“记账凭证”窗口，在第一行“科目名称”处录入“140207”，点击工具栏的【保存】。

（8）填制付款单。

2021 年 01 月 09 日，由莫世和（W03）登录 U8 企业应用平台。

进入 U8 操作窗口，依次点击【业务工作】-【应付款管理】-【付款单据处理】-【付款单据录入】，打开“付款单”窗口。点击工具栏【增加】，根据账套资料填制付款单，填制完毕单击工具栏的【保存】，如图 7–10 所示。

（9）付款单据审核。

2021 年 01 月 09 日，由何婵怡（W02）登录 U8 企业应用平台。

进入 U8 操作窗口，依次点击【业务工作】-【应付款管理】-【付款单据处理】-【付款单据审核】，出现“付款单查询条件”窗口，点击【确定】，进入“收付款单列表”窗口，双击“单据编号”为“0000000002”的付款单，进入“付款单”窗口，点击工具栏【审核】按键，

图 7-10　付款单

弹出“应付款管理”窗口，提示“是否立即制单？”，如图 7-11 所示，点击【是】，弹出“记账凭证”窗口，在“记账凭证”工具栏上点击【保存】。

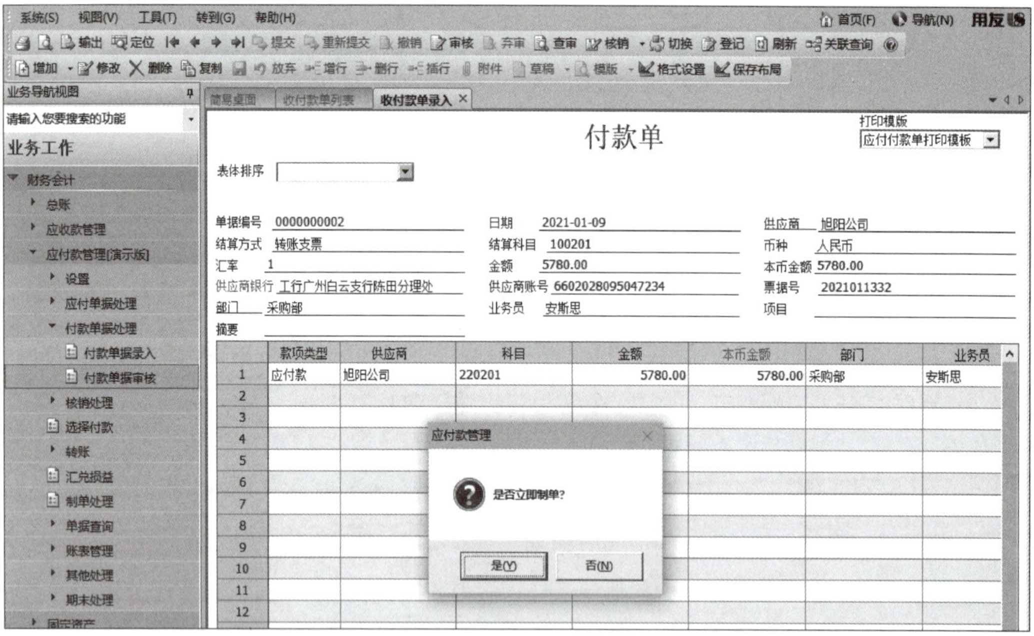

图 7-11　付款单审核

（10）正常单据记账，生成凭证。

2021 年 01 月 09 日，由何婵怡（W02）登录 U8 企业应用平台。

① 进入 U8 操作窗口，依次点击【业务工作】-【供应链】-【存货核算】-【业务核算】-【正常单据记账】，弹出“查询条件选择”，点击【确定】，进入“未记账单据一览表”窗口，双击“0000000002”号入库单的“选择”栏或点击工具栏【全选】按钮，使其显示“Y”

字样。点击工具栏的【记账】，如图 7–12 所示。弹出“存货核算”窗口，提示“记账成功”，点击【确定】。

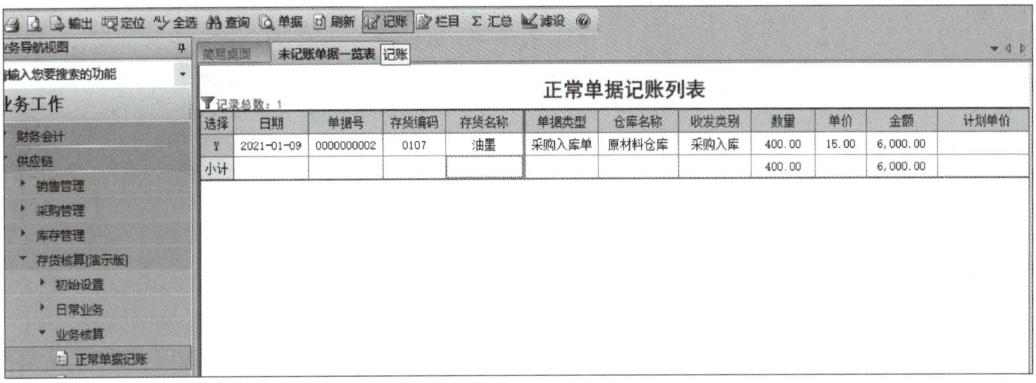

图 7–12　正常单据记账

② 进入 U8 操作窗口，依次点击【业务工作】–【供应链】–【存货核算】–【财务核算】–【生成凭证】，出现“生成凭证”窗口，点击工具栏【选择】按钮，系统弹出“查询条件”窗口，点击【确定】，系统打开“选择单据”窗口，如图 7–13 所示。

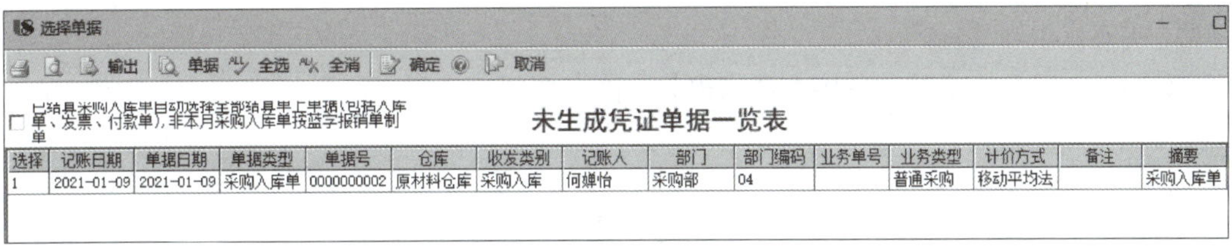

图 7–13　未生成凭证单据

③ 点击工具栏上【全选】按钮，点击工具栏【确定】，系统打开“生成凭证”窗口，如图 7–14 所示，点击工具栏【生成】按钮，打开“记账凭证”窗口，点击工具栏【保存】。

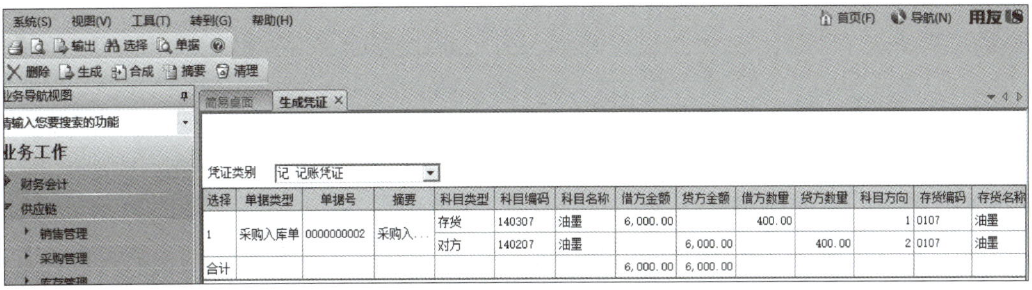

图 7–14　记账凭证

2. 普通赊购业务。

【账套资料】

2021 年 01 月 09 日，安斯思与从化环亚包装有限公司签订采购合同（合同编号：CG20210103002），购买该公司 30 000 米伞布，不含税单价为 2 元，税率 13%，共计 67 800 元，合同约定于 2021 年 01 月 09 日交货，01 月 09 日收到增值税专用发票（发票号：202101030054）及伞布，并且验收入库，货款暂欠。

【操作步骤】

（1）填制采购订单。

2021 年 01 月 09 日，由安斯思（G01）登录 U8 企业应用平台。

① 进入 U8 操作窗口，依次点击【业务工作】–【供应链】–【采购管理】–【采购订货】–【采购订单】，进入“采购订单”窗口，点击工具栏上的【增加】按钮，根据账套资料填写采购订单。

② “订单日期”填写“2021–01–09”，“订单编号”填写“CG20210103002”，“采购类型”选择“本地采购”，“供应商”选择“从化环亚包装有限公司”，“部门”选择“采购部”，“业务员”选择“安斯思”。

③ “存货编码”选择“0103”，“数量”录入“30000”，“原币单价”录入“2”，“计划到货日期”录入“2021–01–09”。

④ 点击工具栏上的【保存】，再点击【审核】，如图 7–15 所示。

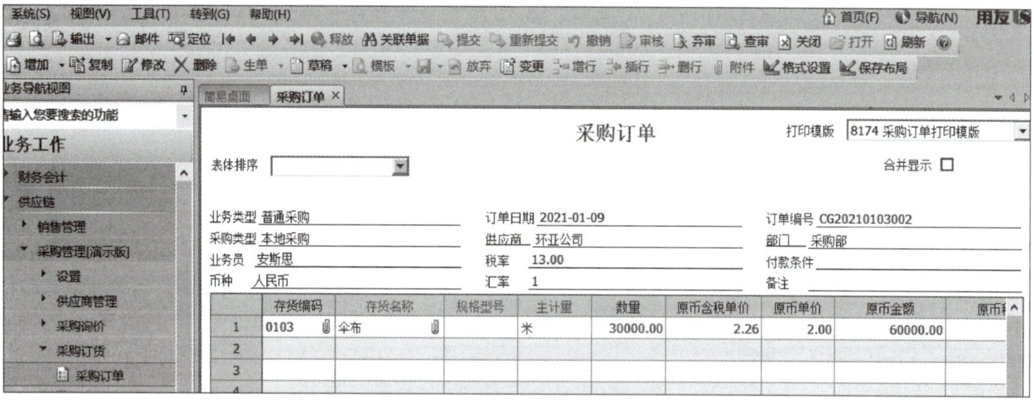

图 7–15　采购订单

（2）参照订单生成到货单。

2021 年 01 月 09 日，由安斯思（G01）登录 U8 企业应用平台。

进入 U8 操作窗口，依次点击【业务工作】–【供应链】–【采购管理】–【采购到货】–【到货单】，进入“到货单”窗口。点击工具栏上的【增加】，点击工具栏【生单】，选择“采购订单”，进入“查询条件选择 – 采购订单列表过滤”窗口，点击【确定】，进入“拷贝并执行”，勾选“CG20210103002”订单最左侧的“选择”栏。点击工具栏上的【确定】，返回

“到货单”窗口，生成“到货单”，点击【保存】，再点击【审核】。

（3）参照到货单生成入库单。

2021年01月09日，由余依玲（C01）登录U8企业应用平台。

① 进入U8操作窗口，依次点击【业务工作】-【供应链】-【库存管理】-【采购入库单】，进入“采购入库单”窗口，点击【生单】，选择“采购到货单（蓝字）”，弹出“查询条件选择－采购到货单列表”窗口，点击【确定】，打开“到货单生单列表”窗口，点击单据号为“0000000002”左侧选择处，选定此单据，点击工具栏【确定】，如图7-16所示。

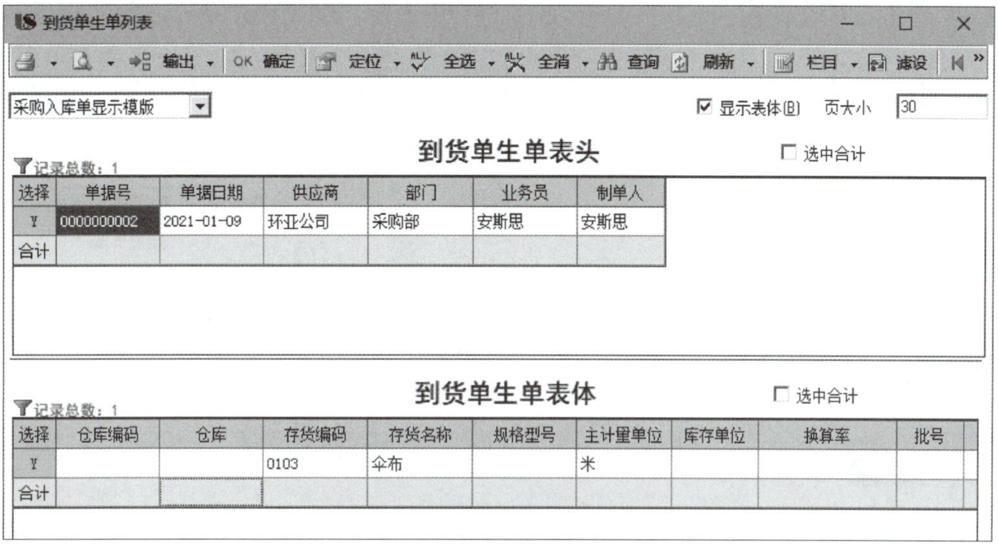

图7-16　到货单生单表头及表体

② 返回“采购入库单”窗口，根据账套资料在表头“仓库”选择“原材料仓库”，点击工具栏【保存】，再点击工具栏【审核】，如图7-17所示。

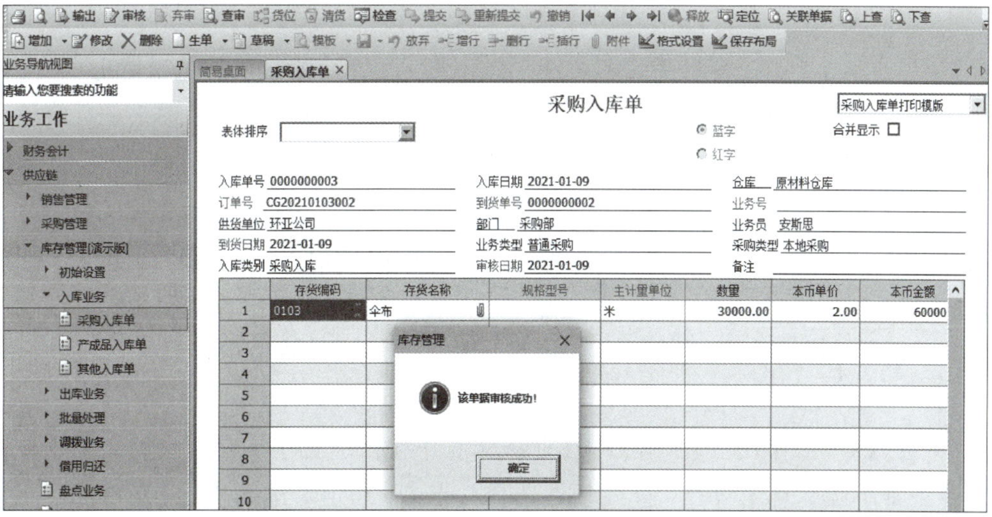

图7-17　采购入库单

（4）参照采购入库单生成采购专用发票，并进行结算处理。

2021 年 01 月 09 日，由安斯思（G01）登录 U8 企业应用平台。

① 进入 U8 操作窗口，依次点击【业务工作】–【供应链】–【采购管理】–【采购发票】–【专用采购发票】，进入“专用发票”窗口，点击工具栏【增加】按钮，点击工具栏【生单】，选择“入库单”，弹出“查询条件选择 – 采购入库单列表过滤”窗口，点击【确定】，进入“拷贝并执行”窗口，点击入库单号为“0000000003”左侧选择处，选定此单据，点击工具栏【确定】。

② 返回“专用发票”窗口，在表头“发票号”处录入“202101030054”，“发票日期”修改为“2021–01–09”，点击工具栏【保存】，再点击工具栏【结算】按钮，完成采购专用发票结算处理，如图 7–18 所示。

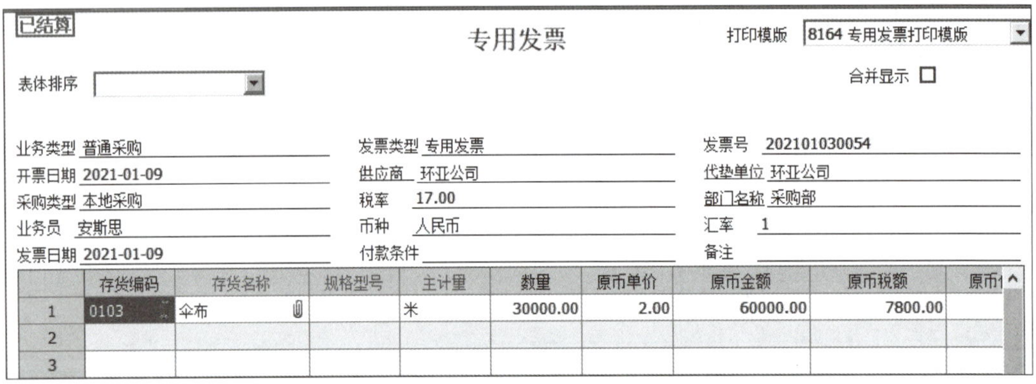
已结算
专用发票
打印模版 8164 专用发票打印模版
表体排序
合并显示

业务类型 普通采购　　发票类型 专用发票　　发票号 202101030054
开票日期 2021-01-09　　供应商 环亚公司　　代垫单位 环亚公司
采购类型 本地采购　　税率 17.00　　部门名称 采购部
业务员 安斯思　　币种 人民币　　汇率 1
发票日期 2021-01-09　　付款条件　　备注

	存货编码	存货名称	规格型号	主计量	数量	原币单价	原币金额	原币税额	原币
1	0103	伞布		米	30000.00	2.00	60000.00	7800.00	
2									
3									

图 7–18　专用发票

（5）采购发票审核并生成凭证。

2021 年 01 月 09 日，由何婵怡（W02）登录 U8 企业应用平台。

① 进入 U8 操作窗口，依次点击【业务工作】–【应付款管理】–【应付单据处理】–【应付单据审核】，弹出“应付单查询条件”提示窗口，点击【包含已现结发票】，点击【确定】，进入“应付单据列表”，双击“202101030054”号发票所在行“选择”栏右侧任意单元格，打开要审核的“专用发票”窗口，在工具栏点击【审核】，弹出“应付款管理”提示窗口，提示“是否立即制单？”，点击【是】。

② 系统打开“记账凭证”窗口，在第一行“科目名称”录入“140203”，点击工具栏的【保存】。

（6）正常单据记账，生成凭证。

2021 年 01 月 09 日，由何婵怡（W02）登录 U8 企业应用平台。

① 进入 U8 操作窗口，依次点击【业务工作】–【供应链】–【存货核算】–【业务核算】–【正常单据记账】，弹出“查询条件选择”，点击【确定】，进入“未记账单据 – 一览表”，双击“0000000003”号入库单的选择栏或点击工具栏上【全选】按钮，使其显示“Y”

字样。点击工具栏的【记账】，如图 7-19 所示，弹出“存货核算”窗口，提示“记账成功”，点击【确定】。

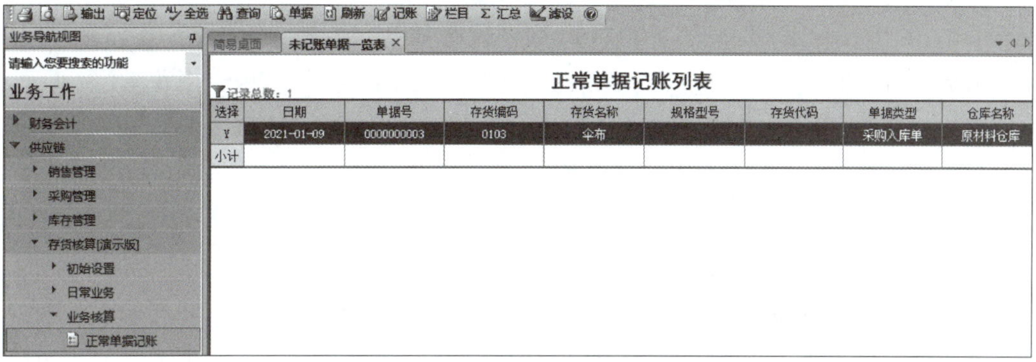

图 7-19　正常单据记账列表

② 进入 U8 操作窗口，依次点击【业务工作】-【供应链】-【存货核算】-【财务核算】-【生成凭证】，出现“生成凭证”窗口，点击工具栏上的【选择】按钮，系统弹出“查询条件”窗口，点击【确定】，系统打开“选择单据”窗口，如图 7-20 所示。

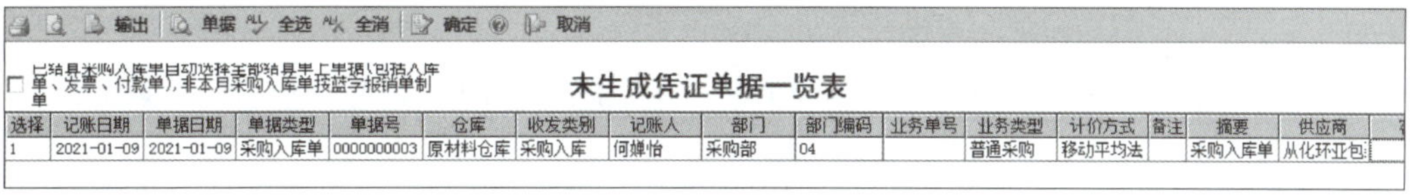

图 7-20　未生成凭证单据一览表

③ 点击工具栏上【全选】按钮，点击工具栏【确定】，系统打开“生成凭证”窗口，如图 7-21 所示，点击工具栏【生成】按钮，打开“记账凭证”窗口，点击工具栏【保存】。

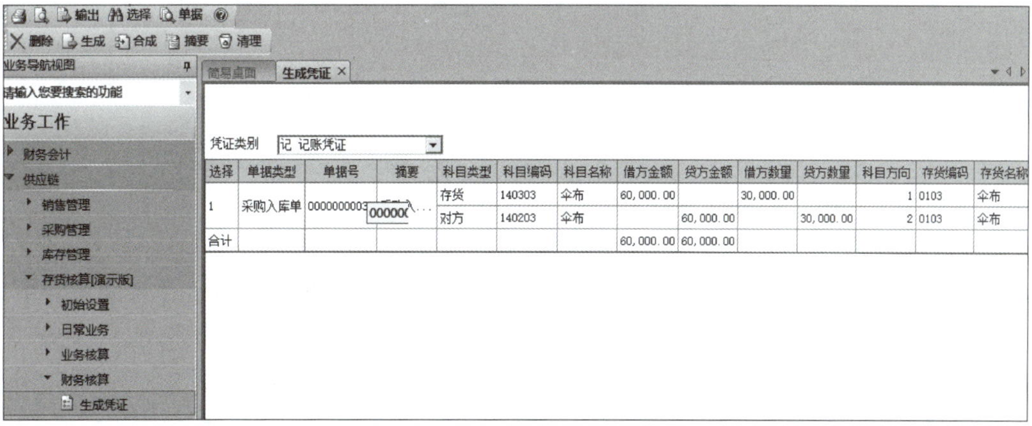

图 7-21　生成记账凭证

3. 普通现购业务。

【账套资料】

2021 年 01 月 09 日，安斯思采购部与从化环亚包装有限公司签订采购合同（合同编号：CG20210114），购买珠仔 1 000 包，不含税单价 40 元，增值税税率为 13%，共计 45 200 元，合同约定于当日交货，当货物已全部验收入库，收到增值税专用发票（发票号：202101140153），同时使用转账支票（支票号：2021011425）支付了货款。

【操作步骤】

（1）填制采购订单。

2021 年 01 月 09 日，由安斯思（G01）登录 U8 企业应用平台。

① 进入 U8 操作窗口，依次点击【业务工作】–【供应链】–【采购管理】–【采购订货】–【采购订单】，进入“采购订单”窗口，点击工具栏上的【增加】按钮，根据账套资料填写采购订单。

② “订单日期”填写“2021–01–09”，“订单编号”填写“CG20210114”，“采购类型”选择“本地采购”，“供应商”选择“从化环亚包装有限公司”，“部门”选择“采购部”，“业务员”选择“安斯思”。

③ “存货编码”选择“0104”，“数量”录入“1000”，“原币单价”录入“40”，“计划到货日期”录入“2021–01–09”。

④ 点击工具栏上的【保存】，再点击【审核】，如图 7–22 所示。

采购订单

打印模版 8174 采购订单打印模版

表体排序

合并显示 □

业务类型 普通采购　订单日期 2021-01-09　订单编号 CG20210114

采购类型 本地采购　供应商 环亚公司　部门 采购部

业务员 安斯思　税率 13.00　付款条件

币种 人民币　汇率 1　备注

	存货编码	存货名称	规格型号	主计量	数量	原币含税单价	原币单价	原币金额	原币
1	0104	珠仔		包	1000.00	45.20	40.00	40000.00	
2									
3									

图 7–22　采购订单

（2）参照订单生成到货单。

2021 年 01 月 09 日，由安斯思（G01）登录 U8 企业应用平台。

进入 U8 操作窗口，依次点击【业务工作】–【供应链】–【采购管理】–【采购到货】–【到货单】，进入“到货单”窗口。点击工具栏上的【增加】，点击工具栏【生单】选择“采购订单”，进入“查询条件选择 – 采购订单列表过滤”窗口，点击【确定】，进入“拷贝并执行”，勾选订单号为“CG20210114”的订单最左侧的“选择”栏。点击工具栏上的【确定】，返回“到货单”窗口，生成到货单，点击【保存】，然后点击【审核】，如图 7–23 所示。

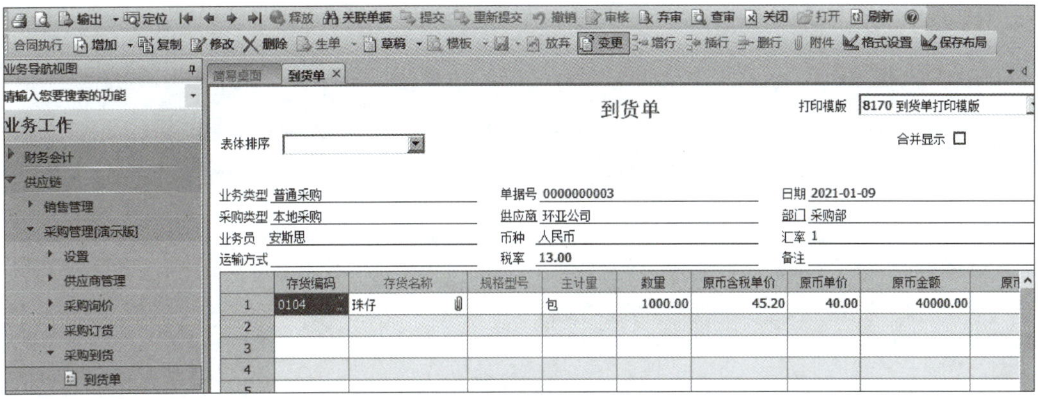

图 7–23　到货单

（3）参照到货单生成入库单。

2021 年 01 月 09 日，由佘依玲（C01）登录 U8 企业应用平台。

① 进入 U8 操作窗口，依次点击【业务工作】–【供应链】–【库存管理】–【采购入库单】，进入“采购入库单”窗口，点击工具栏【生单】选择“采购到货单（蓝字）”，弹出“查询条件选择 – 采购到货单列表”窗口，点击【确定】，打开“到货单生单列表”窗口，点击单据号为“0000000003”左侧选择处，选定此单据，点击工具栏【确定】，如图 7–24 所示。

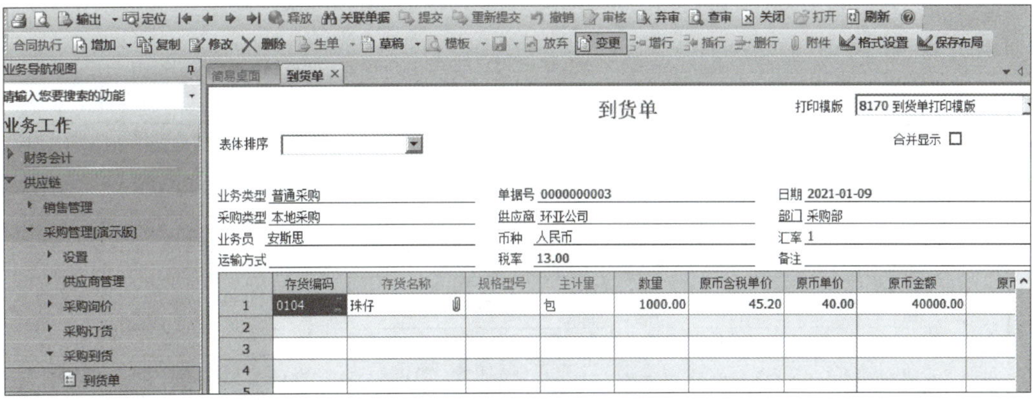

图 7–24　到货单生单表头及表体

② 返回“采购入库单”窗口，根据账套资料在表头“仓库”选择“原材料仓库”，点击工具栏【保存】，再点击工具栏【审核】。

（4）参照采购入库单生成采购专用发票，并进行现付及结算处理。

2021 年 01 月 09 日，由安斯思（G01）登录 U8 企业应用平台。

① 进入 U8 操作窗口，依次点击【业务工作】–【供应链】–【采购管理】–【采购发票】–【专用采购发票】，进入“专用发票”窗口，点击工具栏【增加】按钮，点击工具栏【生单】选择“入库单”，弹出“查询条件选择 – 采购入库单列表过滤”窗口，点击【确定】，进

入“拷贝并执行”窗口，点击入库单号为“0000000004”左侧选择处，选定此单据，点击工具栏【确定】，如图 7-25 所示。

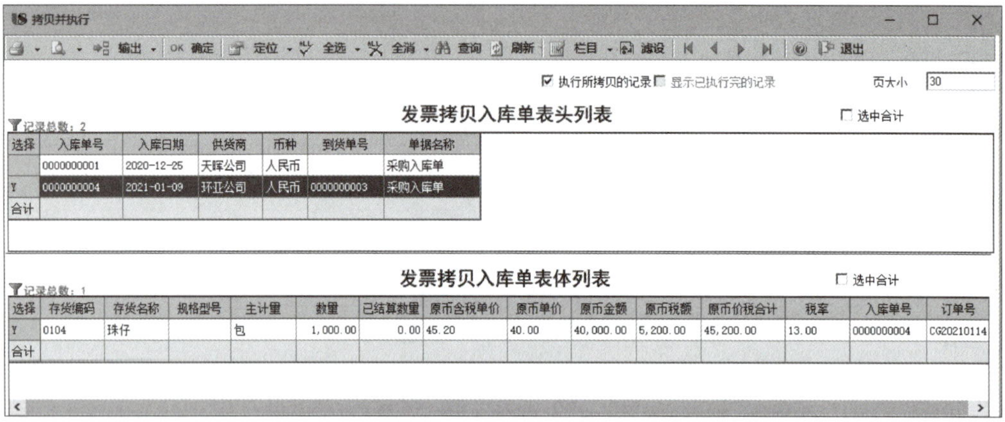

图 7-25 拷贝并执行

② 返回“专用发票”窗口，在表头“发票号”处录入“202101030053”，“发票日期”修改为“2021-01-09”，点击工具栏【保存】。

③ 点击工具栏【现付】按钮，打开“采购现付”窗口。根据账套资料，“结算方式”选择“202- 转账支票”，“原币金额”录入“45200”，“票据号”录入“2021011425”，点击【确定】。

④ 返回“专用发票”窗口，再点击工具栏【结算】按钮，完成采购专用发票结算处理，如图 7-26 所示。

图 7-26 专用发票

（5）采购发票审核并生成凭证。

2021 年 01 月 09 日，由何婵怡（W02）登录 U8 企业应用平台。

① 进入 U8 操作窗口，依次点击【业务工作】-【应付款管理】-【应付单据处理】-【应付单据审核】，弹出“应付单查询条件”提示窗口，点击【包含已现结发票】，点击【确定】，进入“应付单据列表”窗口，双击“202101030053”号发票所在行选择栏右侧任意单

元格，打开要审核的“专用发票”窗口，在工具栏点击【审核】，弹出“应付款管理”提示窗口，提示“是否立即制单？”，点击【是】，如图 7–27 所示。

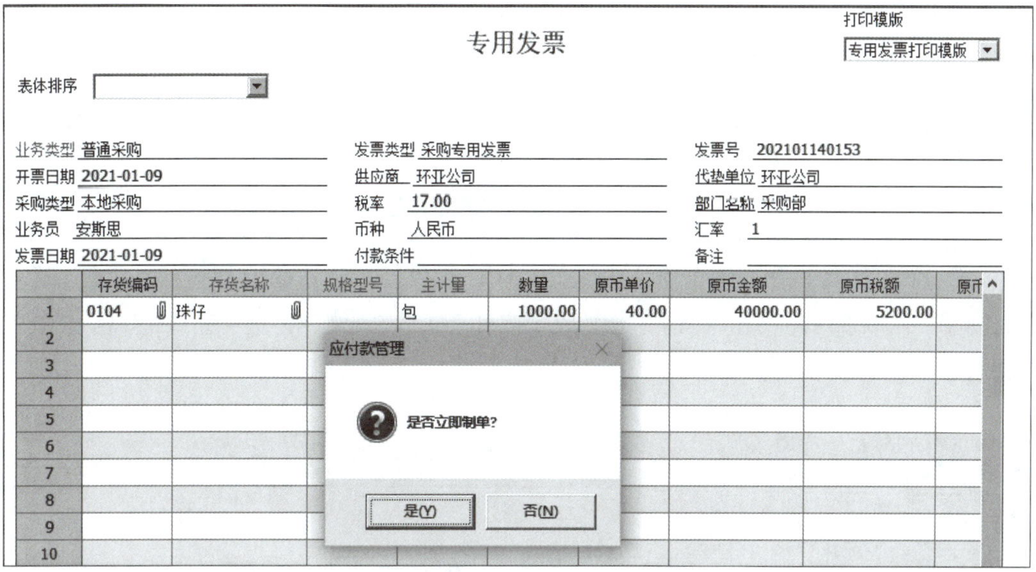

图 7–27　专用发票

② 系统打开“记账凭证”窗口，在第一行“科目名称”处录入“140204”，点击工具栏的【保存】。

（6）正常单据记账，生成凭证。

2021 年 01 月 09 日，由何婵怡（W02）登录 U8 企业应用平台。

① 进入 U8 操作窗口，依次点击【业务工作】–【供应链】–【存货核算】–【业务核算】–【正常单据记账】，弹出“查询条件选择”，点击【确定】，进入“未记账单据 – 一览表”，双击“0000000004”号入库单的选择栏或点击工具栏上的【全选】按钮，使其显示“Y”字样。点击工具栏的【记账】，如图 7–28 所示，弹出“存货核算”窗口，提示“记账成功”，点击【确定】。

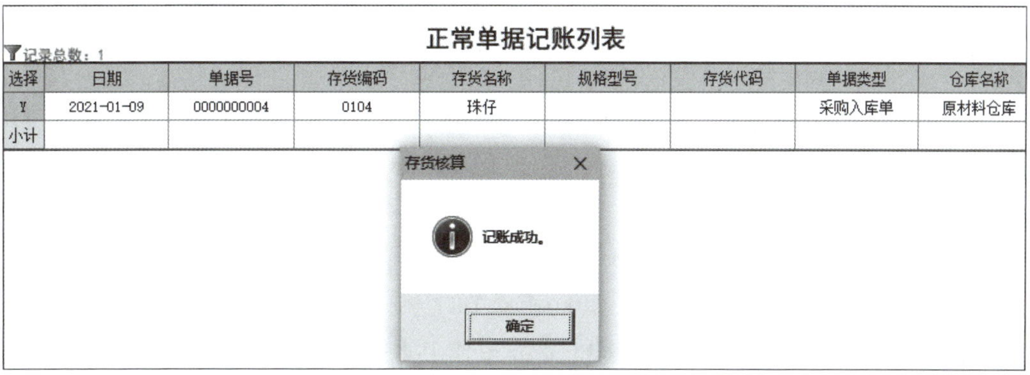

图 7–28　正常单据记账列表

② 进入U8操作窗口,依次点击【业务工作】-【供应链】-【存货核算】-【财务核算】-【生成凭证】,出现"生成凭证"窗口,点击工具栏【选择】按钮,系统弹出"查询条件"窗口,点击【确定】,系统打开"选择单据"窗口,如图7-29所示。

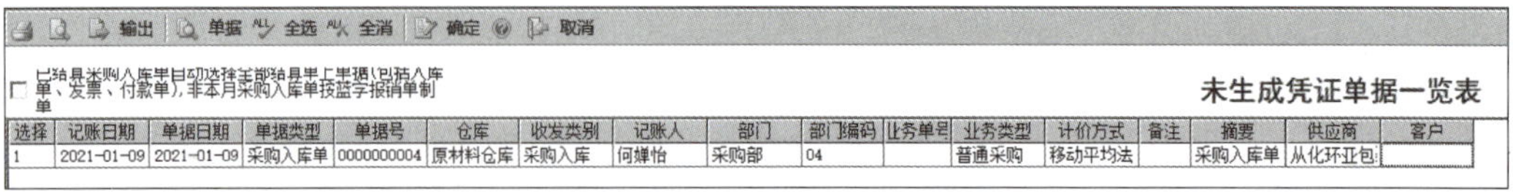

图7-29 未生成凭证单据

③ 点击工具栏上的【全选】按钮,点击工具栏【确定】,系统打开"生成凭证"窗口,如图7-30所示,点击工具栏【生成】按钮,打开"记账凭证"窗口,点击工具栏【保存】。

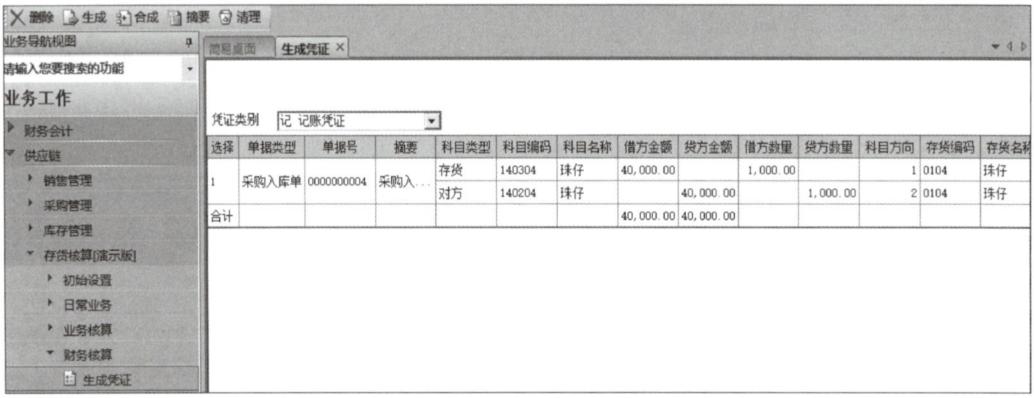

图7-30 生成记账凭证

4. 买方承担运费的采购业务。

【账套资料】

2021年01月09日,安斯思与广州黎明五金有限公司签订采购合同(合同编号:CG20210108),购入伞帽5 000个,不含税单价为2元,税率为13%,共计11 300元,合同约定当天交货,当天收到伞帽增值税专用发票(发票号:202101080021)及货物运输业增值税专用发票(发票号:202101080056,运输费用200元,税率9%,共计218元),由广州德邦物流有限公司提供运输服务,货物已验收入库,货款及运费均未付。

【操作步骤】

(1)填制采购订单。

2021年01月09日,由安斯思(G01)登录U8企业应用平台。

① 进入U8操作窗口,依次点击【业务工作】-【供应链】-【采购管理】-【采购订货】-【采购订单】,进入"采购订单"窗口,点击工具栏上的【增加】按钮,根据账套资料填

写采购订单。

② 订单日期填写“2021-01-09”，订单编号填写“CG20210108”，采购类型选择“本地采购”，供应商选择“广州黎明五金有限公司”，部门选择“采购部”，业务员选择“安斯思”。

③“存货编码”选择“0102”，“数量”录入“5000”，“原币单价”录入“2”，“计划到货日期”录入“2021-01-09”。

④ 点击工具栏上的【保存】，再点击【审核】，如图 7-31 所示。

采购订单

打印模版 8174 采购订单打印模版

表体排序

合并显示

业务类型 普通采购　订单日期 2021-01-09　订单编号 CG20210108

采购类型 本地采购　供应商 黎明公司　部门 采购部

业务员 安斯思　税率 13.00　付款条件

币种 人民币　汇率 1　备注

	存货编码	存货名称	规格型号	主计量	数量	原币含税单价	原币单价	原币金额	原币
1	0102	伞帽		个	5000.00	2.26	2.00	10000.00	
2									
3									

图 7-31　采购订单

（2）参照订单生成到货单。

2021 年 01 月 09 日，由安斯思（G01）登录 U8 企业应用平台。

进入 U8 操作窗口，依次点击【业务工作】-【供应链】-【采购管理】-【采购到货】-【到货单】，进入“到货单”窗口。点击工具栏上的【增加】，点击工具栏【生单】选择“采购订单”，进入“查询条件选择－采购订单列表过滤”窗口，点击【确定】，进入“拷贝并执行”，勾选订单号为“CG20210108”的订单最左侧的“选择”栏。点击工具栏上的【确定】，返回“到货单”窗口，生成到货单，点击【保存】，再点击【审核】。

（3）参照到货单生成入库单。

2021 年 01 月 09 日，由佘依玲（C01）登录 U8 企业应用平台。

① 进入 U8 操作窗口，依次点击【业务工作】-【供应链】-【库存管理】-【采购入库单】，进入“采购入库单”窗口，点击工具栏【生单】选择“采购到货单（蓝字）”，弹出“查询条件选择－采购到货单列表”窗口，点击【确定】，打开“到货单生单列表”窗口，点击单据号为“0000000004”左侧选择处，选定此单据，点击工具栏【确定】，如图 7-32 所示。

② 返回“采购入库单”窗口，根据账套资料在表头“仓库”选择“原材料仓库”，点击工具栏【保存】，再点击工具栏【审核】，如图 7-33 所示。

（4）参照采购入库单生成采购专用发票。

2021 年 01 月 09 日，由安斯思（G01）登录 U8 企业应用平台。

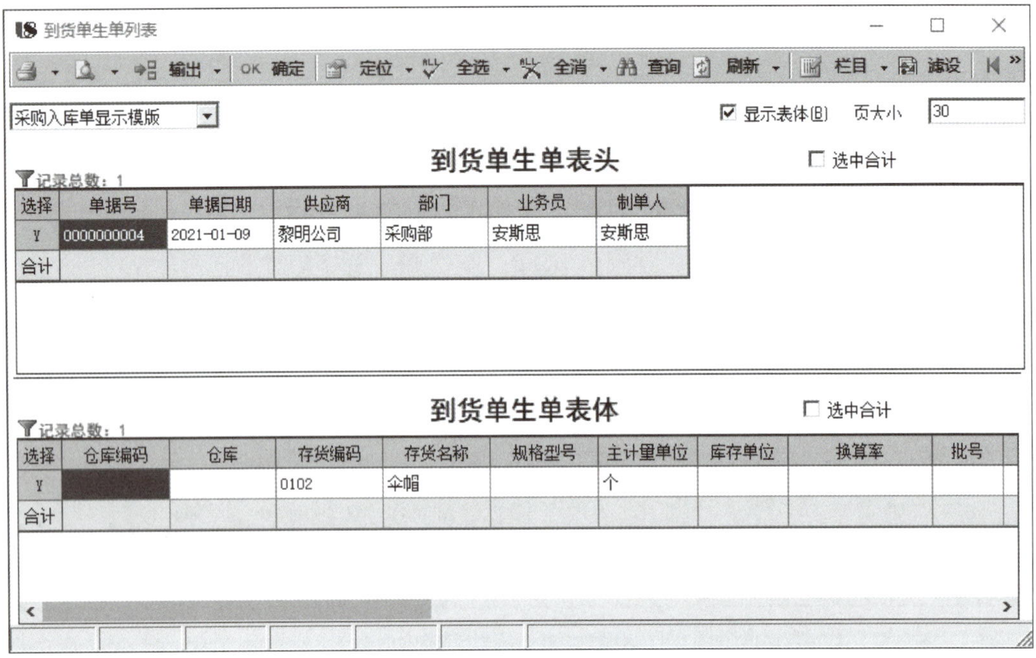

图 7-32　到货单生单表头及表体

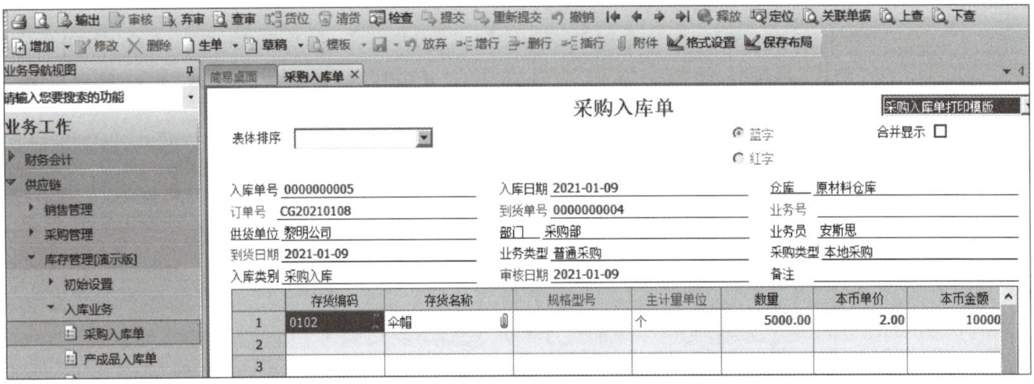

图 7-33　采购入库单

① 进入 U8 操作窗口，依次点击【业务工作】-【供应链】-【采购管理】-【采购发票】-【专用采购发票】，进入“专用发票”窗口，点击工具栏【增加】按钮，点击工具栏【生单】选择“入库单”，弹出“查询条件选择－采购入库单列表过滤”窗口，点击【确定】，进入“拷贝并执行”窗口，点击入库单号为“0000000005”左侧选择处，选定此单据，点击工具栏【确定】，如图 7-34 所示。

② 返回“专用发票”窗口，在表头“发票号”处录入“202101080021”，“发票日期”修改为“2021-01-09”，点击工具栏【保存】，如图 7-35 所示。

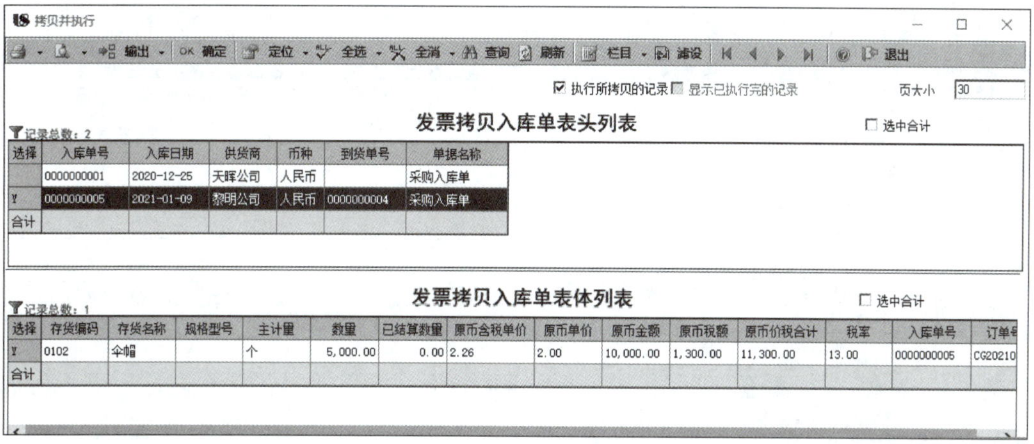

图 7-34　拷贝并执行

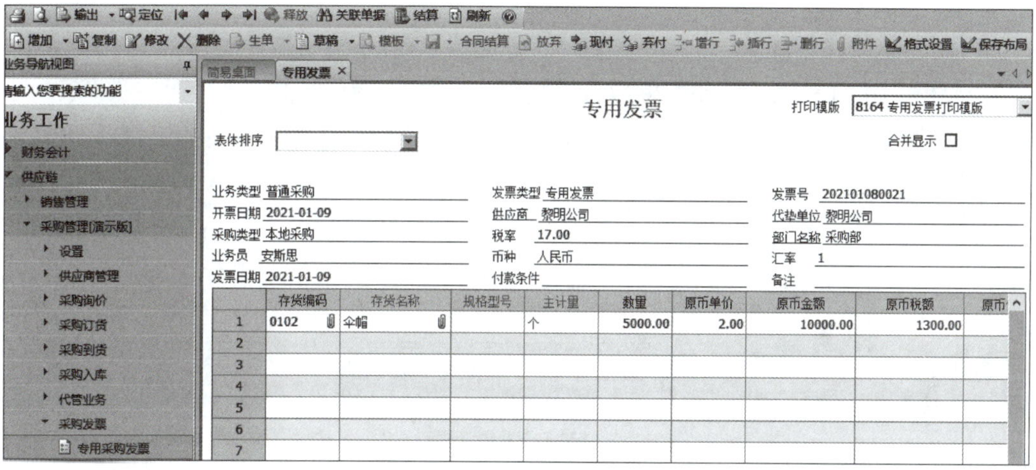

图 7-35　专用发票

（5）填制运费发票。

2021 年 01 月 09 日，由安斯思（G01）登录 U8 企业应用平台。

① 进入 U8 操作窗口，依次点击【业务工作】-【供应链】-【采购管理】-【采购发票】-【专用采购发票】，进入“专用发票”窗口，点击工具栏【增加】按钮，“发票号”录入“202101080056”，“供应商”点击【…】，进入“采购供应商档案”窗口，点击工具栏【编辑】，进入“供应商档案”窗口，点击【增加】，在“增加供应商档案”处增加“广州德邦物流有限公司”供应商档案，点击【保存】后，点击【退出】，返回“供应商档案”窗口，关闭此窗口。

② 在“采购供应商档案”窗口，双击【07】编号供应商档案后返回“专用发票”窗口。在表头“采购类型”处选择“本地采购”，“税率”修改为“9”，“业务员”选择“安斯思”，在表体“存货编码”处选择“0301”，“数量”录入“1”，“原币单价”录入“200”，如图 7-36 所示，点击工具栏【保存】按钮。

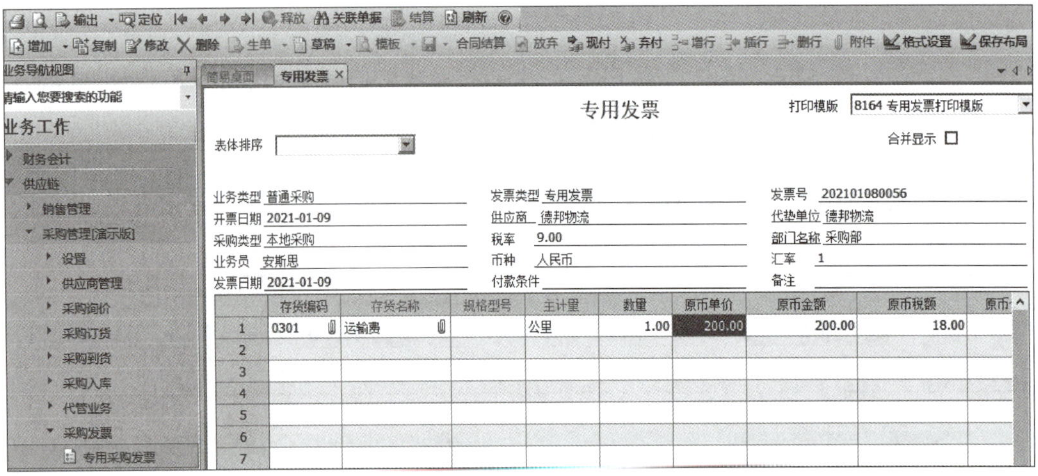

图 7-36　专用发票

（6）手工采购结算。

2021 年 01 月 09 日，由安斯思（G01）登录 U8 企业应用平台。

① 进入 U8 操作窗口，依次点击【业务工作】-【供应链】-【采购管理】-【采购结算】-【手工结算】，进入“手工结算”窗口，点击工具栏的【选单】按钮，进入“结算选单”窗口，选定相应的“采购发票”和“入库单”，如图 7-37 所示，点击【确定】按钮。

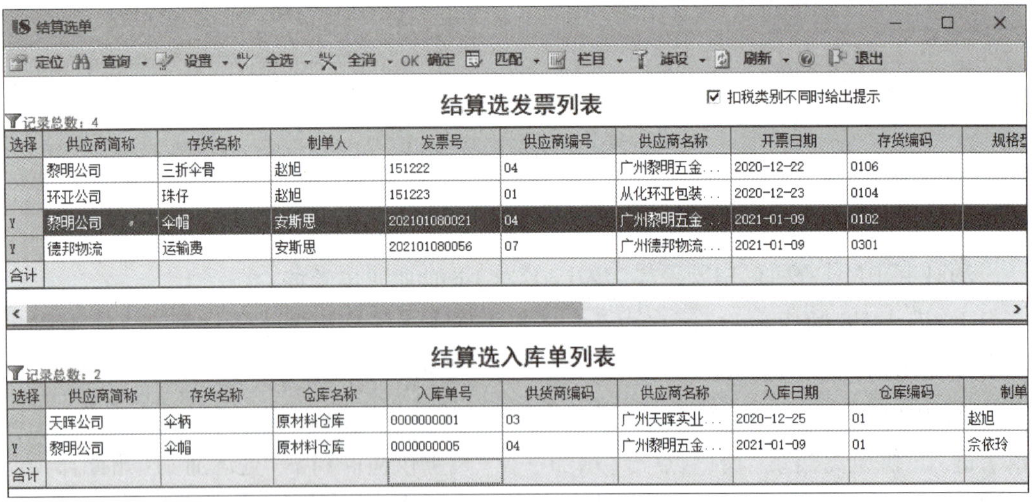

图 7-37　结算选发票

② 在“手工结算”窗口，“分摊费用”录入“200”，“选择费用分摊方式”选择“按数量”，点击工具栏【分摊】按钮，提示“选择按数量分摊，是否开始计算？”，点击【是】，分摊费用完毕，如图 7-38 所示。点击【结算】按钮，提示“完成结算！”，点击【确定】按钮。

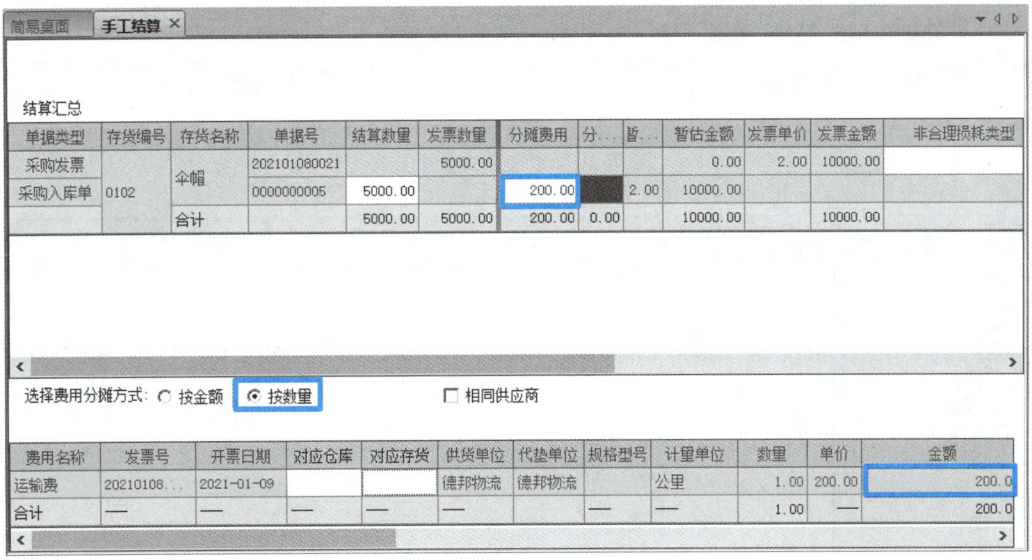

图 7-38　手工结算

（7）采购发票审核并生成凭证。

2021 年 01 月 09 日，由何婵怡（W02）登录 U8 企业应用平台。

① 进入 U8 操作窗口，依次点击【业务工作】-【应付款管理】-【应付单据处理】-【应付单据审核】，弹出“应付单查询条件”提示窗口，点击【包含已现结发票】，点击【确定】，进入“应付单据列表”，点击工具栏上的【全选】，再点击【审核】。

② 进入 U8 操作窗口，依次点击【业务工作】-【应付款管理】-【制单处理】，进入“制单查询”窗口，点击【确定】，进入“采购发票制单”窗口，依次点击工具栏【合并】-【制单】按钮，进入“记账凭证”窗口，在凭证“科目名称”第一行、第二行录入“140202”，点击【保存】。

（8）正常单据记账，生成凭证。

2021 年 01 月 09 日，由何婵怡（W02）登录 U8 企业应用平台。

① 进入 U8 操作窗口，依次点击【业务工作】-【供应链】-【存货核算】-【业务核算】-【正常单据记账】，弹出“查询条件选择”，点击【确定】，进入“未记账单据一览表”，双击“0000000005”号入库单的“选择”栏或点击工具栏上的【全选】按钮，使其显示“Y”字样，点击工具栏的【记账】，弹出“存货核算”窗口，提示“记账成功”，点击【确定】。

② 进入 U8 操作窗口，依次点击【业务工作】-【供应链】-【存货核算】-【财务核算】-【生成凭证】，出现“生成凭证”窗口，点击工具栏上的【选择】按钮，系统弹出“查询条件”窗口，点击【确定】，系统打开“选择单据”窗口，如图 7-39 所示。

③ 点击工具栏【全选】按钮，点击工具栏【确定】，系统打开“生成凭证”窗口，如图 7-40 所示，点击工具栏【生成】按钮，打开“记账凭证”窗口，点击工具栏【保存】。

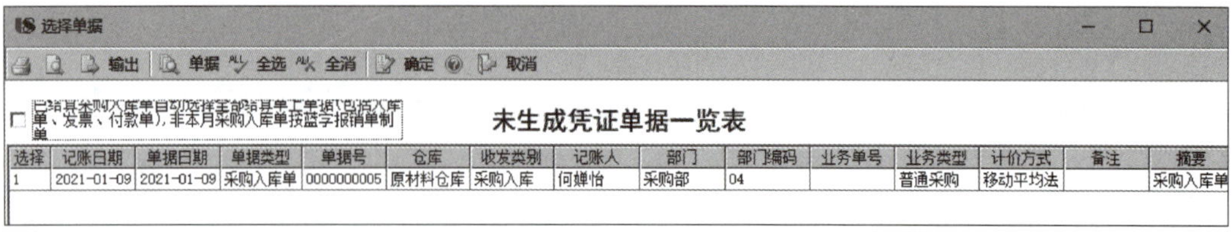

图 7-39　未生成凭证单据

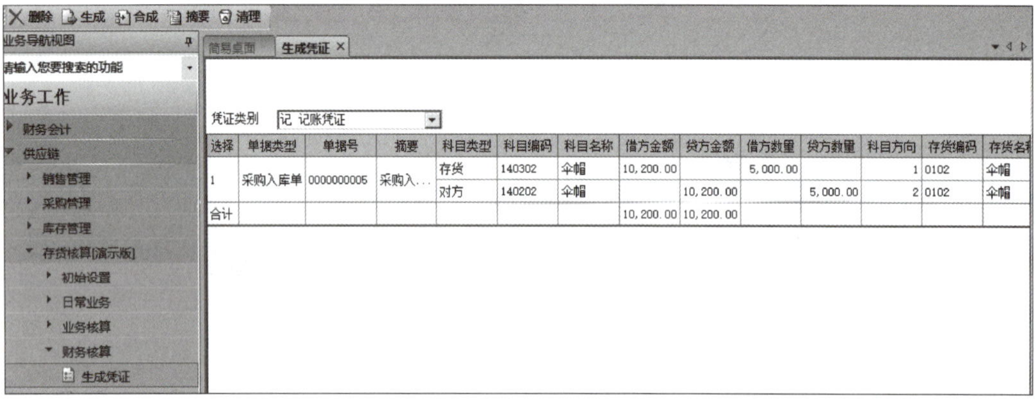

图 7-40　生成记账凭证

5. 发生损耗的采购业务。

【账套资料】

2021 年 01 月 09 日，安斯思与广州黎明五金有限公司签订采购合同（合同编号：CG20210122），采购三折伞骨 5 000 件，不含税单价 14 元，税率 13%，共计 79 100 元。合同约定当天交货。当天收到货物及增值税专用发票（发票号：202101220021），办理入库验收时经检验质量，损耗了 100 个，其中 40 个属合理损耗，60 个为非合理损耗，货款暂欠。

2021 年 01 月 10 日，经查明原因，三折伞骨非合理损耗属佘依玲个人原因造成。

【操作步骤】

（1）填制采购订单。

2021 年 01 月 09 日，由安斯思（G01）登录 U8 企业应用平台。

① 进入 U8 操作窗口，依次点击【业务工作】-【供应链】-【采购管理】-【采购订货】-【采购订单】，进入“采购订单”窗口，点击工具栏上的【增加】按钮，根据账套资料填写采购订单。

② 点击工具栏上的【保存】，再点击【审核】，如图 7-41 所示。

（2）参照订单生成到货单。

2021 年 01 月 09 日，由安斯思（G01）登录 U8 企业应用平台。

进入 U8 操作窗口，依次点击【业务工作】-【供应链】-【采购管理】-【采购到货】-【到货单】，进入“到货单”窗口。点击工具栏上的【增加】，点击工具栏【生单】选择

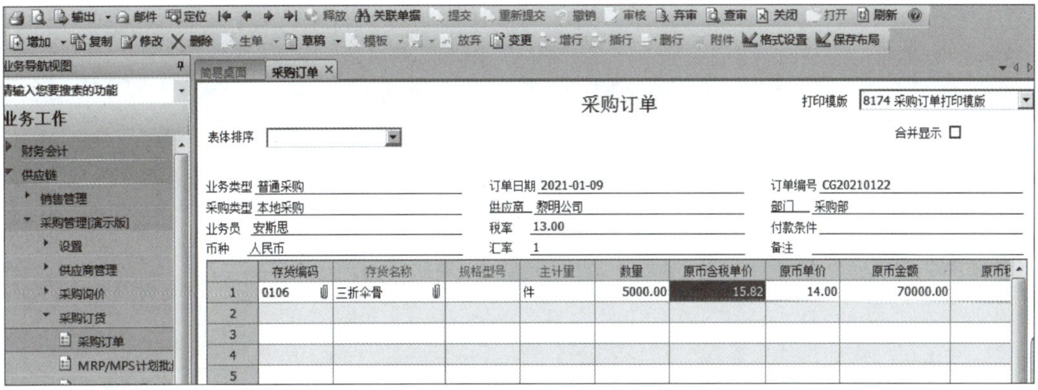

图 7-41　采购订单

"采购订单",进入"查询条件选择 – 采购订单列表过滤"窗口,点击【确定】,进入"拷贝并执行",勾选订单号为"CG20210122"的订单最左侧的"选择"栏。点击工具栏上的【确定】,返回"到货单"窗口,生成到货单,点击【保存】,然后点击【审核】,如图 7-42 所示。

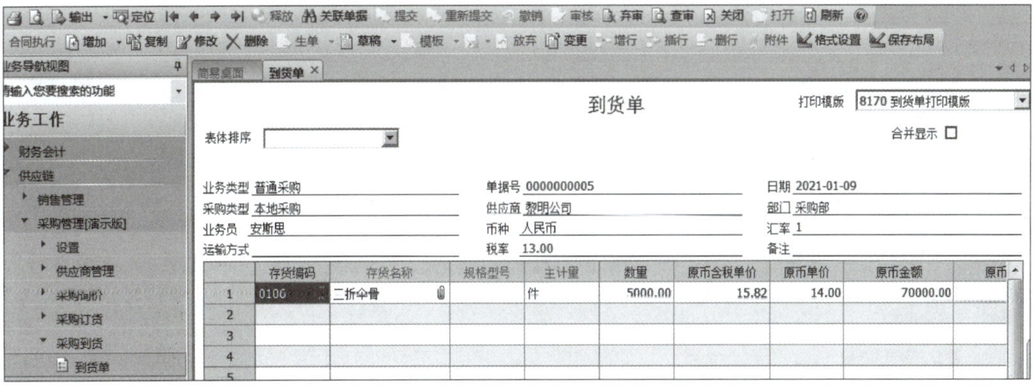

图 7-42　到货单

(3)参照到货单生成入库单。

2021 年 01 月 09 日,由余依玲(C01)登录 U8 企业应用平台。

① 进入 U8 操作窗口,依次点击【业务工作】–【供应链】–【库存管理】–【采购入库单】,进入"采购入库单"窗口,点击工具栏【生单】选择"采购到货单(蓝字)",弹出"查询条件选择 – 采购到货单列表"窗口,点击【确定】,打开"到货单生单列表"窗口,点击单据号为"0000000005"左侧选择处,选定此单据,点击工具栏【确定】,如图 7-43 所示。

② 返回"采购入库单"窗口,根据账套资料在表头"仓库"选择"原材料仓库",表体"数量"改为"4900",点击工具栏【保存】,再点击工具栏【审核】,如图 7-44 所示。

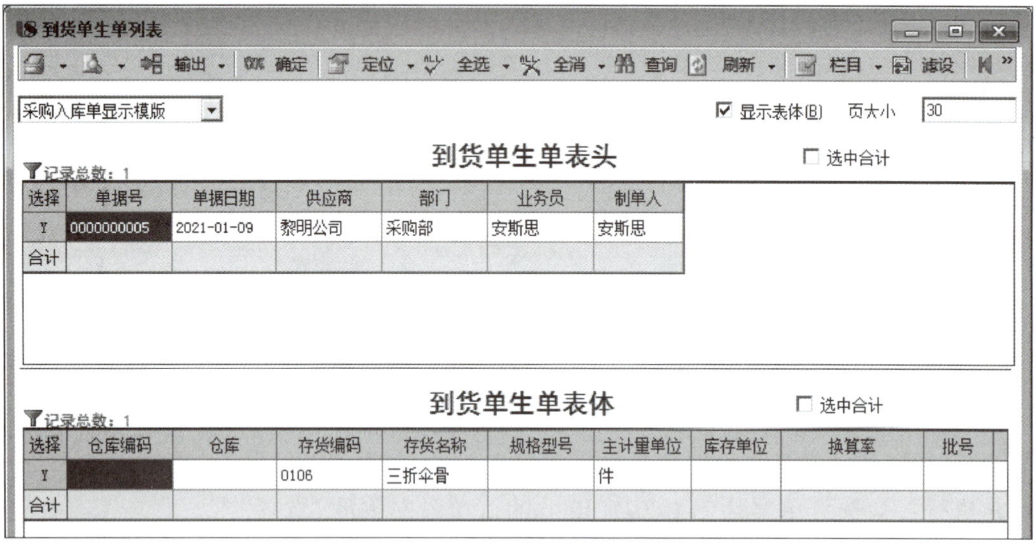

图 7-43　到货单生单表头及表体

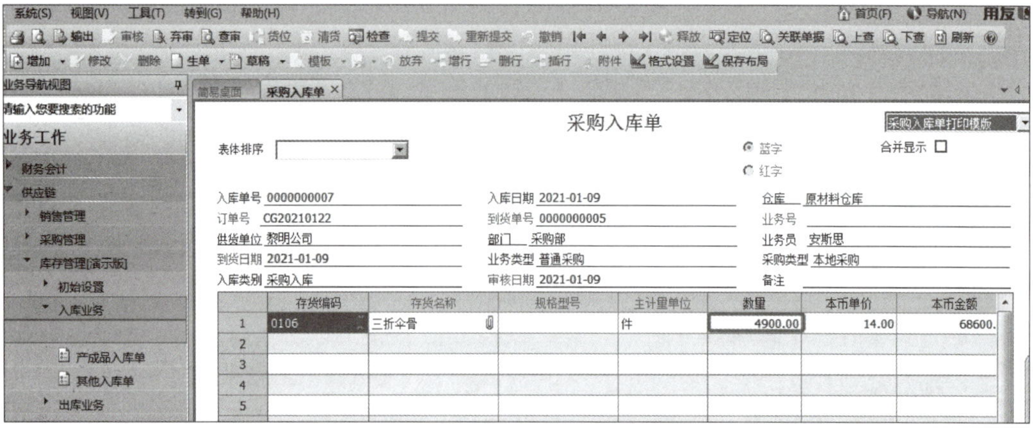

图 7-44　采购入库单

（4）参照采购订单生成采购专用发票。

2021 年 01 月 09 日，由安斯思（G01）登录 U8 企业应用平台。

① 进入 U8 操作窗口，依次点击【业务工作】-【供应链】-【采购管理】-【采购发票】-【专用采购发票】，进入“专用发票”窗口，点击工具栏【增加】按钮，点击工具栏【生单】选择“采购订单”，弹出“查询条件选择－采购订单列表过滤”窗口，点击【确定】，进入“拷贝并执行”窗口，点击订单号为“CG20210122”左侧选择处，选定此单据，点击工具栏【确定】，如图 7-45 所示。

② 返回“专用发票”窗口，在表头“发票号”处录入“20210122002”，“发票日期”修改为“2021-01-09”，点击工具栏【保存】。

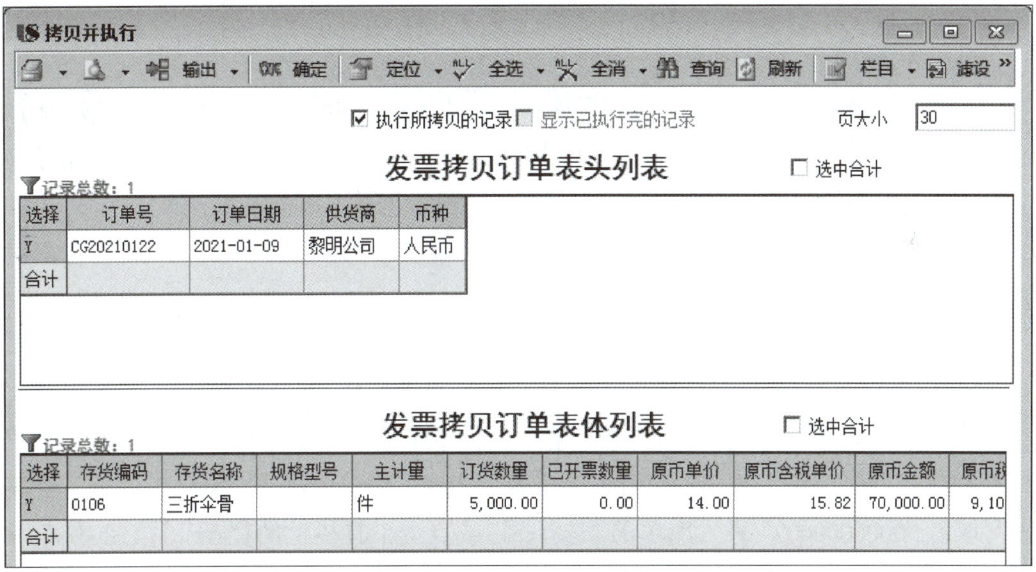

图 7-45 拷贝并执行

（5）手工采购结算。

2021 年 01 月 09 日，由安斯思（G01）登录 U8 企业应用平台。

进入 U8 操作窗口，依次点击【业务工作】-【供应链】-【采购管理】-【采购结算】-【手工结算】，进入“手工结算”窗口，点击工具栏【查询】按钮，进入“查询条件选择 – 采购手工结算”窗口，点击【确定】，进入“结算选单”窗口，在“结算选发票列表”选择发票号为“20210122002”的发票，在“结算选入库单”列表选择单号为“0000000007”号入库单，点击工具栏【确定】按钮。进入“手工结算”窗口，“合理损耗数量”录入“40”，“非合理损耗数量”录入“60”，“非合理损耗金额”录入“840”，“非合理损耗型”选择“01”，如图 7-46 所示。点击工具栏【结算】按钮，完成结算。

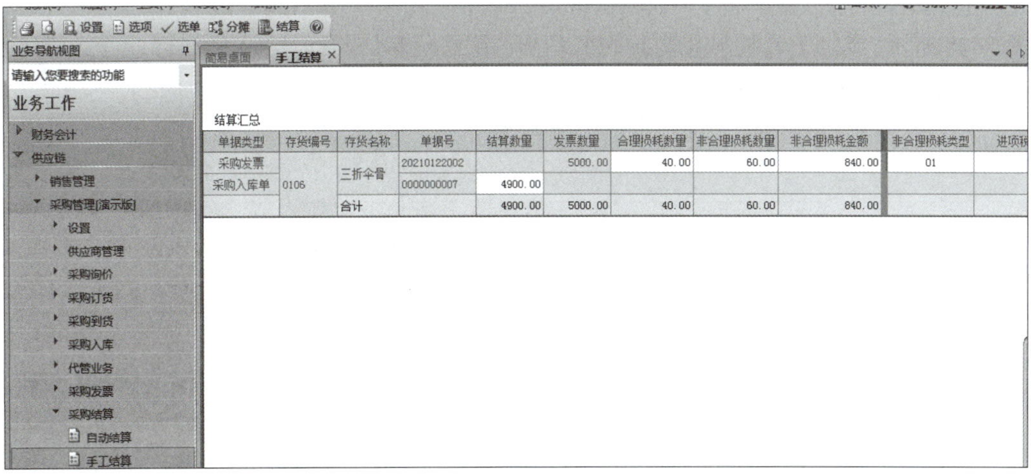

图 7-46 手工结算

（6）采购发票审核并生成凭证。

2021 年 01 月 09 日，由何婵怡（W02）登录 U8 企业应用平台。

① 进入 U8 操作窗口，依次点击【业务工作】–【应付款管理】–【应付单据处理】–【应付单据审核】，弹出“应付单查询条件”提示窗口，点击【包含已现结发票】，点击【确定】，进入“应付单据列表”，点击工具栏上的【全选】，再点击【审核】。

② 系统打开“记账凭证”窗口，在第一行“科目名称”处录入“140206”，点击工具栏的【保存】。

（7）正常单据记账，生成凭证。

2021 年 01 月 09 日，由何婵怡（W02）登录 U8 企业应用平台。

① 进入 U8 操作窗口，依次点击【业务工作】–【供应链】–【存货核算】–【业务核算】–【正常单据记账】，弹出“查询条件选择”，点击【确定】，进入“未记账单据 – 一览表”，双击“0000000007”号入库单的“选择”栏或点击工具栏上的【全选】按钮，使其显示“Y”字样。点击工具栏的【记账】。弹出“存货核算”窗口，提示“记账成功”，点击【确定】。

② 进入 U8 操作窗口，依次点击【业务工作】–【供应链】–【存货核算】–【财务核算】–【生成凭证】，出现“生成凭证”窗口，点击工具栏上的【选择】按钮，系统弹出“查询条件”窗口，点击【确定】，系统打开“选择单据”窗口，如图 7–47 所示。

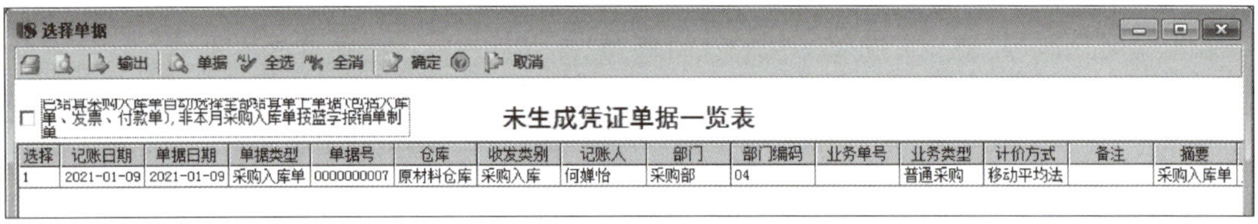

选择	记账日期	单据日期	单据类型	单据号	仓库	收发类别	记账人	部门	部门编码	业务单号	业务类型	计价方式	备注	摘要
1	2021-01-09	2021-01-09	采购入库单	0000000007	原材料仓库	采购入库	何婵怡	采购部	04		普通采购	移动平均法		采购入库单

图 7–47　未生成凭证单据

③ 点击工具栏【全选】按钮，点击工具栏【确定】，系统打开“生成凭证”窗口，如图 7–48 所示，点击工具栏【生成】按钮，打开“记账凭证”窗口，选定第二行，点击工具栏【插分】按钮，在插入行“科目名称”处录入“1901”，在此行“贷方金额”处录入“840”，第三行的金额改为“70000”，点击工具栏【保存】。

选择	单据类型	单据号	摘要	科目类型	科目编码	科目名称	借方金额	贷方金额	借方数量	贷方数量	科目方向	存货编码	存货名称
1	采购入库单	0000000007	采购入...	存货	140306	三折伞骨	69, 160. 00		4, 900. 00		1	0106	三折伞骨
				对方	140206	三折伞骨		69, 160. 00		4, 900. 00	2	0106	三折伞骨
合计							69, 160. 00	69, 160. 00					

图 7–48　生成记账凭证

（8）总账系统填制记账凭证。

2021 年 01 月 10 日，由何婵怡（W02）登录 U8 企业应用平台。

进入 U8 操作窗口，依次点击【业务工作】-【财务会计】-【总账】-【凭证】-【填制凭证】，进入“记账凭证”窗口，点击工具栏【增加】按钮，填制处理非合理损耗的记账凭证，如图 7-49 所示。

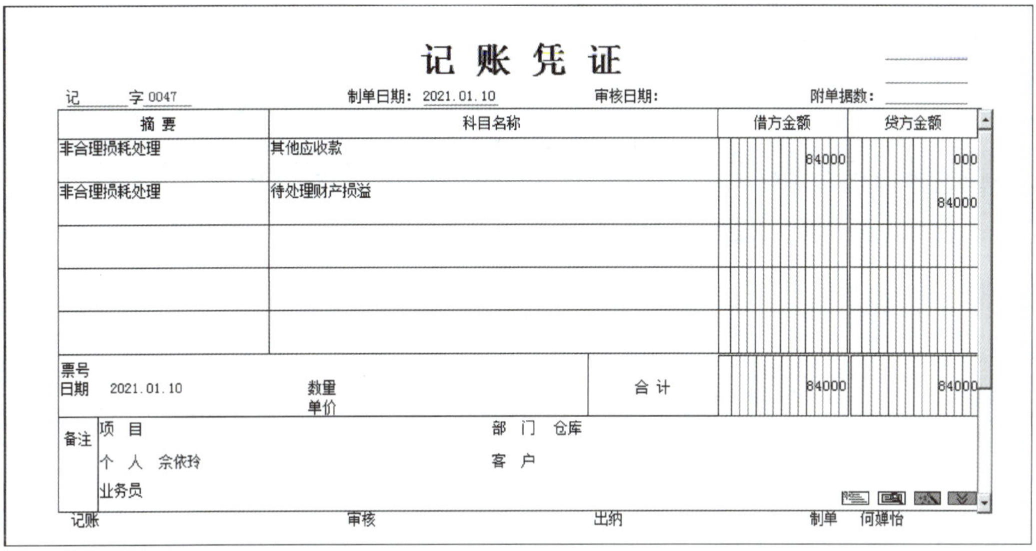

图 7-49 记账凭证

6. 采购退货业务。

【账套资料】

2021 年 01 月 10 日，因质量问题退还本月 09 日从从化环亚包装有限公司购入的伞布 1 000 米，收到红字专用发票（发票号：202101230087）一张。

【操作步骤】

（1）参照采购订单生成采购退货单。

2021 年 01 月 10 日，由安斯思（G01）登录 U8 企业应用平台。

① 进入 U8 操作窗口，依次点击【业务工作】-【供应链】-【采购管理】-【采购到货】-【采购退货单】，进入“采购退货单”窗口。点击工具栏上的【增加】，点击工具栏【生单】选择“采购订单”，进入“查询条件选择 - 采购订单列表过滤”窗口，点击【确定】，进入“拷贝并执行”，勾选订单号为“CG20210103002”的订单最左侧的“选择”栏，如图 7-50 所示。

② 点击工具栏上的【确定】，返回“采购退货单”窗口，将表体“数量”修改为“-1000”，生成采购退货单，点击【保存】，然后点击【审核】，如图 7-51 所示。

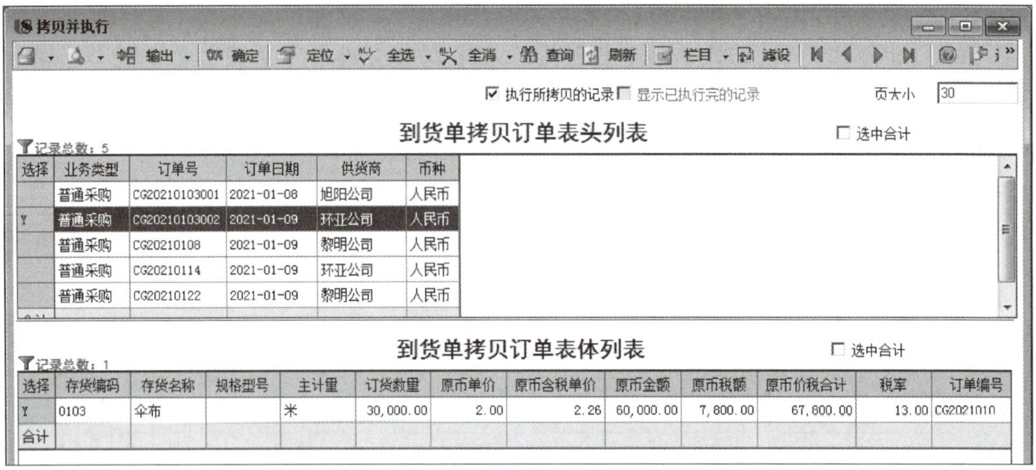

图 7-50 到货单拷贝订单表头及表体

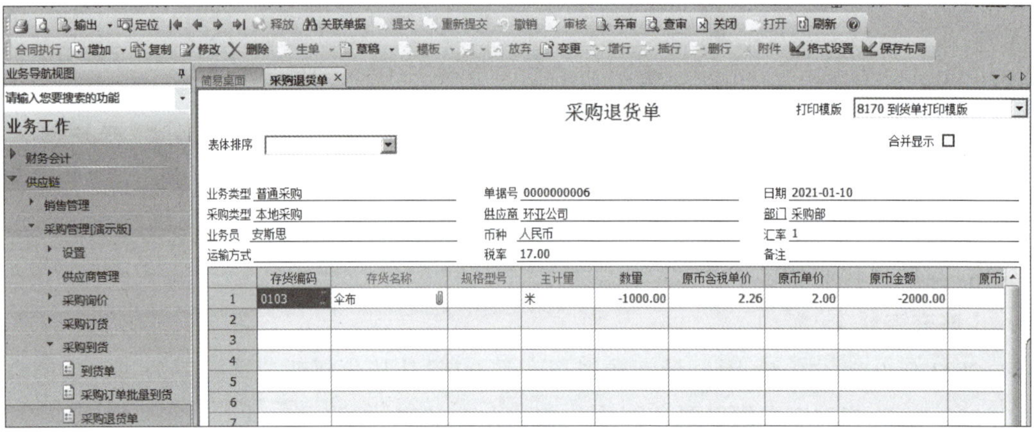

图 7-51 采购退货单

（2）参照采购退货单生成负数采购入库单。

2021 年 01 月 10 日，由余依玲（C01）登录 U8 企业应用平台。

① 进入 U8 操作窗口，依次点击【业务工作】-【供应链】-【库存管理】-【采购入库单】，进入"采购入库单"窗口，点击工具栏【生单】选择"采购到货单（红字）"，弹出"查询条件选择 - 采购到货单列表"窗口，点击【确定】，打开"到货单生单列表"窗口，点击单据号"0000000006"左侧选择处，选定此单据，点击工具栏【确定】，如图 7-52 所示。

② 在"采购入库单"窗口，根据账套资料在表头"仓库"处选择"原材料仓库"，表体"数量"为"-1000"，点击工具栏【保存】，再点击工具栏【审核】，如图 7-53 所示。

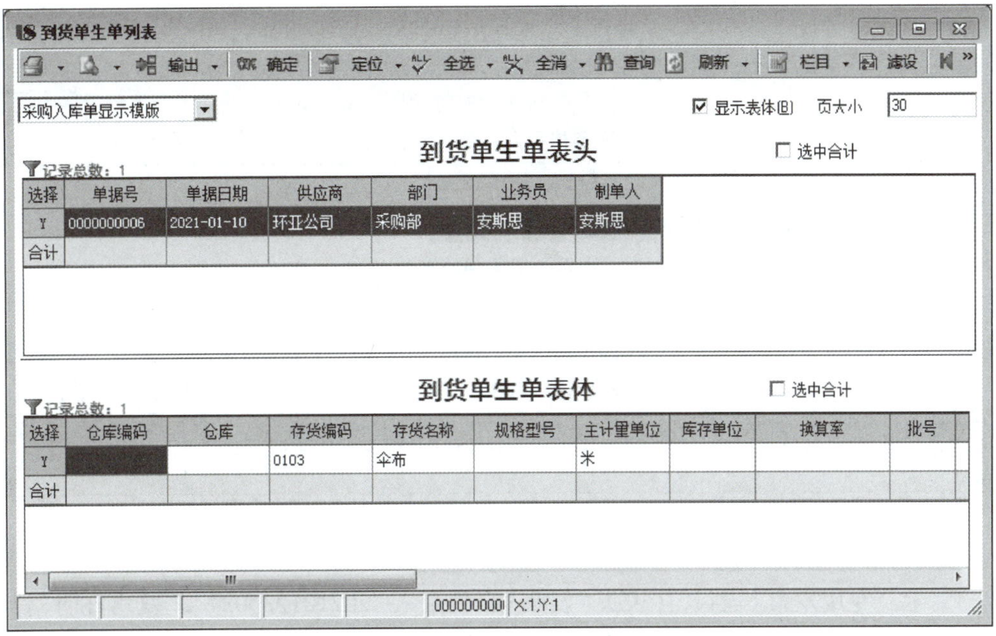

图 7-52　到货单生单表头及表体

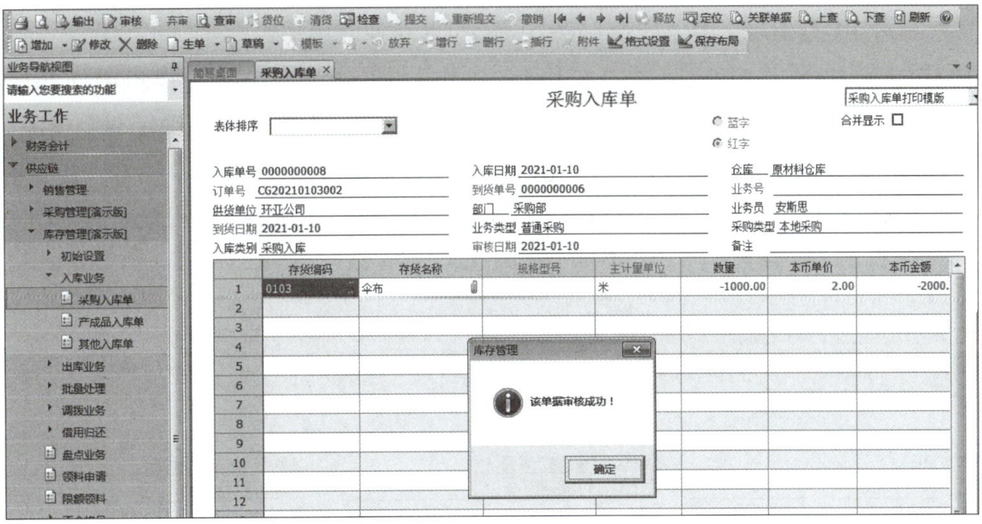

图 7-53　采购入库单

（3）参照采购入库单生成采购专用发票。

2021 年 01 月 10 日，由安斯思（G01）登录 U8 企业应用平台。

① 进入 U8 操作窗口，依次点击【业务工作】-【供应链】-【采购管理】-【采购发票】-【红字专用采购发票】，进入“专用发票”窗口，点击工具栏【增加】按钮，点击工具栏【生单】选择“入库单”，弹出“查询条件选择 – 采购入库单列表过滤”窗口，点击【确定】，进入“拷贝并执行”窗口，点击入库单号“0000000008”左侧选择处，选定此单据，点击工具栏【确定】，如图 7-54 所示。

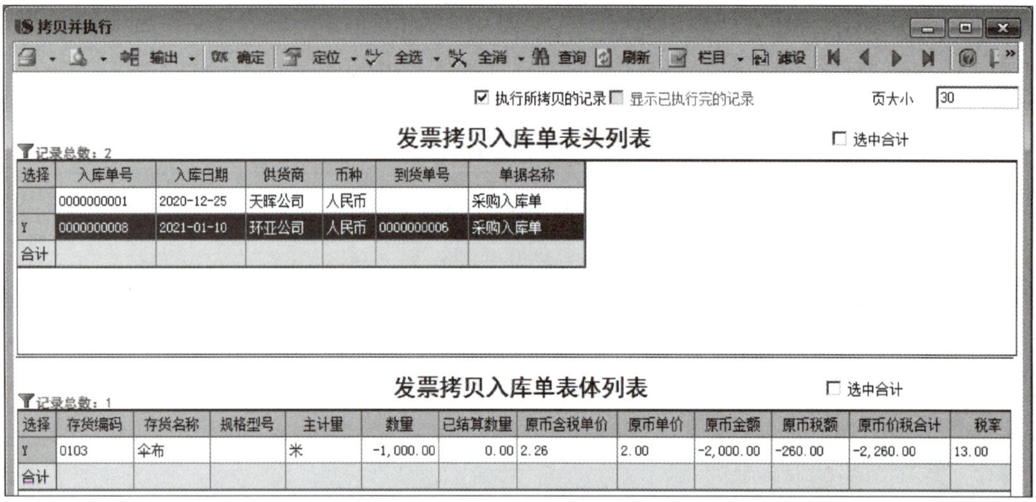

图 7-54　发票拷贝入库单表头及表体

② 在“专用发票”窗口，在表头“发票号”处录入“202101230087”，“发票日期”修改为“2021-01-10”，点击工具栏【保存】-【结算】按钮。

（4）采购发票审核并生成凭证。

2021 年 01 月 10 日，由何婵怡（W02）登录 U8 企业应用平台。

① 进入 U8 操作窗口，依次点击【业务工作】-【应付款管理】-【应付单据处理】-【应付单据审核】，弹出“应付单查询条件”提示窗口，点击【包含已现结发票】，点击【确定】，进入“应付单据列表”，双击“202101030054”号发票所在行“选择”栏右侧任意单元格，打开要审核的“专用发票”窗口，在工具栏点击【审核】，弹出“应付款管理”提示窗口，提示“是否立即制单？”，点击【是】，如图 7-55 所示。

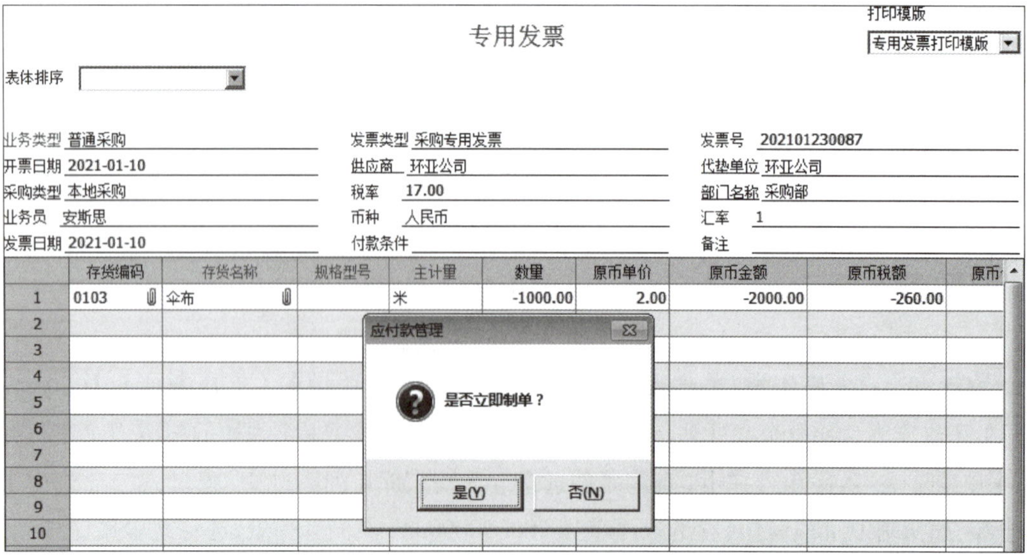

图 7-55　专用发票

② 系统内打开“记账凭证”窗口，在第一行“科目名称”处录入“140203”，点击工具栏的【保存】，生成红字记账凭证。

（5）正常单据记账，生成凭证。

2021 年 01 月 10 日，由何婵怡（W02）登录 U8 企业应用平台。

① 进入 U8 操作窗口，依次点击【业务工作】-【供应链】-【存货核算】-【业务核算】-【正常单据记账】，弹出“查询条件选择”，点击【确定】，进入“未记账单据－一览表”，双击“0000000008”号入库单的“选择”栏或点击工具栏上的【全选】按钮，使其显示“Y”字样。点击工具栏的【记账】，弹出“存货核算”窗口，提示“记账成功”，点击【确定】。

② 进入 U8 操作窗口，依次点击【业务工作】-【供应链】-【存货核算】-【财务核算】-【生成凭证】，出现“生成凭证”窗口，点击工具栏上的【选择】按钮，系统弹出“查询条件”窗口，点击【确定】，系统打开“选择单据”窗口，如图 7-56 所示。

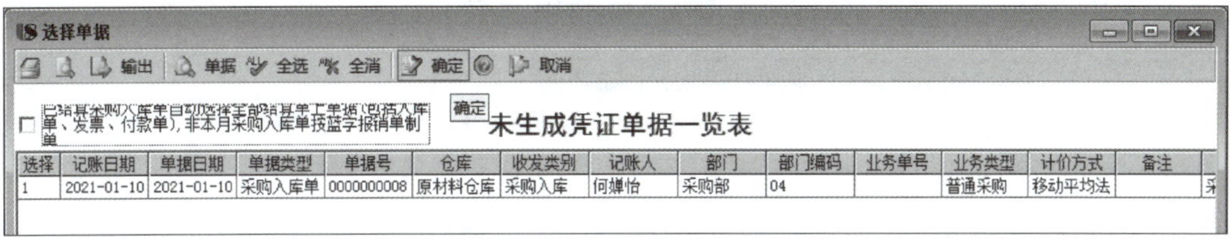

图 7-56　未生成凭证单据

③ 点击工具栏上的【全选】按钮，点击工具栏【确定】，系统打开“生成凭证”窗口，如图 7-57 所示，点击工具栏【生成】按钮，打开“记账凭证”窗口，点击工具栏【保存】。

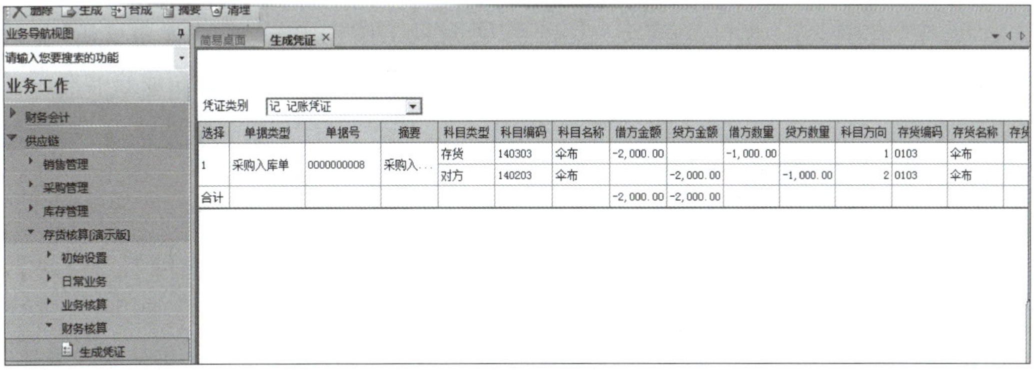

图 7-57　生成记账凭证

7. 采购暂估业务－单到回冲业务。

【账套资料】

2021 年 01 月 10 日，收到广州天晖实业有限公司采购专用发票（发票号：202101050086）一张，购买 5 000 把伞柄，不含税单价为 6.2，税率 13%，共计 35 030 元，货物已于上月入库，货款已由转账支票（支票号：2021010585）支付（使用现付功能）。

【操作步骤】

（1）参照采购入库单生成采购专用发票，并完成现付及结算。

2021年01月10日，由安斯思（G01）登录U8企业应用平台。

① 进入U8操作窗口，依次点击【业务工作】-【供应链】-【采购管理】-【采购发票】-【专用采购发票】，进入“专用发票”窗口，点击工具栏【增加】按钮，点击工具栏【生单】选择“入库单”，弹出“查询条件选择－采购入库单列表过滤”窗口，点击【确定】，进入“拷贝并执行”窗口，点击入库单号“0000000001”左侧选择处，选定此单据，点击工具栏【确定】，如图7-58所示。

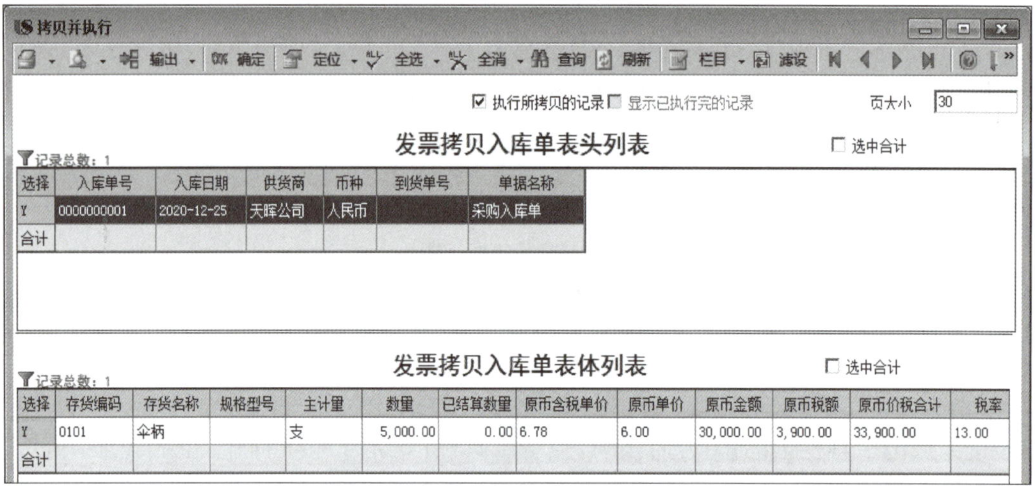

图7-58　发票拷贝入库单表头及表体

② 在“专用发票”窗口，在表头“发票号”处录入“202101050086”，“发票日期”修改为“2021-01-10”，点击工具栏上的【保存】，再点击工具栏【结算】按钮，完成采购专用发票结算处理。

（2）采购发票审核并生成凭证。

2021年01月10日，由何婵怡（W02）登录U8企业应用平台。

① 进入U8操作窗口，依次点击【业务工作】-【应付款管理】-【应付单据处理】-【应付单据审核】，弹出“应付单查询条件”提示窗口，点击【包含已现结发票】，点击【确定】，进入“应付单据列表”，双击“202101050086”号发票所在行选择栏右侧任意单元格，打开要审核的“专用发票”窗口，在工具栏点击【审核】，弹出“应付款管理”提示窗口，提示“是否立即制单？”，点击【是】，如图7-59所示。

② 系统内打开“记账凭证”窗口，在第一行“科目名称”处录入“140201”，点击工具栏的【保存】。

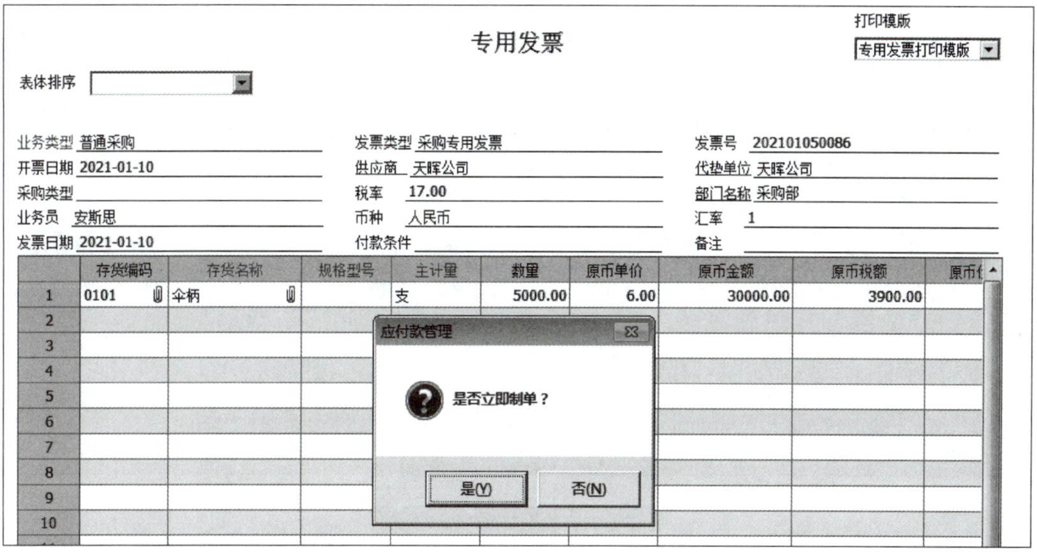

图 7-59　专用发票

（3）结算成本处理。

2021 年 01 月 10 日，由何婵怡（W02）登录 U8 企业应用平台。

进入 U8 操作窗口，依次点击【业务工作】-【供应链】-【存货核算】-【业务核算】-【结算成本处理】，弹出“暂估处理查询”窗口，选择“01 原材料仓库”，点击【确定】，进入“结算成本处理”窗口，点击工具栏【全选】，点击【暂估】，提示“暂估处理完成”，如图 7-60 所示。

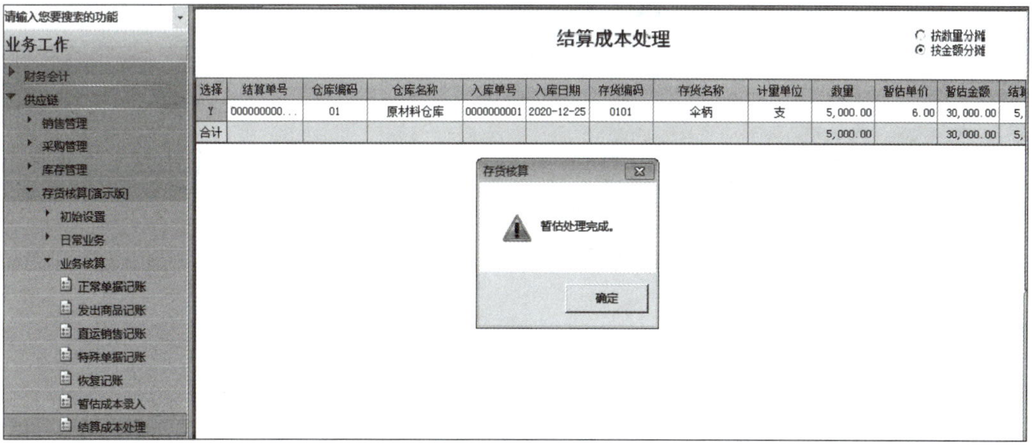

图 7-60　结算成本处理

（4）生成凭证。

2021 年 01 月 10 日，由何婵怡（W02）登录 U8 企业应用平台。

① 进入 U8 操作窗口，依次点击【业务工作】-【供应链】-【存货核算】-【财务核

算】-【生成凭证】,出现“生成凭证”窗口,点击工具栏上的【选择】按钮,系统弹出“查询条件”窗口,点击【确定】,系统打开“选择单据”窗口,如图 7-61 所示。

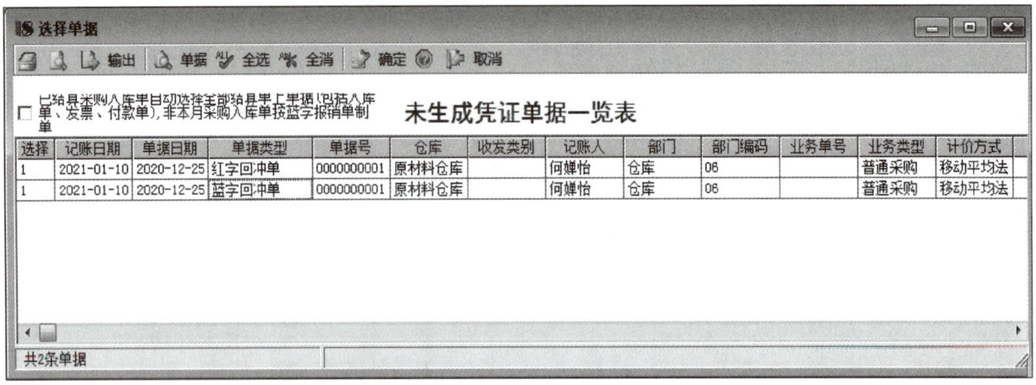

选择	记账日期	单据日期	单据类型	单据号	仓库	收发类别	记账人	部门	部门编码	业务单号	业务类型	计价方式
1	2021-01-10	2020-12-25	红字回冲单	0000000001	原材料仓库		何婵怡	仓库	06		普通采购	移动平均法
1	2021-01-10	2020-12-25	蓝字回冲单	0000000001	原材料仓库		何婵怡	仓库	06		普通采购	移动平均法

图 7-61　未生成凭证单据

② 点击工具栏上的【全选】按钮,点击工具栏【确定】,系统打开“生成凭证”窗口,在第二行“科目编码”处录入“220202”,第四行“科目编码”录入“140201”,如图 7-62 所示。

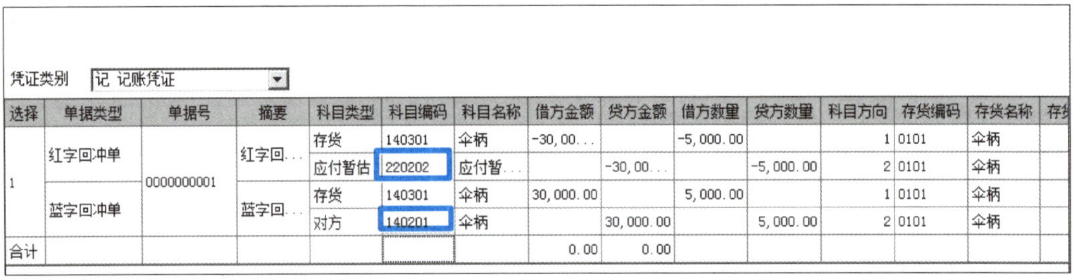

选择	单据类型	单据号	摘要	科目类型	科目编码	科目名称	借方金额	贷方金额	借方数量	贷方数量	科目方向	存货编码	存货名称	存货
1	红字回冲单	0000000001	红字回...	存货	140301	伞柄	-30,00...		-5,000.00		1	0101	伞柄	
				应付暂估	220202	应付暂...		-30,00...		-5,000.00	2	0101	伞柄	
	蓝字回冲单		蓝字回...	存货	140301	伞柄	30,000.00		5,000.00		1	0101	伞柄	
				对方	140201	伞柄		30,000.00		5,000.00	2	0101	伞柄	
合计							0.00	0.00						

图 7-62　生成记账凭证

③ 点击工具栏【生成】按钮,打开“记账凭证”窗口,点击工具栏【保存】,点击工具栏【下一张】箭头按钮,进入第二张凭证,点击【保存】。

8. 采购暂估业务 - 暂估入库业务。

【账套资料】

2021 年 1 月 10 日,安斯思与广州旭阳油墨有限公司签订采购合同(合同编号:CG20210131),购入油墨 2 000 公斤,不含税单价 15.5 元,税率为 13%,合同约定当天交货。当天货物已到并已验收入库,对方未开具发票,暂估价参照期初数据。

【操作步骤】

(1)填制采购订单。

2021 年 01 月 10 日,由安斯思(G01)登录 U8 企业应用平台。

进入 U8 操作窗口,依次点击【业务工作】-【供应链】-【采购管理】-【采购订货】-

【采购订单】,进入“采购订单”窗口,点击工具栏上的【增加】按钮,根据账套资料填写采购订单。点击工具栏上的【保存】,再点击【审核】。

（2）参照订单生成到货单。

2021 年 01 月 10 日,由安斯思（G01）登录 U8 企业应用平台。

进入 U8 操作窗口,依次点击【业务工作】-【供应链】-【采购管理】-【采购到货】-【到货单】,进入“到货单”窗口。点击工具栏上的【增加】,点击工具栏【生单】选择“采购订单”,进入“查询条件选择－采购订单列表过滤”窗口,点击【确定】,进入“拷贝并执行”,勾选订单号为“CG20210131”的订单最左侧的“选择”栏。点击工具栏上的【确定】,返回“到货单”窗口,生成到货单,点击【保存】,再点击【审核】。

（3）参照到货单生成入库单。

2021 年 01 月 10 日,由余依玲（C01）登录 U8 企业应用平台。

① 进入 U8 操作窗口,依次点击【业务工作】-【供应链】-【库存管理】-【采购入库单】,进入【采购入库单】窗口,点击工具栏【生单】选择“采购到货单（蓝字）”,弹出“查询条件选择－采购到货单列表”窗口,点击【确定】,打开“到货单生单列表”窗口,点击单据号“0000000007”左侧选择处,选定此单据,点击工具栏【确定】,如图 7-63 所示。

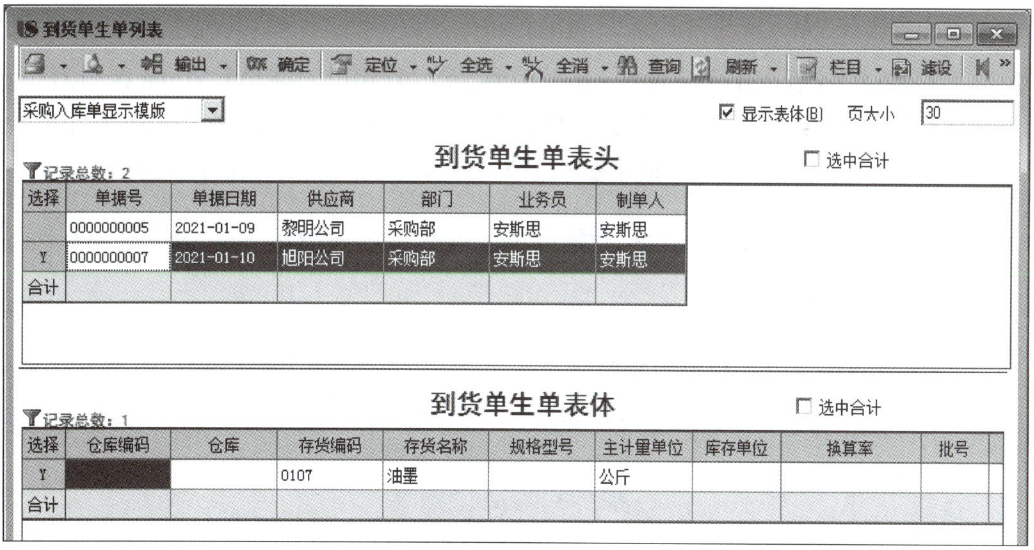

图 7-63　到货单生单表头及表体

② 在“采购入库单”窗口,根据账套资料在表头“仓库”处选择“原材料仓库”,点击工具栏【保存】,再点击工具栏【审核】。

（4）暂估成本录入（实际工作中,此流程在 01 月 31 日完成）。

2021 年 01 月 10 日,由何婵怡（W02）登录 U8 企业应用平台。

进入 U8 操作窗口,依次点击【业务工作】-【供应链】-【存货核算】-【业务核算】-【暂估成本录入】,弹出“查询条件选择”窗口,最后一行“包括已有暂估单据”选择“是”,

点击【确定】,进入“暂估成本录入”窗口,“单价”录入“15”,点击工具栏【保存】,提示“保存成功!”,如图 7-64 所示。

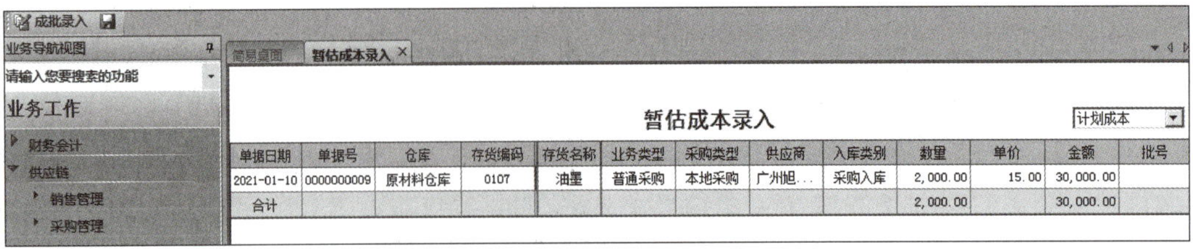

单据日期	单据号	仓库	存货编码	存货名称	业务类型	采购类型	供应商	入库类别	数量	单价	金额	批号
2021-01-10	0000000009	原材料仓库	0107	油墨	普通采购	本地采购	广州旭...	采购入库	2,000.00	15.00	30,000.00	
合计									2,000.00		30,000.00	

图 7-64　暂估成本录入

(5)正常单据记账并生成凭证(实际工作中,此流程在 01 月 31 日完成)。

2021 年 01 月 10 日,由何婵怡(W02)登录 U8 企业应用平台。

① 进入 U8 操作窗口,依次点击【业务工作】-【供应链】-【存货核算】-【业务核算】-【正常单据记账】,弹出“查询条件选择”,点击【确定】,进入“未记账单据 - 一览表”,双击“0000000009”号入库单的“选择”栏或点击工具栏上的【全选】按钮,使其显示“Y”字样。点击工具栏的【记账】,弹出“存货核算”窗口,提示“记账成功”,点击【确定】。

② 进入 U8 操作窗口,依次点击【业务工作】-【供应链】-【存货核算】-【财务核算】-【生成凭证】,出现“生成凭证”窗口,点击工具栏上的【选择】按钮,系统弹出“查询条件”窗口,点击【确定】,系统打开“选择单据”窗口。点击工具栏上的【全选】按钮,点击工具栏【确定】,系统打开“生成凭证”窗口,如图 7-65 所示,在第二行“科目编码”处录入“200202”,点击工具栏【生成】按钮,打开“记账凭证”窗口,点击工具栏【保存】。

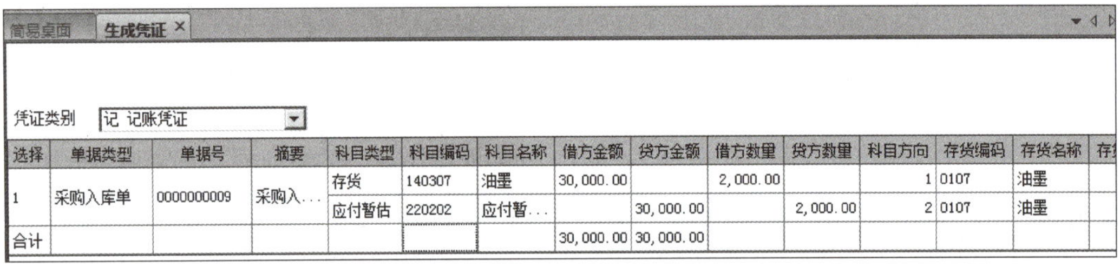

选择	单据类型	单据号	摘要	科目类型	科目编码	科目名称	借方金额	贷方金额	借方数量	贷方数量	科目方向	存货编码	存货名称	存
1	采购入库单	0000000009	采购入...	存货	140307	油墨	30,000.00		2,000.00		1	0107	油墨	
				应付暂估	220202	应付暂...		30,000.00		2,000.00	2	0107	油墨	
合计							30,000.00	30,000.00						

图 7-65　生成记账凭证

任务二　应付款业务

应付款业务处理。

【账套资料】

2021 年 01 月 10 日,购买水电并对其进行分配,开出转账支票(支付水费支票号:2021012805,支付电费支票号:2021012806)支付。收到水费增值税专用发票(发票号:

202101280035，购买水 18 000 立方米，不含税单价 0.8 元，税率 6%，共计 15 264 元），电费增值税专用发票（发票号：202101280124，购买电 51 800 千瓦时，不含税单价 0.4 元，税率 13%，共计 23 413.60 元）。水费分配表见表 7–1，电费分配表见表 7–2。

注意：使用付款单处理；进项税额均可抵扣；生产用电用水按 1∶1 分配。

表 7–1　水费分配表

日期：2021 年 01 月 10 日		
部门	**数量（立方米）**	**金额（元）**
生产车间（生产用水）	17 000	13 600
行政部	200	160
财务部	200	160
销售部	200	160
采购部	200	160
仓库	200	160
合计	18 000	14 400

表 7–2　电费分配表

<table>
<tr><td colspan="3">日期：2021 年 01 月 10 日</td></tr>
<tr><th>部门</th><th>数量（千瓦时）</th><th>金额（元）</th></tr>
<tr><td rowspan="2">生产车间</td><td>50 000（生产用电）</td><td>20 000</td></tr>
<tr><td>1 000（照明用电）</td><td>400</td></tr>
<tr><td>行政部</td><td>200</td><td>80</td></tr>
<tr><td>财务部</td><td>200</td><td>80</td></tr>
<tr><td>销售部</td><td>200</td><td>80</td></tr>
<tr><td>采购部</td><td>100</td><td>40</td></tr>
<tr><td>仓库</td><td>100</td><td>40</td></tr>
<tr><td>合计</td><td>51 800</td><td>20 720</td></tr>
</table>

【操作步骤】

（1）填制付款单据。

2021 年 01 月 10 日，由莫世和（W03）登录 U8 企业应用平台。

① 进入 U8 操作窗口，依次点击【业务工作】–【应付款管理】–【付款单据处理】–【付款单据录入】，进入“付款单”窗口，点击工具栏上的【增加】。根据账套资料填写付款单，表体第一行“款项类型”改为“其他费用”，填写完毕点击【保存】，如图 7–66 所示。

图 7-66 付款单

② 继续点击工具栏上的【增加】。根据账套资料填写付款单，表体第一行“款项类型”改为“其他费用”，填写完毕点击【保存】。

（2）付款单据审核并生成凭证。

2021 年 01 月 10 日，由何婵怡（W02）登录 U8 企业应用平台。

① 进入 U8 操作窗口，依次点击【业务工作】-【应付款管理】-【付款单据处理】-【付款单据审核】，出现“付款单查询条件”窗口，点击【确定】，进入“收付款单列表”，双击“单据编号”为“0000000004”的付款单，进入“付款单”窗口，点击工具栏上的【审核】按键，弹出“应付款管理”窗口，提示“是否立即制单？”，如图 7-67 所示，点击【是】，弹出“记账凭证”窗口。在“记账凭证”工具栏上点击【插分】，插入对应分录及金额后点击【保存】。分录按照账套资料水费分配表填制。

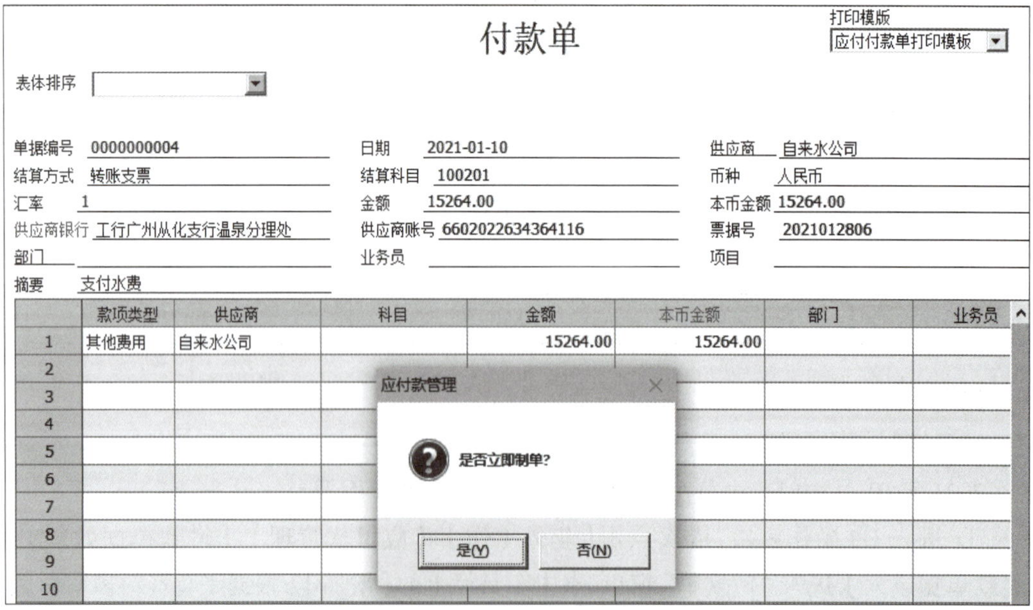

图 7-67 付款单

② 进入 U8 操作窗口，依次点击【业务工作】-【应付款管理】-【付款单据处理】-【付款单据审核】，出现“付款单查询条件”窗口，点击【确定】，进入“收付款单列表”，双击“单据编号”为“0000000002”的付款单，进入“付款单”窗口，点击工具栏上的【审核】按键，弹出“应付款管理”窗口，提示“是否立即制单？”，点击【是】，弹出“记账凭证”窗口。在“记账凭证”工具栏上点击【插分】，插入对应分录及金额后点击【保存】。分录按照账套资料电费分配表填制。

【操作视频】

项目七　采购业务操作视频

【思考题】

（1）简述普通采购业务流程。

（2）简述采购结算的作用。

（3）简述采购运费处理流程。

项目八　生产销售

任务一　生产业务

1. 生产领用原材料。

【账套资料】

2021 年 01 月 12 日，仓库领用原材料。领料单见表 8-1、表 8-2。

表 8-1　领料单 1

领料部门：生产一部　　　　用途：生产二折太阳伞

2021 年 01 月 12 日															单号：004	
材料			单位	数量		成本										
						单价	总价									
编号	名称	规格		请领	实发		百	十	万	千	百	十	元	角	分	
0102	伞帽		个	6 000	6 000											会计联
0103	伞布		米	6 000	6 000											
0104	珠仔		包	300	300											
0105	二折伞骨		件	3 000	3 000											
0107	油墨		公斤	1 000	1 000											
合计																
部门经理：		会计：		仓库：余依玲			经办人员：									

表 8-2　领料单 2

领料部门：生产二部　　　　用途：生产三折太阳伞

2021 年 01 月 12 日															单号：005	
材料			单位	数量		成本										
						单价	总价									
编号	名称	规格		请领	实发		百	十	万	千	百	十	元	角	分	
0104	珠仔		包	400	400											会计联
0101	伞柄		支	200	200											
0106	三折伞骨		件	2 000	2 000											
合计																
部门经理：		会计：		仓库：余依玲			经办人员：									

【操作步骤】

（1）填制材料出库单。

2021 年 01 月 12 日，由佘依玲（C01）登录 U8 企业应用平台。

进入 U8 操作窗口，依次点击【业务工作】-【供应链】-【库存管理】-【出库业务】-【材料出库单】，进入“材料出库单”窗口，点击工具栏【增加】，根据账套资料表 8-1“领料单 1”填写“材料出库单”，点击【保存】-【审核】按钮，如图 8-1 所示。点击工具栏【增加】，根据账套资料表 8-2“领料单 2”填写“材料出库单”，点击【保存】-【审核】按钮。

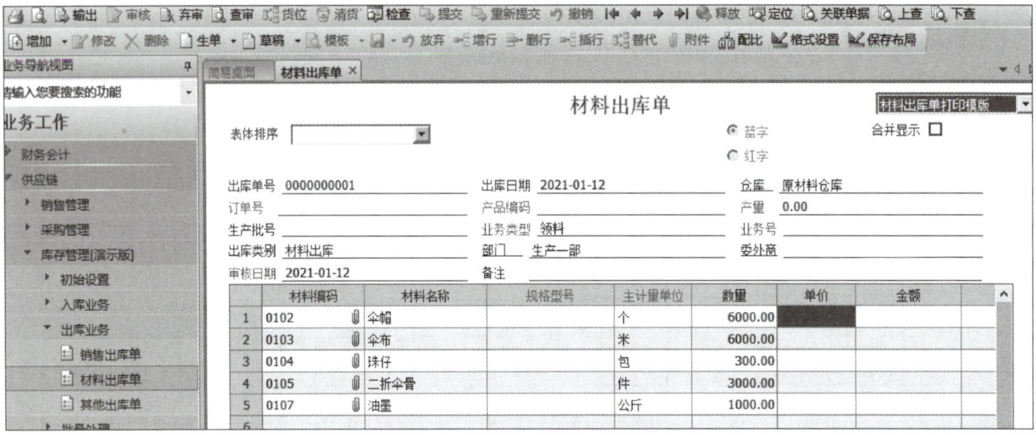

图 8-1　材料出库单

（2）正常单据记账。

2021 年 01 月 12 日，由何婵怡（W02）登录 U8 企业应用平台。

进入 U8 操作窗口，依次点击【业务工作】-【供应链】-【存货核算】-【业务核算】-【正常单据记账】，弹出“查询条件选择”，点击【确定】，进入“未记账单据一览表”，点击工具栏上的【全选】按钮，使其显示“Y”字样。点击工具栏的【记账】，弹出“存货核算”窗口，提示“记账成功”，点击【确定】。

2. 生产入库业务。

【账套资料】

2021 年 01 月 12 日，生产一部完工二折太阳伞 3 000 把，入成品一库。生产二部完工三折太阳伞 2 000 把，入成品二库。入库具体数据见表 8-3、表 8-4。

表 8-3 入库单 1

<table>
<tr><td colspan="10">2021 年 01 月 12 日 单号：001</td><td rowspan="9">会计联</td></tr>
<tr><td>交来单位及部门</td><td>生产一部</td><td>发票号码或生产单号码</td><td></td><td>验收仓库</td><td>成品一库</td><td>入库日期</td><td colspan="3">2021.01.23</td></tr>
<tr><td rowspan="2">编码</td><td rowspan="2">名称及规格</td><td rowspan="2">单位</td><td colspan="2">数量</td><td colspan="2">实际价格</td><td colspan="2">计划价格</td><td rowspan="2">价格差异</td></tr>
<tr><td>交库</td><td>实收</td><td>单价</td><td>金额</td><td>单价</td><td>金额</td></tr>
<tr><td>0201</td><td>二折太阳伞</td><td>把</td><td>3 000</td><td>3 000</td><td></td><td></td><td></td><td></td><td></td></tr>
<tr><td></td><td></td><td></td><td></td><td></td><td></td><td></td><td></td><td></td><td></td></tr>
<tr><td></td><td></td><td></td><td></td><td></td><td></td><td></td><td></td><td></td><td></td></tr>
<tr><td colspan="2">合计</td><td></td><td></td><td></td><td></td><td></td><td></td><td></td><td></td></tr>
<tr><td colspan="3">部门经理：</td><td colspan="2">会计：</td><td colspan="3">仓库：王保管</td><td colspan="2">经办人：</td></tr>
</table>

表 8-4 入库单 2

<table>
<tr><td colspan="10">2021 年 01 月 12 日 单号：002</td><td rowspan="9">会计联</td></tr>
<tr><td>交来单位及部门</td><td>生产二部</td><td>发票号码或生产单号码</td><td></td><td>验收仓库</td><td>成品二库</td><td>入库日期</td><td colspan="3">2021.01.23</td></tr>
<tr><td rowspan="2">编码</td><td rowspan="2">名称及规格</td><td rowspan="2">单位</td><td colspan="2">数量</td><td colspan="2">实际价格</td><td colspan="2">计划价格</td><td rowspan="2">价格差异</td></tr>
<tr><td>交库</td><td>实收</td><td>单价</td><td>金额</td><td>单价</td><td>金额</td></tr>
<tr><td>0202</td><td>三折太阳伞</td><td>把</td><td>2 000</td><td>2 000</td><td></td><td></td><td></td><td></td><td></td></tr>
<tr><td></td><td></td><td></td><td></td><td></td><td></td><td></td><td></td><td></td><td></td></tr>
<tr><td></td><td></td><td></td><td></td><td></td><td></td><td></td><td></td><td></td><td></td></tr>
<tr><td colspan="2">合计</td><td></td><td></td><td></td><td></td><td></td><td></td><td></td><td></td></tr>
<tr><td colspan="3">部门经理：</td><td colspan="2">会计：</td><td colspan="3">仓库：王保管</td><td colspan="2">经办人：</td></tr>
</table>

【操作步骤】

填写产成品入库单。

2021 年 01 月 12 日，由佘依玲（C01）登录 U8 企业应用平台。

进入 U8 操作窗口，依次点击【业务工作】-【供应链】-【库存管理】-【入库业务】-【产成品入库单】，进入“产成品入库单”窗口，点击工具栏【增加】，根据账套资料表 8-3“入库单 1”填写“产成品入库单”，点击【保存】-【审核】按钮，如图 8-2 所示。点击工具栏【增加】，根据账套资料表 8-4“入库单 2”填写“产成品入库单”，点击【保存】-【审核】按钮。

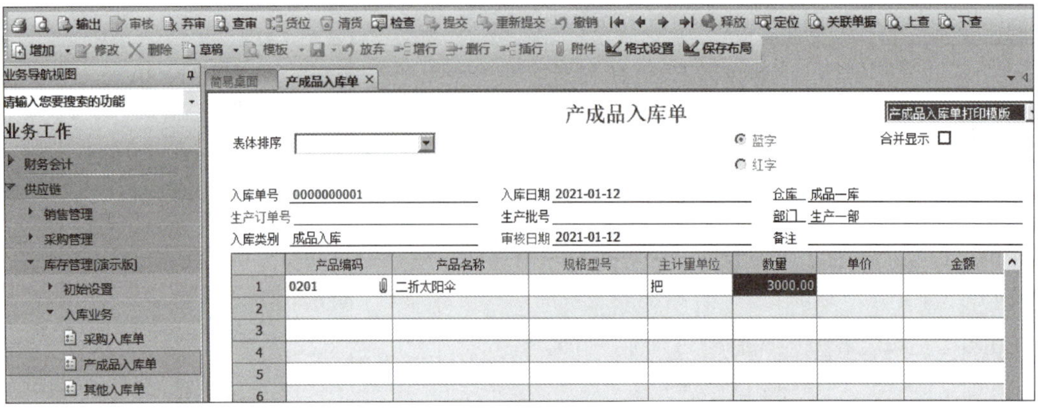

图 8-2　产成品入库单

任务二　销 售 业 务

1. 普通销售业务。

【账套资料】

2021 年 01 月 12 日，陈绮琳与广州广百股份有限公司签订销售合同（合同编号：XS20210106065），销售三折太阳伞 1 000 把，不含税单价 50 元，税率 13%，共计 56 500 元，合同约定交货时间为 2021 年 01 月 12 日，当日即给广州广百股份有限公司发货。付款条件为“4/10，1/30，n/60”。开具增值税专用发票（发票号：202101060024）。

2021 年 01 月 23 日，收到广州广百股份有限公司开出转账支票（支票号：2021011734），结清 12 日采购（合同编号：XS20210106065）三折太阳伞货款 55 935 元，财务部办理收款核销制单。

【操作步骤】

（1）填写销售订单。

2021 年 01 月 12 日，由吴悦欢（X01）登录 U8 企业应用平台。

① 进入 U8 操作窗口，依次点击【业务工作】-【供应链】-【销售管理】-【销售订货】-【销售订单】，进入“销售订单”窗口，点击工具栏上的【增加】按钮，根据账套资料填写“销售订单”。

② 在表头订单号录入“XS20210106065”，“销售类型”选择“核心客户销售”，“客户简称”选择“广百股份有限公司”，自动带出付款条件为“4/10，2/30，n/60”，“业务员”选择“陈绮琳”，自动带出销售部门为“销售部”。

③ 表体第一行“存货编码”选择“0202”，“数量”录入“1000”，“无税单价”录入“50”，“预计发货日期”为“2021-01-12”。点击工具栏【保存】按钮，再点击【审核】按钮，如图 8-3 所示。

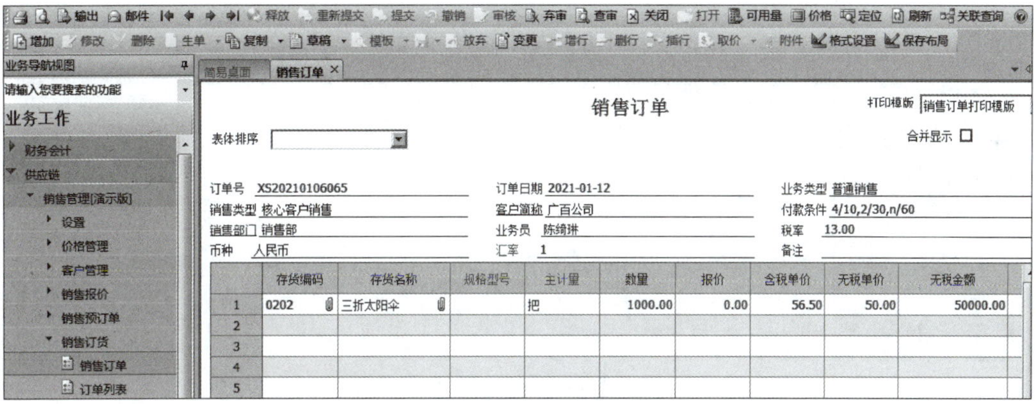

图 8-3　销售订单

（2）参照销售订单生成发货单。

2021 年 01 月 12 日，由吴悦欢（X01）登录 U8 企业应用平台。

进入 U8 操作窗口，依次点击【业务工作】-【供应链】-【销售管理】-【销售发货】-【发货单】，进入“发货单”窗口，点击工具栏上的【增加】按钮，弹出“查询条件选择 - 参照订单”窗口，点击【确定】，弹出“参照生单”窗口，点击工具栏【全选】按钮，点击【确定】，返回“发货单”窗口，表体第一行“仓库名称”选择“成品二库”，点击工具栏【保存】按钮，再点击【审核】按钮，如图 8-4 所示。

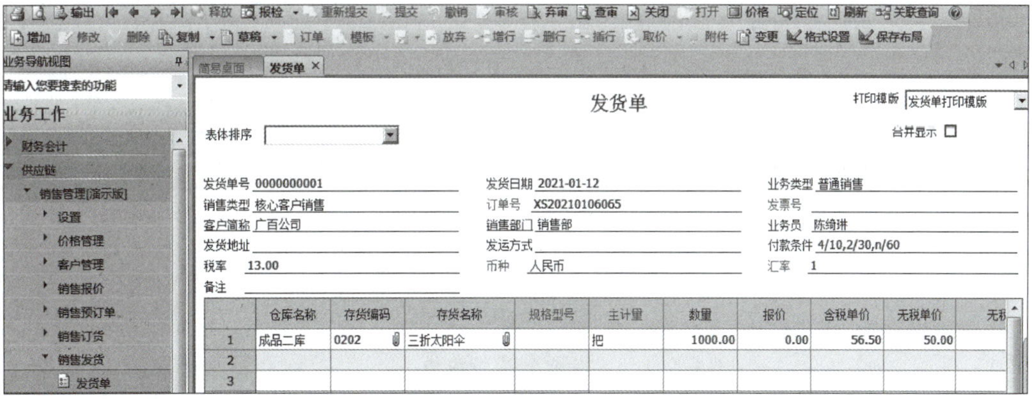

图 8-4　发货单

（3）销售出库单审核。

2021 年 01 月 12 日，由佘依玲（C01）登录 U8 企业应用平台。

进入 U8 操作窗口，依次点击【业务工作】-【供应链】-【库存管理】-【出库业务】-【销售出库单】，进入“销售出库单”窗口，点击工具栏上的【 】，出现“0000000001”号“销售出库单”（发货自动生成出库单），如图 8-5 所示，点击工具栏【审核】按钮。

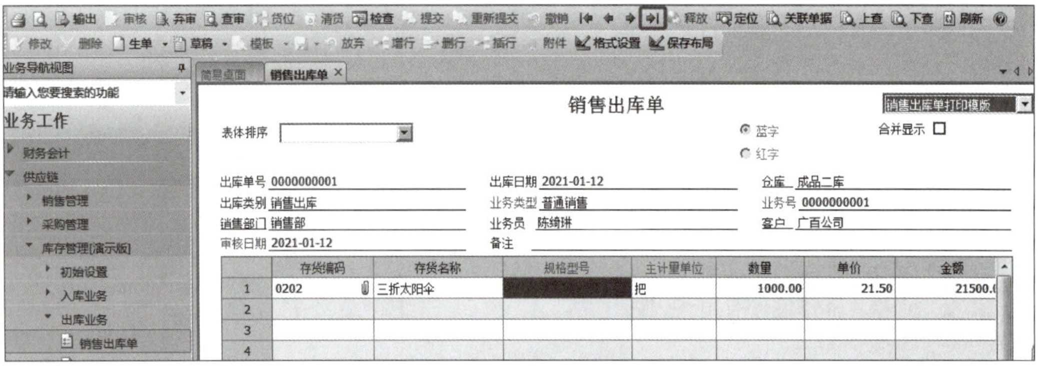

图 8-5　销售出库单

（4）参照发货单生成销售专用发票。

2021 年 01 月 12 日，由吴悦欢（X01）登录 U8 企业应用平台。

① 进入 U8 操作窗口，依次点击【业务工作】-【供应链】-【销售管理】-【销售开票】-【销售专用发票】，进入“销售专用发票”窗口，点击工具栏【增加】按钮，弹出“查询条件选择 - 参照订单”，点击【取消】，在工具栏【生单】选择“参照发货单”，弹出“查询条件选择 - 参照发货单”窗口，点击【确定】，打开“参照生单”窗口，双击“发货单号”“0000000001”行所对应的【选择】栏，如图 8-6 所示。

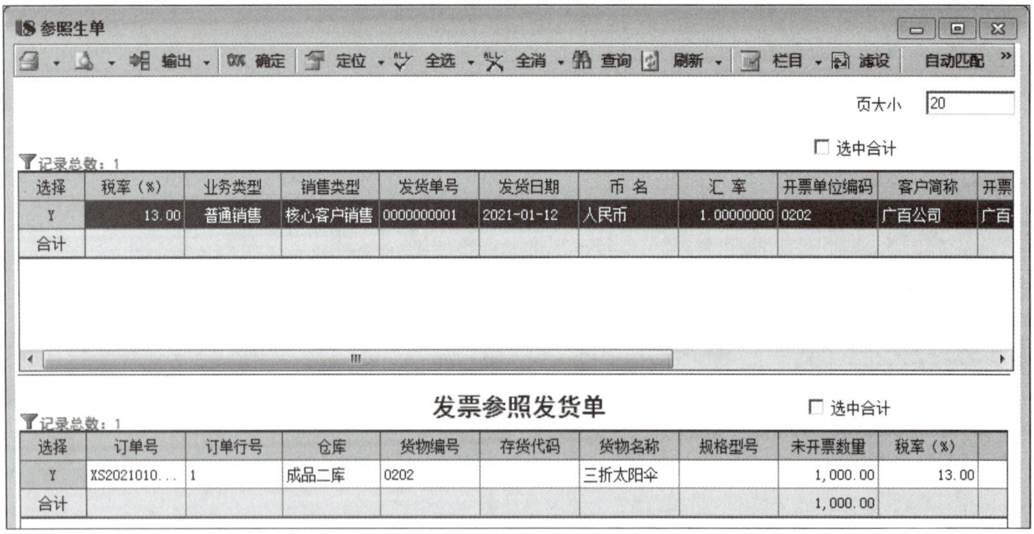

图 8-6　参照生单

② 点击工具栏【确定】，返回“销售专用发票”窗口，在表头“发票号”录入“202101060024”，点击工具栏【保存】按钮，点击【复核】，如图 8-7 所示。

（5）应收单据审核并制单处理。

2021 年 01 月 12 日，由何婵怡（W02）登录 U8 企业应用平台。

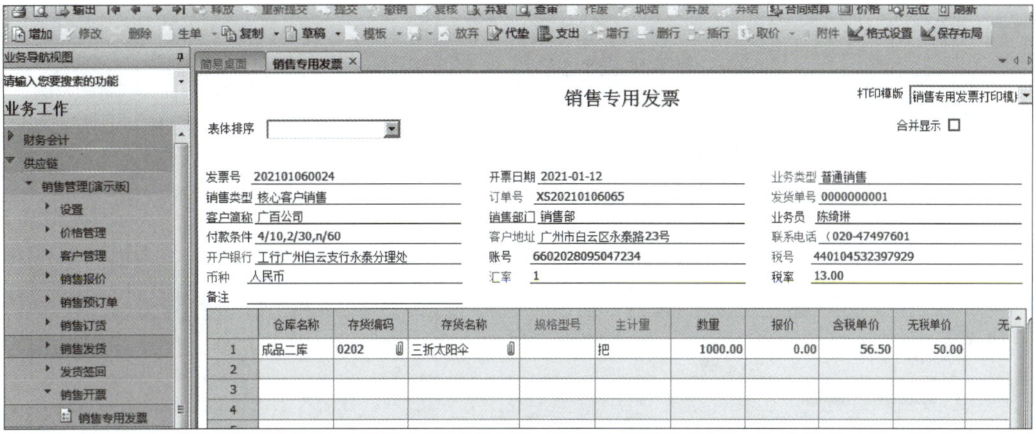

图 8-7　销售专用发票

① 进入 U8 操作窗口，依次点击【业务工作】-【应收款管理】-【应收单据处理】-【应收单据审核】，弹出“应收单查询条件”提示窗口，点击【包含已现结发票】，点击【确定】，进入“应收单据列表”，双击“202101060024”号发票所在行【选择】栏右侧任意单元格，打开要审核的“销售专用发票”窗口，在工具栏点击【审核】，弹出“应收款管理”提示窗口，提示“是否立即制单？”，点击【是】，如图 8-8 所示。

图 8-8　销售专用发票

② 系统打开“记账凭证”窗口，点击第二行“科目名称”，打开“辅助项”窗口，项目名称选择“三折太阳伞”，点击【确定】，返回“记账凭证”窗口，点击工具栏的【保存】，如图 8-9 所示。

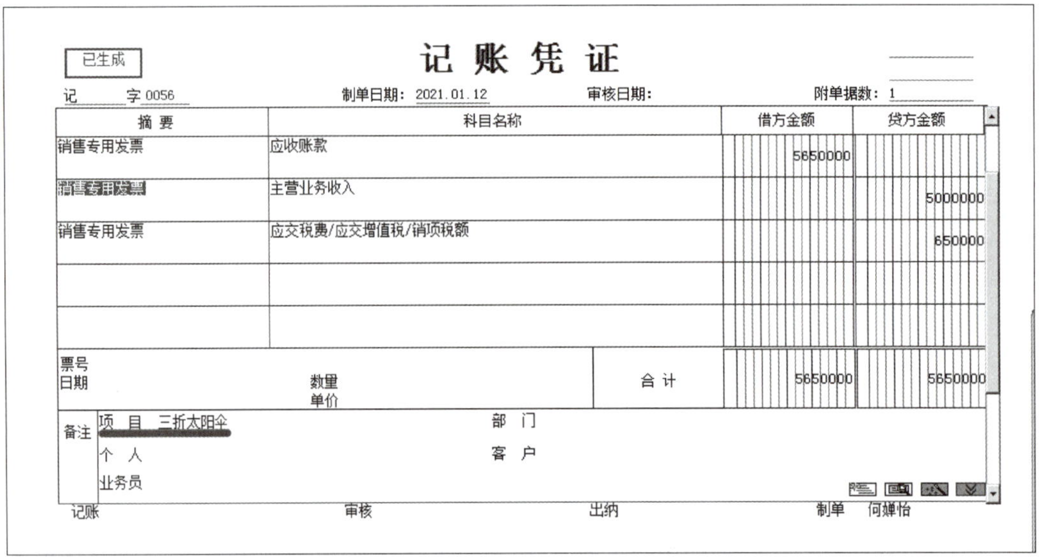

图 8-9　记账凭证

（6）正常单据记账。

2021 年 01 月 12 日，由何婵怡（W02）登录 U8 企业应用平台。

进入 U8 操作窗口，依次点击【业务工作】-【供应链】-【存货核算】-【业务核算】-【正常单据记账】，弹出“查询条件选择”，点击【确定】，进入“未记账单据 - 一览表”，双击“0000000001”号销售出库单的【选择】栏，使其显示“Y”字样，点击工具栏的【记账】，弹出“存货核算”窗口，提示“记账成功”，点击【确定】。

（7）录入收款单。

2021 年 01 月 23 日，由莫世和（W03）登录 U8 企业应用平台。

进入 U8 操作窗口，依次点击【业务工作】-【应收款管理】-【收款单据处理】-【收款单据录入】，进入“收款单”窗口，点击工具栏上的【增加】。根据账套资料填写收款单，金额为“55935”（在现金折扣期内收款），填写完毕点击【保存】，如图 8-10 所示。

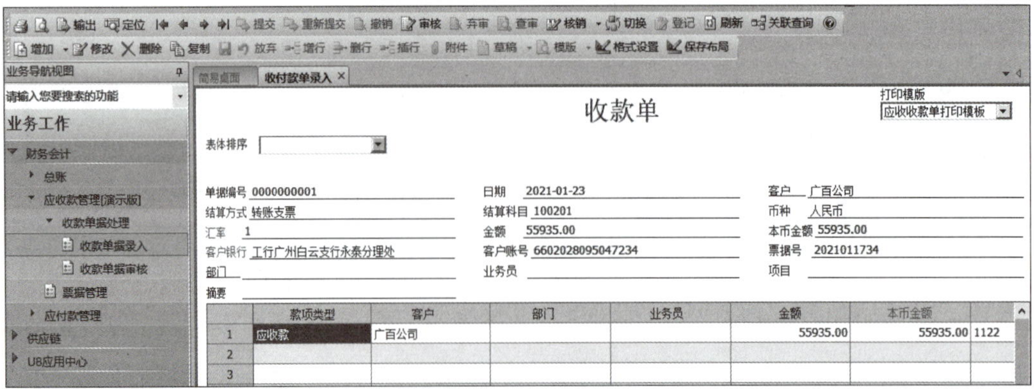

图 8-10　收款单

（8）收款单据审核并制单处理。

2021 年 01 月 23 日，由何婵怡（W02）登录 U8 企业应用平台。

进入 U8 操作窗口，依次点击【业务工作】-【应收款管理】-【收款单据处理】-【收款单据审核】，出现“收款单查询条件”窗口，点击【确定】，进入“收付款单列表”，双击“0000000001”号付款单，进入“收款单”窗口，点击工具栏上的【审核】按键，弹出“应收款管理”窗口，提示“是否立即制单？”，点击【是】，弹出“记账凭证”窗口，点击【保存】。

（9）核销处理并制单。

2021 年 01 月 23 日，由何婵怡（W02）登录 U8 企业应用平台。

① 进入 U8 操作窗口，依次点击【业务工作】-【应收款管理】-【核销处理】-【手工核销】，打开“核销条件”窗口，“客户”选择“广百股份有限公司”，点击【确定】，进入“单据核算”窗口，在销售专业发票行“本次折扣”处录入“565”，点击工具栏【保存】按钮，如图 8-11 所示。

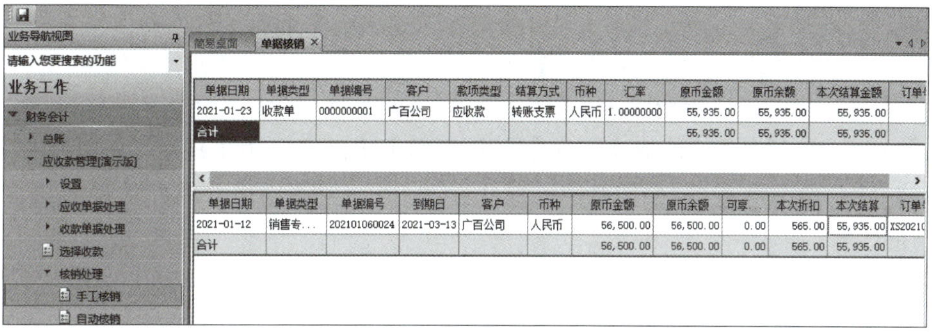

图 8-11 单据核销

② 进入 U8 操作窗口，依次点击【业务工作】-【应收款管理】-【制单处理】，打开“制单查询”窗口，选择“核销制单”，点击【确定】，如图 8-12 所示。

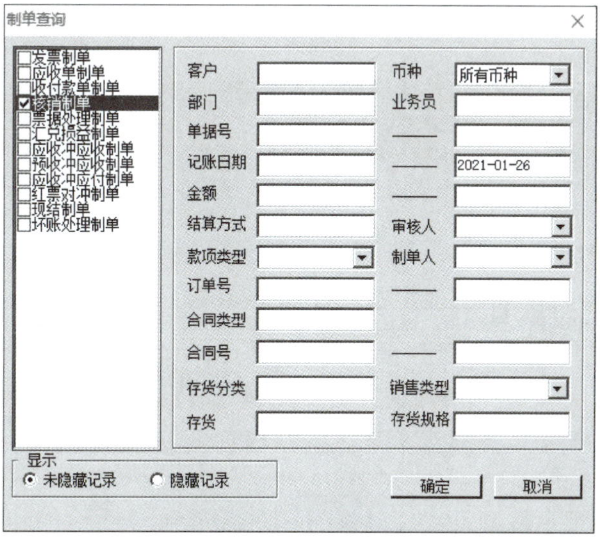

图 8-12 制单处理

③ 进入“核销制单”窗口,点击工具栏【全选】按钮,再点击【制单】,进入“记账凭证”窗口,点击工具栏【确定】。

2. 有预收款的销售业务。

【账套资料】

2021 年 01 月 23 日,陈绮琳与广州华润万家有限公司签订销售合同(合同编号:XS20210103),销售二折太阳伞 5 000 把,不含税价 30 元,税率 13%,共计 169 500 元,合同约定,买方支付定金 30 000 元。发货时间为 1 月 24 日。按合同规定收到转账支票(支票号:2021010315)支付的预付款。

2021 年 01 月 24 日,按合同给广州华润万家有限公司发货,开具增值税专用发票(发票号:202101110024),并收到该公司开具的转账支票(支票号:2021011128)支付余款 139 500 元。使用收款单功能,合并制单。

【操作步骤】

(1)填写销售订单。

2021 年 01 月 23 日,由吴悦欢(X01)登录 U8 企业应用平台。

① 进入 U8 操作窗口,依次点击【业务工作】-【供应链】-【销售管理】-【销售订货】-【销售订单】,进入“销售订单”窗口,点击工具栏上的【增加】按钮,根据账套资料填写“销售订单”。

② 在表头“订单号”录入“XS20210103”,“销售类型”选择“核心客户销售”,“客户简称”选择“广州华润万家有限公司”,“业务员”选择“陈绮琳”,自动带出“销售部门”为“销售部”。

③ 表体第一行“存货编码”选择“0201”,“数量”录入“5000”,“无税单价”录入“30”,“预计发货日期”为“2021-01-24”。点击工具栏【保存】按钮,再点击【审核】按钮,如图 8-13 所示。

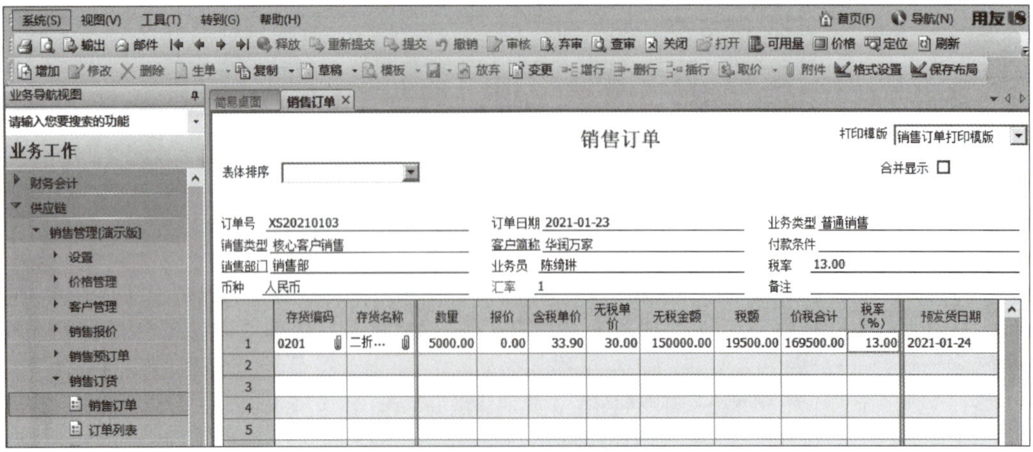

图 8-13 销售订单

（2）录入收款单。

2021 年 01 月 23 日，由莫世和（W03）登录 U8 企业应用平台。

进入 U8 操作窗口，依次点击【业务工作】-【应收款管理】-【收款单据处理】-【收款单据录入】，进入“收款单”窗口，点击工具栏上的【增加】。根据账套资料填写收款单，表体第一行“款项类型”改为“预收款”，填写完毕点击【保存】，如图 8-14 所示。

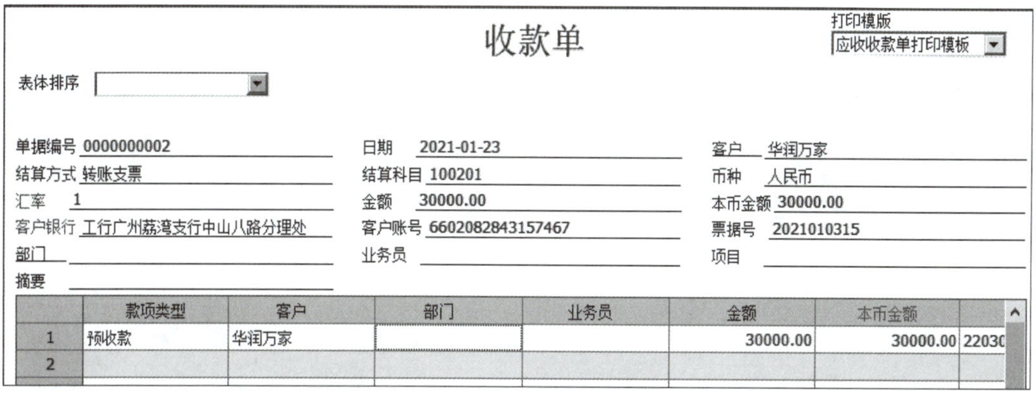

图 8-14 收款单

（3）收款单据审核并制单处理。

2021 年 01 月 23 日，由何婵怡（W02）登录 U8 企业应用平台。

进入 U8 操作窗口，依次点击【业务工作】-【应收款管理】-【收款单据处理】-【收款单据审核】，出现“收款单查询条件”窗口，点击【确定】，进入“收付款单列表”，双击“0000000002”号付款单，进入“收款单”窗口，点击工具栏上的【审核】按键，弹出“应收款管理”窗口，提示“是否立即制单？”，点击【是】，弹出“记账凭证”窗口，在“记账凭证”工具栏上点击【保存】。

（4）参照销售订单生成发货单。

2021 年 01 月 24 日，由吴悦欢（X01）登录 U8 企业应用平台。

进入 U8 操作窗口，依次点击【业务工作】-【供应链】-【销售管理】-【销售发货】-【发货单】，进入“发货单”窗口，点击工具栏上的【增加】按钮，弹出“查询条件选择 - 参照订单”窗口，点击【确定】，弹出“参照生单”窗口，点击工具栏【全选】按钮，点击【确定】。返回“发货单”窗口，表体第一行“仓库名称”选择“成品一库”，点击工具栏【保存】按钮，再点击【审核】按钮，如图 8-15 所示。

（5）销售出库单审核。

2021 年 01 月 24 日，由佘依玲（C01）登录 U8 企业应用平台。

进入 U8 操作窗口，依次点击【业务工作】-【供应链】-【库存管理】-【出库业务】-【销售出库单】，进入“销售出库单”窗口，点击工具栏上的【➡】，出现“0000000002”号销售出库单（发货自动生成出库单），如图 8-16 所示，点击工具栏【审核】按钮。

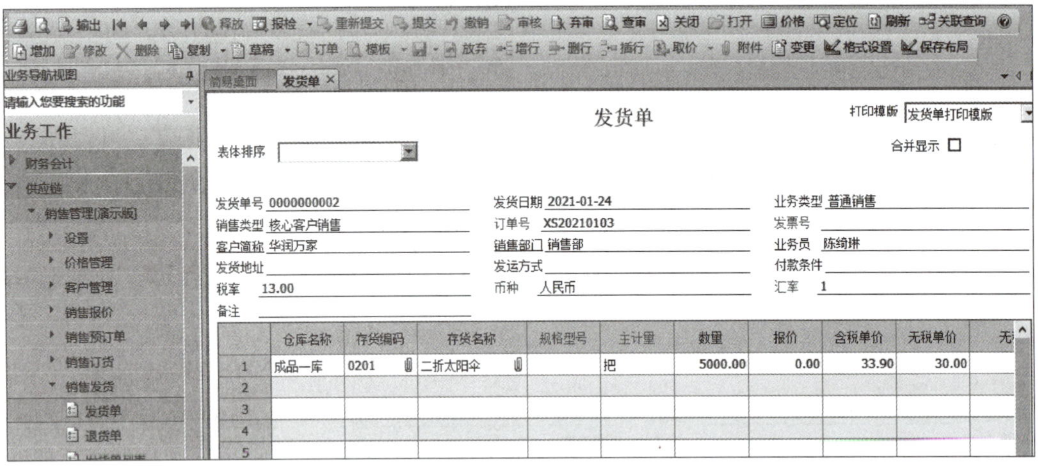

图 8-15　发货单

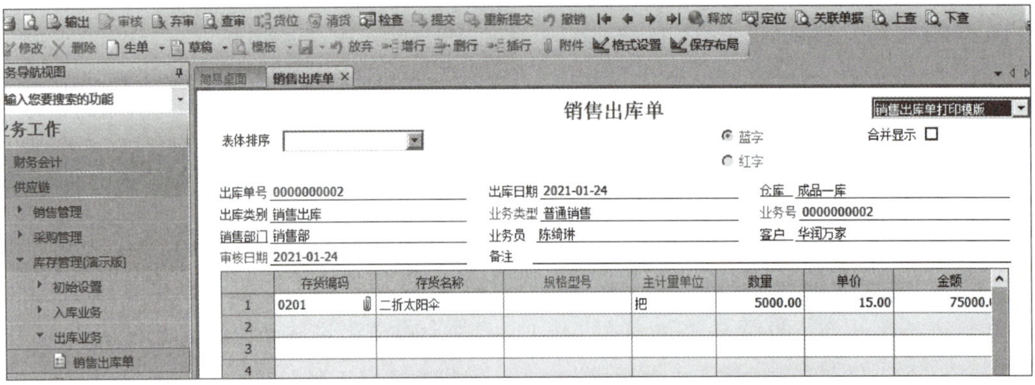

图 8-16　销售出库单

（6）参照发货单生成销售专用发票。

2021 年 01 月 24 日，由吴悦欢（X01）登录 U8 企业应用平台。

① 进入 U8 操作窗口，依次点击【业务工作】–【供应链】–【销售管理】–【销售开票】–【销售专用发票】，进入“销售专用发票”窗口，点击工具栏【增加】按钮，弹出“查询条件选择 – 参照订单”，点击【取消】，在工具栏【生单】选择“参照发货单”，弹出“查询条件选择 – 参照发货单”窗口，点击【确定】，打开“参照生单”窗口，双击“0000000002”发货单号行所对应的【选择】栏，如图 8–17 所示。

② 点击工具栏【确定】，返回“销售专用发票”窗口，在表头“发票号”处录入“202101110024”，点击工具栏【保存】按钮，点击【复核】，如图 8–18 所示。

（7）应收单据审核并制单处理。

2021 年 01 月 24 日，由何婵怡（W02）登录 U8 企业应用平台。

① 进入 U8 操作窗口，依次点击【业务工作】–【应收款管理】–【应收单据处理】–【应收单据审核】，弹出“应收单查询条件”提示窗口，点击【包含已现结发票】，点击【确定】，

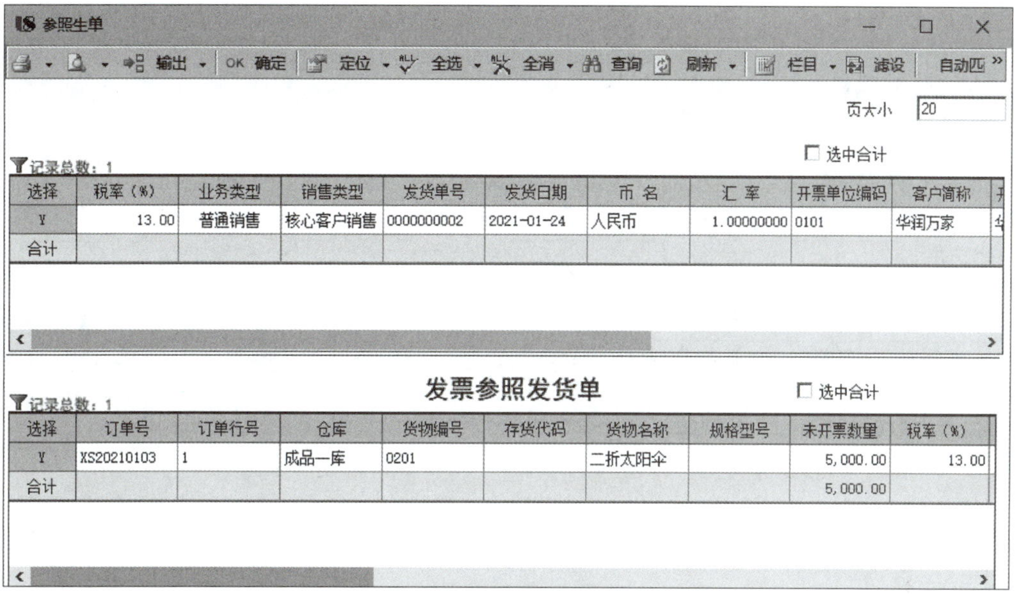

图 8-17 参照生单

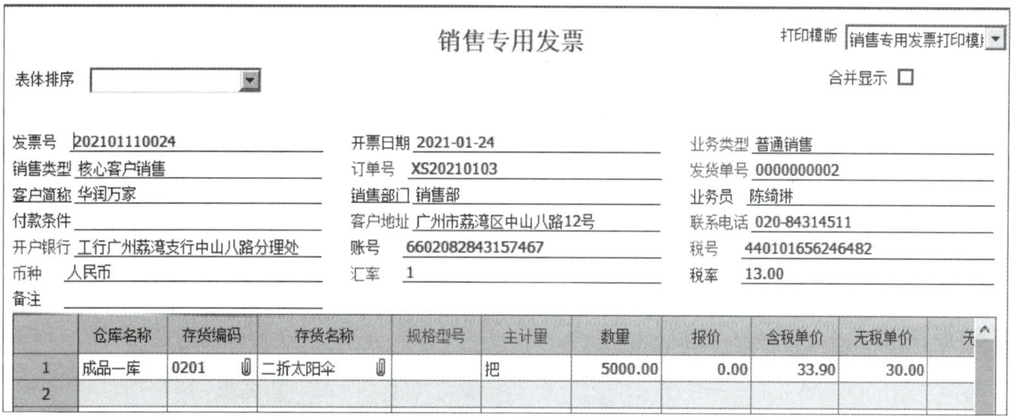

图 8-18 销售专用发票

进入“应收单据列表”，双击“202101110024”号发票所在行“选择”栏右侧任意单元格，打开要审核的“销售专用发票”窗口，在工具栏点击【审核】，弹出“应收款管理”提示窗口，提示“是否立即制单？”，点击【是】。

② 系统内打开“记账凭证”窗口，点击第二行“科目名称”，打开“辅助项”窗口，“项目名称”选择“二折太阳伞”，点击【确定】，返回“记账凭证”窗口，点击工具栏的【保存】。

（8）转账处理。

2021 年 01 月 24 日，由何婵怡（W02）登录 U8 企业应用平台。

① 进入 U8 操作窗口，依次点击【业务工作】-【应收款管理】-【转账】-【预收冲应收】，进入“预收冲应收”窗口的“预收款”页面，“客户”选择“广州华润万家有限公司”，点击【过滤】，在“转账金额”处录入“30000”，如图 8-19 所示。

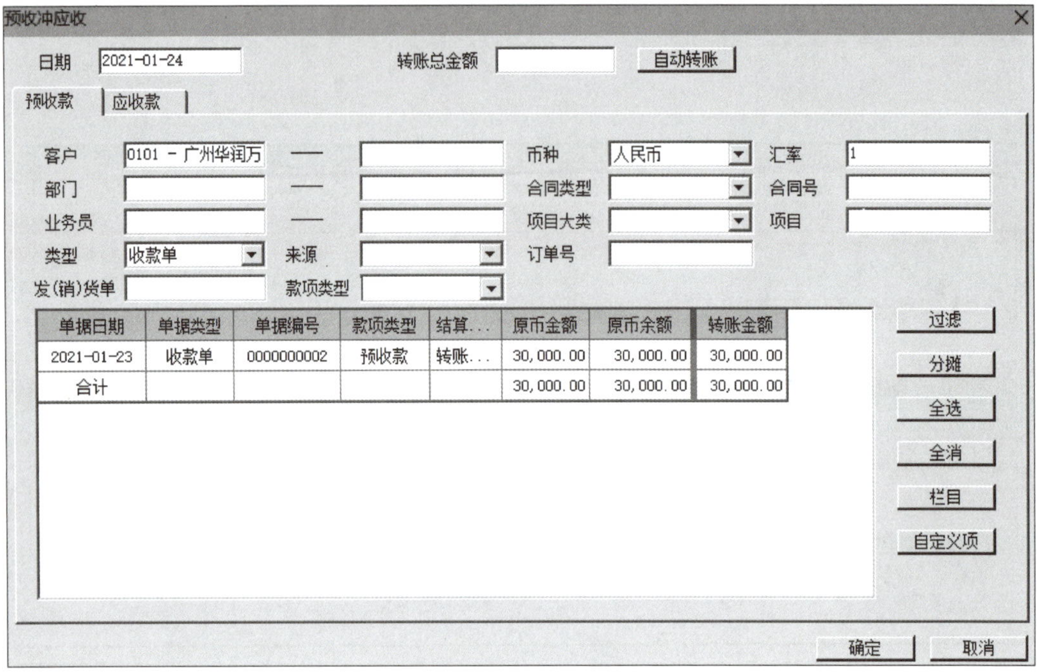

图 8-19　预收冲应收 1

② 点击“应收款”页面，点击【过滤】，在“转账金额”处录入“30000”，如图 8-20 所示，点击【确定】。

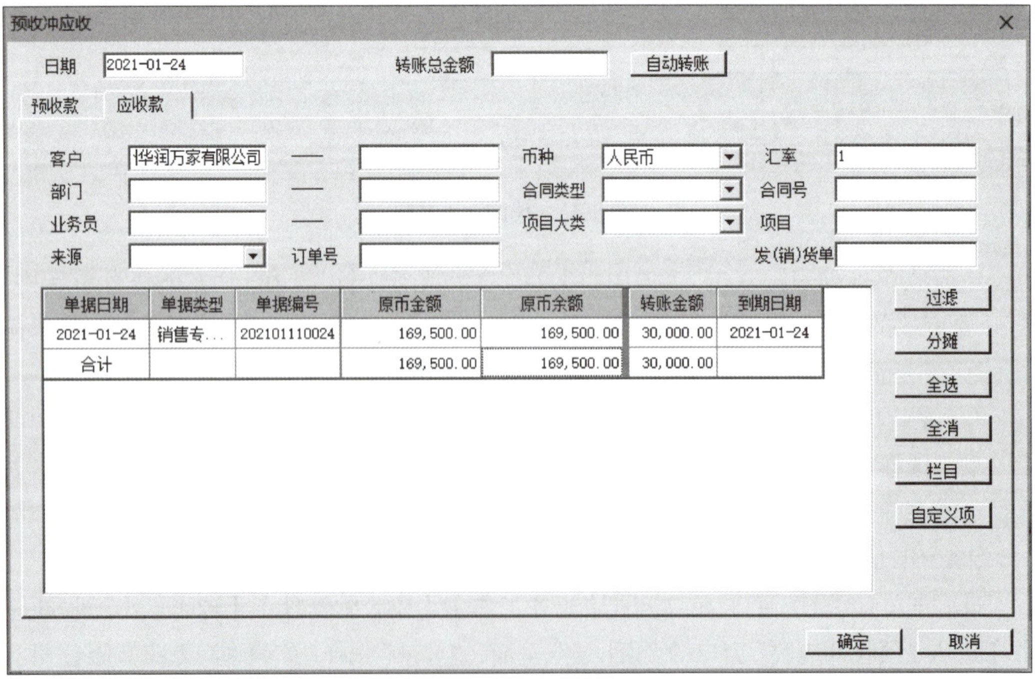

图 8-20　预收冲应收 2

③ 系统提示“是否立即制单”，点击【是】，打开“记账凭证”窗口，点击工具栏【保存】按钮，退出记账凭证及预收冲应收。

（9）录入收款单。

2021 年 01 月 24 日，由莫世和（W03）登录 U8 企业应用平台。

进入 U8 操作窗口，依次点击【业务工作】-【应收款管理】-【收款单据处理】-【收款单据录入】，进入“收款单”窗口，点击工具栏上的【增加】。根据账套资料填写收款单，填写完毕点击【保存】，如图 8-21 所示。

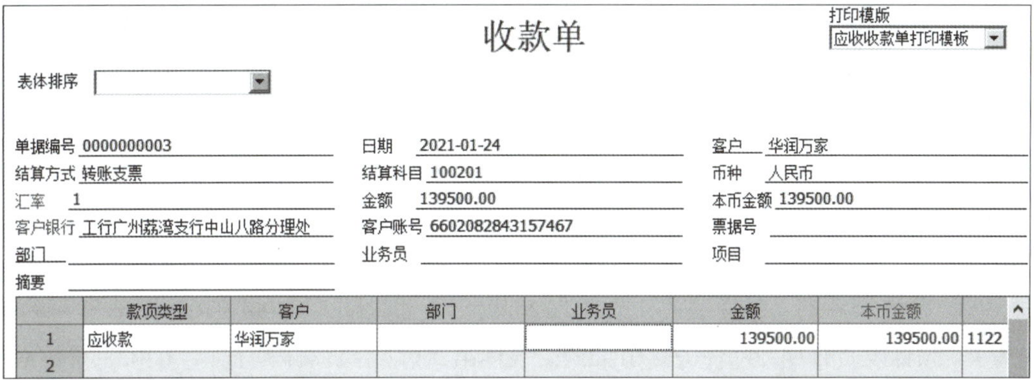

图 8-21　收款单

（10）收款单据审核并制单处理。

2021 年 01 月 24 日，由何婵怡（W02）登录 U8 企业应用平台。

进入 U8 操作窗口，依次点击【业务工作】-【应收款管理】-【收款单据处理】-【收款单据审核】，出现“收款单查询条件”窗口，点击【确定】，进入“收付款单列表”，双击“0000000003”号付款单，进入“收款单”窗口，点击工具栏上的【审核】按键，弹出“应收款管理”窗口，提示“是否立即制单？”，点击【是】，弹出“记账凭证”窗口，在“记账凭证”工具栏上点击【保存】。

（11）正常单据记账。

2021 年 01 月 24 日，由何婵怡（W02）登录 U8 企业应用平台。

进入 U8 操作窗口，依次点击【业务工作】-【供应链】-【存货核算】-【业务核算】-【正常单据记账】，弹出“查询条件选择”，点击【确定】，进入“未记账单据一览表”，双击“0000000002”号销售出库单的【选择】栏，使其显示“Y”字样。点击工具栏的【记账】，弹出“存货核算”窗口，提示“记账成功”，点击【确定】。

3. 分批发货并有预收款业务。

【账套资料】

2021 年 01 月 24 日，销售部经理吴悦欢与广州沃尔玛有限公司签订销售合同（合同编号：XS20210102），销售三折太阳伞 1 000 把，不含税单价 50 元，税率 13%，共计 56 500

元，合同约定 25 日发出第一批货 500 把。2021 年 01 月 24 日收到了对方开出的转账支票（支票号：2021010302）支付的首付款 10 000 元。

2021 年 01 月 26 日，发出第二批货 500 把，并开出增值税专用发票（发票号：202101030015），当日收到广州沃尔玛有限公司的转账支票（支票号：2021010964）支付的销售尾款 45 200 元。

【操作步骤】

（1）填写销售订单。

2021 年 01 月 24 日，由吴悦欢（X01）登录 U8 企业应用平台。

① 进入 U8 操作窗口，依次点击【业务工作】–【供应链】–【销售管理】–【销售订货】–【销售订单】，进入“销售订单”窗口，点击工具栏上的【增加】按钮，根据账套资料填写“销售订单”。

② 在表头“订单号”处录入“XS20210102”，“销售类型”选择“核心客户销售”，“客户简称”选择“广州沃尔玛有限公司”，“业务员”选择“吴悦欢”，自动带出“销售部门”为“销售部”。

③ 表体第一行“存货编码”选择“0202”，“数量”录入“500”，“无税单价”录入“50”，“预计发货日期”为“2021-01-25”。表体第二行“存货编码”选择“0202”，“数量”录入“500”，“无税单价”录入“50”，“预计发货日期”为“2021-01-26”。点击工具栏【保存】按钮，再点击【审核】按钮，如图 8-22 所示。

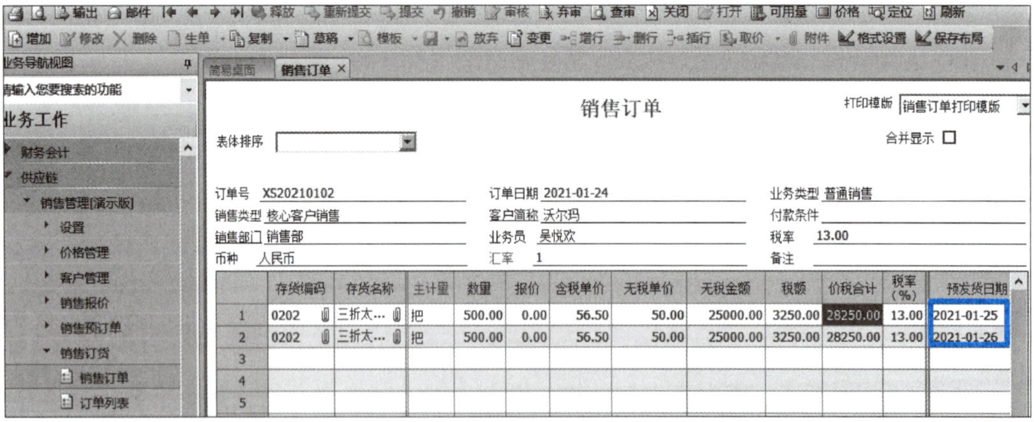

图 8-22　销售订单

（2）录入收款单。

2021 年 01 月 24 日，由莫世和（W03）登录 U8 企业应用平台。

进入 U8 操作窗口，依次点击【业务工作】–【应收款管理】–【收款单据处理】–【收款单据录入】，进入“收款单”窗口，点击工具栏上的【增加】。根据账套资料填写收款单，表体第一行“款项类型”改为“预收款”，填写完毕点击【保存】，如图 8-23 所示。

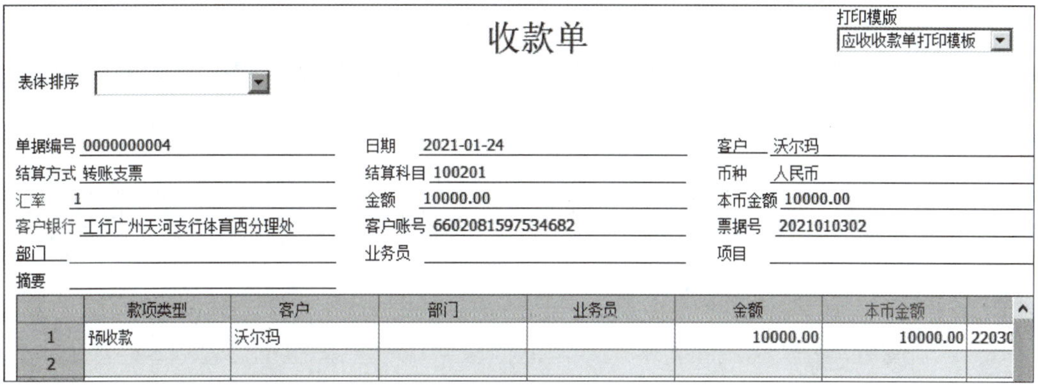

图 8-23 收款单

（3）收款单据审核并制单处理。

2021 年 01 月 24 日，由何婵怡（W02）登录 U8 企业应用平台。

进入 U8 操作窗口，依次点击【业务工作】-【应收款管理】-【收款单据处理】-【收款单据审核】，出现“收款单查询条件”窗口，点击【确定】，进入“收付款单列表”，双击“0000000004”号付款单，进入“收款单”窗口，点击工具栏上的【审核】按键，弹出“应收款管理”窗口，提示“是否立即制单？”，点击【是】，弹出“记账凭证”窗口，在“记账凭证”工具栏上点击【保存】。

（4）参照销售订单生成发货单。

2021 年 01 月 25 日，由吴悦欢（X01）登录 U8 企业应用平台。

进入 U8 操作窗口，依次点击【业务工作】-【供应链】-【销售管理】-【销售发货】-【发货单】，进入“发货单”窗口，点击工具栏上的【增加】按钮，弹出“查询条件选择 - 参照订单”窗口，点击【确定】，弹出“参照生单”窗口，点击工具栏【全选】按钮，在“发货单参照订单”点击取消选择第二行（即选择预计发货日期为“2021 年 01 月 25 日”货物），如图 8-24 所示，点击【确定】，返回“发货单”窗口，在表体第一行“仓库名称”处选择“成品二库”，点击工具栏【保存】按钮，再点击【审核】按钮，如图 8-25 所示。

（5）销售出库单审核。

2021 年 01 月 25 日，由佘依玲（C01）登录 U8 企业应用平台。

进入 U8 操作窗口，依次点击【业务工作】-【供应链】-【库存管理】-【出库业务】-【销售出库单】，进入“销售出库单”窗口，点击工具栏【➡|】，出现“0000000003”号销售出库单（发货自动生成出库单），点击工具栏【审核】按钮，如图 8-26 所示。

（6）参照销售订单生成发货单。

2021 年 01 月 26 日，由吴悦欢（X01）登录 U8 企业应用平台。

进入 U8 操作窗口，依次点击【业务工作】-【供应链】-【销售管理】-【销售发货】-【发货单】，进入“发货单”窗口，点击工具栏上的【增加】按钮，弹出“查询条件选择 - 参照订单”窗口，点击【确定】，弹出“参照生单”窗口，点击工具栏【全选】按钮，点击【确定】，

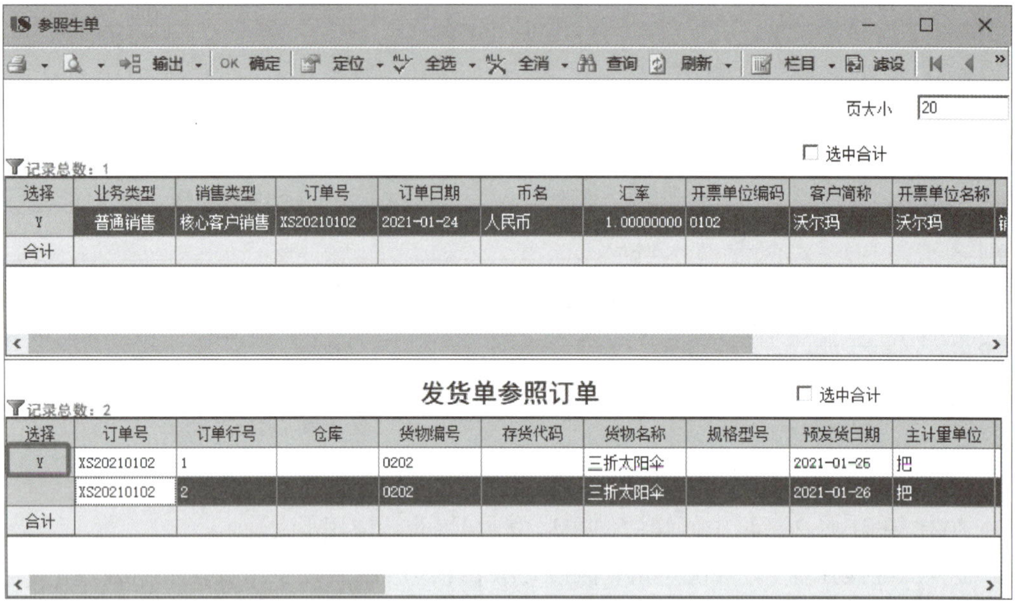

图 8-24　参照生单

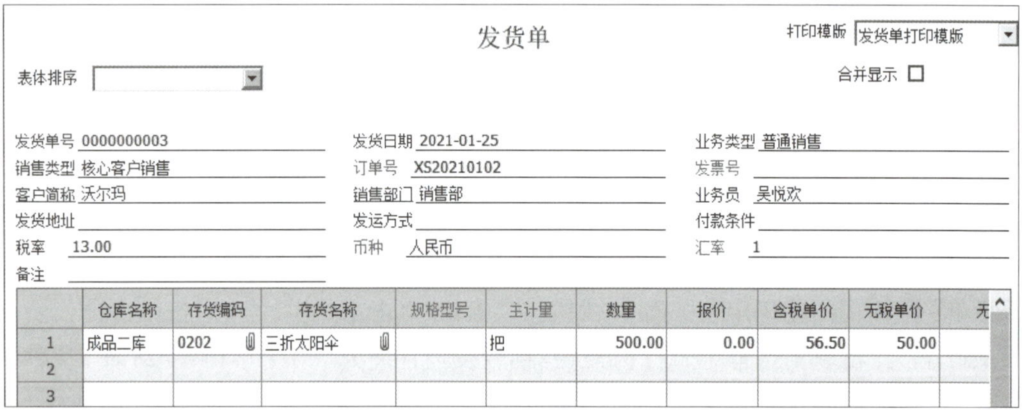

图 8-25　发货单

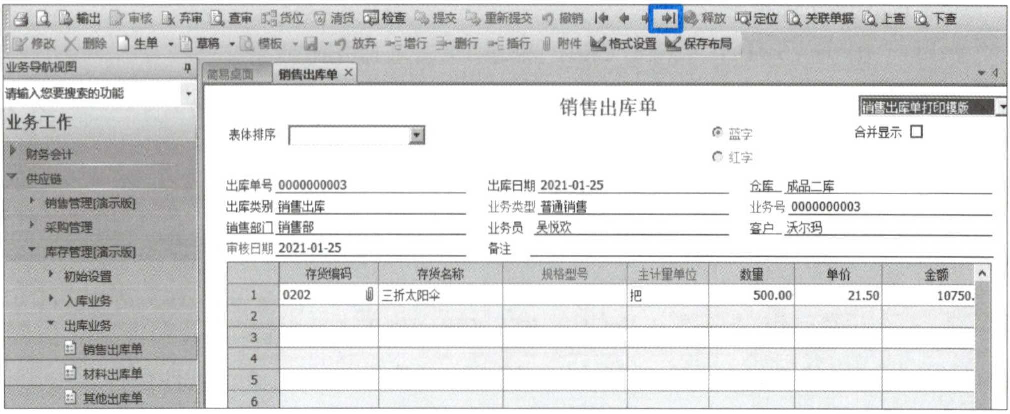

图 8-26　销售出库单

返回“发货单”窗口，表体第一行“仓库名称”选择“成品二库”，点击工具栏【保存】按钮，再点击【审核】按钮。

（7）销售出库单审核。

2021 年 01 月 26 日，由佘依玲（C01）登录 U8 企业应用平台。

进入 U8 操作窗口，依次点击【业务工作】–【供应链】–【库存管理】–【出库业务】–【销售出库单】，进入“销售出库单”窗口，点击工具栏【 】，出现“0000000004”号销售出库单（发货自动生成出库单），点击工具栏【审核】按钮。

（8）参照发货单生成销售专用发票。

2021 年 01 月 26 日，由吴悦欢（X01）登录 U8 企业应用平台。

① 进入 U8 操作窗口，依次点击【业务工作】–【供应链】–【销售管理】–【销售开票】–【销售专用发票】，进入“销售专用发票”窗口，点击工具栏【增加】按钮，弹出“查询条件选择 – 参照订单”，点击【取消】，在工具栏【生单】选择“参照发货单”，弹出“查询条件选择 – 参照发货单”窗口，点击【确定】，打开“参照生单”窗口，双击“发货单号”为“0000000003”及“0000000004”行所对应的【选择】栏，如图 8–27 所示。

② 点击工具栏【确定】按钮，返回“销售专用发票”窗口，在表头“发票号”处录入“202101030015”，点击工具栏【保存】按钮，点击【复核】。

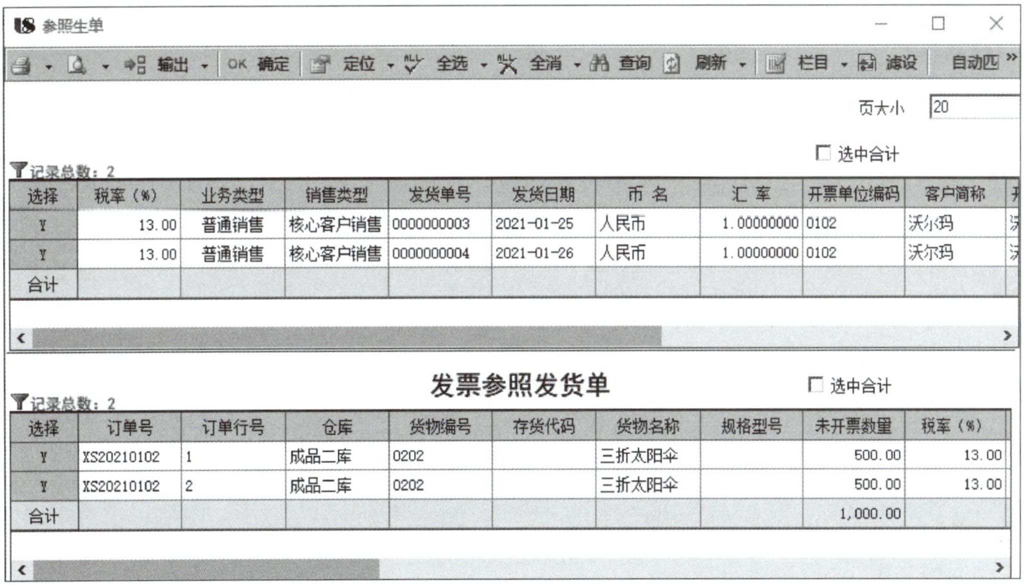

图 8–27　参照生单

（9）应收单据审核并制单处理。

2021 年 01 月 26 日，由何婵怡（W02）登录 U8 企业应用平台。

① 进入 U8 操作窗口，依次点击【业务工作】–【应收款管理】–【应收单据处理】–【应收单据审核】，弹出“应收单查询条件”提示窗口，点击【包含已现结发票】，点击【确

定】,进入“应收单据列表”,双击“202101030015”号发票所在行选择栏右侧任意单元格,打开要审核的“销售专用发票”窗口,点击工具栏【审核】,弹出“应收款管理”提示窗口,提示“是否立即制单?”,点击【是】。

② 系统打开“记账凭证”窗口,点击第二行“科目名称”,打开“辅助项”窗口,“项目名称”选择“三折太阳伞”,点击【确定】,返回“记账凭证”窗口,点击工具栏的【保存】。

(10)转账处理。

2021 年 01 月 26 日,由何婵怡(W02)登录 U8 企业应用平台。

① 进入 U8 操作窗口,依次点击【业务工作】-【应收款管理】-【转账】-【预收冲应收】,进入“预收冲应收”窗口的“预收款”页面,“客户”选择“广州沃尔玛有限公司”,点击【过滤】,在“转账金额”处录入“10000”,如图 8-28 所示。

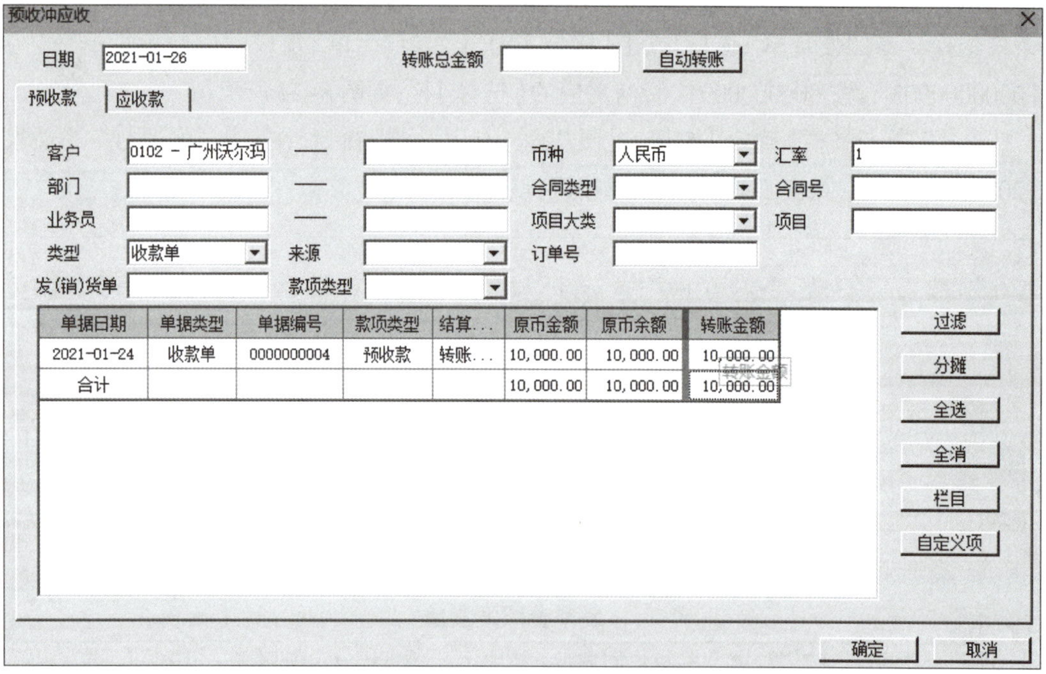

图 8-28　预收冲应收 1

② 点击“应收款”页面,点击【过滤】,在第一行“转账金额”处录入“10000”,如图 8-29 所示,点击【确定】。

③ 系统提示“是否立即制单?”,点击【是】,打开“记账凭证”窗口,点击工具栏【保存】按钮,退出记账凭证及预收冲应收。

(11)录入收款单。

2021 年 01 月 26 日,由莫世和(W03)登录 U8 企业应用平台。

进入 U8 操作窗口,依次点击【业务工作】-【应收款管理】-【收款单据处理】-【收款

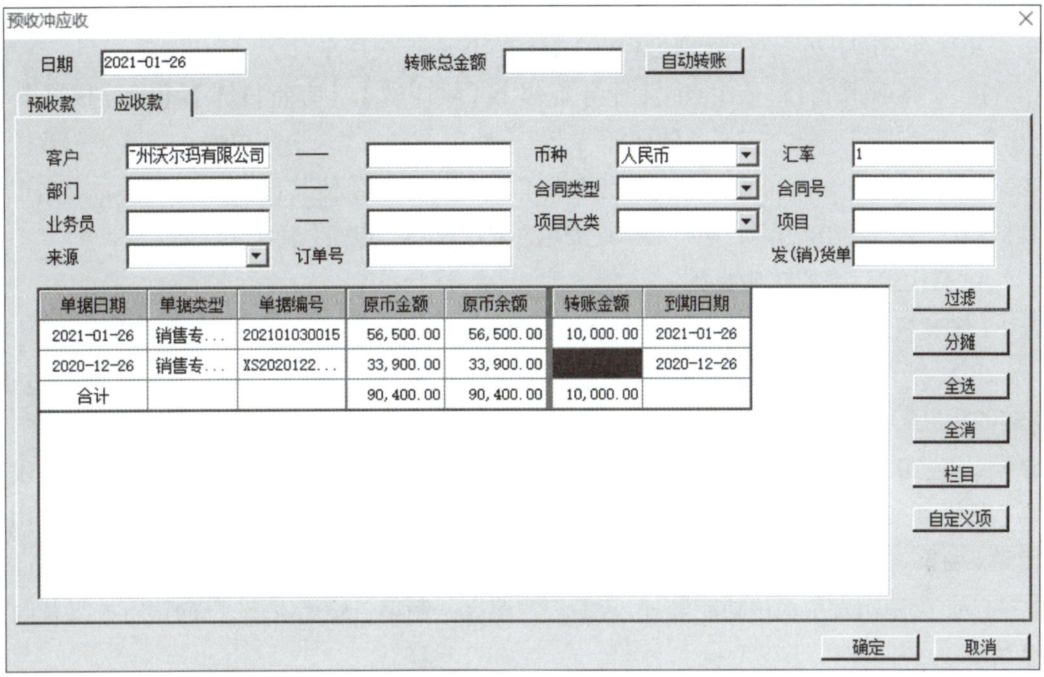

图 8-29　预收冲应收 2

单据录入】,进入“收款单”窗口,点击工具栏上的【增加】。根据账套资料填写收款单,填写完毕点击【保存】,如图 8-30 所示。

图 8-30　收款单

(12)收款单据审核并制单处理。

2021 年 01 月 26 日,由何婵怡(W02)登录 U8 企业应用平台。

进入 U8 操作窗口,依次点击【业务工作】-【应收款管理】-【收款单据处理】-【收款单据审核】,出现“收款单查询条件”窗口,点击【确定】,进入“收付款单列表”,双击“0000000005”号付款单,进入“收款单”窗口,点击工具栏上的【审核】按键,弹出“应收款管理”窗口,提示“是否立即制单?”,点击【是】,弹出“记账凭证”窗口,在“记账凭证”工具栏上点击【保存】。

（13）正常单据记账

2021 年 01 月 26 日，由何婵怡（W02）登录 U8 企业应用平台。

进入 U8 操作窗口，依次点击【业务工作】–【供应链】–【存货核算】–【业务核算】–【正常单据记账】，弹出“查询条件选择”，点击【确定】，进入“未记账单据－一览表”，双击“0000000003”及“0000000004”号销售出库单的【选择】栏，使其显示“Y”字样。点击工具栏的【记账】，弹出“存货核算”窗口，提示“记账成功”，点击【确定】。

4. 有代垫运费的销售业务。

【账套资料】

2021 年 01 月 26 日，吴悦欢与杭州天擎伞业有限公司签订销售合同（合同编号：XS20210115），销售三折太阳伞 800 把，不含税单价 50 元，税率 13%，共计 45 200 元，合同约定 2021 年 01 月 26 日交货，付款条件为“2/10，n/30”。同时开具增值税专用发票（发票号：202101150051），并以现金代垫运输费用 1 744 元，货物运输业增值税专用发票（发票号：202101150053）显示运费 1 600 元，税率为 9%，增值税额为 144 元，共计 1 744 元，（使用发票代垫功能处理，与销售发票合并制单），货已发出，已向银行办妥托收手续。

【操作步骤】

（1）填写销售订单。

2021 年 01 月 26 日，由吴悦欢（X01）登录 U8 企业应用平台。

① 进入 U8 操作窗口，依次点击【业务工作】–【供应链】–【销售管理】–【销售订货】–【销售订单】，进入“销售订单”窗口，点击工具栏上的【增加】按钮，根据账套资料填写“销售订单”。

② 在表头“订单号”处录入“XS20210115”，“销售类型”选择“核心客户销售”，“客户简称”选择“杭州天擎伞业有限公司”，“付款条件”选择“2/10，n/30”，“业务员”选择“吴悦欢”，自动带出销售部门为“销售部”。

③ 表体第一行“存货编码”选择“0202”，“数量”录入“800”，“无税单价”录入“50”，“预计发货日期”为“2021–01–26”。点击工具栏【保存】按钮，再点击【审核】按钮，如图 8–31 所示。

（2）参照销售订单生成发货单。

2021 年 01 月 26 日，由吴悦欢（X01）登录 U8 企业应用平台。

进入 U8 操作窗口，依次点击【业务工作】–【供应链】–【销售管理】–【销售发货】–【发货单】，进入“发货单”窗口，点击工具栏上的【增加】按钮，弹出“查询条件选择－参照订单”窗口，点击【确定】，弹出“参照生单”窗口，点击工具栏【全选】按钮，点击【确定】，返回“发货单”窗口，表体第一行“仓库名称”选择“成品二库”，点击工具栏【保存】按钮，再点击【审核】按钮。

图 8-31　销售订单

（3）销售出库单审核。

2021 年 01 月 26 日，由佘依玲（C01）登录 U8 企业应用平台。

进入 U8 操作窗口，依次点击【业务工作】-【供应链】-【库存管理】-【出库业务】-【销售出库单】，进入“销售出库单”窗口，点击工具栏【➡|】，出现“0000000005”号销售出库单（发货自动生成出库单），点击工具栏【审核】按钮。

（4）参照发货单生成销售专用发票并进行代垫费用处理。

2021 年 01 月 26 日，由吴悦欢（X01）登录 U8 企业应用平台。

① 进入 U8 操作窗口，依次点击【业务工作】-【供应链】-【销售管理】-【销售开票】-【销售专用发票】，进入“销售专用发票”窗口，点击工具栏【增加】按钮，弹出“查询条件选择 - 参照订单”，点击【取消】，在工具栏【生单】选择“参照发货单”，弹出“查询条件选择 - 参照发货单”窗口，点击【确定】，打开“参照生单”窗口，双击发货单号为“0000000005”行所对应的【选择】栏，如图 8-32 所示。

② 点击工具栏【确定】按钮，返回“销售专用发票”窗口，在表头“发票号”处录入“202101150051”，点击工具栏【保存】按钮，点击【复核】。

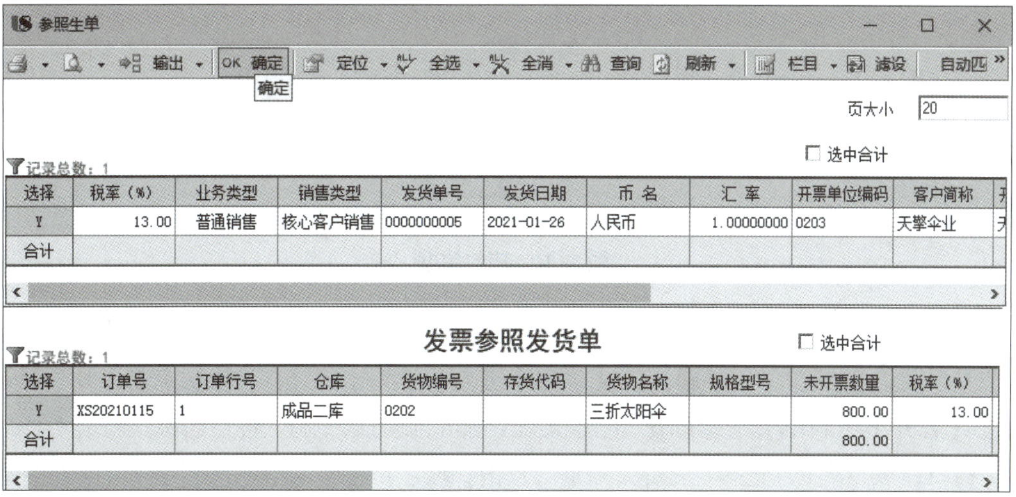

图 8-32　参照生单

③ 点击工具栏【代垫】按钮，出现“代垫费用单”窗口，在表体“费用项目”处选择“运费”，“代垫金额”录入“1744”，“存货编码”录入“0202”，点击工具栏【保存】-【审核】，如图 8-33 所示。退出“代垫费用单”窗口，返回“销售专用发票”窗口，点击工具栏【复核】按钮。

图 8-33 代垫费用单

（5）应收单据审核并制单处理。

2021 年 01 月 26 日，由何婵怡（W02）登录 U8 企业应用平台。

① 进入 U8 操作窗口，依次点击【业务工作】-【应收款管理】-【应收单据处理】-【应收单据审核】，进入“应收单据列表”，点击工具栏【全选】，点击【审核】，如图 8-34 所示。

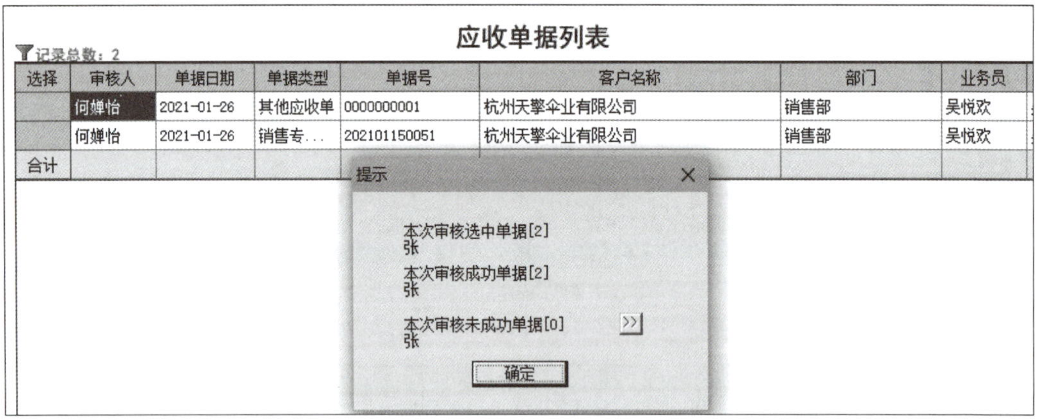

图 8-34 应收单据

② 依次点击【业务工作】-【应收款管理】-【制单处理】，打开“制单查询”窗口，勾选“发票制单“ “应收单制单”，点击【确定】，进入“应收制单”窗口，依次点击工具栏【全选】-【合并】-【制单】，系统打开“记账凭证”窗口，点击第二行“科目名称”，打开“辅助项”窗口，“项目名称”选择“三折太阳伞”，点击【确定】，返回“记账凭证”窗口，点击工具栏的【保存】。

（6）正常单据记账。

2021 年 01 月 26 日，由何婵怡（W02）登录 U8 企业应用平台。

进入 U8 操作窗口，依次点击【业务工作】–【供应链】–【存货核算】–【业务核算】–【正常单据记账】，弹出“查询条件选择”，点击【确定】，进入“未记账单据 – 一览表”，双击“0000000005”号销售出库单的【选择】栏，使其显示“Y”字样。点击工具栏的【记账】，弹出“存货核算”窗口，提示“记账成功”，点击【确定】。

5. 收到银行承兑汇票的销售业务。

【账套资料】

2021 年 01 月 26 日，销售部吴悦欢与广州华润万家有限公司签订销售合同（合同编号：XS20210122），销售三折太阳伞 1 000 把，不含税单价 50 元，税率 13%，共计 56 500 元。当日货已发出并开具增值税专用发票（发票号：202101220125）。26 日收到当日出票，3 个月到期银行承兑汇票（汇票号码：125464）支付 6 500 元和转账支票（支票号：2021012223）支付 50 000 元。核销合并制单。

【操作步骤】

（1）填写销售订单。

2021 年 01 月 26 日，由吴悦欢（X01）登录 U8 企业应用平台。

① 进入 U8 操作窗口，依次点击【业务工作】–【供应链】–【销售管理】–【销售订货】–【销售订单】，进入“销售订单”窗口，点击工具栏【增加】按钮，根据账套资料填写“销售订单”。

② 在表头“订单号”处录入“XS20210122”，“销售类型”选择“核心客户销售”，“客户简称”选择“广州华润万家有限公司”，“业务员”选择“吴悦欢”，自动带出销售部门为“销售部”。

③ 表体第一行“存货编码”选择“0202”，“数量”录入“1000”，“无税单价”录入“50”，“预计发货日期”为“2021-01-26”。点击工具栏【保存】按钮，再点击【审核】按钮，如图 8-35 所示。

销售订单

打印模版 销售订单打印模版

表体排序

合并显示 □

订单号 XS20210122　订单日期 2021-01-26　业务类型 普通销售

销售类型 核心客户销售　客户简称 华润万家　付款条件

销售部门 销售部　业务员 吴悦欢　税率 13.00

币种 人民币　汇率 1　备注

	存货编码	存货名称	数量	含税单价	无税单价	无税金额	税额	价税合计	税率（%）	预发货日期
1	0202	三折太阳伞	1000.00	56.50	50.00	50000.00	6500.00	56500.00	13.00	2021-01-26
2										

图 8-35　销售订单

（2）参照销售订单生成发货单。

2021 年 01 月 26 日，由吴悦欢（X01）登录 U8 企业应用平台。

进入 U8 操作窗口，依次点击【业务工作】-【供应链】-【销售管理】-【销售发货】-【发货单】，进入“发货单”窗口，点击工具栏【增加】按钮，弹出“查询条件选择 - 参照订单”窗口，点击【确定】，弹出“参照生单”窗口，点击工具栏【全选】按钮，点击【确定】，返回“发货单”窗口，表体第一行“仓库名称”选择“成品二库”，点击工具栏【保存】按钮，再点击【审核】按钮，如图 8-36 所示。

图 8-36 发货单

（3）销售出库单审核。

2021 年 01 月 26 日，由佘依玲（C01）登录 U8 企业应用平台。

进入 U8 操作窗口，依次点击【业务工作】-【供应链】-【库存管理】-【出库业务】-【销售出库单】，进入“销售出库单”窗口，点击工具栏【 】，出现“0000000006”号销售出库单（发货自动生成出库单），点击工具栏【审核】按钮。

（4）参照发货单生成销售专用发票。

2021 年 01 月 26 日，由吴悦欢（X01）登录 U8 企业应用平台。

① 进入 U8 操作窗口，依次点击【业务工作】-【供应链】-【销售管理】-【销售开票】-【销售专用发票】，进入“销售专用发票”窗口，点击工具栏【增加】按钮，弹出“查询条件选择 - 参照订单”，点击【取消】，在工具栏【生单】选择“参照发货单”，弹出“查询条件选择 - 参照发货单”窗口，点击【确定】，打开“参照生单”窗口，双击“发货单号”为“0000000006”行所对应的“选择”栏，如图 8-37 所示。

② 点击工具栏【确定】按钮，返回“销售专用发票”窗口，在表头“发票号”处录入“202101220125”，点击工具栏【保存】按钮，点击【复核】。

（5）应收单据审核并制单处理。

2021 年 01 月 26 日，由何婵怡（W02）登录 U8 企业应用平台。

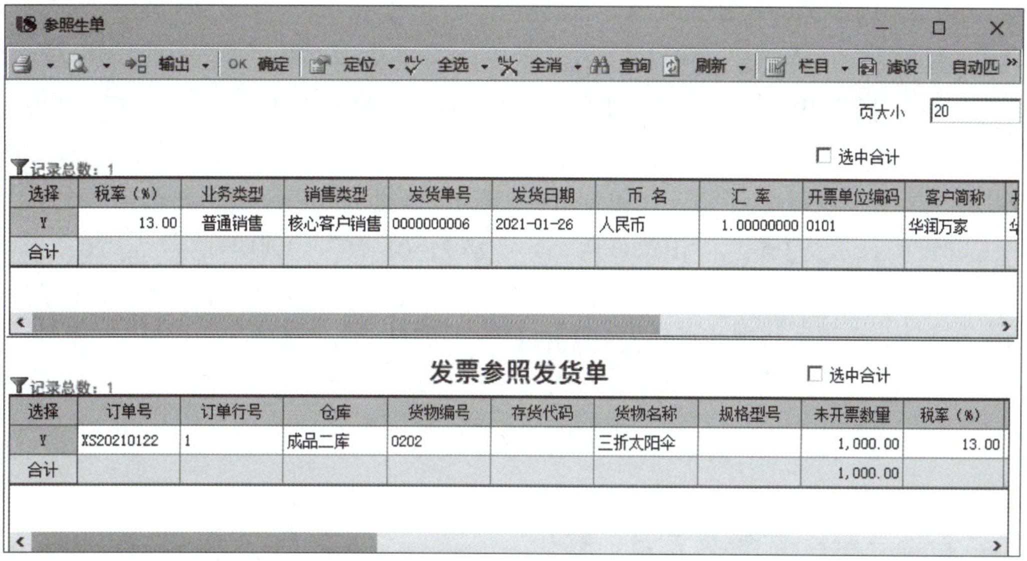

图 8-37　参照生单

① 进入 U8 操作窗口，依次点击【业务工作】-【应收款管理】-【应收单据处理】-【应收单据审核】，弹出“应收单查询条件”提示窗口，点击【包含已现结发票】，点击【确定】，进入“应收单据列表”，双击“202101220125”号发票所在行选择栏右侧任意单元格，打开要审核的“销售专用发票”窗口，点击工具栏【审核】，弹出“应收款管理”提示窗口，提示“是否立即制单？”，点击【是】。

② 系统内打开“记账凭证”窗口，点击第二行“科目名称”，打开“辅助项”窗口，项目名称选择“三折太阳伞”，点击【确定】，返回“记账凭证”窗口，点击工具栏的【保存】。

（6）正常单据记账。

2021 年 01 月 26 日，由何婵怡（W02）登录 U8 企业应用平台。

进入 U8 操作窗口，依次点击【业务工作】-【供应链】-【存货核算】-【业务核算】-【正常单据记账】，弹出“查询条件选择”，点击【确定】，进入“未记账单据 - 一览表”，双击“0000000006”号销售出库单的选择栏，使其显示“Y”字样。点击工具栏的【记账】，如图 8-38 所示，弹出“存货核算”窗口，提示“记账成功”，点击【确定】。

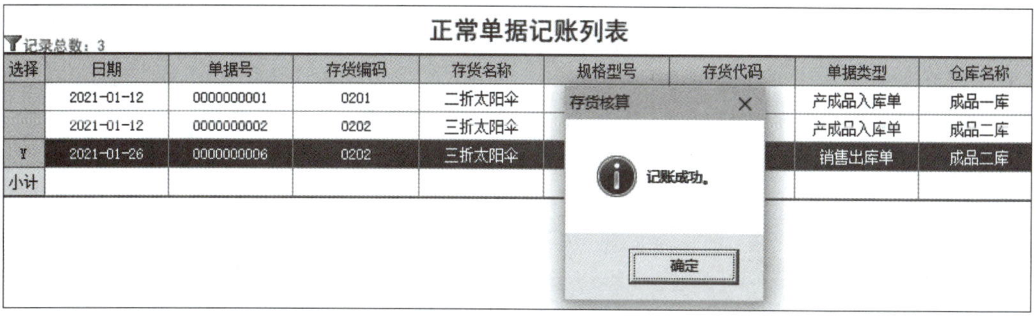

图 8-38　正常单据记账

（7）填制银行承兑汇票。

2021 年 01 月 26 日，由莫世和（W03）登录 U8 企业应用平台。

进入 U8 操作窗口，依次点击【业务工作】-【应收款管理】-【票据管理】，进入“查询条件选择”窗口，点击【确定】，进入“票据管理”窗口，点击工具栏上的【增加】，打开“商业汇票”窗口。“票据类型”选择“银行承兑汇票”，“票据编号”录入“125464”，“结算方式”选择“银行承兑汇票”，“出票日期”录入“2021-01-26”，“到期日”录入“2021-04-26”，“出票人”选择“广州华润万家有限公司”，“金额”录入“6500”，点击工具栏【保存】按钮，如图 8-39 所示，退出【商业汇票】窗口。

图 8-39　商业承兑汇票

（8）录入收款单据。

2021 年 01 月 26 日，由莫世和（W03）登录 U8 企业应用平台。

进入 U8 操作窗口，依次点击【业务工作】-【应收款管理】-【收款单据处理】-【收款单据录入】，进入“收款单”窗口，点击工具栏上的【增加】。根据账套资料填写收款单，填写完毕点击【保存】，如图 8-40 所示。

图 8-40　收款单

（9）收款单据审核。

2021 年 01 月 26 日，由何婵怡（W02）登录 U8 企业应用平台。

进入 U8 操作窗口，依次点击【业务工作】–【应收款管理】–【收款单据处理】–【收款单据审核】，进入“收付款单列表”，点击工具栏【全选】，点击【审核】。

（10）核销处理并制单。

2021 年 01 月 26 日，由何婵怡（W02）登录 U8 企业应用平台。

① 进入 U8 操作窗口，依次点击【业务工作】–【应收款管理】–【核销处理】–【手工核销】，打开“核销条件”窗口，客户选择“广州华润万家有限公司”，点击【确定】，进入“单据核算”窗口，在第一部分第二行“本次结算金额”处录入“6500”，其他行的“本次结算金额”删除，在第二部分单据日期为“2021-01-26”的销售专业发票行“本次结算”处录入“6500”，点击工具栏【保存】按钮，如图 8-41 所示。

单据日期	单据...	单据编号	客户	款项类型	结算方式	币种	汇率	原币金额	原币余额	本次结算金额	订单号
2021-01-24	收款单	0000000003	华润万家	应收款	转账支票	人民币	1.00000000	139,500.00	139,500.00		
2021-01-26	收款单	0000000006	华润万家	应收款	银行承...	人民币	1.00000000	6,500.00	6,500.00	6,500.00	
2021-01-26	收款单	0000000007	华润万家	应收款	转账支票	人民币	1.00000000	50,000.00	50,000.00		
合计								196,000.00	196,000.00	6,500.00	

单据日期	单据类型	单据编号	到期日	客户	币种	原币金额	原币余额	可...	S..	本次结算	订单号	凭证号
2021-01-24	销售专...	202101110024	2021-01-24	华润万家	人民币	169,500.00	139,500.00	0.00			XS20210103	记-0060
2021-01-26	销售专...	202101220125	2021-01-26	华润万家	人民币	56,500.00	56,500.00	0.00	...	6,500.00	XS20210122	记-0068
合计						226,000.00	196,000.00	0.00		6,500.00		

如图 8-41　单据核销

② 进入 U8 操作窗口，依次点击【业务工作】–【应收款管理】–【制单处理】，打开“制单查询”窗口，选择“收付款单制单”“核销制单”“票据处理制单”，点击【确定】，如图 8-42 所示。

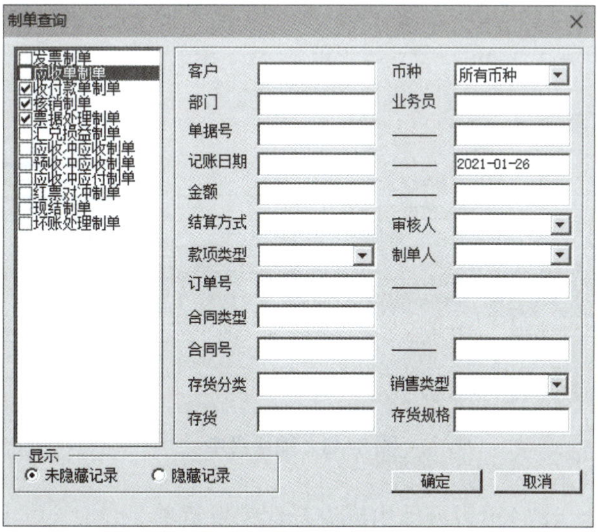

图 8-42　制单查询

③ 进入“核销制单”窗口，依次点击工具栏【全选】-【合并】-【制单】按钮，进入“记账凭证”窗口，点击工具栏【确定】。

6. 委托代销业务。

【账套资料】

2021 年 01 月 26 日，吴悦欢与广州天旺伞业有限公司签订委托代销（买断形式）协议（合同编号：WTDX20210104），协议约定委托该公司代销二折太阳伞；代销数量：4 000 把；代销价格：30 元 / 把。并约定每月 31 日根据实际销售数量结算付款。当时发出二折太阳伞 4 000 把。

2021 年 01 月 31 日，天旺公司与天祥公司进行结算（委托代销结算单号：000001），结算已销售二折太阳伞 3 000 把，收到该公司开具的转账支票（支票号：2021012443）101 700 元，并开具增值税专用发票（发票号：202101240094），使用现结功能。

【操作步骤】

（1）填制（委托代销）销售订单。

2021 年 01 月 26 日，由吴悦欢（X01）登录 U8 企业应用平台。

① 进入 U8 操作窗口，依次点击【业务工作】-【供应链】-【销售管理】-【销售订货】-【销售订单】，进入“销售订单”窗口，点击工具栏【增加】按钮，根据账套资料填写销售订单。

② 在表头“订单号”处录入“WTDX20210104”，“业务类型”选择“委托代销”，“销售类型”选择“委托代销”，“客户简称”选择“天旺公司”，“业务员”选择“吴悦欢”，自动带出销售部门为“销售部”。

③ 表体第一行“存货编码”选择“0201”，“数量”录入“4000”，“无税单价”录入“30”，“预计发货日期”为“2021-01-26”。点击工具栏【保存】按钮，再点击【审核】按钮，如图 8-43 所示。

销售订单

打印模版 销售订单打印模版

表体排序　　合并显示 □

订单号 WTDX20210104　订单日期 2021-01-26　业务类型 委托代销

销售类型 委托代销　客户简称 天旺公司　付款条件

销售部门 销售部　业务员 吴悦欢　税率 13.00

币种 人民币　汇率 1　备注

	存货编码	存货名称	数量	含税单价	无税单价	无税金额	税额	价税合计	税率（%）	预发货日期
1	0201	二折太…	4000.00	33.90	30.00	120000.00	15600.00	135600.00	13.00	2021-01-26
2										
3										
4										

图 8-43　销售订单

（2）参照（委托代销）销售订单生成委托代销发货单。

2021 年 01 月 26 日，由吴悦欢（X01）登录 U8 企业应用平台。

进入 U8 操作窗口，依次点击【业务工作】-【供应链】-【销售管理】-【委托代销】-【委托代销发货单】，进入“委托代销发货单”窗口，点击工具栏【增加】按钮，弹出“查询条件选择－参照订单”窗口，点击【确定】，弹出“参照生单”窗口，点击工具栏【全选】按钮，点击【确定】，返回“委托代销发货单”窗口，表体第一行“仓库名称”选择“成品一库”，点击工具栏【保存】按钮，再点击【审核】按钮，如图 8-44 所示。

图 8-44　发货单

（3）销售出库单审核。

2021 年 01 月 26 日，由佘依玲（C01）登录 U8 企业应用平台。

进入 U8 操作窗口，依次点击【业务工作】-【供应链】-【库存管理】-【出库业务】-【销售出库单】，进入“销售出库单”窗口，点击工具栏【 ➔| 】，出现“0000000007”号销售出库单（发货自动生成出库单），如图 8-45 所示，点击工具栏【审核】按钮。

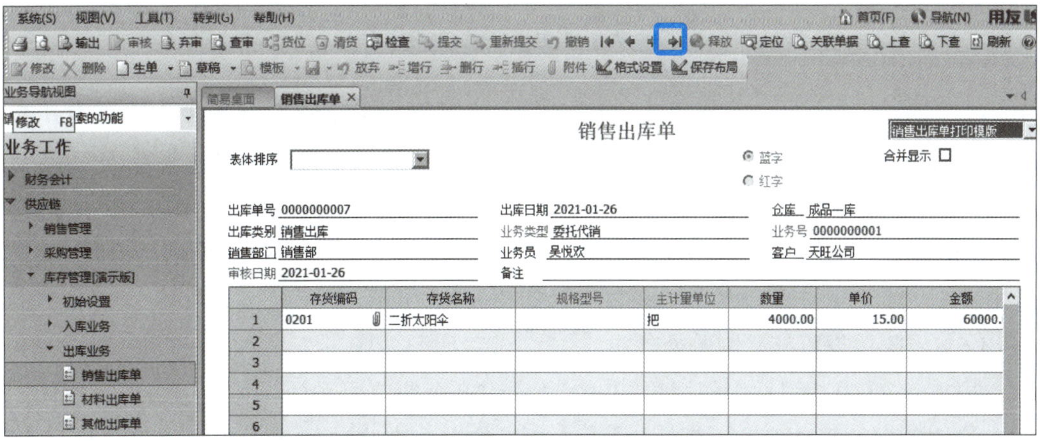

图 8-45　销售出库单

（4）发出商品记账。

2021 年 01 月 26 日，由何婵怡（W02）登录 U8 企业应用平台。

进入 U8 操作窗口，依次点击【业务工作】-【供应链】-【存货核算】-【业务核算】-

【发出商品记账】,弹出“查询条件择”窗口,点击【确定】,进入“发出商品记账”窗口。点击工具栏的【全选】-【记账】,弹出“存货核算”窗口,提示“记账成功”,点击【确定】。

（5）参照委托代销发货单生成委托代销结算单,审核并进行发票现结处理。

2021年01月31日,由吴悦欢（X01）登录U8企业应用平台。

① 进入U8操作窗口,依次点击【业务工作】-【供应链】-【销售管理】-【委托代销】-【委托代销结算单】,进入“委托代销结算单”窗口,点击工具栏【增加】,弹出“查询条件选择－委托结算参照发货单”,点击【确定】,打开“参照生单”窗口,点击【全选】-【确定】按钮。返回“委托代销结算单”窗口。在表头“发票号”处录入“202101240094”,“结算单号”录入“000001”,表体“数量”修改为“3000”,点击【保存】-【审核】。弹出“请选择发票类型”窗口,如图8-46所示,选择“专用发票”,点击【确定】。

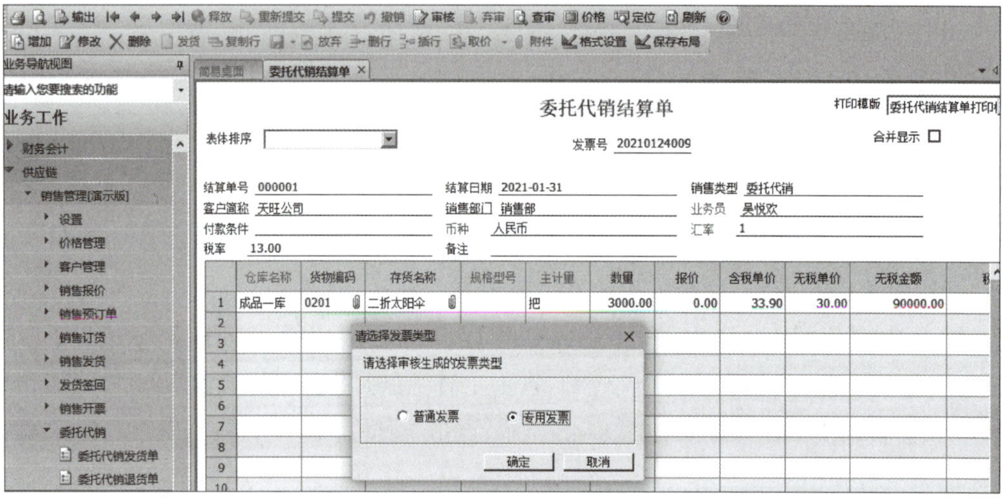

图8-46 委托代销结算单

② 依次点击【业务工作】-【供应链】-【销售管理】-【销售开票】-【销售专用发票】,打开“销售专用发票”,点击工具栏【➡】,出现“202101240094”号销售专用发票,点击工具栏【现结】按钮,弹出“现结”窗口,“结算方式”选择“202转账支票”,“原币金额”录入“101700”,“票据号”录入“2021012443”,点击【确定】,如图8-47所示。返回“销售专用发票”窗口,点击工具栏【复核】按钮,如图8-48所示。

（6）应收单据审核并制单处理。

2021年01月31日,由何婵怡（W02）登录U8企业应用平台。

① 进入U8操作窗口,依次点击【业务工作】-【应收款管理】-【应收单据处理】-【应收单据审核】,弹出“应收单查询条件”提示窗口,点击【包含已现结发票】,点击【确定】,进入“应收单据列表”,双击“202101240094”号发票所在行选择栏右侧任意单元格,打开要审核的“销售专用发票”窗口,点击工具栏【审核】,弹出“应收款管理”提示窗口,提示“是否立即制单?”,点击【是】。

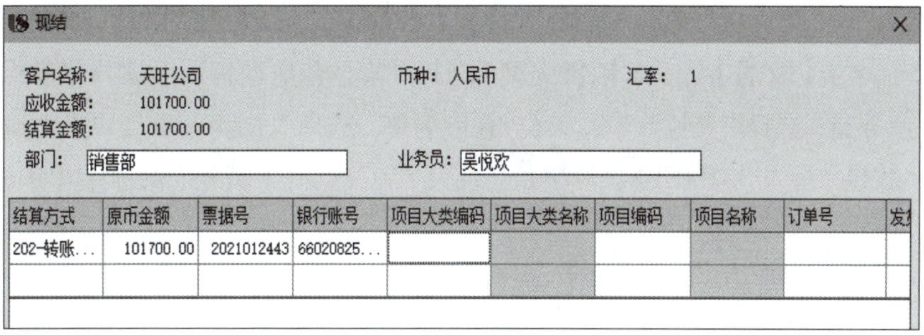

现结

客户名称： 天旺公司　币种： 人民币　汇率： 1

应收金额： 101700.00

结算金额： 101700.00

部门： 销售部　业务员： 吴悦欢

结算方式	原币金额	票据号	银行账号	项目大类编码	项目大类名称	项目编码	项目名称	订单号	发
202-转账...	101700.00	2021012443	66020825...						

图 8-47　现结

现结　销售专用发票　打印模版 销售专用发票打印模

表体排序　合并显示

发票号 202101240094　开票日期 2021-01-31　业务类型 委托

销售类型 委托代销　订单号 WTDX20210104　发货单号 000001

客户简称 天旺公司　销售部门 销售部　业务员 吴悦欢

付款条件　客户地址 广州市越秀区站前路564号　联系电话 020-87825062

开户银行 工行广州越秀支行站前路分理处　账号 6602082508361512　税号 440104620254512

币种 人民币　汇率 1　税率 13.00

备注

	仓库名称	存货编码	存货名称	规格型号	主计量	数量	报价	含税单价	无税单价	无
1	成品一库	0201	二折太阳伞		把	3000.00	0.00	33.90	30.00	
2										
3										

图 8-48　销售专用发票

② 系统打开“记账凭证”窗口，点击第二行“科目名称”，打开“辅助项”窗口，“项目名称”选择“二折太阳伞”，点击【确定】，返回“记账凭证”窗口，点击工具栏的【保存】。

（7）发出商品记账。

2021 年 01 月 31 日，由何婵怡（W02）登录 U8 企业应用平台。

进入 U8 操作窗口，依次点击【业务工作】-【供应链】-【存货核算】-【业务核算】-【发出商品记账】，弹出“查询条件择”窗口，点击【确定】，进入“发出商品记账”窗口。点击工具栏的【全选】-【记账】。弹出“存货核算”窗口，提示“记账成功”，点击【确定】。

7. 销售退货业务。

【账套资料】

2021 年 01 月 31 日，吴悦欢上月向广州沃尔玛有限公司销售的二折太阳伞中有 100 把存在不同程度的质量问题。经协商开出红字增值税发票（发票号：1230035），同时通过电汇方式退还货款。

【操作步骤】

（1）填制退货单。

2021 年 01 月 31 日，由吴悦欢（X01）登录 U8 企业应用平台。

进入 U8 操作窗口，依次点击【业务工作】-【供应链】-【销售管理】-【销售发货】-

【退货单】,进入“退货单”窗口,点击工具栏【增加】按钮,弹出“查询条件选择－参照订单”窗口,点击【取消】,表头“销售类型”选择“核心客户销售”,“客户简称”选择“沃尔玛”,“业务员”选择“吴悦欢”。表体“仓库名称”选择“成品一库”,“货物编码”选择“02012”,“数量”录入“－100”,“含税单价”录入“30”,点击工具栏【保存】－【审核】按钮,如图 8–49 所示。

退货单

打印模版 退货单打印模版

表体排序

合并显示 □

退货单号 0000000007　退货日期 2021-01-31　业务类型 普通销售

销售类型 核心客户销售　订单号　发票号

客户简称 沃尔玛　销售部门 销售部　业务员 吴悦欢

发运方式　币种 人民币　汇率 1

税率 13.00　备注

	仓库名称	货物编码	存货名称	主计量	数量	报价	含税单价	无税单价	无税金额	税额	价税合计	税率（%）	扣率2（%）	客
1	成品一库	0201	二折…	把	-100.00	0.00	33.90	30.00	-3000.00	-390.00	-3390.00	13.00	100.00	
2														
3														

图 8–49　退货单

（2）参照退货单生成（负数）销售出库单。

2021 年 01 月 31 日,由佘依玲（C01）登录 U8 企业应用平台。

进入 U8 操作窗口,依次点击【业务工作】－【供应链】－【库存管理】－【出库业务】－【销售出库单】,进入“销售出库单”窗口,点击工具栏【 】,出现“0000000009”号的负数销售出库单,点击工具栏【审核】按钮。

（3）参照退货单生成红字销售专用发票。

2021 年 01 月 31 日,由吴悦欢（X01）登录 U8 企业应用平台。

① 进入 U8 操作窗口,依次点击【业务工作】－【供应链】－【销售管理】－【销售开票】－【红字专用销售发票】,进入“红字专用销售发票”窗口,点击工具栏【增加】按钮,弹出“查询条件选择－参照订单”,点击【取消】,在工具栏【生单】选择“参照发货单”,弹出“查询条件选择－参照发货单”窗口,“发货单类型”选择“红字记录”,点击【确定】,打开“参照生单”窗口,双击“发货单号”为“0000000007”行所对应的选择栏,如图 8–50 所示。

② 点击工具栏【确定】,返回“销售专用发票”窗口,在表头“发票号”处录入“1230035”,点击工具栏【保存】按钮,点击【复核】。

（4）应收单据审核并制单处理。

2021 年 01 月 31 日,由何婵怡（W02）登录 U8 企业应用平台。

① 进入 U8 操作窗口,依次点击【业务工作】－【应收款管理】－【应收单据处理】－【应收单据审核】,弹出“应收单查询条件”提示窗口,点击【包含已现结发票】,点击【确定】,

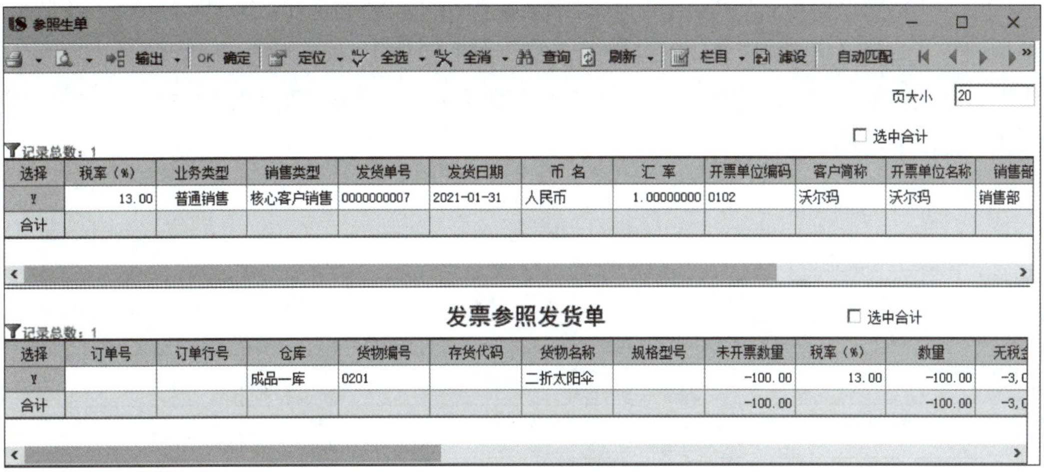

图 8-50　参照生单

进入“应收单据列表”，双击“1230035”号发票所在行选择栏右侧任意单元格，打开要审核的“销售专用发票”窗口，点击工具栏【审核】，弹出“应收款管理”提示窗口，提示“是否立即制单？”，点击【是】。

② 系统内打开“记账凭证”窗口，点击第二行“科目名称”，打开“辅助项”窗口，“项目名称”选择“二折太阳伞”，点击【确定】，返回“记账凭证”窗口，点击工具栏的【保存】。

（5）正常单据记账。

2021 年 01 月 31 日，由何婵怡（W02）登录 U8 企业应用平台。

进入 U8 操作窗口，依次点击【业务工作】-【供应链】-【存货核算】-【业务核算】-【正常单据记账】，弹出“查询条件选择”，点击【确定】，进入“未记账单据－一览表”，双击“0000000009”号销售出库单的选择栏，使其显示“Y”字样。点击工具栏的【记账】，弹出【存货核算】窗口，提示“记账成功”，点击【确定】。

任务三　应 收 业 务

1. 收款业务。

【账套资料】

2021 年 01 月 31 日，收到银行转来的托收承付凭证（收账通知），为沃尔玛上月购货款，共计 30 512 元。

【操作步骤】

（1）录入收款单。

2021 年 01 月 31 日，由莫世和（W03）登录 U8 企业应用平台。

进入 U8 操作窗口,依次点击【业务工作】-【应收款管理】-【收款单据处理】-【收款单据录入】,进入“收款单”窗口,点击工具栏上的【增加】。根据账套资料填写收款单,表头“客户”选择“沃尔玛”,“结算方式”选择“委托收款”,“金额”录入“30510”,填写完毕点击【保存】,如图 8-51 所示。

收款单

打印模版 应收收款单打印模板

表体排序

单据编号 0000000009　日期 2021-01-31　客户 沃尔玛
结算方式 委托收款　结算科目 100201　币种 人民币
汇率 1　金额 30510.00　本币金额 30510.00
客户银行 工行广州天河支行体育西分理处　客户账号 6602081597534682　票据号
部门　业务员　项目
摘要

	款项类型	客户	部门	业务员	金额	本币金额	
1	应收款	沃尔玛			30510.00	30510.00	1122
2							

图 8-51　收款单

(2)收款单据审核并制单处理。

2021 年 01 月 31 日,由何婵怡(W02)登录 U8 企业应用平台。

进入 U8 操作窗口,依次点击【业务工作】-【应收款管理】-【收款单据处理】-【收款单据审核】,出现“收款单查询条件”窗口,点击【确定】,进入“收付款单列表”,双击“0000000009”付款单,进入“收款单”窗口,点击工具栏【审核】按键,弹出“应收款管理”窗口,提示“是否立即制单?”,点击【否】,弹出“记账凭证”窗口,在“记账凭证”工具栏上点击【保存】。

2. 收到银行承兑汇票。

【账套资料】

2021 年 01 月 31 日,收到天旺公司 3 个月期限的银行承兑汇票(汇票号码:20210109015),抵前欠货款 113 000 元。

【操作步骤】

(1)填制银行承兑汇票。

2021 年 01 月 31 日,由莫世和(W03)登录 U8 企业应用平台。

进入 U8 操作窗口,依次点击【业务工作】-【应收款管理】-【票据管理】,进入“查询条件选择”窗口,点击【确定】,进入“票据管理”窗口,点击工具栏上的【增加】,打开“商业汇票”窗口。“票据类型”选择“银行承兑汇票”,“票据编号”录入“20210109015”,“结算方式”选择“银行承兑汇票”,“出票日期”录入“2021-01-31”,“到期日”录入“2021-04-27”,“出票人”选择“广州天旺伞业有限公司”,“金额”录入“113000”,点击工具栏【保存】按钮,如图 8-52 所示,退出“商业汇票”窗口。

打印模版组 30657 商业汇票打印模版

商业汇票

银行名称　　票据类型 银行承兑汇票

方向 收款　　票据编号 20210109015　　结算方式 银行承兑汇票

收到日期 2021-01-31　　出票日期 2021-01-31　　到期日 2021-04-27

出票人 广州天旺伞业有限公司　　出票人账号 6602082508361512　　付款人银行 工行广州越秀支行站前路分理处

收款人 广州天祥伞业有限公司　　收款人账号　　收款人开户银行

币种 人民币　　金额 113000.00　　票面利率 0.00000000

汇率 1.000000　　付款行行号　　付款行地址

背书人　　背书金额　　备注

业务员　　部门　　票据摘要

交易合同号码　　制单人 莫世和

	处理方式	处理日期	贴现银行	被背书人	贴现率	利息	费用	处理金额
1								

图 8-52　商业承兑汇票

（2）收款单据审核并制单处理。

2021 年 01 月 31 日，由何婵怡（W02）登录 U8 企业应用平台。

进入 U8 操作窗口，依次点击【业务工作】-【应收款管理】-【收款单据处理】-【收款单据审核】，出现“收款单查询条件”窗口，点击【确定】，进入“收付款单列表”，双击“0000000010”号付款单，进入“收款单”窗口，点击工具栏【审核】按键，弹出“应收款管理”窗口提示“是否立即制单？”，点击【否】，弹出“记账凭证”窗口，在“记账凭证”工具栏上点击【保存】。

3. 坏账发生。

【账套资料】

2021 年 01 月 31 日，得知苏州天羽伞业有限公司发生火灾致使其现金流严重不足，导致其应收货款 33 900 元无法收回，公司对该笔应收款确认为坏账损失。

【操作步骤】

2021 年 01 月 31 日，由何婵怡（W02）登录 U8 企业应用平台。

进入 U8 操作窗口，依次点击【业务工作】-【应收款管理】-【坏账处理】-【坏账发生】，进入“坏账发生”窗口，客户选择“苏州天羽伞业有限公司”，点击【确定】，进入“坏账发生单据明细”窗口，在“本次发生坏账金额”处录入“33900”，点击工具栏【全选】-【确定】按钮，如图 8-53 所示。系统提示“是否立即制单”，点击【是】，进入“记账凭证”窗口，点击【保存】。

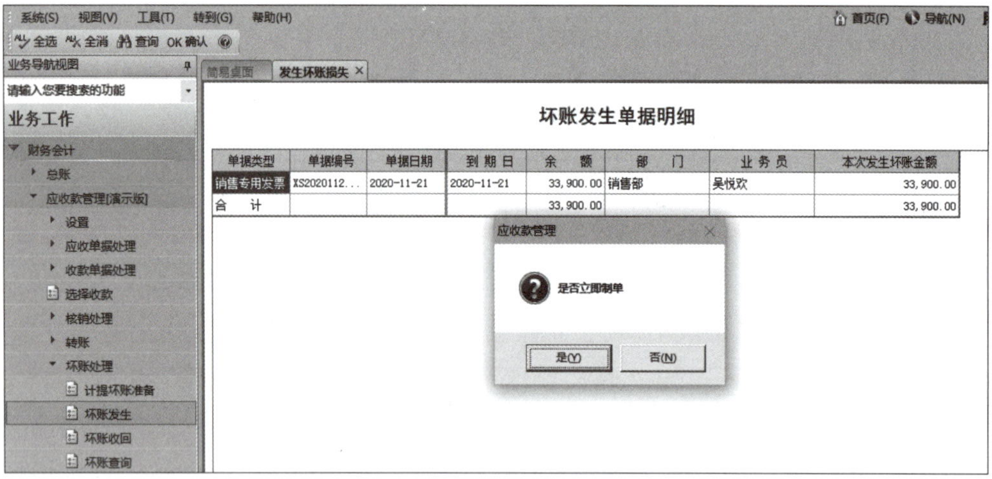

图 8-53　坏账发生单据明细

4. 票据到期收回。

【账套资料】

2021 年 01 月 31 日，华润万家的票据（NO.151225）113 000 元，到期收回，款存工行。

【操作步骤】

（1）票据到期结算处理。

2021 年 01 月 31 日，由莫世和（W03）登录 U8 企业应用平台。

进入 U8 操作窗口，依次点击【业务工作】-【应收款管理】-【票据管理】，进入“查询条件选择”窗口，点击【确定】，进入“票据管理”窗口。双击“151225”号票据，进入“商业汇票”窗口，点击工具栏【结算】按钮，弹出“票据结算”窗口，“结算科目”选择“100201”，“托收单位”选择“工行从化分行府前路支行”，点击【确定】，如图 8-54 所示。弹出“是否立即制单？”提示，点击【否】。

（2）制单处理。

2021 年 01 月 31 日，由何婵怡（W02）登录 U8 企业应用平台。

进入 U8 操作窗口，依次点击【业务工作】-【应收款管理】-【制单处理】，进入“制单查询”窗口，勾选【票据处理制单】，点击【确定】，如图 8-55 所示。进入“票据处理制单”窗口，点击工具栏【全选】-【制单】按钮，进入“记账凭证”窗口，第一行“辅助项结算方式”选择“委托收款”，点击【保存】。

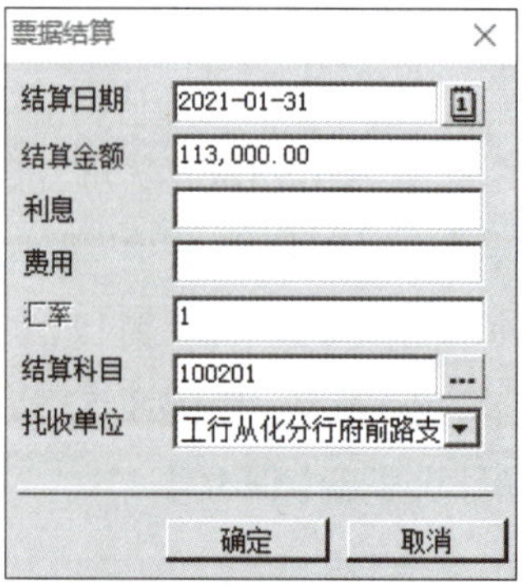

图 8-54　票据结算

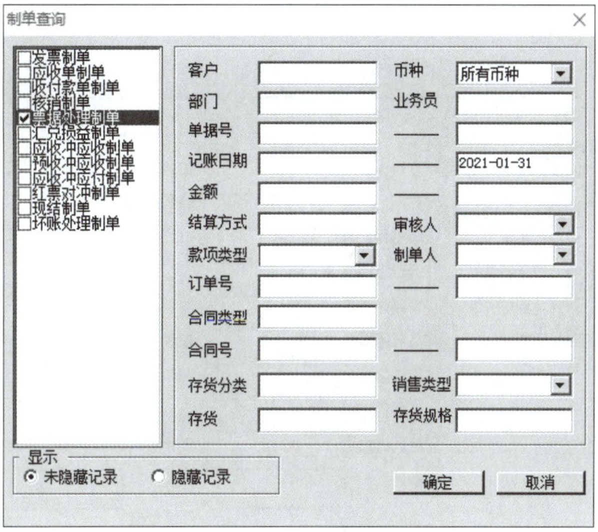

图 8-55　制单查询

5. 票据贴现处理。

【账套资料】

2021 年 01 月 31 日，将天旺公司开具的银行承兑汇票（NO.20210109015）12 109 元办理贴现。贴现率为 4%，款存工行。

【操作步骤】

（1）票据贴现处理。

2021 年 01 月 31 日，由莫世和（W03）登录 U8 企业应用平台。

进入 U8 操作窗口，依次点击【业务工作】-【应收款管理】-【票据管理】，进入“查询条件选择”窗口，点击【确定】，进入“票据管理”窗口。双击“20210109015”号票据，进入“商业汇票”窗口，点击工具栏【贴现】按钮，弹出“票据贴现”窗口，“贴现率”录入“4”，“结算科目”选择“100201”，点击【确定】，如图 8-56 所示。弹出“是否立即制单？”提示，点击【否】。

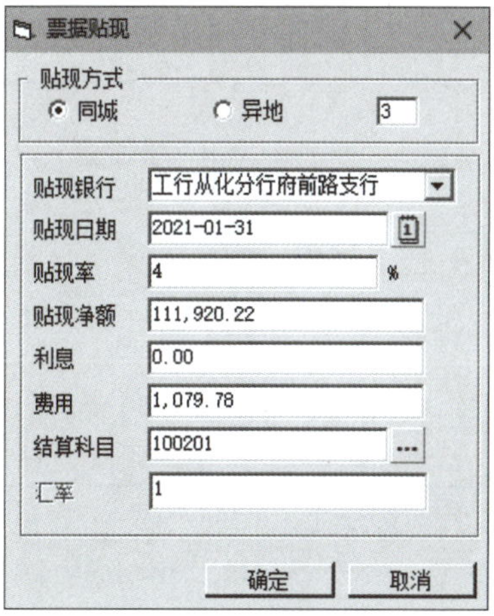

图 8-56　票据结算

（2）制单处理。

① 2021 年 01 月 31 日，由何婵怡（W02）登录 U8 企业应用平台。

进入 U8 操作窗口，依次点击【业务工作】-【应收款管理】-【制单处理】，进入“制单查询”窗口，勾选【票据处理制单】，点击【确定】，如图 8-57 所示。

② 进入“票据处理制单”窗口，点击工具栏【全选】-【制单】按钮，进入“记账凭证”窗口，第一行“辅助项结算方式”选择“委托收款”，第二行“科目名称”录入“660304”，点击【保存】。

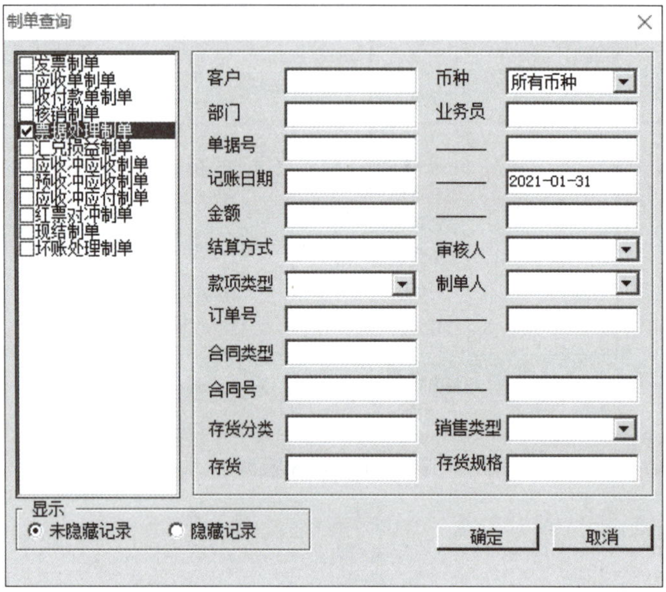

图 8-57　制单查询

【操作视频】

项目八　生产销售操作视频

【思考题】

（1）简述普通采购业务流程。

（2）简述采购结算的作用。

（3）简述采购运费处理流程。

模块四

期末处理

一、学习目的

1. 掌握用友 U8 V10.1 管理软件期末业务处理的相关内容。
2. 掌握用友 U8 V10.1 管理软件期末业务处理的操作流程。
3. 掌握用友 U8 V10.1 管理软件自定义报表的编制。
4. 掌握用友 U8 V10.1 管理软件模板报表的编制。

二、学习内容

1. 转账定义设置。
2. 转账生成操作流程。
3. 对账业务。
4. 各模块结账业务。
5. 自定义报表的编制。
6. 模板报表的编制。

思政园地

前期日常业务处理的结果直接影响期末信息,通过业务与财务信息的对比,对专业知识、技能有更深入的理解,建立正确的价值观。

项目九　期 末 业 务

任务一　期末业务

1. 存货盘点。

【账套资料】

2021 年 01 月 31 日，月末对原材料库进行实地盘点，盘盈 10 公斤油墨。经查明属多收材料，经研究批准盘盈收入 150 元冲减管理费用。

【操作步骤】

（1）盘点单录入。

2021 年 01 月 31 日，由佘依玲（C01）登录 U8 企业应用平台。

依次点击【业务工作】-【供应链】-【库存管理】-【盘点业务】，打开“盘点单”窗口，点击工具栏【增加】按钮，表头“盘点仓库”选择“原材料仓库”，“出库类别”选择“盘亏出库”，“入库类别”选择“盘盈入库”，“经手人”选择“佘依玲”，部门自动带出“仓库”。点击工具栏【盘库】按钮，提示“盘库将删除未保存的所有记录，是否继续？”，点击【是】，打开“盘点处理”窗口，点击【确认】。返回“盘点单”窗口，按照账套资料把第 7 行存货的盘点数量改为“4060”，“单价”录入“15”，依次点击工具栏【保存】-【审核】按钮，提示“该单据审核成功！”，点击【确定】，如图 9-1 所示。

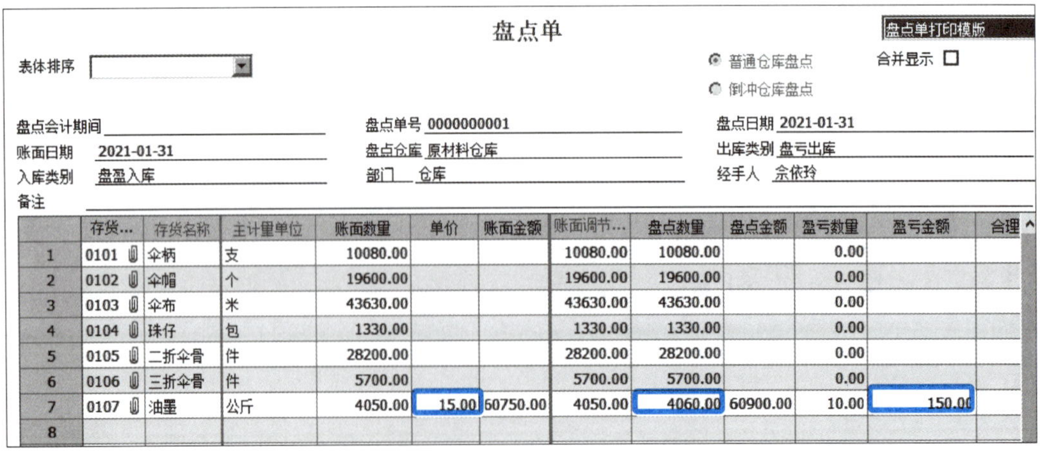
盘点单

盘点单打印模版

表体排序

普通仓库盘点　倒冲仓库盘点　合并显示

盘点会计期间　盘点单号 0000000001　盘点日期 2021-01-31

账面日期 2021-01-31　盘点仓库 原材料仓库　出库类别 盘亏出库

入库类别 盘盈入库　部门 仓库　经手人 佘依玲

备注

	存货...	存货名称	主计量单位	账面数量	单价	账面金额	账面调节...	盘点数量	盘点金额	盘亏数量	盘亏金额	合理
1	0101	伞柄	支	10080.00			10080.00	10080.00		0.00		
2	0102	伞帽	个	19600.00			19600.00	19600.00		0.00		
3	0103	伞布	米	43630.00			43630.00	43630.00		0.00		
4	0104	珠仔	包	1330.00			1330.00	1330.00		0.00		
5	0105	二折伞骨	件	28200.00			28200.00	28200.00		0.00		
6	0106	三折伞骨	件	5700.00			5700.00	5700.00		0.00		
7	0107	油墨	公斤	4050.00	15.00	60750.00	4050.00	4060.00	60900.00	10.00	150.00	
8												

图 9-1　盘点单

（2）审核其他入库单。

2021 年 01 月 31 日，由佘依玲（C01）登录 U8 企业应用平台。

依次点击【业务工作】–【供应链】–【库存管理】–【入库业务】–【其他入库单】，打开“其他入库单”窗口，点击工具栏【末张】按钮，点击【审核】，如图 9–2 所示。

图 9–2 其他入库单

（3）正常单据记账并生成凭证。

2021 年 1 月 31 日，由何婵怡（W02）登录 U8 企业应用平台。

① 依次点击【业务工作】–【供应链】–【存货核算】–【业务核算】–【正常单据记账】，打开“查询条件选择”窗口，点击【确定】，进入“正常单据记账列表”窗口，双击“0000000001”号其他入库单的选择栏，使其显示“Y”字样，点击工具栏的【记账】按钮，系统提示记账成功。

② 依次点击【业务工作】–【供应链】–【存货核算】–【财务核算】–【生成凭证】，打开“生成凭证”窗口，点击工具栏【选择】按钮，打开“查询条件”窗口，选择“其他入库单”，点击【确定】，进入“选择单据”窗口，依次点击工具栏【全选】–【确定】按钮，如图 9–3 所示。

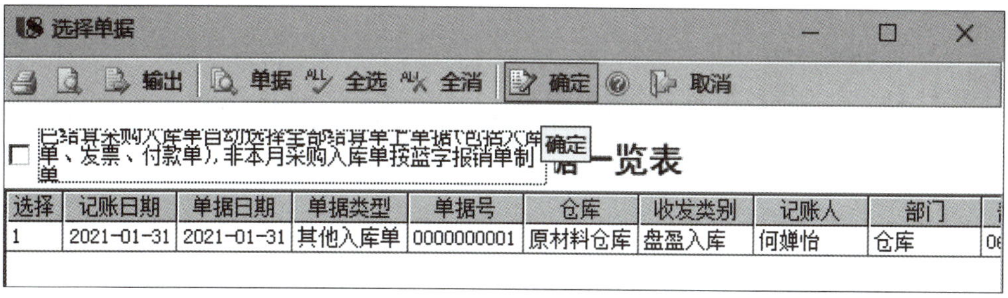

图 9–3 选择单据

③ 返回“生成凭证”窗口，在第二行“科目编码”处录入“1901”，点击工具栏【生成】按钮，进入“记账凭证”窗口，点击【保存】。

（4）总账填制盘盈处理凭证。

2021 年 01 月 31 日，由何婵怡（W02）登录 U8 企业应用平台。

进入U8操作窗口，依次点击【业务工作】-【财务会计】-【总账】-【凭证】-【填制凭证】，进入"填制凭证"窗口。点击工具栏【增加】按钮，"摘要"录入"盘盈处理"，第一行"科目名称"录入"1901"，"借方金额"录入"150"，第二行"科目名称"录入"660207"，"贷方金额"录入"150"，点击工具栏【保存】按钮，提示"凭证保存成功"，点击【确定】。

2. 分配材料费用。

【账套资料】

2021年，01月31日，计算分配本月材料费用。

【操作步骤】

（1）期末处理。

2021年01月31日，由何婵怡（W02）登录U8企业应用平台。

进入U8操作窗口，依次点击【业务工作】-【供应链】-【存货核算】-【业务核算】-【期末处理】，打开"期末处理-1月"窗口，在"未处理仓库"处勾选"原材料仓库"，点击【处理】，提示"期末处理完毕！"，点击【确定】，如图9-4所示，点击【取消】。

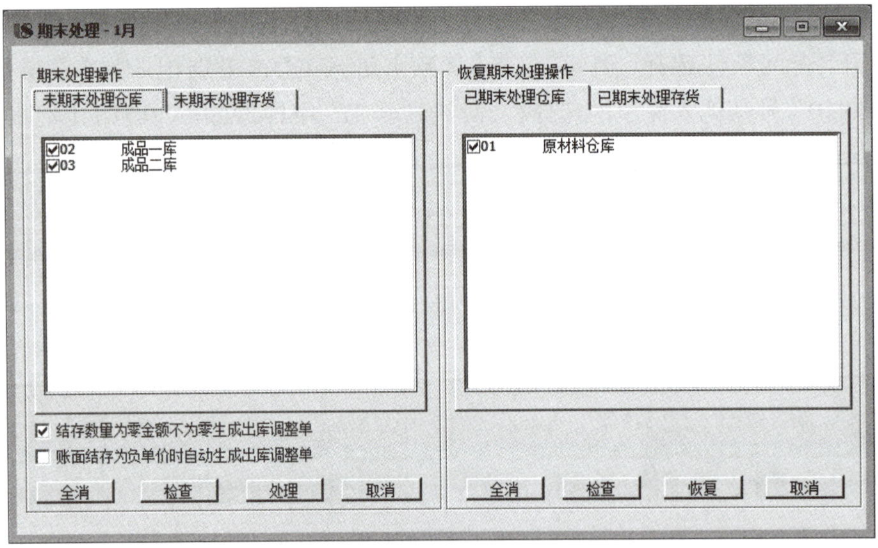

图9-4　期末处理-1月

（2）生成凭证。

2021年01月31日，由何婵怡（W02）登录U8企业应用平台。

① 进入U8操作窗口，依次点击【业务工作】-【供应链】-【存货核算】-【财务核算】-【生成凭证】，打开"生成凭证"窗口，点击工具栏【选择】按钮，打开"查询条件"窗口，勾选"材料出库单"，点击【确定】，如图9-5所示。

② 点击【确定】，出现"选择单据"窗口，点击部门为"生产一部"行的选择栏，点击工具栏【确定】按钮，如图9-6所示。

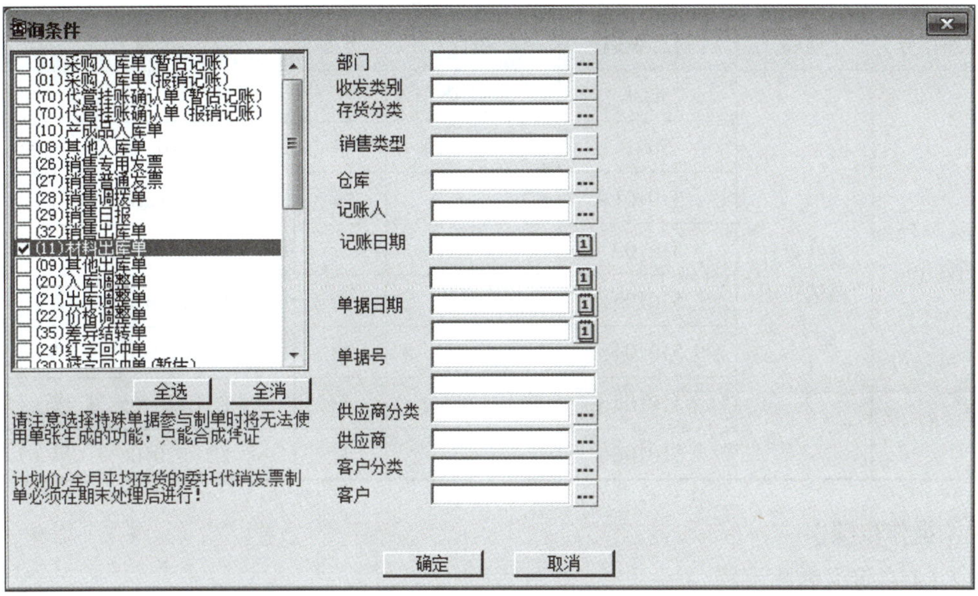

图 9-5　查询条件

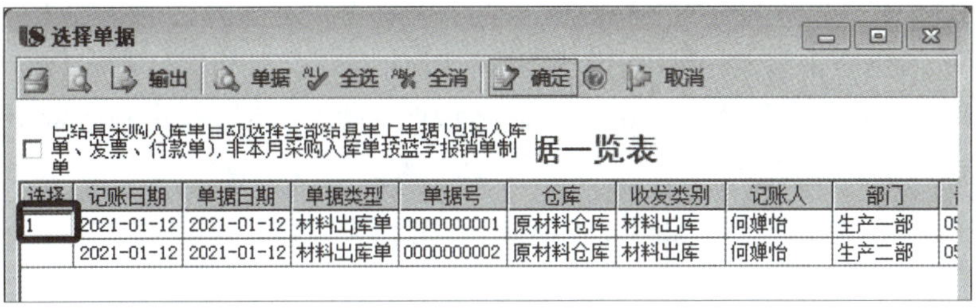

图 9-6　选择单据

③ 进入“生成凭证”窗口，点击工具栏【合成】按钮，打开“记账凭证”窗口，选定“科目名称”第一行，打开“辅助项”窗口，“项目名称”选择“二折太阳伞”，点击【确定】后，点击工具栏【保存】按钮。

④ 关闭记账凭证，返回“生成凭证”窗口，点击工具栏【选择】按钮，打开“查询条件”窗口，勾选“材料出库单”，点击【确定】，出现“选择单据”窗口，点击部门为“生产二部”行的选择栏，点击工具栏【确定】按钮，进入“生成凭证”窗口，点击工具栏【合成】按钮，打开“记账凭证”窗口，选定科目名称第一行，打开“辅助项”窗口，“项目名称”选择“三折太阳伞”，点击【确定】后，点击工具栏【保存】按钮。

3. 结转制造费用。

【账套资料】

2021 年 01 月 31 日，结转制造费用到生产成本，且生产一部与生产二部制造费用比例按照 3∶2 分摊，生产一部全部分配到二折太阳伞项目，生产二部全部分摊到三折太阳伞项目，制造费用自定义结转设置见表 9-1。

表 9-1　制造费用自定义结转设置

转账序号	摘要	科目编码	项目	方向	金额公式
0001	结转本月制造费用	5001	二折太阳伞	借	FS(5101,月,借)*3/5
		5001	三折太阳伞	借	FS(5101,月,借)*2/5
		510101		贷	FS(510101,月,借)
		510102		贷	FS(510102,月,借)
		510103		贷	FS(510103,月,借)
		510104		贷	FS(510104,月,借)
		510105		贷	FS(510105,月,借)
		510106		贷	FS(510106,月,借)

【操作步骤】

（1）自定义转账设置。

2021 年 01 月 31 日，由何婵怡（W02）登录 U8 企业应用平台。

进入 U8 操作窗口，依次点击【业务工作】-【财务会计】-【总账】-【期末】-【转账定义】-【自定义结转】，打开“自定义转账设置”窗口，点击工具栏【增加】按钮，打开“结账目录”窗口，“转账序号”录入“0001”。“转账说明”录入“结转本月制造费用”，点击【确定】，返回“自定义转账设置”窗口，点击工具栏【增行】，按账套资料录入“摘要”“科目编码”“项目”“方向”及“公式”，如图 9-7 所示，点击【保存】后退出该窗口。

图 9-7　自定义转账设置

（2）生成凭证。

2021 年 01 月 31 日，由何婵怡（W02）登录 U8 企业应用平台。

进入 U8 操作窗口，依次点击【业务工作】-【财务会计】-【总账】-【期末】-【转账生成】,进入“转账生成”窗口,双击编号为“0001”行的“是否结转”栏,该栏显示为“Y”的状态,如图 9–8 所示,点击【确定】。提示“2021.01 月或之前有未记账凭证,是否继续结转？”,点击【是】,打开“记账凭证”窗口,点击【保存】。

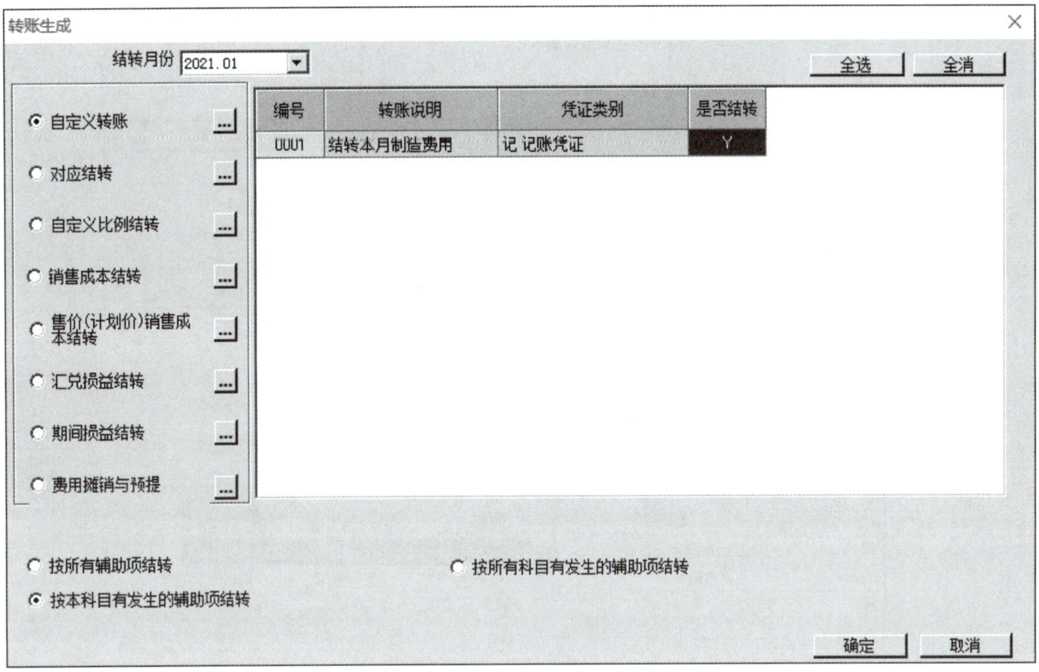

图 9–8　转账生成

4. 完工产品成本结转。

【账套资料】

2021 年 01 月 31 日,将本月发生的生产成本全额分配到产成品中。

【操作步骤】

(1)将此前的凭证全部进行“出纳签字”“审核”及“记账”。

(2)成本数据查询。

2021 年 01 月 31 日,由何婵怡(W02)登录 U8 企业应用平台。

依次点击【业务工作】–【财务会计】–【总账】–【账表】–【项目辅助账】–【项目成本一览表】,进入“项目成本一览表查询条件”窗口,“项目大类”选择“产品核算”,在“请选择进行成本统计的科目”处将“5001 生产成本”通过向右箭头选到右边框,如图 9–9 所示,点击【确定】,打开“项目成本一览表”窗口,如图 9–10 所示。

(3)产成品成本分配。

2021 年 1 月 31 日,由何婵怡(W02)登录 U8 企业应用平台。

依次点击【业务工作】–【供应链】–【存货核算】–【业务核算】–【产成品成本分配】,打开“产成品成本分配”窗口,点击工具栏【查询】按钮,打开“产成品成本分配查询”窗

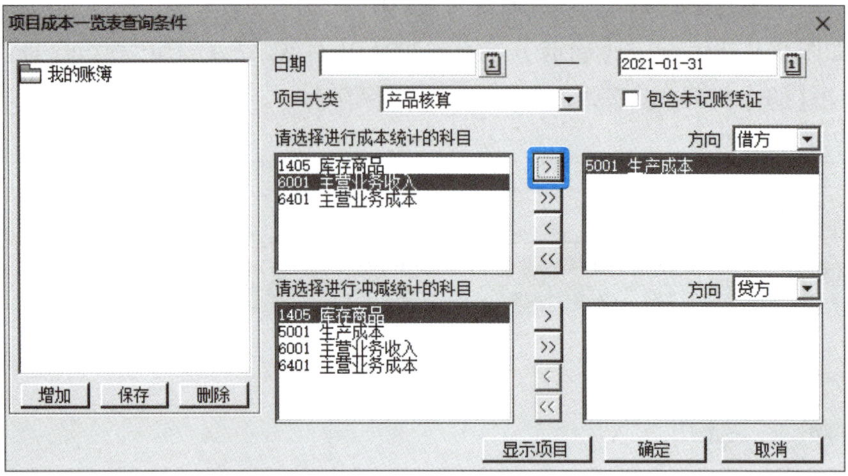

图 9-9 项目成本一览表查询条件

项目成本一览表

日期：2021-01-01 - 2021-01-31

项目代码	项目名称	成本支出		冲减后余额
		小计	生产成本	
001	二折太阳伞	108,089.00	108,089.00	108,089.00
002	三折太阳伞	78,604.33	78,604.33	78,604.33
合计		186,693.33	186,693.33	186,693.33

图 9-10 项目成本一览表

口，勾选“02 成品一库”及“03 成品二库”，点击【确定】，进入“产成品成本分配”窗口，根据图 9-10 的数据录入到各产品中的金额栏中，如图 9-11 所示。点击工具栏【分配】按钮，弹出“存货核算”窗口，提示“分配操作顺利完成！”，点击【确定】。

产成品成本分配

存货/分类编码	存货/分类名称	存货代码	规格型号	计量单位	数量	金额	单价
	存货 合计				5000.00	186,693.33	37.34
02	产成品小计				5000.00	186,693.33	37.34
0201	二折太阳伞			把	3000.00	108,089.00	36.03
0202	三折太阳伞			把	2000.00	78,604.33	39.30

图 9-11 产成品成本分配

（4）正常单据记账并生成凭证

2021 年 01 月 31 日，由何婵怡（W02）登录 U8 企业应用平台。

① 依次点击【业务工作】-【供应链】-【存货核算】-【业务核算】-【正常单据记账】，打开“查询条件选择”窗口，点击【确定】，进入“正常单据记账列表”窗口，依次点击工具栏【全选】-【记账】按钮，系统提示“记账成功”。

② 依次点击【业务工作】-【供应链】-【存货核算】-【财务核算】-【生成凭证】,打开“生成凭证”窗口,点击工具栏【选择】按钮,打开“查询条件”窗口,选择“产成品入库单”,点击【确定】,进入“选择单据”窗口,依次点击工具栏【全选】-【确定】按钮,如图 9-12 所示。

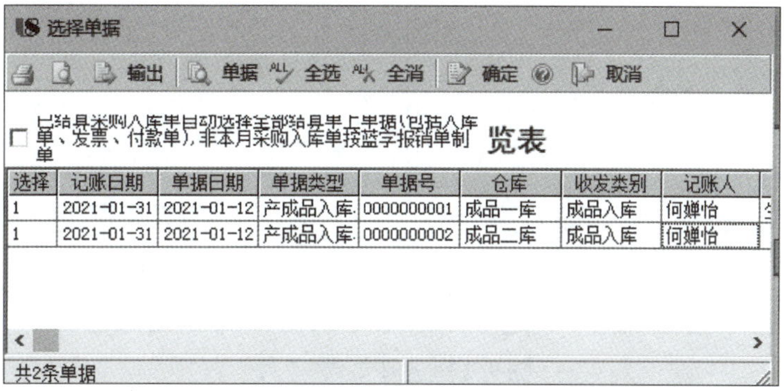

图 9-12 选择单据

③ 在“生成凭证”窗口,点击工具栏【生成】按钮,进入“记账凭证”窗口,在第一行打开“辅助项”窗口,“项目名称”选择“二折太阳伞”,在第二行打开“辅助项”窗口,“项目名称”选择“二折太阳伞”,点击【保存】,生成第一张凭证。点击工具栏末张凭证箭头,在第一行打开“辅助项”窗口,“项目名称”选择“三折太阳伞”,在第二行打开“辅助项”窗口,“项目名称”选择“三折太阳伞”,点击【保存】,生成凭证。

5. 结转本月出库存货成本。

【账套资料】

2021 年 01 月 31 日,结转本月已出库存货成本。

【操作步骤】

(1)将此前的凭证全部进行“出纳签字”“审核”及“记账”。

(2)期末处理。

2021 年 1 月 31 日,由何婵怡(W02)登录 U8 企业应用平台。

进入 U8 操作窗口,依次点击【业务工作】-【供应链】-【存货核算】-【业务核算】-【期末处理】,打开“期末处理 -1 月”窗口,在“未处理仓库”处勾选“成品一库”“成品二库”,点击【处理】,提示“期末处理完毕!”,点击【确定】,如图 9-13 所示,点击【取消】。

(3)生成凭证。

2021 年 01 月 31 日,由何婵怡(W02)登录 U8 企业应用平台。

① 进入 U8 操作窗口,依次点击【业务工作】-【供应链】-【存货核算】-【财务核算】-【生成凭证】,打开“生成凭证”窗口,点击工具栏【选择】按钮,打开“查询条件”窗口,点击【确定】,出现“选择单据”窗口,点击【全选】-【确定】按钮,如图 9-14 所示。

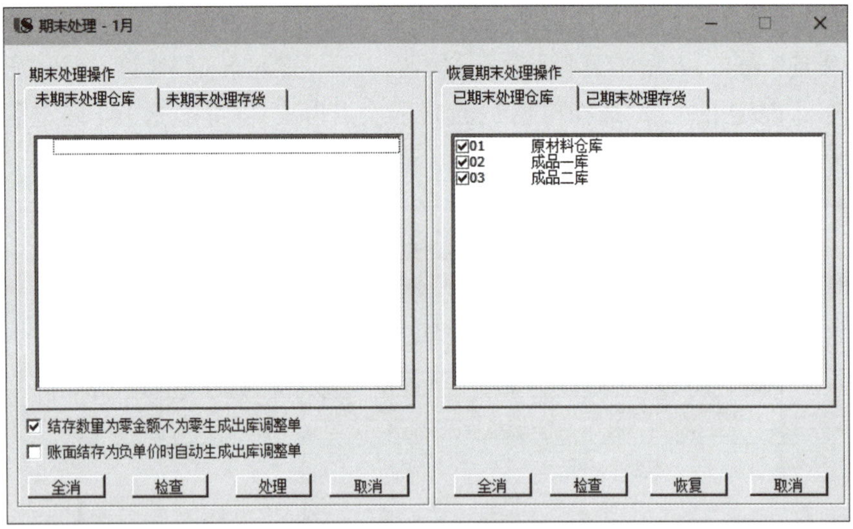

图 9-13　期末处理 -1 月

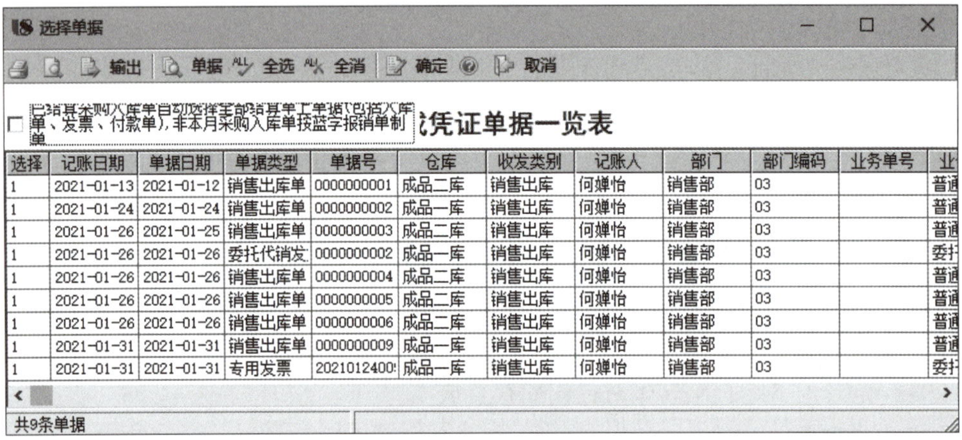

选择	记账日期	单据日期	单据类型	单据号	仓库	收发类别	记账人	部门	部门编码	业务单号	业
1	2021-01-13	2021-01-12	销售出库单	0000000001	成品二库	销售出库	何婵怡	销售部	03		普通
1	2021-01-24	2021-01-24	销售出库单	0000000002	成品一库	销售出库	何婵怡	销售部	03		普通
1	2021-01-26	2021-01-25	销售出库单	0000000003	成品二库	销售出库	何婵怡	销售部	03		普通
1	2021-01-26	2021-01-26	委托代销发	0000000002	成品一库	销售出库	何婵怡	销售部	03		委托
1	2021-01-26	2021-01-26	销售出库单	0000000004	成品二库	销售出库	何婵怡	销售部	03		普通
1	2021-01-26	2021-01-26	销售出库单	0000000005	成品二库	销售出库	何婵怡	销售部	03		普通
1	2021-01-26	2021-01-26	销售出库单	0000000006	成品二库	销售出库	何婵怡	销售部	03		普通
1	2021-01-31	2021-01-31	销售出库单	0000000009	成品一库	销售出库	何婵怡	销售部	03		普通
1	2021-01-31	2021-01-31	专用发票	2021012400	成品一库	销售出库	何婵怡	销售部	03		委托

图 9-14　选择单据

② 进入“生成凭证”窗口,点击工具栏【生成】按钮,打开“记账凭证”窗口,选定科目名称第二行,打开“辅助项”窗口,“项目名称”选择“二折太阳伞”,点击【确定】后,点击工具栏【保存】按钮。

③ 点击工具栏【下张凭证】按钮,选定科目名称第一行,打开“辅助项”窗口,“项目名称”选择“二折太阳伞”,选定科目名称第二行,打开“辅助项”窗口,“项目名称”选择“二折太阳伞”,点击【确定】后,点击工具栏【保存】按钮。

④ 依此类推,一共生成 9 张凭证。

注意:凭证上的项目是“二折太阳伞”还是“三折太阳伞”。

6. 应收账款减值。

【账套资料】

2021 年 01 月 31 日,计提坏账准备。

【操作步骤】

2021 年 01 月 31 日，由何婵怡（W02）登录 U8 企业应用平台。

进入 U8 操作窗口，依次点击【业务工作】–【财务会计】–【总账】–【应收款管理】–【坏账处理】–【计提坏账准备】，打开“应收账款百分比法”窗口，如图 9–15 所示。点击工具栏【确认】按钮，提示“是否立即制单？”，点击【是】，打开“记账凭证”窗口，点击工具栏【保存】按钮。

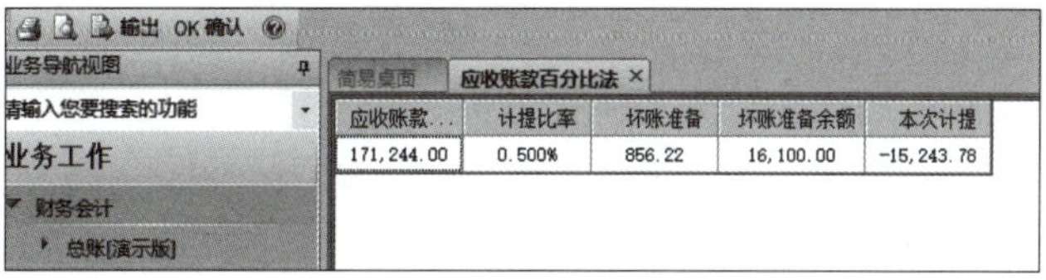

图 9–15　应收账款百分比法

7. 汇兑损益结转。

【账套资料】

2021 年 01 月 31 日，人民币对美元汇率为 1∶6.40，进行汇兑损益结转。

【操作步骤】

（1）调整汇率录入。

2021 年 01 月 31 日，由赵旭（Z01）登录 U8 企业应用平台。

进入 U8 操作窗口，依次点击【基础设置】–【基础档案】–【财务】–【外币设置】，打开【外币设置】窗口，在“调整汇率”处录入“6.4”，点击下边任意单元格，点击【退出】，如图 9–16 所示。

（2）汇兑损益结转。

2021 年 01 月 31 日，由何婵怡（W02）登录 U8 企业应用平台。

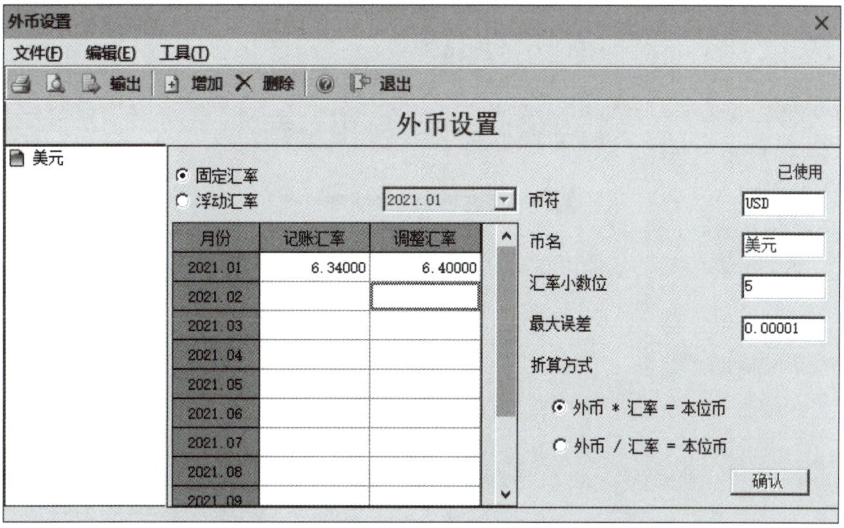

图 9–16　外币设置

进入U8操作窗口，依次点击【业务工作】-【财务会计】-【总账】-【期末】-【转账定义】-【汇兑损益】，打开“汇兑损益设置”窗口，在“汇兑损益入账科目”处录入“660303”，双击第一、第二行“是否计算汇兑损益”栏，如图9-17所示，点击【确定】。

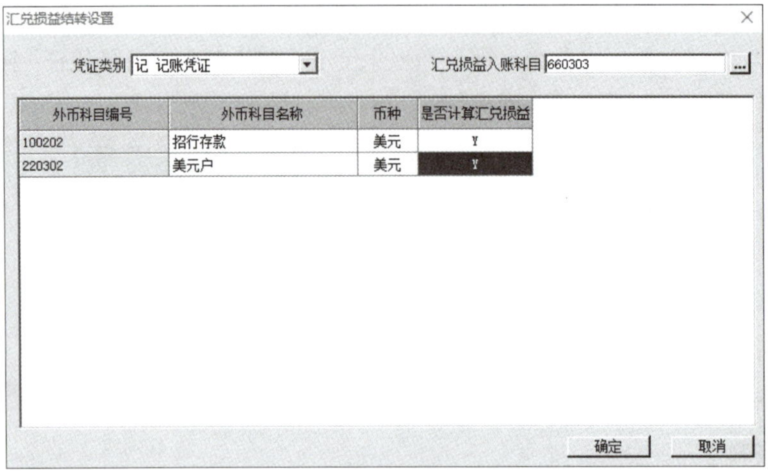

图9-17 汇兑损益结转设置

（3）生成凭证。

2021年01月31日，由何婵怡（W02）登录U8企业应用平台。

进入U8操作窗口，依次点击【业务工作】-【财务会计】-【总账】-【期末】-【转账生成】，进入“转账生成”窗口，点击左侧【汇兑损益结转】，“外币币种”选择“美元”，点击【全选】，点击【确定】，如图9-18所示。提示“2021.01月或之前有未记账凭证，是否继续结转？”，点击【是】。打开“汇兑损益试算表”，点击【确定】。打开“记账凭证”窗口，点击【保存】。

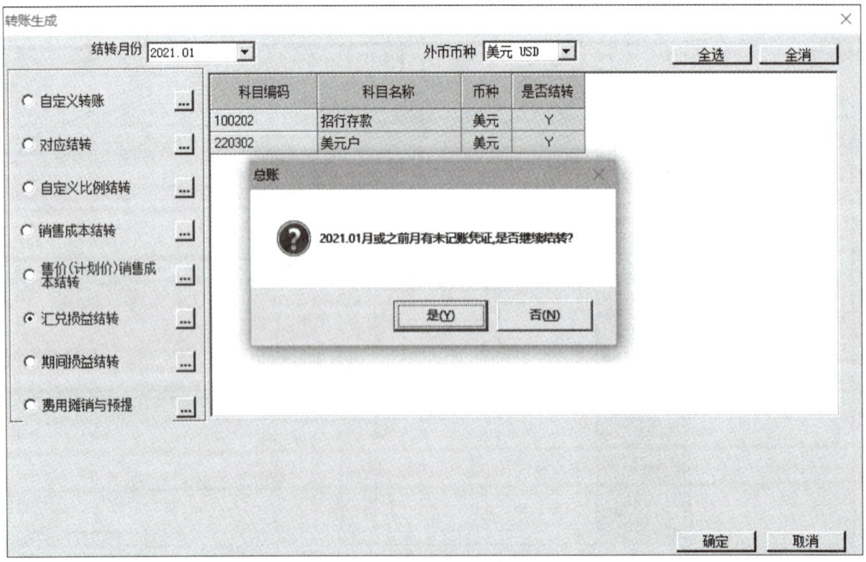

图9-18 转账生成

8. 结转本月未交增值税。

【账套资料】

2021 年 01 月 31 日，结转本月未交增值税。

【操作步骤】

（1）自定义转账设置。

2021 年 01 月 31 日，由何婵怡（W02）登录 U8 企业应用平台。

进入 U8 操作窗口，依次点击【业务工作】-【财务会计】-【总账】-【期末】-【转账定义】-【自定义结转】，打开“自定义转账设置”窗口，点击工具栏【增加】按钮，打开“结账目录”窗口，“转账序号”录入“0002”。“转账说明”录入“结转本月未交增值税”，点击【确定】，返回“自定义转账设置”窗口，点击工具栏【增行】，按账套资料录入“摘要”“科目编码”“项目”“方向”及“公式”，如图 9-19 所示，点击【保存】后退出该窗口。

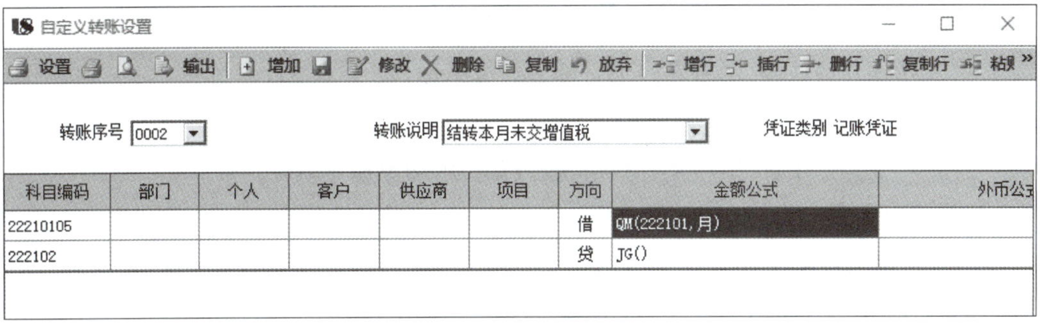

图 9-19 自定义转账设置

（2）将此前所有凭证进行“出纳签字”“审核”及“记账”。

（3）生成凭证。

2021 年 01 月 31 日，由何婵怡（W02）登录 U8 企业应用平台。

进入 U8 操作窗口，依次点击【业务工作】-【财务会计】-【总账】-【期末】-【转账生成】，进入“转账生成”窗口，双击编号为“0002”行的“是否结转”栏，该栏显示为“Y”的状态，如图 9-20 所示，点击【确定】。提示“2021.01 月或之前有未记账凭证，是否继续结转？”，点击【是】，打开“记账凭证”窗口，点击【保存】。

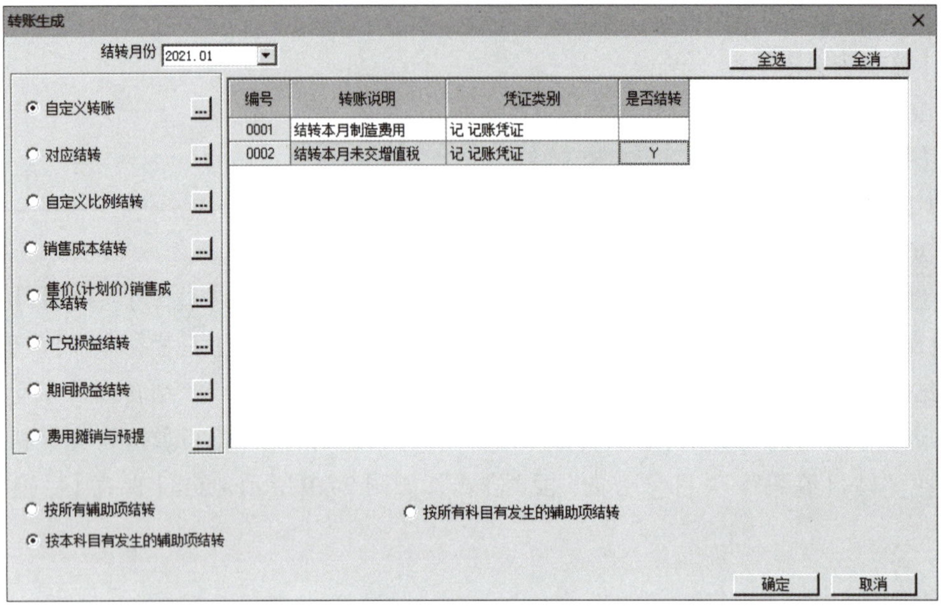

图 9-20　转账生成

9. 结转本月城建税、教育费附加及地方教育附加。

【账套资料】

2021 年 01 月 31 日，结转本月城建税、教育费附加及地方教育附加。

【操作步骤】

（1）自定义转账设置。

2021 年 01 月 31 日，由何婵怡（W02）登录 U8 企业应用平台。

进入 U8 操作窗口，依次点击【业务工作】-【财务会计】-【总账】-【期末】-【转账定义】-【自定义结转】，打开“自定义转账设置”窗口，点击工具栏【增加】按钮，打开“结账目录”窗口，“转账序号”录入“0003”。“转账说明”录入“结转本月城建税，教育费附加及地方教育附加”，点击【确定】，返回“自定义转账设置”窗口，点击工具栏【增行】，按账套资料录入“摘要”“科目编码”“项目”“方向”及“公式”，如图 9-21 所示，点击【保存】后退出该窗口。

（2）将此前的凭证全部进行“出纳签字”“审核”及“记账”。

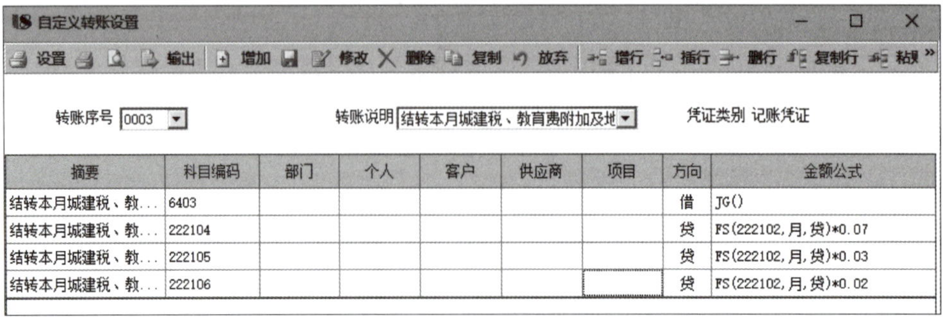

图 9-21　自定义转账设置

（3）生成凭证

2021 年 01 月 31 日，由何婵怡（W02）登录 U8 企业应用平台。

进入 U8 操作窗口，依次点击【业务工作】-【财务会计】-【总账】-【期末】-【转账生成】，进入“转账生成”窗口，双击编号为“0003”行的“是否结转”栏，该栏显示为“Y”的状态，点击【确定】。打开“记账凭证”窗口，点击【保存】。

10. 期末损益结转。

【账套资料】

2021 年 01 月 31 日，进行期末损益类账户结转。

【操作步骤】

（1）转账定义设置。

2021 年 01 月 31 日，由何婵怡（W02）登录 U8 企业应用平台。

进入 U8 操作窗口，依次点击【业务工作】-【财务会计】-【总账】-【期末】-【转账定义】-【期间损益】，打开“期间损益结转设置”窗口，“本年利润科目”录入“4103”，点击【确定】，如图 9-22 所示。

图 9-22 期间损益结转设置

（2）将此前的凭证全部进行“出纳签字”“审核”及“记账”。

（3）生成凭证。

2021 年 01 月 31 日，由何婵怡（W02）登录 U8 企业应用平台。

① 进入 U8 操作窗口，依次点击【业务工作】-【财务会计】-【总账】-【期末】-【转账生成】，进入“转账生成”窗口，点击左侧【期间损益结转】，类型选择“支出”，点击【全选】，点击【确定】，如图 9-23 所示。打开【记账凭证】窗口，点击【保存】。

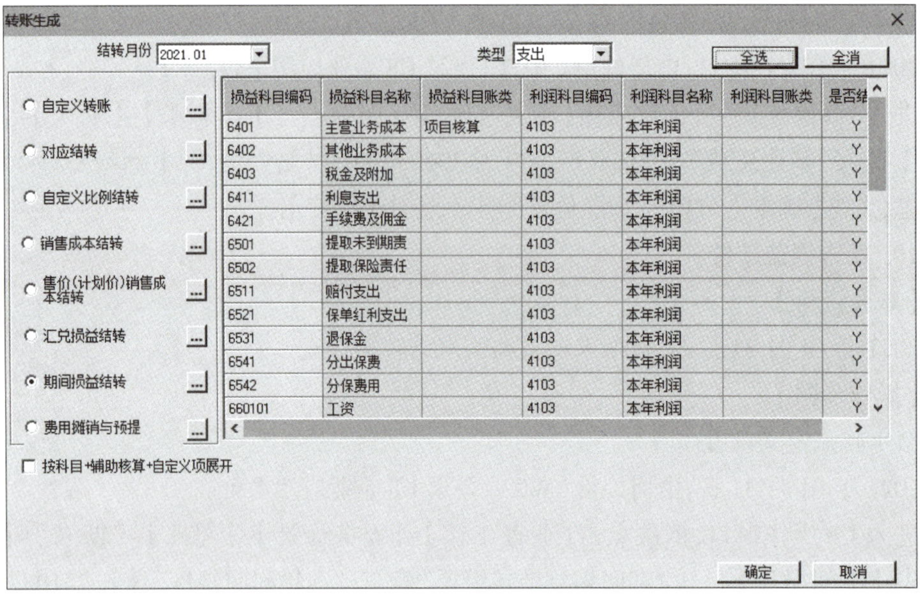

图 9-23　转账生成

② 点击工具栏【退出】按钮，返回“转账生成”窗口，“类型”选择“收入”，点击【全选】，点击【确定】，如图 9-24 所示。提示“2021.01 月或之前月有未记账凭证，是否继续结转？”，点击【是】，打开【记账凭证】窗口，点击【保存】。

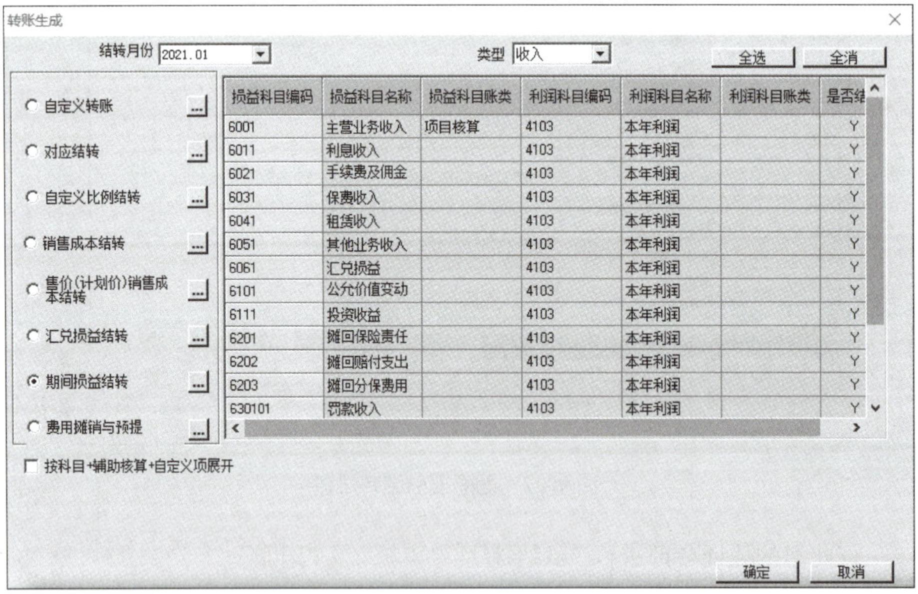

图 9-24　转账生成

11. 计提应交企业所得税。

【账套资料】

按本月实现利润的 25% 计提应交所得税。

【操作步骤】

（1）自定义转账设置。

2021 年 01 月 31 日，由何婵怡（W02）登录 U8 企业应用平台。

进入 U8 操作窗口，依次点击【业务工作】-【财务会计】-【总账】-【期末】-【转账定义】-【自定义结转】，打开“自定义转账设置”窗口，点击工具栏【增加】按钮，打开“结账目录”窗口，“转账序号”录入“0004”。“转账说明”录入“计提企业所得税”，点击【确定】，返回“自定义转账设置”窗口，点击工具栏【增行】，按账套资料录入“摘要”“科目编码”“项目”“方向”及“公式”，如图 9-25 所示，点击【保存】后退出该窗口。

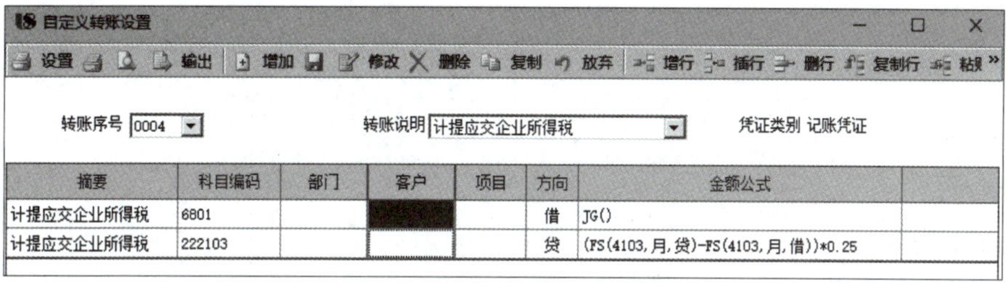

图 9-25 自定义转账设置

（2）将此前的凭证全部进行“出纳签字”“审核”及“记账”。

（3）生成凭证。

2021 年 01 月 31 日，由何婵怡（W02）登录 U8 企业应用平台。

进入 U8 操作窗口，依次点击【业务工作】-【财务会计】-【总账】-【期末】-【转账生成】，进入“转账生成”窗口，双击编号为“0004”行的“是否结转”栏，该栏显示为“Y”的状态，如图 9-26 所示，点击【确定】。打开【记账凭证】窗口，点击【保存】。

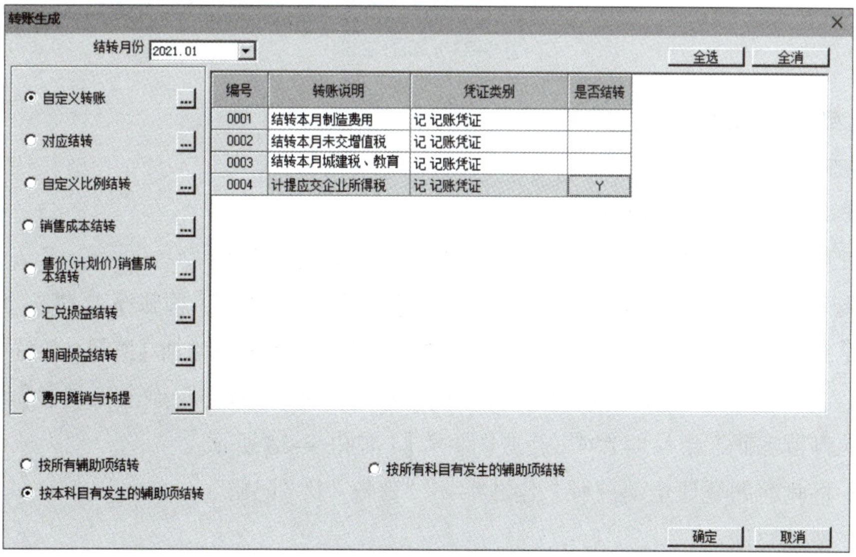

图 9-26 转账生成

12. 结转所得税费用

【操作步骤】

（1）将此前的凭证全部进行“出纳签字”“审核”及“记账”。

（2）生成凭证。

2021 年 01 月 31 日，由何婵怡（W02）登录 U8 企业应用平台。

① 进入 U8 操作窗口，依次点击【业务工作】-【财务会计】-【总账】-【期末】-【转账生成】，进入“转账生成”窗口，点击左侧【期间损益结转】，“类型”选择“支出”，点击【全选】，点击【确定】，如图 9-27 所示。打开【记账凭证】窗口，点击【保存】。

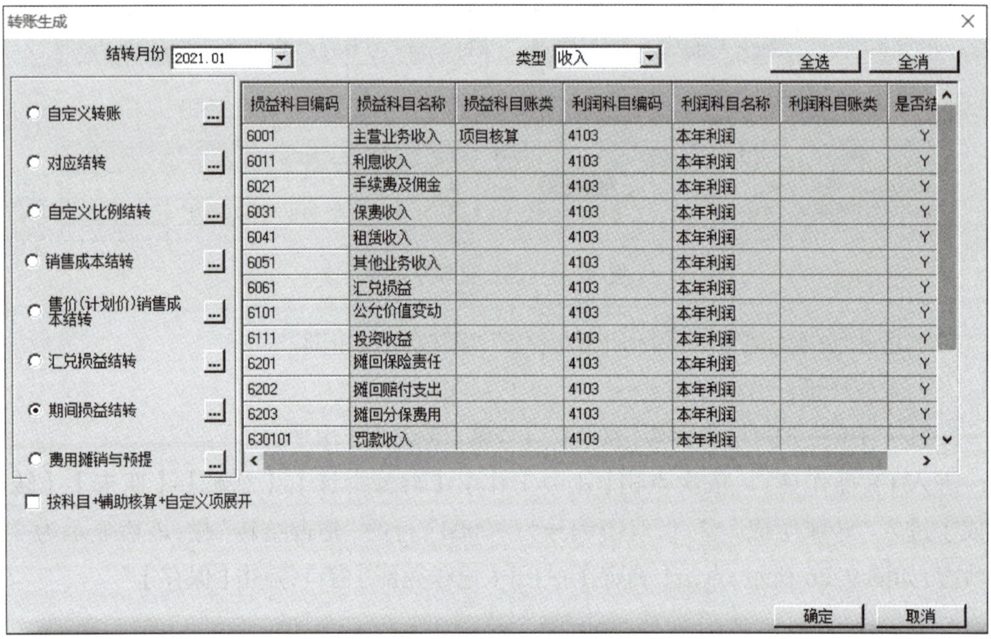

图 9-27　转账生成

13. 结转净利润

【操作步骤】

（1）对应设置—结转净利润。

2021 年 01 月 31 日，由何婵怡（W02）登录 U8 企业应用平台。

进入 U8 操作窗口，依次点击【业务工作】-【财务会计】-【总账】-【期末】-【转账定义】-【对应结转】，打开“对应结转设置”窗口，点击工具栏【增加】按钮，“编号”录入“0001”。“摘要”录入“结转本年利润”，“转出科目”录入“4103”，点击工具栏【增行】按钮，“转入科目编码”录入“4104”，点击【保存】。如图 9-28 所示。

（2）将此前的凭证全部进行“出纳签字”“审核”及“记账”。

（3）生成凭证

进入 U8 操作窗口，依次点击【业务工作】-【财务会计】-【总账】-【期末】-【转账生成】,进入“转账生成”窗口,点击左侧【对应结转】,点击【全选】,点击【确定】,如图 9–29 所示。打开【记账凭证】窗口,点击【保存】。

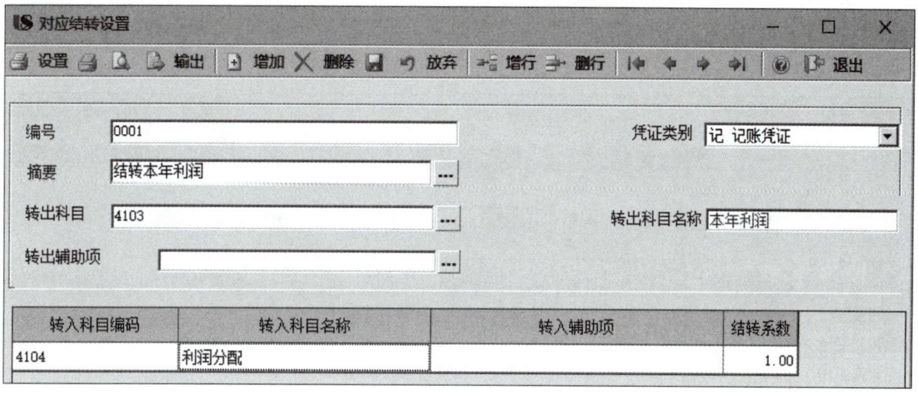

图 9–28 对应结转设置

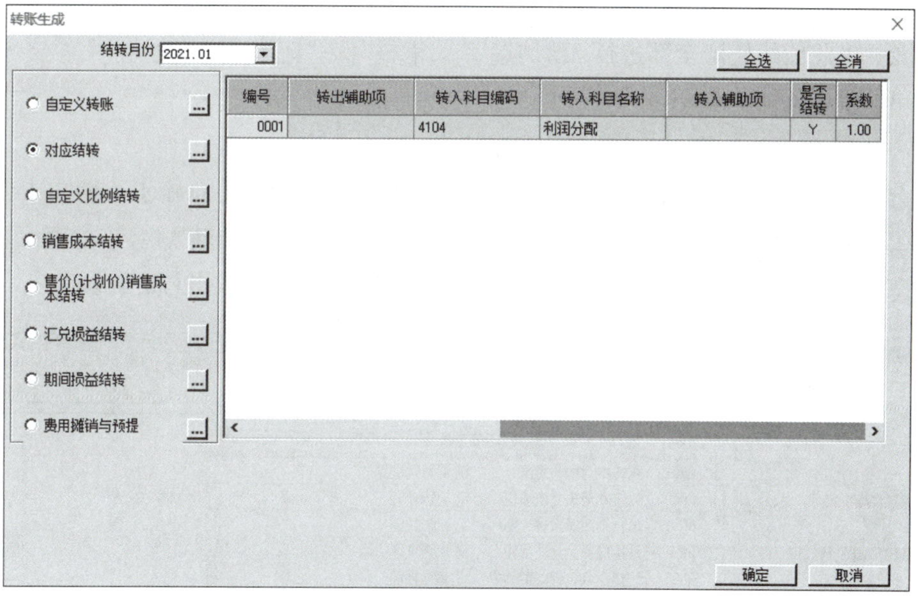

图 9–29 转账生成

14. 计提盈余公积及股利。

【账套资料】

2021 年 01 月 31 日,按照税后净利润的 10% 计算提取法定盈余公积,按税后净利润的 30% 计算应付投资者现金股利,比照年末结转本年利润和利润分配科目中的各明细科目。

【操作步骤】

(1)自定义转账设置。

2021 年 01 月 31 日,由何婵怡(W02)登录 U8 企业应用平台。

进入 U8 操作窗口,依次点击【业务工作】–【财务会计】–【总账】–【期末】–【转账定义】-【自定义结转】,打开“自定义转账设置”窗口,点击工具栏【增加】按钮,打开“结账目录”窗口,“转账序号”录入“0005”,“转账说明”录入“计提盈余公积及股利”,点击【确定】,返回“自定义转账设置”窗口,点击工具栏【增行】,按账套资料录入,如图 9-30 所示,点击【保存】后退出该窗口。

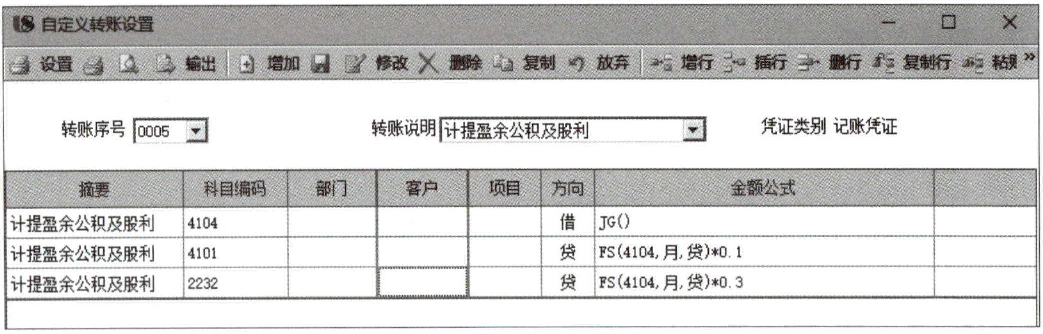

图 9-30　自定义转账设置

（2）将此前的凭证全部进行“出纳签字”“审核”及“记账”。

（3）生成凭证。

2021 年 01 月 31 日,由何婵怡（W02）登录 U8 企业应用平台。

进入 U8 操作窗口,依次点击【业务工作】-【财务会计】-【总账】-【期末】-【转账生成】,进入“转账生成“窗口,双击编号为“0005”行的“是否结转”栏,该栏显示为“Y”的状态,如图 9-31 所示,点击【确定】。打开【记账凭证】窗口,点击【保存】。

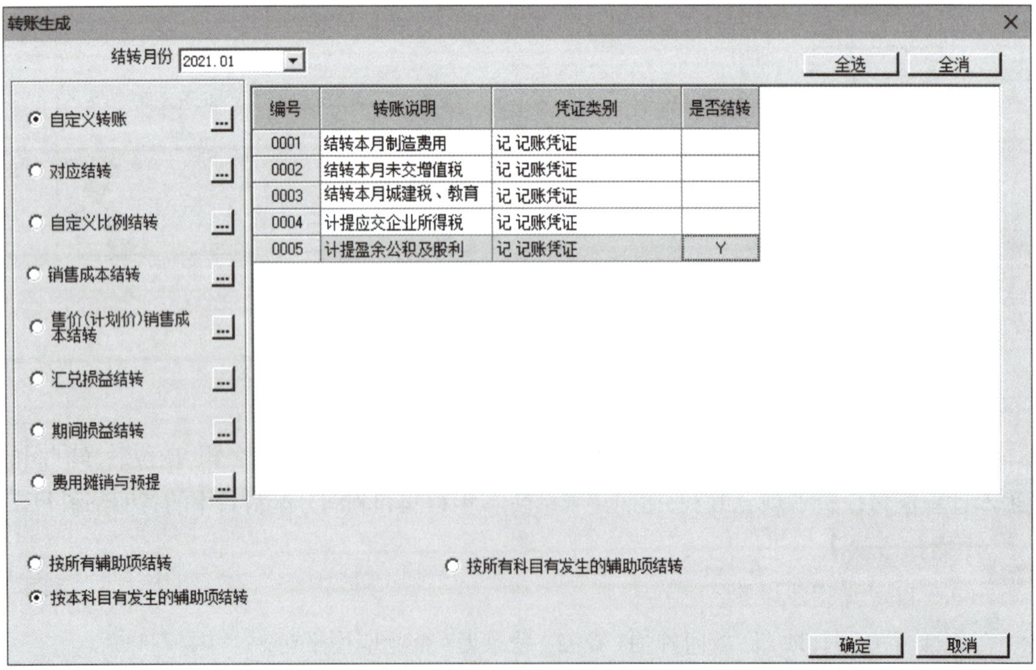

图 9-31　转账生成

任务二 月末结账

1. 采购管理系统月末结账。

【操作步骤】

2021 年 01 月 31 日，由安斯思（G01）登录 U8 企业应用平台。

进入 U8 操作窗口，依次点击【业务工作】-【供应链】-【采购管理】-【月末结账】，打开“结账”窗口，“会计月份”选定“1”，点击【结账】，如图 9-32 所示，弹出“月末结账”窗口，提示“是否关闭订单？”，点击【否】，完成采购管理系统月末结账。

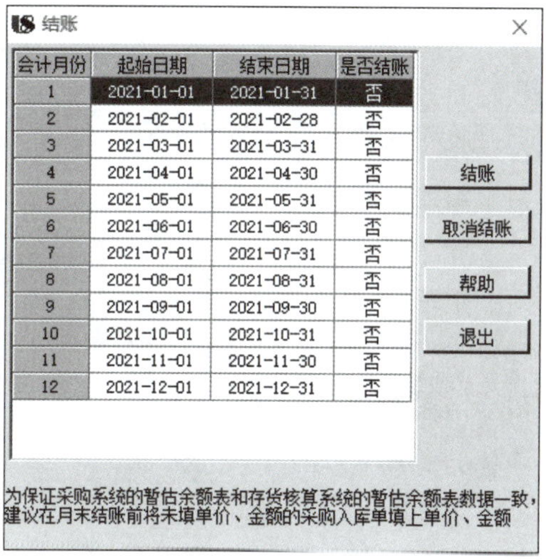

图 9-32 结账

2. 销售管理系统月末结账。

【操作步骤】

2021 年 01 月 31 日，由吴悦欢（X01）登录 U8 企业应用平台。

进入 U8 操作窗口，依次点击【业务工作】-【供应链】-【销售管理】-【月末结账】，打开“结账”窗口，“会计月份”选定“1”，点击【结账】，弹出“月末结账”窗口，提示“是否关闭订单？”，点击【否】，完成销售管理系统月末结账。

3. 库存管理系统月末结账。

【操作步骤】

2021 年 01 月 31 日，由余依玲（C01）登录 U8 企业应用平台。

进入 U8 操作窗口，依次点击【业务工作】-【供应链】-【库存管理】-【月末结账】，打开“结账”窗口，“会计月份”选定“1”，点击【结账】，弹出“库存管理”窗口，提示“库存启用月份结账后将不能修改期初数据，是否继续结账？”，点击【是】，完成库存管理系统月末结账。

4. 存货核算系统月末结账。

【操作步骤】

2021 年 01 月 31 日，由何婵怡（W02）登录 U8 企业应用平台。

进入 U8 操作窗口，依次点击【业务工作】-【供应链】-【存货核算】-【业务核算】-【月末结账】，打开“结账”窗口，“会计月份”选定“1”，点击【结账】，弹出“存货核算”窗口，提示“月末结账完成！若想进行下月业务，请在‘系统’菜单中选择‘重新注册’进行下月处理！”，点击【确定】，完成存货核算系统月末结账。

5. 应付款管理系统月末结账

【操作步骤】

2021 年 01 月 31 日，由何婵怡（W02）登录 U8 企业应用平台。

进入 U8 操作窗口，依次点击【业务工作】-【财务会计】-【应付款管理】-【期末处理】-【月末结账】，打开“月末处理”窗口，“月份”选定“一月”，使“结账标志”处显示“Y”，点击【下一步】，如图 9-33 所示，点击【完成】，提示“1 月份结账成功”，点击【确定】，完成应付款管理系统月末结账。

6. 应收款管理系统月末结账。

【操作步骤】

2021 年 01 月 31 日，由何婵怡（W02）登录 U8 企业应用平台。

进入 U8 操作窗口，依次点击【业务工作】-【财务会计】-【应收款管理】-【期末处理】-【月末结账】，打开“月末处理”窗口，“月份”选定“一月”，使“结账标志”处显示“Y”，点击【下一步】，点击【完成】，提示“1 月份结账成功”，点击【确定】，完成应付款管理系统月末结账。

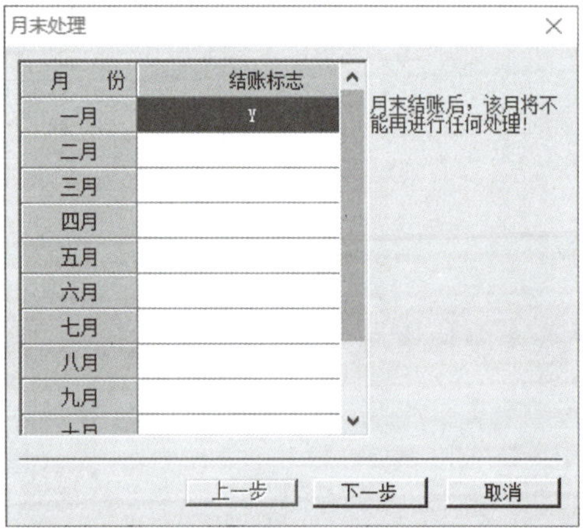

图 9-33 结账

7. 固定资产系统月末结账。

【操作步骤】

2021 年 01 月 31 日，由何婵怡（W02）登录 U8 企业应用平台。

（1）进入 U8 操作窗口，依次点击【业务工作】-【财务会计】-【固定资产】-【处理】-【对账】，弹出“与账务对账结果”窗口，显示对账结果平衡，点击【确定】。

（2）进入 U8 操作窗口，依次点击【业务工作】-【财务会计】-【固定资产】-【处理】-【月末结账】，打开“月末结账”窗口，点击【开始结账】，如图 9-34 所示，最后提示“月末结账成功完成！”，点击【确定】。

8. 薪资管理系统月末结账。

【操作步骤】

2021 年 01 月 31 日，由何婵怡（W02）登录 U8 企业应用平台。

进入U8操作窗口，依次点击【业务工作】-【人力资源】-【薪资管理】-【业务处理】-【月末处理】，打开“月末处理”窗口，点击【确定】。提示“月末处理之后，本月工资将不许变动！继续月末处理吗？”，点击【是】，提示“是否选择清零项？”，点击【是】，弹出“选择清零项目”窗口，将“奖金”及“缺勤天数”选择到右边框中，点击【确定】，如图9-35所示，提示“月末处理完结！”，点击【确定】，完成薪资管理系统月末结账。

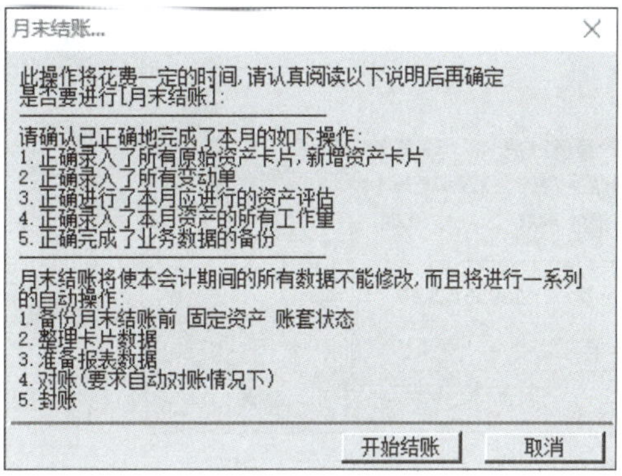

图9-34 月末结账

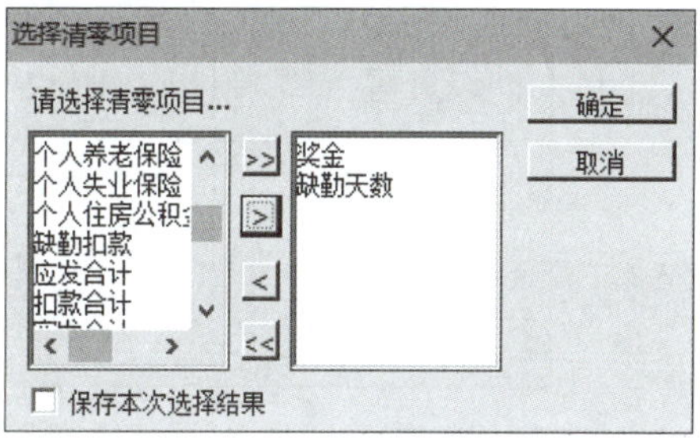

图9-35 选择清零项目

9. 总账系统月末结账

【操作步骤】

2021年01月31日，由何婵怡（W02）登录U8企业应用平台。

（1）对账。进入U8操作窗口，依次点击【业务工作】-【财务会计】-【总账】-【期末】-【对账】，打开“对账”窗口，点击工具栏【选择】-【对账】按钮，对账完毕，显示对账正确，如图9-36所示，退出此窗口。

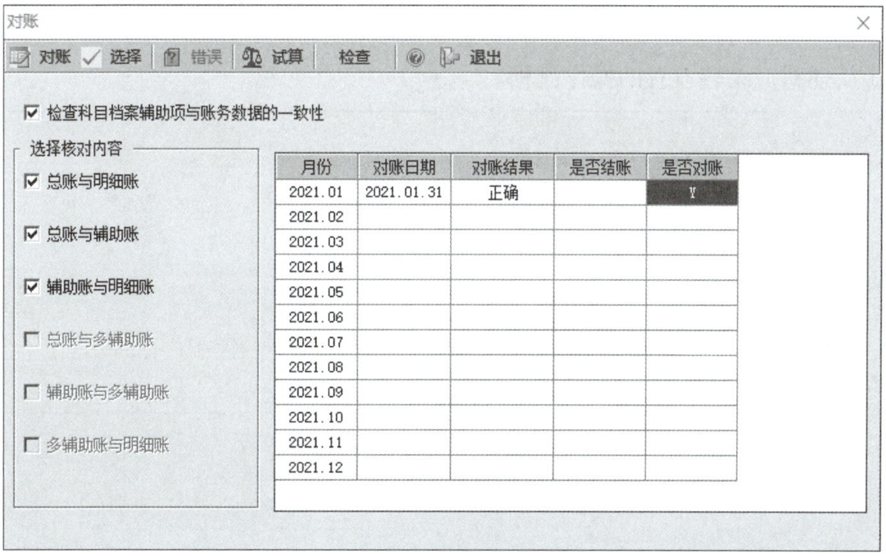

图9-36 对账

（2）结账。进入 U8 操作窗口，依次点击【业务工作】-【财务会计】-【总账】-【期末】-【结账】，打开“结账”窗口，依步骤点击【下一步】-【结账】按钮，完成总账系统结账，如图 9-37 所示。

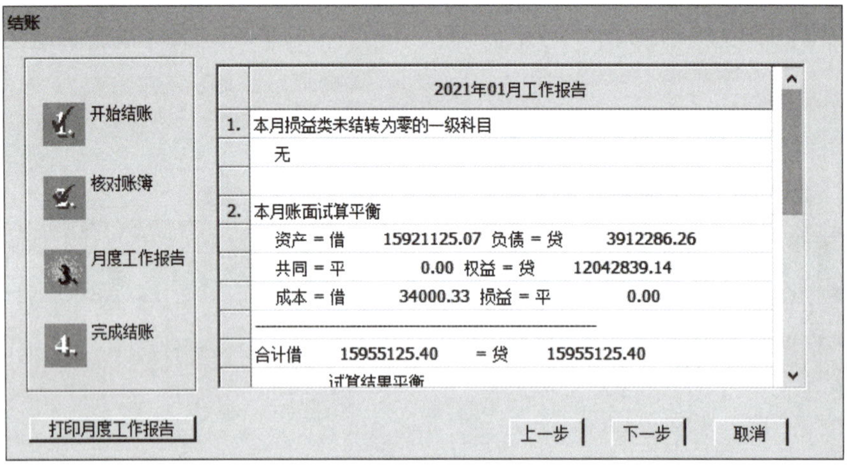

图 9-37 对账

【操作视频】

项目九 期末业务操作视频

【思考题】

（1）简述对应结转设置的操作流程。

（2）简述自定义结转设置的操作流程。

（3）简述结转净利润的操作流程。

项目十　报 表 业 务

任务一　自定义报表的编制

自定义报表的编制。

【账套资料】

任务要求：

（1）按照账套资料设置表尺寸，录入相应内容。

（2）设置行高：标题行高设置为 15 mm；表头行高设置为 7 mm；表体行高设置为 9 mm；表尾行高设置为 7 mm。

（3）设置列宽：第一列列宽为 45 mm；第二列和第三列列宽为 35 mm。

（4）合并单元格：合并第一、第二、第八行的单元格。

（5）设置单元属性。

① 将表格数值区域中除毛利率所属的 B7、C7 单元外的其他单元设置为数值单元，要求不保留小数点，数值用千位分隔符表示。

② 将毛利率所在的数值单元 B7、C7 设置为百分号格式，保留四位小数。

（6）设置表格格式。

① 将标题行设置为：宋体加粗 14 号，水平和垂直方向均为居中。

② 表头“单位：元”设置为宋体 10 号字，水平居右，垂直居下。

③ 纵栏标题“二折太阳伞，三折太阳伞”行设置为：宋体加粗 12 号，水平垂直居中。

④ 横行标题“销售收入”“销售成本”“毛利”“毛利率”四个单元格设置为：宋体加粗 11 号，水平居左，垂直居中。

⑤ 表尾“制表人：”设置为：宋体 10 号，水平居右，垂直居下。

⑥ 将 A3 到 C7 范围内区域划线。

（7）设置关键字：将“年”“月”设置为关键字；将“年”“月”放在表头中间位置，与“单位：元”同一行。

（8）设置单元公式。

① 二折太阳伞销售收入 = 取 6001 科目借方月发生额，项目编码取“二折太阳伞”编码，账套号和年度为默认。

② 三折太阳伞销售收入 = 取 6001 科目贷方月发生额,项目编码取“三折太阳伞”编码,账套号和年度为默认。

③ 二折太阳伞销售成本 = 取 6401 科目借方月发生额,项目编码取“二折太阳伞”编码,账套号和年度为默认。

④ 三折太阳伞销售成本 = 取 6401 科目借方月发生额,项目编码取“三折太阳伞”编码,账套号和年度为默认。

⑤ 二折太阳伞毛利 = 二折太阳伞销售收入 - 二折太阳伞销售成本 =B4-B5。

⑥ 三折太阳伞毛利 = 三折太阳伞销售收入 - 三折太阳伞销售成本 =C4-C5。

⑦ 二折太阳伞毛利率 = 二折太阳伞毛利 / 二折太阳伞销售收入 =B6/B4。

⑧ 三折太阳伞毛利率 = 三折太阳伞毛利 / 三折太阳伞销售收入 =C6/C4。

(9)报表取数,并保存报名。

【操作步骤】

(1)设置表尺寸。

2021 年 01 月 31 日,由郑鸿伟(W01)登录 U8 企业应用平台。

依次点击【业务工作】-【财务会计】-【UFO 报表】,打开“UFO 报表”窗口,出现“日积月累”提示,点击【关闭】。点击工具栏【新建】或【文件】-【新建】按钮,出现空白的报表页面。点击工具栏【格式】,在下拉项选择“表尺寸”,打开“表尺寸”窗口,“行数”录入“8”,“列数”录入“3”,如图 10-1 所示,点击【确认】。

(2)录入表格内容。

按照账套资料录入表格内容,如图 10-2 所示。

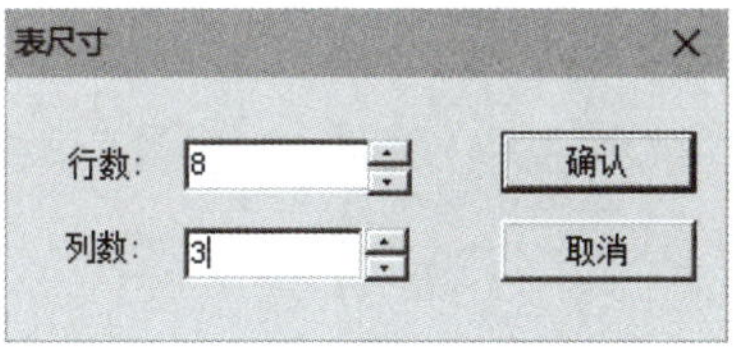

图 10-1 表尺寸

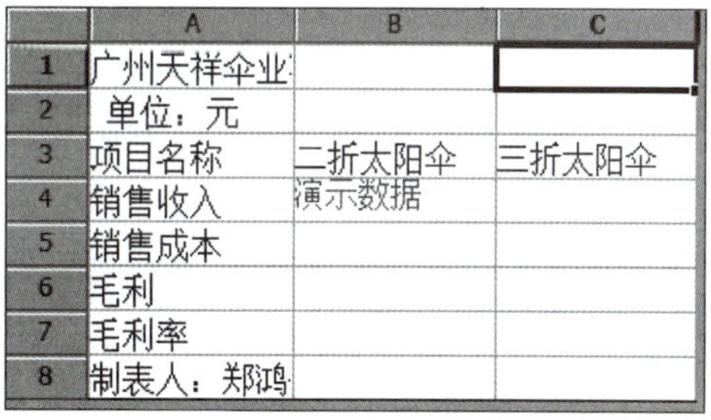

	A	B	C
1	广州天祥伞业		
2	单位:元		
3	项目名称	二折太阳伞	三折太阳伞
4	销售收入	演示数据	
5	销售成本		
6	毛利		
7	毛利率		
8	制表人:郑鸿		

图 10-2 表格内容

(3)设置行高、列宽。

选定标题栏,点击工具栏【格式】,在下拉项选择“行高”,打开“行高”窗口,“行高”录入“15”,点击【确认】。其他行行高及列宽按此方法一一设置。

(4)合并单元格。

选定第一行,点击工具栏【格式】,在下拉项选择“组合单元”,打开“组合单元”窗口,点击“整合组合”录入“15”,点击【确认】。第二、第八行按此方法一一设置。

（5）设置单元属性。

选定 B4 到 B6 单元格，点击工具栏【格式】，在下拉项选择“单元属性”，打开“单元格属性”窗口，勾选【逗号】，“小数位数”修改为“0”，如图 10–3 所示，点击【确定】。以同样的方法设置 B7、C7 单元格。

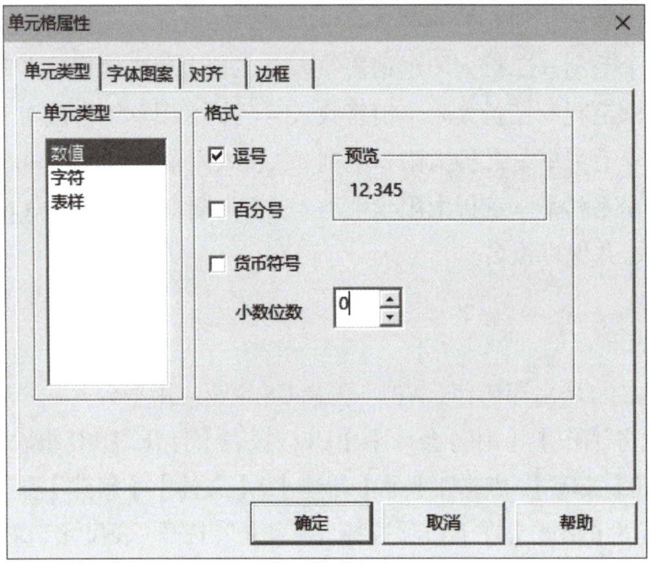

图 10–3　单元格属性设置

（6）设置表格格式。

① 选定标题行，点击工具栏【格式】，在下拉项选择“单元属性”，打开“单元格属性”窗口，点击【字体图案】标签，将“字体”改为“宋体”，“字型”改为“粗体”，“字号”改为“14 号”，点击【对齐】标签，“水平方向”选择“居中”，“垂直方向”选择“居中”，点击【确定】。其他单元格按此方法一一设置。

② 选定 A3 到 C7 单元格，点击工具栏【格式】，在下拉项选择“区域画线”，打开“区域画线”窗口，“画线类型”选择“网线”，点击【确认】，结果如图 10–4 所示。

（7）设置关键字。

① 选定第二行，点击工具栏【数据】，在下拉项点击【关键字】–【设置】，打开“设置关键字”窗口，选定“年”，点击【确定】，再按此方法设置“月”。

② 点击工具栏【数据】，在下拉项点击【关键字】–【偏移】，“年”录入“–150”，“月”录入“–120”，点击【确定】。

（8）设置单元公式。

① 选定 B4 单元格，单击工具栏【f_x】按钮，打开“定义公式”窗口，点击【函数向导】，进入“函数向导”窗口，“函数分类”选择“用友账务函数”，“函数名”选择“发生（FS）”，点击【下一步】，如图 10–5 所示。

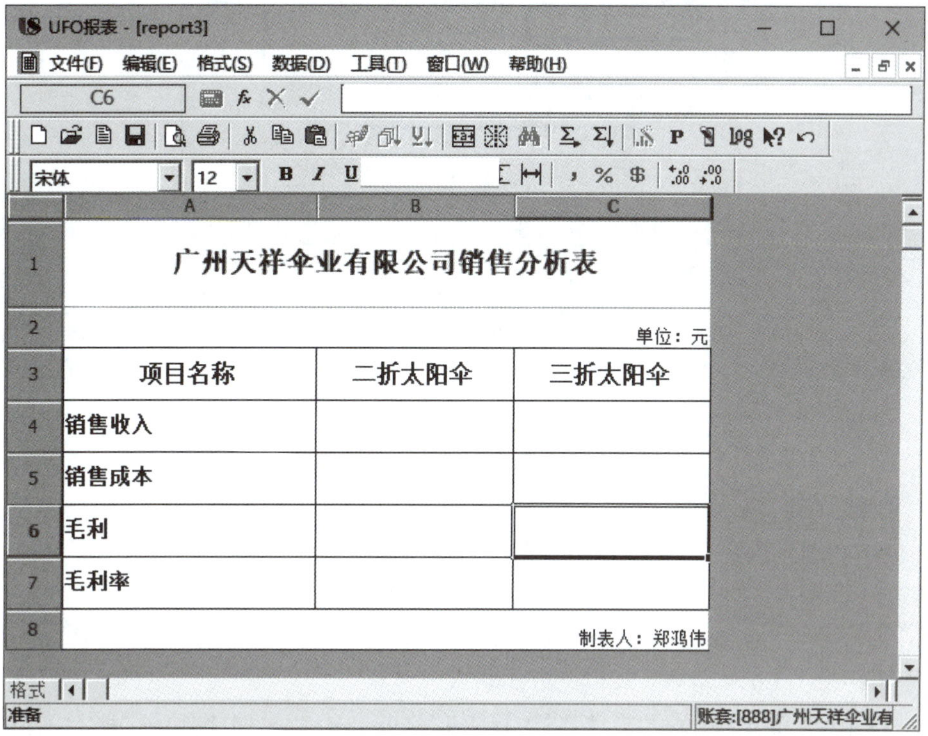

图 10-4 表格格式设置

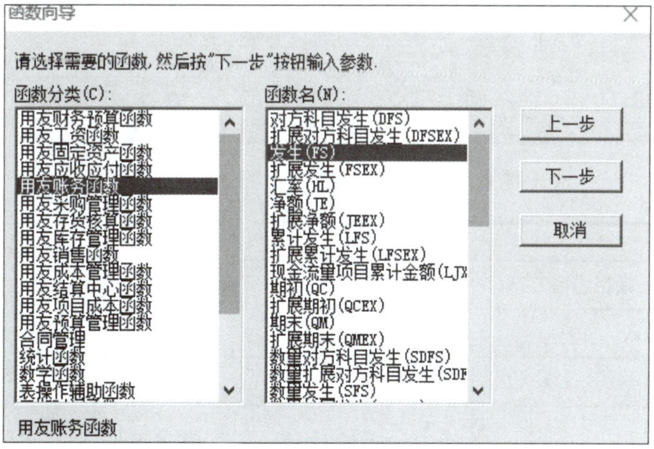

图 10-5 函数向导

② 进入"用友账务函数"窗口，点击【参照】，"科目"改为"6001"，"项目编码"选择"二折太阳伞"，如图 10-6 所示，点击【确定】。返回"用友账务函数"窗口，点击【确定】，返回"定义公式"窗口，如图 10-7 所示，点击【确认】，此单元格公式设置完成。按照以上方法设置 C4、B5、C5 单元格的公式。

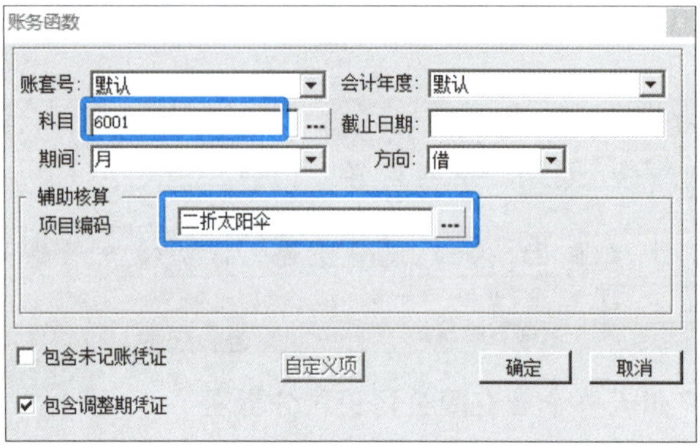

图 10-6　账务函数

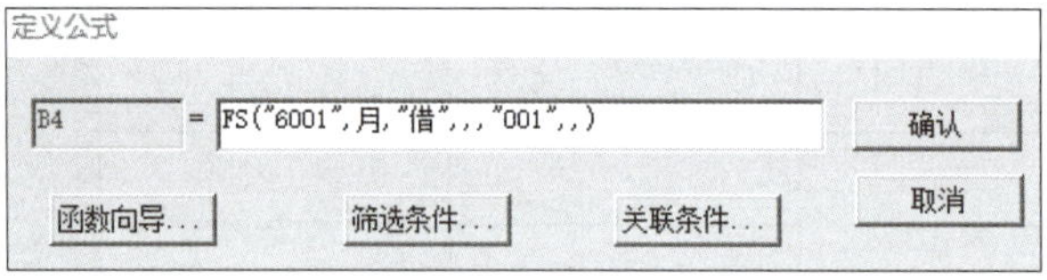

图 10-7　定义公式

③ 选定 B6 单元格，单击工具栏【f_x】按钮，打开“定义公式”窗口，直接在该窗口录入公式“B4–B5”，C6 单元格公式以此方法录入。

④ 选定 B7 单元格，单击工具栏【f_x】按钮，打开“定义公式”窗口，直接在该窗口录入公式“=B6/B4”，C7 单元格公式以此方法录入，结果如图 10-8 所示。

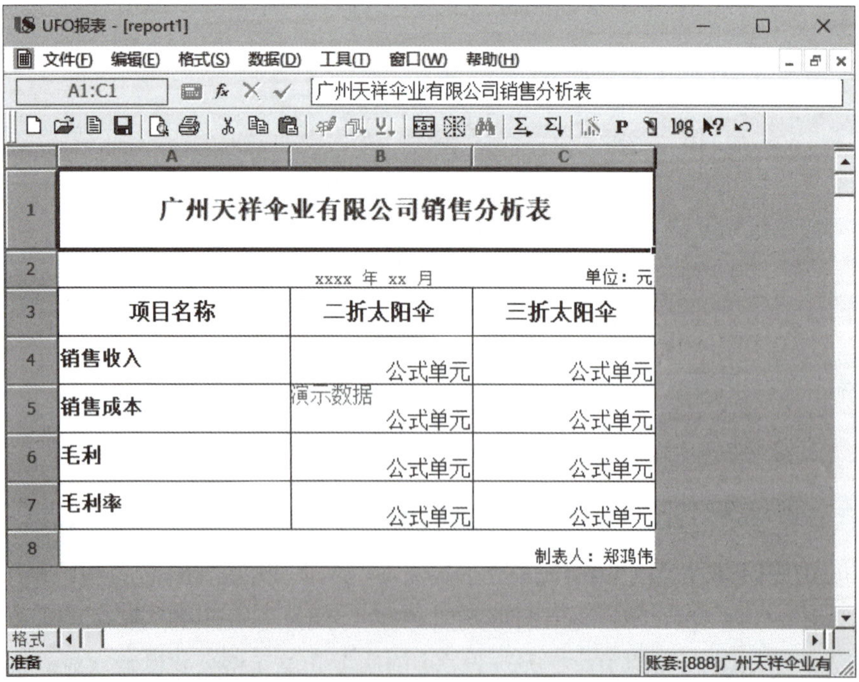

图 10-8　定义公式

（9）报表取数，并保存报名。

① 单击左下角红色【格式】按钮，将报表切换到“数据状态”。点击工具栏【数据】，在下拉项点击【关键字】-【录入】，“年”录入“2021”，“月”录入“1”，点击【确认】，系统提示“是否重算第 1 页？”，点击【是】，结果如图 10-9 所示。

广州天祥伞业有限公司销售分析表		
	2021 年 1 月	单位：元
项目名称	二折太阳伞	三折太阳伞
销售收入	237,000	190,000
销售成本	118,500	81,700
毛利	118,500	108,300
毛利率	50.00%	57.00%
		制表人：郑鸿伟

图 10-9 重算完毕的销售分析表

② 点击工具栏【保存】按钮，打开“另存为”窗口，保存路径选择 C 盘，将“文件名”改为“销售分析表”，点击【另存为】按钮，如图 10-10 所示，完成保存。

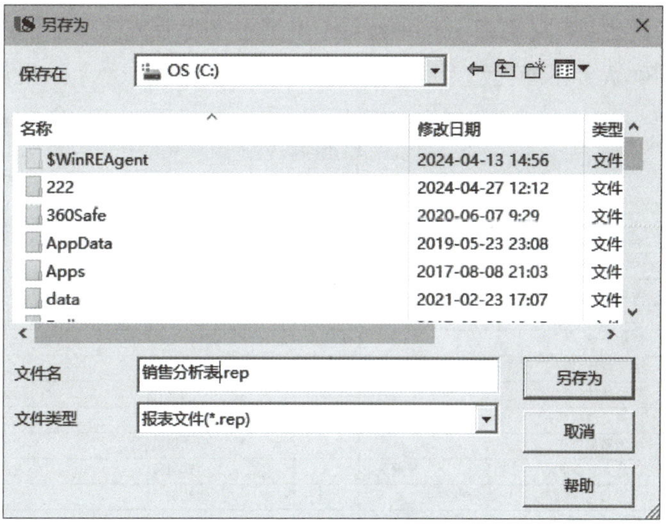

图 10-10 保存报表

任务二　模板生成报表

1. 模板生成利润表。

【操作步骤】

2021 年 01 月 31 日，由郑鸿伟（W01）登录 U8 企业应用平台。

（1）依次点击【业务工作】-【财务会计】-【UFO 报表】，打开“UFO 报表”窗口，点击工具栏【新建】或【文件】、【新建】按钮，出现空白的报表页面。点击工具栏【格式】，在下拉项选择“报表模板”，打开“报表模板”窗口，所在的行业选择“2007 年新会计制度科目”，财务报表选择“利润表”，点击【确认】。

（2）将 A7【营业税金及附加】改为“税金及附加”。

（3）选定第 12 行，点击工具栏【编辑】，在下拉项选择【插入】-【行】，打开“插入行”窗口，插入行业选择“1”，点击【确认】。在此行“项目”格录入“信用减值损失”，此行本期金额单元格设置公式“FS("6702",全年,"借",,,,,)”，如图 10-11 所示。

（4）报表取数，并保存报名。

（5）单击左下角红色【格式】按钮，将报表切换到“数据状态”。

（6）点击工具栏【数据】，在下拉项选择【关键字】-【录入】，“年”录入“2021”，“月”录入“1”，点击【确认】，系统提示“是否重算第 1 页？”，点击【是】，结果如图 10-12 所示。

利润表

			会企02表
编制单位：	xxxx 年	xx 月	单位：元
项　　目	行数	本期金额	上期金额
一、营业收入	1	公式单元	公式单元
减：营业成本	2	公式单元	公式单元
税金及附加	3	公式单元	公式单元
销售费用	4	公式单元	公式单元
管理费用	5	公式单元	公式单元
财务费用	6	公式单元	公式单元
资产减值损失	7	公式单元	公式单元
信用减值损失	8	公式单元	
加：公允价值变动收益（损失以“-”号填列）	9	公式单元	公式单元
投资收益（损失以“-”号填列）	10	公式单元	公式单元
其中：对联营企业和合营企业的投资收益	11		
二、营业利润（亏损以“-”号填列）	12	公式单元	公式单元
加：营业外收入	13	公式单元	公式单元
减：营业外支出	14	公式单元	公式单元
其中：非流动资产处置损失	15		
三、利润总额（亏损总额以“-”号填列）	16	公式单元	公式单元
减：所得税费用	17	公式单元	公式单元
四、净利润（净亏损以“-”号填列）	18	公式单元	公式单元
五、每股收益：	19		
（一）基本每股收益	20		
（二）稀释每股收益	21		

图 10-11　利润表

利润表

会企02表

编制单位：　　　　2021 年　　　　1 月　　　　单位:元

项　　目	行数	本期金额	上期金额
一、营业收入	1	演示数据427,000.00	
减：营业成本	2	200,200.00	
税金及附加	3	2,581.73	
销售费用	4	32,143.09	
管理费用	5	79,675.53	
财务费用	6	4,644.78	
资产减值损失	7	47,000.00	
信用减值损失	8		
加：公允价值变动收益（损失以“-”号填列）	9		
投资收益（损失以“-”号填列）	10	59,680.00	
其中:对联营企业和合营企业的投资收益	11		
二、营业利润（亏损以“-”号填列）	12	120434.87	
加：营业外收入	13	50.00	
减：营业外支出	14	60,708.51	
其中：非流动资产处置损失	15		
三、利润总额（亏损总额以“-”号填列）	16	59776.36	
减：所得税费用	17	20,155.32	
四、净利润（净亏损以“-”号填列）	18	39621.04	
五、每股收益：	19		
（一）基本每股收益	20		
（二）稀释每股收益	21		

图 10-12　重算后的利润表

（7）点击工具栏【保存】按钮，打开“另存为”窗口，保存路径选择 C 盘，将“文件名”改为“利润表”，点击【另存为】按钮，如图 10-13 所示，完成保存。

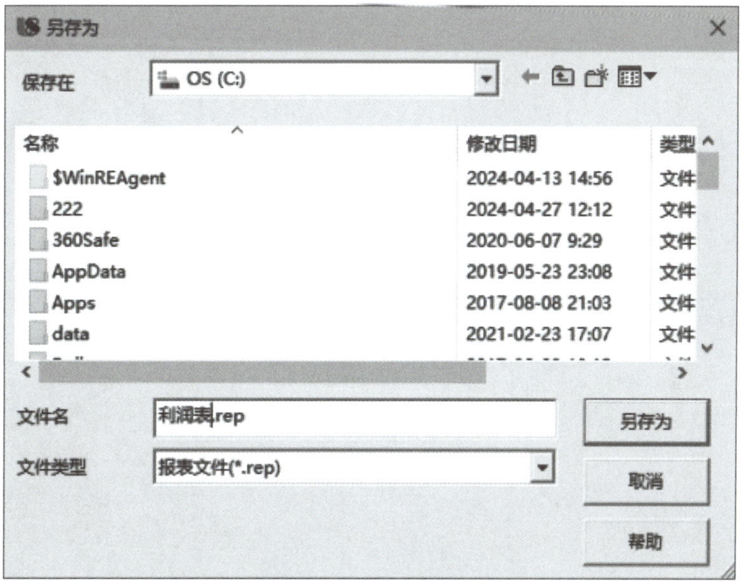

图 10-13　保存报表

2. 模板生成资产负债表。

参照模板生成利润表,同理可生成资产负债表。

【思考题】

(1)简述自定义报表的操作流程。

(2)简述设置报表公式的操作流程。

(3)简述模板生成报表的操作流程。